「男らしさ」はつらいよ

ロバート・ウェッブ 著

夏目大 訳

編集部より

本書は一九七〇年代〜九〇年代を主な背景にしており、作中には人物の発言中などに差別的な語句が当時の感覚に即した形で登場する場面がございますが、本書の主題及び文脈に鑑み、著者には差別を助長する意図はないと判断して原著の表現に忠実に訳出しております。著者及び当社は性、人種、その他のあらゆる差別を容認いたしません。

目次

第二幕

※注記に関しては、原書内にもともと入っているもののうち著者視点からの解説は（）、一般的な用語は小文字ゴシックの（）で示す。また、訳注は〔〕で示すものとする。

序曲

「テス・ランプリングは、きっと僕とセックスしたいに違いない」

一五歳だった僕の頭にそういう考えが不意に浮かんだ。なぜシックス・フォーマー〔イギリスの義務教育期間を終えたのち、中等教育の最終課程として大学に入るための勉強をする一六歳～一八歳の二年間〕、の超美人が僕のような義務教育も終えていない冴えないガキとセックスしたがるというのか、と自分に問いかけることもしないうちに、その考えはすぐに消えてしまった。

僕はリック・アストリーの「ギヴ・ユー・アップ〔原題は「Ｎｅｖｅｒ Gonna Give You Up」〕」のシングル盤をジャケットから取り出し、彼のピンク色の顔をしばらく眺めていた。「悪いね、あなたをこんなふうに使ったりして。こんなこと想像もしてないだろうな」そう思いながら、トルーディーおばさんの古い木製ステレオの蓋を開けた。中のターンテーブルが見えた。

このステレオは、トルーディーおばさんの寝室にあったものだ。その蓋が僕の顎くらいの高さだった頃（だいたい四歳くらいの頃だ）、おばさんは髪にブラシをかけ、化粧をしながら、よくラジオ2のテリー・ウォーガンの番組を聴いていた。あとはおばさんのお気に入りのLPを聴くことが多かった。たとえば、映画『王様と私』のサウンドトラックだ。このレコードの最初のトラックには「序曲《オーバーチエア》」というタイトルがつけられていた。これは要するに、映画に使われた曲のメロディーのインストゥルメンタルだけを少しずつつないだメドレーだった。僕はこの「序曲」が好きだった。耳に馴染んだメロディーを次々に聴いていると、これから始まる楽しい時への期待が高まっていく。いい曲なのにメドレーに入っていないものもいくつかあるけれど、おそらく、聴き手が意外に思うようにわざと外してあるのだろうと思った。

　僕の部屋はそう大きくはなかった。部屋には木製の家具がいくつか置かれていた。どれも誰かのお下がりだ。おばさんのステレオもその一つだ。家具を並べただけで、部屋は半分くらい埋まってしまった。他には整理ダンスが一つあり、母にもらったばかりの小さな本棚もあった。ワードローブもあったが、残念ながらいくら中の冷たい空気に一生懸命に手を伸ばしても、ナルニア国には行けなかった。

　部屋の壁は薄い緑色で、何枚かSF映画のポスターを貼っていた時のテープの跡が残っていた。今はポスターの代わりに、ウールワース〔生鮮食品以外の日用品を扱うチェーン店。一時は英国じゅうに八〇〇店舗以上あったが二〇〇九年に消滅〕でもらったゴッホの絵の複製が貼ってある。絵の下の方を見ると、ちゃんとねじれたような字で〝Vincent〟という署名がされている。僕は一大決心をして『スター・ウォーズ／帝国の逆襲』の大きなポスターも剥がしたのだ。ダース・ベイダーが、自分との戦いに負けた息子のルーク・スカイウォーカーに手を差し伸べ「私と一緒に来るんだ」と言うシーンのポスターだった。

他にはグリーンピースのポスターも貼った。船が汚染された海を綺麗にし、その航跡に虹ができているポスターだ。このポスターが何を言わんとしているか、僕は理解できているつもりだった。もちろん、物事にはすべて裏があることも知っていた。たとえば、あの最高の騎手レスター・ピゴットだって、節税に熱心だということもわかっていたのだ。でも、僕はオゾン層の問題をはじめとする環境問題には関心を持っていたので、その姿勢を表現したくてグリーンピースのポスターを貼ることにした。挑戦的な顔をしたアフリカの少年を描いた線画のポスターも貼っていた。アフリカ民族会議（ANC）を象徴する三色の線も描かれている。可能性はゼロに等しいが、もしテス・ランプリングがこの部屋に入って来たら、すぐに、僕がアパルトヘイトに反対していること、環境汚染にも反対していること、そして今は『スター・ウォーズ』よりも後期印象派の絵画を好んでいること、などがわかるはずだった。特に最初の二つは決して嘘ではなかった。

僕たちはコニングスビー空軍基地のすぐそばに住んでいた。軍はやがて、トルネード攻撃機が日常的に発する爆音に耐えられるよう、二重窓をつけるための補助金を住民に出すようになった。おかげで音は窓と窓の間で弱められ、そのまま部屋の中に入って来ることはなくなったが、何となく感じてはいても引っかくことのできない痒みのようなものに変わったとも言える。とはいえ、これはやはりありがたいと言わなくてはならないのだろう。二重窓になっても、僕が「とても家庭的」だと気に入っていた家の中のにおいは変わることがなかった。あとになって、それは「湿気のにおい」だったことがわかるのだけれど。そういえば、継父のデレクが嫌がるのに負けずセントラル・ヒーティングのスイッチを入れた時のにおいも心安らぐものだったのを覚えている。僕はそれを「埃が焼けるようなにおい」と呼んでいた。

それは一九八七年のことだった。ジェンダーに関わりのあるこういう本を書くのに、いきなり古いステレオの話を持ち出すのはあまり正しくないのかもしれない。ふわふわのフェルトでエロティックなアートを作るくらいの違和感はあるような気もする。しかし、テス・ランプリングという、僕にとって崇高な人物のことを書くには、どうしてもそういう極端な手段を取る必要があった。テスは笑っている時はもちろん、たとえしかめ面をしていても、とてつもなく美しい人だった。鳶色の髪も、すべてを許し、世界のすべてを理解しているような目も素晴らしかったが、それがすべてではなかった。僕より二歳上の彼女は、成熟の象徴でもあり、見ているとまったく自信を失ってしまう存在でもあったのだ。僕はよく休み時間に校内を歩く彼女や、男性教師と知的な会話をする彼女を見かけた。教師たちは皆、彼女を助けることに喜びを感じているように見えた。僕もそうしたいと思った。世界中の誰よりも彼女を助けられる人間でありたいと願った。

僕は真新しいレコードをジャケットから取り出して、ビニールのにおいをかいだ。実は僕はその曲が好きなわけではなく、むしろ嫌いだったのだが、わざわざ買ったのには理由があった。ウールワースで手に取った時には少し緊張した。僕はまず、ジャケットの裏面を見た。「B面はインストゥルメンタルだといいな」と思いながら。すると本当に、インストゥルメンタル・バージョンが入っていた。さすがはストック・エイトキン・ウォーターマン〔一九八〇年代後半、ユーロビートの盛り上がりを牽引した音楽プロデューサーチーム〕、期待に応えてくれる。僕は、プレーヤーの中央の垂直に立っている棒をレコードの穴に挿した。もちろん、B面が上だ。うん、これでいい。リック・アストリーをこんなふうに使う、僕のこのセンスを知れば、テス・ランプリングもきっとセックスをしたいと思うだろう。

僕はこの部屋で、学期末に学校の講堂で上演するスケッチ・ショーの案を練っていた。担任教師のミセス・スレーターは、このショーを「レビュー」と呼んでいた。確かにそれが正式名ではあったのだが、僕は「レビュー」という言葉は使いたくなかった。あまりに古臭くて堅苦しく、テレビで放送されても見たくないもの、というふうに僕には思えたからだ。たとえば、リック・メイヨールが「レビュー」という言葉を口にするところは想像できない。スティーヴン・フライはもしかすると、この言葉を使うかもしれないが、彼のものまねをうまくできる自信はない。失敗して笑いものになっても困る。ものまねをするには発音の問題もあった。残念ながら僕は、grass《牧草》という単語の発音をする際、末尾を南部っぽくarse《ケツの穴》と発音するようにようになっていた。僕の地元のリンカンシャー生まれなら本来はlass《お嬢さん》と韻を踏むように発音するはずなのだが、それが変わってしまったのだ。とにかく、これはレビューではなくスケッチ・ショーでなくてはならない。僕は一〇あまりのスケッチを書いて、どのスケッチでも自分を一番、いい役にした。脇役は友人たちに演じてもらう。ランチタイムにメイン・ホールで上演するのだ。ショーの表向きの目的は皆の団結心を高めることと、慈善事業への寄付金を集めることだ。しかし、僕の真の目的は、テス・ランプリングにアピールして、僕とセックスしたい気持ちにさせることだった。

このショーのために僕が書いたスケッチにはたとえば、『ザ・プライス・イズ・スライト（The Price is Slight、有名なクイズ番組〝The Price is Right〟のパロディ）』『ザ・ゲイ・チーム（子供向けアクション・ドラマのパロディ。元のドラマは子供向けであるが、実はアメリカ人の大人が多く見ている）』などがあった。そして、特に強力だったのが、僕がリック・アストリーのものまねをして踊り、「ギヴ・ユー・アップ」の替え歌を歌うスケッチだ。歌は、事前にＢ面のインストゥルメンタル・バージョンにのせ、録音しておく。本番では口パクをするというわけだ。

スケッチの中にはレベルの低いものもあった。今から見ると完成度的にもモラル的にもどうか、というものがあったのだ。たとえば、『ザ・ゲイ・チーム』は、簡単に言うと四人の男がアロハシャツを着て、ヘアドライヤーを手に持って登場するというだけのものだ。大したものにならないことは誰にも想像がつく。ただ、僕らが「ゲイふうの声」でしゃべれば、そのスケッチは一味違うものになると思っていた。他のメンバーがそんなことをしたいと思っていたかどうかはわからないが、一九八七年当時の僕は、コメディに「ゲイふうの声」が取り入れられたことはまだないはず、と考えたのだ。自分の先進的なセンスには自信を持っていた。リンカンシャーでは、まだゲイなど存在しないことになっていた時代である。

僕は、マシュー・フィニーに黒人の扮装をして、『特攻野郎Ａチーム』のＢ・Ａ・バラカスを演じてもらいたいと思っていた。そうすれば間違いなく面白いと思った。フィニーは身長が低く、僕よりもさらにひ弱そうだった。彼が顔を暗褐色に塗ってステージに立ち、「マードック、お前はバカか」「マードック、お前ホモだろう」などと言えば、もうそれだけで大ウケ間違いなしだった。当時の僕はこれらが問題のある内容だとはまったく思っていなかったのだ。よく考えれば、リンカンシャーにだってゲイはいただろう。だが、リンカンシャーに黒人は一人もいない。兄には「ブラック・スティーヴ（いったいなぜ、よりによってそういうニックネームがついたのか、僕にはまったくわからない）」と呼ばれている友人がいたが、彼がショーを見ることはないのだから、問題になるはずがないと思っていた。

僕は窓の外を見ながら、マシュー・フィニーのことを考えた。フィニーはきっと、黒人の扮装をするのを嫌がるだろうと思った。意外にも人種差別主義者ということもあり得る。反アパルトヘイト演劇の『ウォザ・アルバート！』を見ようと誘っても断るくらいの人間かもしれない。僕は窓から部屋の中に目を移し、見えないフィニーを殴ろうとした。憎き人種差別主義者は殴らなければと思ったのだ。「嫌なのか、フィニー。文句を言っても、逃げることはできないぞ！」そう言って僕は、想像の中のフィニーと本格的に戦い始めた。フィニーは驚くほど敏捷で、僕の耳のあたりに盛んに頭突きをしてくる。これには腹が立った。僕はとうとう床に倒され、喉元をつかまれてしまった。息が苦しくなった僕は、ベッドの下から古いルービック・キューブを取り出して、色の揃っていない面をフィニーの目にぶつけた。フィニーはよろめいた、そして――。

母がドアをノックして、部屋の中をのぞき込んだ。

「どうかしたの、大丈夫？」

ノックしてくれるのはいいが、いつも返事をする前にドアを開けてしまうのは困ったものだ。

僕は床に転がったまま母を見た。息が荒くなっていて、少し顔が赤くなっていた。

「うん、大丈夫だよ、ありがとう」

「誰かに首を絞められているような声が……聞こえたものだから」

「ああ、マシュー・フィニーが絞め殺そうとしてきたからね」

「そうだったの」母は安心したように微笑んだが、一応、部屋の中をしばらく見回して、本当に危険なことはないかを確認していた。ただ「ロバートのいつもの癖が出た」だけだということを確認したのだ。

「お芝居をしていたのね？」母は、僕のこういう行動を「お芝居」と呼んでいた。

「うん」

母はうなずいて立ち去ろうとしたが、去り際に「今日はヒラメのフライよ」と言い、僕がまだ手に持っていたルービック・キューブを一瞥して、いい加減にドアを閉めて行ってしまった。

ティータイムに魚のフライが食べられるのを喜ぶと同時に、僕は、母が入って来たのが「お芝居」をしている時でよかったと安堵していた。これがもしオナニーの最中だったら大変なことだ、と思いながら僕は立ち上がり、またステレオのところまで戻った。

母さんも心配だろうな、と僕は思った。こんな「お芝居」をするのは普通じゃない。普通の男の子なら「お芝居」じゃなくて本当の喧嘩をする。普通の男の子なら一五歳にもなって童貞ってことはない。スケッチの脚本は書かないし、日記も書かないだろう。仮に日記を書いていたとしても、こういう内容ではないはずだ。


ミセス・スレーターがメディア研究の授業で言っていた。テリー・ウォーガン〔英国の有名司会者〕は今、毎週一回だけの出演だけど、もうすぐ週三回の出演になるらしい。「週一では露出が少なすぎると思っているんでしょうね」そう言ってミセス・スレーターは笑ったけど、あとは僕以外、誰も笑わなかった。多分、皆は僕が先生に媚びていると思っただろう。もちろんテスはいなかったから聞かれなくてよかったけど。心配なのは、週に三回も出るようになったら、僕が有名になってインタビューされる頃には、ウォーガンが番組に飽きてしまっているんじゃないか、ということだ。冗談みたいだけど、実は本当に心配していた。

こんなこともあった。昨日の夜、母さんが出かけた。家の中がデレクと僕の二人だけになると、何もかもが最悪になるから嫌だなと思った。母さんが僕に「どうしてそんなに悲しそうなの？」ときいたから、僕は「何でもない」と言ったけど、こらえきれなくなって、赤ん坊みたいに泣き出してしまった。母さんは僕を呼び寄せて、抱きしめて、左右に揺すってくれた。退屈だったけど、嬉しかった。母さんがまた「何がそんなに悲しいの？」と聞いたから、僕は行かないでほしいと言った。母さんがいなくなるとデレクがテレビで自然番組を見るからって。アザラシの赤ちゃんが棒で殴り殺される場面があったりするやつだ。僕はああいうのが怖くてたまらない。色々と怖がりすぎで自分でもバカだと思うけど、でも出かけないでほしいと言ったんだ。母さんは結局、出かけて行った。なぜ僕はこんなふうなんだろう。

僕はポータブルのテープ・レコーダーに新しいカセットを入れて「再生」ボタンを押し、最初のクリーニング・テープの部分が終わり、録音可能な部分に入ってヒスノイズの音が変わるのを待ってから「停止」ボタンを押した。正直に言えば、一九六〇年代製のステレオのスピーカーから流れるインストゥルメンタル・バージョンに合わせて寝室で歌った歌を、安物のテープ・レコーダーに小さな外部マイクをつないで録ったとして、それがどのくらいの音質になるのかはわからなかった。最終的には、学校の講堂の四角いスピーカーから流すわけだが、それでちゃんと聴けるものになるのか自信はなかったのだ。第一、少し考えてみれば、自分が世界的なスター歌手であるリック・アストリーみたいにうまく歌えるわけはないとわかるはずだった。ましてや歌うことにまったく興味はなく、声変わりをしたばかりで、新しい声をどう扱えばいいかもよくわからない少年がまともに歌えるはずはない。どうして、こんなに太い声になってしまったんだろう。父さんに似たんだな。歌の技術のなさをどうにかダンスで補えればいいけど、補えるかどうかはわからない。僕のダンスはおかしくて、皆に人気があった。そして、僕が考えた新しい歌詞は、洗練されてはいないかもしれないが、間違いなく勢いだけはあるから、それでどうにか押し切るしかないだろう。新しい歌詞はこういう感じだった。

僕はまず手を揺らす
それから足をひねる
それからくるっと回転する
まるで売春婦みたいに

そしてにきびを潰して
さらに自分のものを揺する
そしてクソをして
僕はだんだん固くなる

最後の二行はちょっと気に入らなかった。いや、面白いことは面白いけど、どうも論理的におかしいのではないかと思った。「クソをする」と「固くなる」はどうにも論理的につながらない。リック・アストリーは自分の排泄物に興奮するということなのか。いったいこの歌詞は何が言いたいのか、ときかれたら、答えようはない。でもまあ、ものを揺することでクソをしているような格好に見えて、踊っているうちに固くなってしまう、ということでいいか、とも思った。取りあえずそれでよしとしよう。僕はテープ・レコーダーの「ポーズ」ボタンを押してから、「再生」ボタンと「録音」ボタンを同時に押した。そこでまた考える。「クソ」なんて歌っていると、ミセス・スレーターの許可を得るのは難しくなるかもな。でも、クソ《シット》じゃないとしたら、何がいいんだろう。とんち《ウィット》か、送る《ミット》か、元気《フィット》か、穴《ピット》か——そうだ、ピットだ！「クソ《シット》をする」じゃなくて、「穴《ピット》のにおいを嗅ぐ」ならどうだろう。そういえば、ミュージックビデオの中に、リック・アストリーが片手を上げて何となく円を描くように動かす場面があったけど、そこを自分の肛門のにおいをかぐ動きに変えよう。それなら簡単だ。うまいぞ。それを二行目の歌詞にして、「ものを揺する」という歌詞は三行目に持って行こう。ものを揺すっているうちに固くなる、これなら完璧だ。

僕はインエクセス〔八〇年代の大人気バンド〕のTシャツにつけた缶バッジを触りながら、肛門のにおいを嗅ぐ動作について考えた。鏡を見てみる。揃いのブランドのシェービング・フォームとアフターシェーブ・ローションを使うようになるのはいつ頃だろうと思った。テス・ランプリングは、缶バッジをつけた男をどう思うだろうか。彼女はきっとリック・アストリーは好きじゃない。肛門のにおいを嗅ぐ仕草はどうだろう。嫌いかもしれないな。僕のにおいがわかるくらい、そばに来てくれるといいのに。僕のショーを気に入ってくれなかったら嫌だな。いや、そもそもショーを見ない可能性だってある。不意にその恐ろしい可能性が頭をよぎった。僕は、そう考えた時に自分の顔がどういうふうになるのか、鏡で確認してみた。ああ、これは実に辛そうな顔だ。

仕方ない。とにかく面白いダンスをするんだ。不安になったら、面白いダンスをする。これからその練習をする。「ギヴ・ユー・アップ」を一〇〇回くらい流すことになるから、母はドア越しにそれをずっと聴かなくてはいけない。それを思うと始める前から母に申し訳ない気持ちになった。その前に、歌を録らなくては。僕は咳払いをして、レコードをかけ、テープ・レコーダーのポーズを解除した。絶対にうまくやらなくてはいけない。必要以上にうまくやらなくてはいけないのだ。

ダンスは完璧ではなかったが、どうにかうまくやり切った。練習は散々したけど、最初から最後まで通して踊ったのはそれがはじめてだったわけだし。ステージから降りる時、袖で誰かが「七〇〇万人は見てたな」と言うのが聞こえた。確かにそれくらいの気分だった。その中にテス・ランプリングはいただろうかと思った。

二〇〇九年に僕はBBCの『レッツ・ダンス・フォー・コミック・リリーフ』〔慈善団体への寄付を集めるため、有名人がダンスで一芸を披露する番組〕で、八〇年代の映画『フラッシュダンス』のオーディション・シーンを再現したけれど、すでにこの時、それに近いことをしていたわけだ。

『フラッシュダンス』を踊ったあと、背が高く、ハンサムなウェールズ人の司会者、スティーヴ・ジョーンズが僕を招き寄せて「いや、もう本当に言葉がありません。いったい何が起きたのでしょうか」と言ってくれた。

「何がって、」僕は息を整えながら言った。「めちゃくちゃ練習したからね」ジョーンズとともに司会を務めていたクローディア・ウィンクルマンは、本気か嘘かわからない感じで「大好き！」と言った。観衆は大騒ぎを続けていて、なかなか静かにならない。確かに思ったよりはうまくいったけど……まあ落ち着けよ、と思った。ジョーンズは審査員たちに感想を求めた。アントン・ドゥ・ベイクは「美しく、完璧なダンスでしたね」と言った。「ベイビー・スパイス」ことエマ・バントンは、僕のことを熟練のダンサーに違いないと言ってくれた。残るはマイケル・マッキンタイアだった。何となく僕は彼が敵になりそうな気がしていた。そう思っていたから、僕はスティーヴ・ジョーンズの肩に腕をのせ、今にも殺しそうな目でマッキンタイアを見つめることになった。まるでチューバッカにもたれかかったハン・ソロのようだと思ったが、このハン・ソロは黒いレオタードを着て、カーリーヘアのウィッグをかぶっているのだった。マッキンタイアはまばたきをしてから、昔の恋人の話を始めた。僕を見ていて、フランス人の恋人のことを思い出したらしい。この話は客にウケた。僕も態度を軟化させて、できるだけ優しい笑顔を向けるよう努めた。僕は股の前で手を重ねた。ダンスが終わり、緊張が解けたら、急に自分は女装している男だということを思い出したのだ。テス・ランプリングはさすがに見ていないだろうけど、父が見ていることはわかっていた。

マッキンタイアは観衆の声を聞いて、これは敵わないと思ったらしい。称賛の言葉をたくさんかけてくれた。僕としてはまだ、部屋で一人でマシュー・フィニーの耳に頭突きをした時のような気持ちが残っていたが、うなずいて感謝の意を表した。結局のところこれはチャリティ・イベントなのだ。そう深刻になるような場ではない。ただ僕は過去に何度か、強く出るべき時に弱腰になったことがあり、それを今は後悔している。

俳優として生きていると、たとえば何か不当な扱いを受けたりして、不満を持つことはある。でも、その不満をはっきりと口にできないこともあるだろう。口にしない方がいいことも多い。そういう時の気分転換には、いい方法がある。まず口を閉じたまま舌を上の歯に当てて動かす――ミント菓子を口に入れてその爽やかな風味を味わってもいい――そして、天井に目を向けてしばらくじっと耐えている。これは家でやった方がいい。人前でやるのはお勧めしない。人前だと、トレヴァー・イヴと間違えられる恐れがある。

　ダンスの直前は怖かった。恥ずかしいからやめたいという気持ちも起きた。そういう時に必要なのは攻撃性だ。たとえば、マイケル・ジャクソンにも攻撃性はあったと思う。それによって自分をアニメのキャラクターのようにして人前に出ていたのだろう。メイクアップ・アーティストにも攻撃性は必要だ。それは言わば受動的な攻撃性ということになるかもしれない。いずれにせよ、それがなければ何をすることもできない。

　メイクルームでロキシーは、僕のかぶるウィッグを髪に固定するためヘアピンをつけた。何となく、頭の上でアイス・スケートをされているような気分になった。たぶん、彼女はホッチキスを使ってピンを留めていたと思う。「これできちんと固定されただろうね」僕はそう言いながら、椅子のアームにのせた手の震えを止めようとした。「今なら間に合う。やめたければやめてもいいんだぞ」と自分に言い聞かせた。

「いえ、まだです。まだ少しピンをつけないと」ロキシーはそう言う。僕は前から彼女を知っていた。テレビの世界で働くプロのメイクアップ・アーティストだ。ただ、かれこれこの八分くらいの間、僕らはどうもしっくりいっていなかった。ロキシーは若くて、注意力が散漫で、容姿は素晴らしく整っていた。きっと学校で出会ったら時間を忘れるような子だろう。テスに似てはいないが、テスに似たオーラがある。僕は彼女にはなるべく逆らわないように気をつけていた。時々、ヘアピンが頭に刺さってはいたけれど、それはあえて言わないようにした。彼女が当たり前のように次のヘアピンに手を伸ばしているのを見ながら、僕は歯医者がアンドロイドになったらこういう感じかな、などと考えていた。

「ちょっとだけ……ちょっとだけ締めつけが強すぎるんじゃないかな。もう頭痛がしてきた。あんまり痛むと、ダンスを忘れてしまうんじゃないかと心配でね」僕はそう言ったが、ロキシーはまともに話を聞いていない。隣の椅子にはレス・デニスが座っていて、どうやら一人で住宅ローンについての解説の練習をしているらしい。ヘアピンが今度は僕の首の後ろに取りつけられた。ピンが機銃掃射のように肌を刺激してくる。部屋が震える。「あのさ、ロッキー――」

「ロキシーです」

「ああ、ごめん。いや、あのね、このウィッグが大きいってことは僕にもわかるんだ。でもね、このピンさあ、もうちょっと緩くてもよくないかな」

これはやはり少し弱腰すぎたのではないだろうか。

しかし、いくら僕が上品に、善意のある話し方をしようと、いかにプロらしい威厳を持たせようと、光沢のあるレオタードを着て、パッド入りのブラジャーをしているこの姿ではすべて台無しだ。もちろん、それで皆の注目を集めることはできる。レス・デニスは、住宅ローンについての解説の練習をやめたらしい。彼はコーヒーを少し飲んで、感情のない顔で鏡の中の自分を見つめていた。

ロキシーはためらっていた。「ダンス中にウィッグが落ちるようなことがあったら、私はクビになりますよ」

「大丈夫、落ちないよ。僕が保証する。仮に落ちたとしても、それは僕のせいだって誰にもわかるようにするから、君がクビになることは絶対にない」

恐怖、アドレナリン、頭痛。ブラジャーをしている胸も不快だったし、ダンサー用のサポーターに睾丸を締めつけられているのも辛かった。そうしたすべてが僕に「絶対に落ちない。死んだ母の墓に誓ってもいい。絶対に落ちないよ」というセリフを言わせた。

僕としてはそれを半分冗談に聞こえる口調で言ったつもりだったが、一方で、とても冗談には聞こえないだろうということもわかっていた。いかなる議論でも、「死んだ母親」の話は最後の切り札であり、それを持ち出すのは反則である。誰かの意見を変えることはできないが、「仕方がない、言うことを聞いてやろうか」という気分にすることはできる。卑怯な手だ。僕としてもダンスを成功させたいという気持ちは強かった。でも、完璧主義者になりすぎるのもどうかとは思っていた。どこまでいっても、自分はコメディを演じているのだという意識を忘れてはいけない。その間の目に見えない境界線を踏み越えてはいけないのだ。

僕は剥き出しになった脚を交差させた。ロキシーは僕のことを頭がおかしいと思ったらしい。「わかりました。もうこれ以上、ピンはつけません。あと、上の方のは緩めておきます」彼女はそのセリフを大声でゆっくりと行った。老人ホームで、トーストの上にのったベイクドビーンズの数が自分だけ少ないと文句を言う困った爺さんに言って聞かせるような口調だった。しかもその爺さんはレオタードを着ているのだ。「ああ、それはいい。ありがとう」僕はそう言って、隣のレス・デニスを見た。彼は僕に向かって微笑み、ウィンクをしてくれた。いい人だ。しかし、それで僕はさらに気が重くなった。

『フラッシュダンス』の生放送のあと、僕はスタジオから家へと向かう車の後部座席にいた。

帰り道、僕はダンスへの反応をスマートフォンでチェックした。ツイッターを見ると、僕にとって重要な人が一人、優しい言葉をかけてくれていた。留守電にも、さらに重要な人からの優しいメッセージが入っていた。この二つの言葉で僕の気分は随分変わった。僕は二人に礼を言うとともに、本を書き始めたことも知らせた。家にはなかなか着かなかった。その夜、自宅には友人が何人か来ていた。妻のアビゲイルと番組を見ていたのだ。アビーはちょうどその頃、最初の子を妊娠中だった。皆が帰り、アビーが寝たあと、僕は小さな庭で椅子に座り、赤ワインを二本飲み、マールボロ・ライトを三〇本吸った。明日もきっと同じようなことをするのだろう――ただし、真っ昼間にパブで。子供が生まれてもこういう生活態度は変わらないのだろうか。子供が生まれたあと、何ヶ月もそういうことが続いたら、アビーはきっと僕をじっと見つめて「あなたにはがっかりした」と言うだろう。

自分でも、何をしているのかわからなかった。何をしたいのかも、見当もつかなかった。帰路、ロンドンの街の明かりはぼやけて見えた。ずっと泣いていたからだ。

僕は、部屋でダンスを練習をしていた一五歳の自分のことを考えていた。そのあとも変わらず同じようなことを続けてきたのだ。

15（十五歳の僕）：ちょっと自分のことばかり考えすぎなんじゃない？

43（四三歳の僕）：なんだって？

15：今みたいなのだよ。いつも自分とだけ話してるみたいな感じでさ。

43：こんな考えをやめて大人になれってこと？

15：別にどうなれってわけじゃないけどね。

（沈黙）

43：ちょっと、やめてくれるかな。

15：何を？

43：僕の髪を見てただろ。

15：ごめん。ただ、ちょっとショックで。どうしてこうなっちゃったのかなって……

43：抜けたんだよ、しょうがないだろ。

15：まあ、そうだけど。

43：いいかい、いいことを教えてやる。いい知らせがあるんだ。

15：イエスの福音みたいな？

43：まあ、そういう感じかな。

15：イエスの頭にも大きなはげがあったとか。

43：もう髪の毛の話から離れろよ。僕はもう髪のことは気にしてないんだ。

15：本当に？

43：まあ、嘘だけど。……いや、だから、僕はＴＶスターなんだよ！

15：それは大変だ。

43：いい知らせだろう。

15：そうでもないかな。だから何？

43：いや、だから……

15：要するに「俺はロバート・ウェッブだ。俺はＴＶスターなんだぞ」って、そう言いたいわけだろう。

43：なんだよ、そんな意地悪言って……

15：どのくらいビッグなのさ？

43：なんだって？

15：だから、どのくらいの大スターなのか、って。

43：どのくらいって、そういうふうに考えたことはないな。

15：たとえば、ジョン・クリーズよりもすごいとか。

43：いや。

15：リック・メイヨールよりもすごい？

43：いや、そんなことはない。

15：なんだよ、たいしたことないんじゃ――

43：ナイジェル・プレイナーくらいには有名かな、あえて言えば。
15：（考える）そう。じゃあ——
43：それに、リック・メイヨールはスケッチ・ショーには出ていない。
15：そんなことない。『キック・アップ・ジ・エイティーズ』に出てたよ。
43：そうだ、忘れてた。
15：忘れてたって？　『キック・アップ・ジ・エイティーズ』を？
43：毎日、色々なことがあるんだ。いい番組だってたくさんある。たまには一つくらい忘れるよ。僕は結婚もしていて、子供も二人いて忙しいんだよ。
15：あっ、そう。
43：わかってくれた？
15：ああ、よくわかった。つまり僕は少なくとも一回はセックスしたってことだよね。違う？
43：そういう見方もできるな。
15：マチュアなら、あのヴィクター・マチュアなら、いつ誰と何回セックスしたかなんて覚えていないだろうな。あんたも、たくさんセックスしてきたからいちいち覚えていないってことか。
43：それは正確じゃないな。彼の相手は一度に二一人だったってわかってるんだよ。常にその数を保ってた。
15：二一って数字はいい響きだ。
43：クズ野郎だとは思うけど。

15：あんたよりはましって気もするけどね。

43：ああ、確かに僕は最低さ。もう行くよ。

15：ごめん、言い過ぎた。続けてくれ。

（沈黙）

15：あんたのアクセント、好きだな。

43：僕のアクセント？

15：上品な話し方だと思う。

43：ああ、そういうこと。君はスティーヴン・フライみたいな話し方がしたいんだろ？

15：悪い？

43：いや、そうじゃなくて。

15：ただ、父さんのような話し方は嫌なんだよ。父さんと正反対の話し方がしたい。

43：それとこれとは別の話だな。それに父さんと正反対って、それはあり得ない。

15：努力する価値はあると思うけど。

43：時間の無駄だな。目を閉じてみて。そしてピンクの象のことを考えないようにするんだ。

15：何だって？

43：目を閉じて、そしてピンクの象のことを考えないようにするんだよ。

15：わかった……（目を閉じる）

43：何考えてる？

15：ピンクの象のこと。

43：つまり……もう目を開けて。つまり、そういうことだよ。考えないようにしようと思うほど、考えてしまう。君は父さんのことを典型的な北部の男だと思っている。乱暴で、女性を軽んじる大酒飲み、そういう男だと思っている。そして君は、この二五年くらい、「ああいうふうにはなりたくない」と思って生きてきた。

15：それで？

43：見事に失敗したのさ。

15：他の男たちと何ら変わらない、マッチョでインチキな最低野郎になったってことか。

43：他の男たちが皆、君の思うような最低な人間ってわけじゃない。まあ聴いてくれよ。僕は、テレビのチャリティ・イベントでダンスをした。そのダンスは大成功したんだ。大勢の人が褒めてくれた。でも、僕にとって本当に大事だったのは二つのメッセージだ。一つはスティーヴン・フライからの、もう一つは父さんからのメッセージだよ。そして、父さんからのメッセージの方がはるかに大事だった。僕は父さんから褒められたいと思っていたから。君は、君が思っているよりも父さんに似ているんだ。

15：母さんはどう言ってた？

43：何だって？

15：そのダンスだよ。母さんはどう言ってた？

43：母さんは、そうだな……。

15：母さんは気に入ってくれたかな？
（沈黙）
43：そう思う。
15：（43を見て）どうしたの？

『レッツ・ダンス・フォー・コミック・リリーフ』出演の一年ほど前、僕は結婚してはじめて車を運転した。ネイビーブルーのアウディA3、アビーが父親からプレゼントしてもらった車だ。その時、僕は一人で車に乗っていたのだが、不思議なくらい上機嫌だった。いったい何がそんなに嬉しいのだろうと僕は思った。タダで車が手に入ったからだろうか。確かにタダで車が手に入るのはありがたい。アビーの父親は仕事を引退したばかりで、もう車はいらないのだと言っていた。そうだ、しかも、この車はタダなのにもかかわらず、申し分のない車だった。小さいボディには不似合いな大きいエンジン。僕が一七歳の時に母の遺産をつぎ込んで買った中古の日産チェリー、愛称「チェズニー」よりもずっとスポーティーな車だ。でも、あれ、何かがおかしい。変な音がするぞ、何だろう。

　コツンという音がする。ああ、そういうことか。アビーと僕が結婚したのはもうしばらく前のことだったけれど、僕はその時はじめて、結婚指輪をしたまま車を運転していたのだった。ギアチェンジをする度に、指輪がシフトレバーに当たって音が出ていた。その時、急に自分が七歳くらいの頃のことを思い出した。僕は車の後部座席にいて、母が車を運転している。僕は毎週末、新しく住み始めたばかりの家と、隣村のゴルフ・クラブの間を車で母に送り迎えしてもらっていた。そのゴルフ・クラブのキッチンで祖父母（と、トルーディーおばさん）が働いていたのだ。何度も繰り返された旅だ。僕にとって、指輪がシフトレバーに当たる「コツン」という音は、子供時代の幸せな一時を象徴する音だった。母と僕が二人きりの時に聞こえる音だったからだ。「物静かな子」「痛々しいくらいに内気」「いるんだかいないんだかわからない」僕はずっとそういうふうに言われて育ってきた。でも、母と二人きりで車に乗っている時はまったく違った。特に、ノイズ混じりのロッド・ステュアートの「セイリング」がＡＭラジオから流れてきた時は違っていた。ロッドと一緒に僕たちも歌う。その楽しさは、決して運転がうまいとは言えない母と車に乗っている時にしか得られないものだった。「さあ、船を出そう！《ウィー・アー・セーーイリング》」（母がギアをセカンドに切り替え、コツンと音がする）、「さあ、船を出そう！《ウィー・アー・セーーイリング》」（サードに切り替え、またコツン）、「この海を越えて！《クロース・ザ・ウォーター、トゥ・ザ・シー》」（コツン、母が左折をしようとして、エンストする）、「私たちは……」（コツン、ハンドブレーキを引き、キーを回す）、「船を……」（コツン、キーを回す、チョークを引こうとして、ワイパーを動かしてしまう）、「あなたの元へ……《トゥ・ビ・ニア・ユー》」（見事、エンジン再始動、ワイパーが止まる。コツン。ギアを一速に入れる）「自由になるために！《トゥ・ビー・フリー》」

　僕はその車の中が好きだった。そこには大人の男がいない。自分の他に男の子もいない。僕は男の子として振る舞うことが上手ではなく、大人の男は怖かった。

　そして、特に怖い男が一人いた。

「もしもし、父さんだ。今頃パブにいるのかな。お前のダンスを会場で見たぞ。あの、コミック・リリーフってやつだ……すごかったなあ。いやあ、ほんとに見事だった。見事だったよ。インタビューされているのも見たぞ。俺がどう思ったか気にしているみたいだったな。ああいう衣裳だったからって。いや、かっこよかったぞ！　ステージの上のお前はすごかった。笑いが止まらなかったよ。自慢の息子だよ。いくら褒めても足らないくらいだ。俺がどういう男か、お前はよく知っているだろう。相変わらずの嫌な奴さ。まあせいぜい好きなように生きて、たぶん一人で死ぬんだろうな。ははは……本当にお前は自慢の息子だよ、ロブ。……お前が小さい頃、家庭を顧みなかったのは申し訳ないと思っている。でもな、どうしようもなかったんだ。どうしようもなかったんだよ。まあ、このくらいにしておくよ。俺のために一杯飲んでくれ。わかるだろう、俺の気持ち。じゃあな、ロブ、じゃあ」

　僕は父に電話をしなかった。メッセージを聴いて、どうすればいいかわからなくなったからだ。

　今ならどうすべきかわかる。この本では、そういう話をしようと思う。

第一幕

第1章 「男は父親のようにはならない」

「歴史の教師とは何者か？　過ちを教える人だ」

グレアム・スウィフト『ウォーターランド』

「ウェッブにパスしろ！」ピート・ガーヴィーは叫んだ。「ウェッブはまだ蹴ってないんだよ！」一九八四年のことだった。僕は当時、グラマースクール〔十一歳から十六歳までの中等教育課程〕にいて、その日は最初の体育の授業だった。ピートはまだ、僕と知り合って一週間ほどだったこともあり、「ウェッブにパスしろ！」とは言ったが、自分が僕にどれほどの難題を与えようとしているのかはわかっていなかった。

誰かがボールを僕にパスしたら、また、そのボールを僕が蹴ろうとしたら、どういうことになるかも、当然、ピートは知らなかった。小学校が違ったので、僕がどんなやつか知らなかったのだ。僕は、常にどんなスポーツでもクラスで二番目に下手だった。一番下手だったのはマーク・シャープで、マークは脳性麻痺だった。ただ、ピート（「ガーヴィー」と呼ぶべきかもしれない。この学校では、女子は互いをファースト・ネームで呼ぶのに、男子が自分のファースト・ネームを耳にすることはまずなかったからだ）は、そういう子がそばにいれば、クラスで真っ先に助けるような優しいやつだった。僕としてはそれが悔しかった。

「大丈夫、あんただって、そのうちブライアン・ロブソンみたいにすごくなるから」トルーディーおばさんは、僕の新しい持ち物に〝Ｗｅｂｂ〟という名札を縫い付けるとそう言った。おばさんは愛情をこめてきっちりと縫ってくれたのだけれど、「ウェッブ」という名前は軽すぎて、その縫い目にはどうも不似合いな気がした。ブライアン・ロブソンという名前は聞いたことがあった。あと話によく出てきたのは、ルーサー・ブリセットという名前だ。二人の共通点は、どちらもサッカーのイングランド代表に選ばれたということ。その二人の名前を出したのは、一応、ジョークのつもりだ。その時の僕らのユニフォームは青くて、襟のところが白くなっていた。こういうユニフォームのチームはどこだろう。イングランド代表でないことは確かだ。エヴァートンだろうか。ニューカッスル・ローヴァーズか。それともデンマーク代表か。

ただ、その時、僕はユニフォームの上を着ていなかった。九月はじめの午後で暑かったこともあり、体育教師のミスタ・レイトンの指示で脱がされたからだ。先生は、チームを区別しやすいよう、一方のチームの子供たちだけに上を脱ぐよう指示した。「シャツ」のチームと「裸」のチームでわかりやすいということだ。しかし、色つきの腕章もあったのに、あれはどうしたのだろうか。小学校の時みたいに色つきのたすきを肩からかけてチームを区別することもできたはずだ。なのにどうしてそうしなかったのだろうか。とにかく僕らは短パンとブーツという格好でサッカーをさせられていた。僕に言わせれば、これはまるでヒトラー・ユーゲントだ。僕は両腕を脇腹にくっつけた妙な格好で走り回っていた。そうしないと、あばら骨が目立ってみっともないと思ったからだ。一一歳の頃の僕の身体は、まるで庭掃除に使う熊手のようだった。綿をたくさん貼って緑に塗れば、そのまま大きなクリスマスツリーにでもなれそうだった。

ロングパスが来た。僕は、弧を描いて自分の方へ飛んで来るボールを見ていた。でも、ただボールが来るのを待っているわけにはいかない。それは手足の麻痺したヌーディストがスズメバチに遭遇し、本当は窮地に追い込まれているのに、何もせずスズメバチが近づいて来るのを待つようなものだった。僕のところにパスが来るまでには、とんでもなく長い時間がかかった。僕が「いい場所」を探して移動していたからだ。それは僕の得意技だった。こういう時、僕は必ず、いい場所を探す。いい場所とはこの場合、コート内でゲームに一切影響しなさそうな、僕が立っていられる場所のことだ。僕は飛び跳ねるようにして、その場所へと移動する。その時はさぞ緊張した、必死の形相になっていただろうと思う。なぜ必死になるのか。それは、たとえ空いている場所があったとしても、油断をすればあっという間に誰か他の子に取られて塞がってしまうとわかっているからだ。いい場所が塞がってしまえば、僕はボールに触らざるを得なくなる。その事態を避けるため、いい場所が移動すれば、僕自身もそれに合わせて動くのだ。

しかし、その日はどうも目測を誤ってしまったらしかった。素晴らしくいい場所どころか、そこそこの場所すら見つけることができない。ボールはみるみる近づいて来る。それが実に素晴らしいパスだということは僕にもわかった。まずい。困ったことに、僕の脚は棒のように動かなかった。まるで閂《かんぬき》か何かで固定されたかのようだった。少しの間、僕は自分の左右を見た。たぶん、敵の選手がボールを横取りしてくるのを警戒しているように見えただろう。本当は、敵の選手がどうにかボールを横取りしてくれないか、と必死の思いで見ていたのだ。でも、だめだった。誰も横取りできるほど近くにはいなかった。そこにはただ僕とボールがあるだけだった。そして、そんな僕を心から信頼しているピート・ガーヴィー。全員が僕を見守っていた。

思わず腕を上げて乳首を守りそうになるが、僕はほとんど全神経を集中させてその衝動に抗った。同時に僕は右脚を伸ばして前に出し、何とかボールを止めようとした。もちろん、ボールは僕の脚のすぐ下で地面に落ち、弾んでピッチの外に出てしまった。それで十分惨めなのに、ご丁寧にも僕はバランスを崩して、尻もちをついてしまった。

唯一の慰めは、立ち上がった時に僕の膝に泥がついていたことだ。これで一応、他の子たちと膝だけは同じになった。いつもなら、誰も見ていない時にわざと地面に膝をついて泥をつけたりするのが、今日はそれをしなくていい。笑われるのは慣れっこだったが、その日の笑い声も特別に残酷なものというわけでもなかった。ピートは僕に向かって大声でこう言った。「サッカーはあんまり得意じゃないみたいだね、ウェビー」僕は精一杯、虚勢を張って、オスカー・ワイルドばりの返答をした。「ああ、あんまりね！」言いながら、自分の鼻から音がするのに気づいた。ピートの優しさに泣きそうになったらしい。当然、こんなところで泣くわけにはいかない。そんなのは、詩に興味を持つことや、シャワー中に勃起することと同じくらい恥ずかしいことだ。

グラマースクールに入って日常に新たに加わった地獄が、共同のシャワーだった。体育が終わると毎回、その時間がやって来る。僕にとっては、それが自動車事故の後始末と同じくらい面倒で憂鬱な作業に思えた。家なら、バスルームの扉の鍵はいつもかけたままだ。その時以外で、僕は決して、服の上下を同時に着替えることはなかった。つまり、僕は決して裸にはならないということだ。更衣室では、ベンチからシャワーまで歩く時、ずっと自分の素足を見ていなくてはいけなかった。タイル張りの床から時々、釘の頭が出ているからだ。そんなものをうっかり踏んでしまったら、心臓発作を起こしてしまう。自分と同じ一一歳の少年たちの叫び声が更衣室にこだまするのも苦手だった。どうしても怯えているのが態度に出てしまう。それから、ラルゲックス〔消炎スプレー〕やライト・ガード〔消臭効果のあるシャワージェル〕の鼻をつくにおいにも悩まされた。同級生の中には、そういうにおいをむしろいいと思って積極的に出している子たちもいた。僕はその頃、わずかながらようやく生えてきた陰毛をとても誇らしく思っていた。とはいえ、その見た目は、きつすぎるパーマをかけられて帰って来たばかりの九〇歳のおばあちゃんの頭のようだった。毛はまばらに生えているだけなので、基本的には何もないのに近いし、それは見ればよくわかる。そして僕らは当然、こっそりと互いの股間の状態をチェックしていた。

僕は、自分のペニスが特に小さいわけでも、また特に大きいわけでもないのを知って安堵した。でも、僕が絶望的なほどのやせっぽちであるという事実に変わりはなかった。その年のナンバー2ヒット、シニータの「ソー・マッチョ」には大きなショックを受けて、なかなか立ち直れずにいた。歌の歌詞を聴けば、彼女が何を求めているのかは明白だった。「体重が七ストーン（約四四・一キログラム）なんて痩せっぽちには興味がないの／それから自分のことを女の子だと思ってるような男もね……」

運動場では、その後も僕は恥ずかしいヘマをした。審判とコーチ役を務めていたミスタ・レイトンは、僕をからかった。「なんだなんだ、ウェッブ。小さい頃、母親に頭から落とされたのか」彼の笑顔は、俺はユーモアのある面白い教師なんだと自分で思っている教師がよく見せる表情だった。実際、それはその週に先生に言われた中でも一番やさしい部類に入るセリフだったので、僕は微笑みを返した。
「もしそうだとしても、お前はもう覚えてないだろうけどな」先生はつけ加えた。オチのつもりだったらしい。それから一時間くらい、僕は自分があのオチを言ってやりたかった、と思いながら過ごすことになるのだ。

　階段から落ちたことはあった。誰かが突き落としたわけじゃないし、僕はその時のことをちゃんと覚えている。それはミスタ・レイトンに言っておきたい。人生最古の記憶というのはたいていドラマチックなものだけれど、僕のそれもご多分にもれず劇的だ。母は階段の下にいた。父も同じ場所にいた。父、ポールもやはりミスタ・レイトンの生徒だった。先生にとってはもう一人のウェッブということになるだろう。そっちのウェッブはサッカーが得意だったし、それだけでなく、先生の教えたあらゆるスポーツが得意だった。

　とはいえ、父がそれを自慢したことはまったくない。あまり自己顕示欲が強い人間ではないのは父のいいところの一つだ。父、ポール・ウェッブには他にもたくさんいいところがある。それは確かだ。でも、ここまでは何とか書かずに来たけれど、残念ながら、ポール・ウェッブにも控えめに言ってよくないところはある。

「紫だ」僕は階段の最後の何段かを転げ落ちながらそう思った。口に出して言ったわけではないと思う。もし言っていたら、二歳児にしてはとてつもなく早熟ということになる。それに、そんな余裕はいずれにしてもなかっただろう。階段を落ちながら、家を揺るがすほどの悲鳴を上げていたはずだからだ。紫だったのは階段だ。固くて急な階段で、敷いてあったカーペットはところどころほころびていた。そのカーペットが紫色だったのだ。落ちながら、僕はそのカーペットをよく見るはめになった。また、膝や肘、頭で立て続けにそれに触れることになった。階段は末広がりになっていて、下の方の段は少し曲線になっていた。僕が居間に叩きつけられるまさにその瞬間、母はそこに来て僕をすくい上げた。僕を慰め、勇気づけながら、母は傷や骨折などがないか確かめた。母はずっとその間、僕に同情する気持ちを表す声を出していた。僕にもし二歳の子がいて、階段から落ちたとしたら、やはり同じ声を出すだろうと思うような声だった。ただ僕はすぐに、母の声とは違う別の音がするのにも気づいた。それは父の出している声だった。父は笑っていた。「おお、かわいそうに」そう言いながら、髭の下の口からは楽しそうな笑い声が出ていた。「おお、かわいそうに、ははは」

一七年後、同じ部屋にスーツケースを置いた僕は、階段のカーペットが張り替えられていることに気づいた。紫から、老人ホームでよく見るような青に替わっていた。父が言いにくそうに「女友達」と呼んだデリアという女性が目に入った。

「ここに戻って来たら、色々なことを思い出すでしょう」デリアは僕に気を遣ってそう言った。デリアに対して悪い感情は持っていなかった。父には、母と結婚している時から何人も「女友達」がいたが、デリアは彼女たちの一人ではなかった。それでも母はいつも彼女のことを「デリラ〔旧約聖書に出てくる悪女の名前から転じて「裏切り女」の意味〕」と呼んだし、「見ると必ず歯に口紅がついている」と言っていた。

「僕はこの階段から落ちたんだよ。二歳の時だった」僕はそう言った。

「あらまあ」デリアが驚いて言った。「二歳の時だったなんて、どうして覚えてるの？」

「きっと母さんにそう聞いたんだと思う」

ここで母のことを口にするのはあまりいいことではなかっただろう。それはゴック・ワン〔どぎつい物言いで人気の中国系スタイリスト。二〇一六年に死去した米国人歌手プリンスの熱狂的なファン〕に向かって「僕はプリンスとよく遊んだもんだよ」と言うようなものだ。デリアはしばらく自分の靴を眺めていたが、やがて顔を上げて優しい微笑みを僕に向けた。

父がいつの間にかそばに来て、話を聞いていた。「階段から落ちたなんて、俺は覚えてないな」父は楽しげにそう言った。

「そうだろうね」

「きっと俺は酔っ払ってたんだな」

「きっとそうだよ」

「ははは。まあ、とにかくまたうちに戻って来たんだ。仲良くしようぜ」

最後のセリフが果たして功を奏したのか、デリアは不安に思っているようだった。父は自信たっぷりだったけれど。デリアはまた微笑んだ。僕は彼女の歯を見ないように努力した。

「ああ、そうだね」僕は言った。

「スリーヴ・モイン」と呼ばれたその家は、よちよち歩きで階段からも簡単に転げ落ちる幼い頃に住んだ、僕にとっての最初の家だった。そして、自意識過剰だった十代後半の頃、三番目の家にもなった。その間にはさまるのは基本的には幸福な物語だけど、エンディングは悲しいものになった。ここに書いている話は、まさにその悲しい部分から始まって、幸福な現在へと続く話だ。だが、ここでは先を急ぎすぎないようにしよう。

リンカンシャーはイングランド東海岸にある大きな郡部だが、ほとんど注目されることのない地味な土地だ。北部と言ってもいいくらい北に位置しているが、厳密には北部に属してはいない。ヨークシャーやタインサイドとは違う。僕が育ったところからは、「リンカンシャー・バイパス」とも呼ばれるA―1という幹線道路までもだいたい一時間くらいかかる距離があった。ある種の孤立した感じが土地に独特の個性と美しさを与えていたが、同時にいくつかの問題の原因にもなっていた。

スリーヴ・モインは、ウッドホール・スパの村の中にあった。コンサヴァティヴ・クラブ、ゴルフ・クラブ、ティー・ハウス・イン・ザ・ウッズ、ダワー・ハウス・ホテルなど、テューダー朝風を模した堂々たる建物が並んでいるところからも、保守党支持が圧倒的な、体面に重きを置く土地柄がうかがえる。僕はごく幼い頃、その風土を好ましく思っていたし、また当たり前のものだとも思っていた。イングランドはイギリスの中でも一番「普通」の場所で、リンカンシャーはそのイングランドの中でも「普通」、そしてウッドホールはリンカンシャーの中でも一番「普通」の場所だと僕は感じていた。だが何年かすると、僕はウッドホールを、とても辺鄙なところだと認識し始めた。『スター・ウォーズ』のルーク・スカイウォーカーにとってのタトゥイーンと同じく、銀河の輝かしい中心から遠く離れた惑星のように感じたのだ。でも今は、幼い僕にとってはやはりウッドホールこそが宇宙そのものであり、僕はその場所に完全に満足して生きていたのだなと思う。ただ、問題が一つだけあった。僕が最初に見たルークは、タトゥイーンにいて、どこにいるかもわからない謎めいた父親との間に葛藤を抱えていた。幼い僕にとっての問題も父だった。ただし、姿の見えないルークの父とは正反対で、僕の父は目の前にいて、その存在があまりにも大きすぎた。父こそがダース・ベイダーなのではないか、と思ったほどだ。もちろん、「ポール・ウェッブ」が本当の名前だと知ってはいるし、こんなふうに考えること自体、バカげているのは知っている。シスの暗黒卿は、絶えず酔っ払っていたりはしない。

もしかすると、僕こそがダース・ベイダーで、父はオビ＝ワン・ケノービなのかもしれない。僕は自分がこんなふうに言っている場面を妄想する。「戻って来ない方が賢明だったな、オビ＝ワンさんよ（呼吸音）。最後に会った時、俺はまだほんの子供だった（呼吸音）。だが今の俺はマスターで、お前はただの老いぼれだ。ばかばかしい。俺はちょっと親指を切られただけだ。その血まみれのライトセーバーも、そろそろヒューズを交換した方がいいんじゃないか」

幼い頃の話をしよう。一九七〇年代の半ばだ。僕は母とダース・ベイダー（父）、そして二人の兄、マークにアンドリューと暮らしていた。

その頃、住んでいた家の様子を頭に思い浮かべてみる。まず、上の階には寝室が三つ並んでいた。一方の端の、『くまのルパート』の壁紙を貼った小さな部屋は僕ので、中間の部屋は両親の、そしてもう一方の端はマークとアンドリューの部屋だった。二人はどちらもデニムのベストを着て、時々、スケートボードで殴り合いの喧嘩をしていた（男兄弟が大きくなるとどこもそんなものではないだろうか）。家の煙突からは煙が上がっている。頭に思い浮かべる家だから、ぜひそうであってほしい。煙が上がるのは、父が「デイリー・メール」紙〔イギリスのタブロイド紙。読者は保守的傾向〕を開いて手に持って暖炉をあおぎ、火を強くしていたからだ。父は時折、火から目を離す。テレビに出ているジェームズ・キャラハン首相に向かって怒鳴るからだ。すると、手に持っていた新聞に火が燃え移ってしまう。結局、父はその新聞をまとめて火に放り込まざるを得なくなる。その新聞もすぐに燃え上がって、やがて煙となって煙突から出ていく。

最初に火をつける時、父は自分でチェーンソーで切った丸太や木の枝を使う。使い終わったチェーンソーは勝手口に立てかけてあるが、本来それは、父が近くの地所で木を切る仕事をするのに使うものだ（父は木こりだった）。母は狭いキッチンで、電気コンロに向かって立っている（母親とはそういうものだからだ）。茶色の液体の入ったソースパンにバードールのグレービーソルトを入れてかき混ぜる。

僕の頭の中で、母は止まったまま動かない。だが、実はこの時、母の手は震えていたのだ。母は、父が日中ずっとパブにいて、何かの理由で例のごとく機嫌を悪くして帰って来たことを知っていたからだ（父親というのはそういうものだ）。ティータイムに二人の兄のうちの一人が口に食べ物を頬張ったまま話をした時や、テーブルに肘をついていた時、父がその場にいればすぐに椅子から転げ落ちるほど強く殴った。母はそんな時、父に対して怒鳴ったのだが、残念ながら、母の声はもちろん父ほど大きくはなかった。父ほどの大声を出せる人間はいないし、父ほど強い人間もいない。だから、父は家族の責任者なのだ。兄たちが怒られ始めると、やがて末っ子の僕は泣き出すのだが、するとだいたいいつも兄たちから静かにしろと言われてしまう。兄たちにしてみれば、自分たちが泣かないよう我慢しているのに弟が泣くのが腹立たしいのだろう。特に父がいる時、泣くのは得策ではないと兄たちは学んでいた。

それから何年かして、ごく稀に父のことが家族の話題にのぼると、いつも言われたのは「ロバートは怒られないよう、うまくやっていた」ということだ。父が言葉に詰まり、暴力に走った時、被害者になるのは主に、兄たち、マークとアンドリュー（二人はそれぞれ僕より六歳、五歳上だ）だった。実は、父自身も、父親のロンから同じような扱いを受けていたという。

僕は幸運だったと言っていいだろう。それでもたまにはひどい目に遭うこともあった。あれは夏のことだ。僕は、テレビドラマ『６００万ドルの男』を見ていた。それはちょうど主人公がサスクワッチと闘っている場面を見ていた時だ。突然、僕の身体はあり得ないほどの高さまで持ち上げられた。そして、ちょうど近くにあった僕の短パンで何度も脚を殴られた。元いた長椅子に落とされた僕は、ネイビーブルーの短パンを裏切られた気分で見つめた。自分の服で殴られるなんて。その短パンのポケットには、ウッディ・ウッドペッカーの絵がついていた。とにかく父は何も言わずにそれで僕を殴ったのだ。その数秒前まで、僕はテレビのスティーヴ・オースティンを見ていた。なぜ殴られたのだろう。その直前に何かをこぼしたのか、それとも何かを壊したのか。火かチェーンソーに近づきすぎたのかもしれない。本当のことは誰にもわからない。なぜ体罰を与えるのか、その理由を子供に話すのは、ポールにとって親としての威厳を損なうことだったのだろう。

スリーヴ・モインにはもちろん、楽しい思い出もあった。たとえば、テレビで『オポチュニティ・ノックス』〔スター発掘番組〕を見る時は、母の好きなベルニ・フリントが出てくるたびにいつも僕らは一緒に歌った。うちにはじめてコンチネンタル・キルト（羽毛布団）が来た日のあの嬉しさ。あの布団はすぐに兄たちと紫の階段を滑り降りるそりとして使った。積もった雪で遊んだこと。庭で遊んだこと。とにかく、父さえ家にいなければ、僕らはその年頃の子供らしいすべての楽しみを享受できた。

　正確に言えば、父にも優しい時はあった。たとえば、機嫌がいいと僕の前で身をかがめ、大きなこぶしを僕の鼻の前まで持ってきて、わざとドスのきいた声でふざけて「坊主、俺のげんこつのにおいでもかいで震えてな！」なんて言ったりした。僕は長い間、父の言葉の意味がわからなかった。「ゲンコツノニオイデモカイデフルエテナ」と単なる一続きの音の塊に聞こえてしまっていたのだ。それは僕にとっては優しい音の塊だった。父が僕を笑わせようとする時に聞こえる音だったからだ。そして実際、僕はその音でいつも笑った。

　しかし、あまり言いたくないが、その家での僕の最初の五年間は、どちらかといえば悪夢の日々に近かったと思う。本当の悪夢を見ることは、ある方法を使えば避けられた。その方法とは、寝室のカーテンを絶対に完全に閉めず、必ずわずかな隙間をあけておくことだった。ベッドから遠い窓にかかった茶色のカーテンを完全に閉めると「カーテン人」が現れてしまう。カーテン人は四人か五人の大人で、影しかない。カーテンの上に影として現れ、僕がこれからどんな悪夢を見るのかを静かに話し始める。理由はわからないけれど、カーテンに隙間があると、カーテン人たちの登場は阻止され、悪夢は見ずにすむのだ。だが、本当の問題は、夜に見る悪夢ではなかった。夢は所詮、空想でしかない。困るのは昼間の現実の方だ。怖いのは幽霊ではなく、実体のある人間の方だ。その人間から逃れることは不可能だった。

　ＳＦホラーのようなことが現実に起きている日々だった。その中でもよく覚えているのは、「8と2の話」だ。五歳の頃、家族が僕を居間に座らせ、鉛筆と紙を渡したことがあった。そして父が僕に向かって大声で言った。「数字の8を書いてみろ！　それと2だ！」小学校に行き始めたばかりの僕〔イギリスでは五歳から一一歳までが初等教育〕がどうも学校の勉強にうまくついていけていないようだと知った父は、僕の数字の「8」と「2」の書き方がおかしいことに着目した。いや、「8」は一応、書けたのだ。でも、僕の「8」は丸を二つ、縦に並べたものだった。セントアンドルーズ英国国教会小学校の担任のミスタ・モースは、それを「悪い癖」だと言い、正しい字を書いているとは認めてくれなかった。かくして我が家では、こういう感じのやりとりがなされることになった。

父：8を書け！　2を書け！

母：だから書こうとしてるじゃないの。怒鳴ることないでしょ！

父：とりあえず、8だけ書いてみろ！

（五歳の僕が泣きながら、8を書く。丸を二つ並べて書いてしまう）

父：そうじゃない！　ちゃんとした8を書くんだよ！

（五歳の僕は鼻水を紙に垂らしてしまう。そして、変な三角を紙に書く）

父：おい何のつもりだ！　8を書けよ！

マーク：それと2だ！

（一一歳のマークは、父に少しでも褒めてほしくて、加勢し始める）

父：どうしてこんなことができないんだ。8を書けばいいだけだぞ。

マーク：2でもいいぞ、ロビー！　2を書いてみろよ！

（母は僕を膝の上にのせる。僕はもう終わったのだと思う。テレビのシチュエーション・コメディならここ

でしばらく沈黙し、スタジオにいる聴衆がクスクス笑い始めるところだ）
母：ほら、2を書いてみなさい。
（僕はすっかり脅えてしまい、どうにかぐにゃぐにゃの2を書く）
父：2を書け！
母：上手じゃないけど、2は書いたのよ。
父：もう一回書いてみろ！
マーク：8でもいいぞ！

その翌週くらいに、父はチェーンソーを持って仕事に行き、自分自身の親指を切り落としてしまった。午後をパブで過ごしたあとの出来事だった。幸い、切り落とした親指はすぐに縫いつけられ、ほぼ元通りになった。まったく、ダース・ベイダーならライトセーバーの扱いに気をつけないといけない。

こうした日常が繰り広げられる間、アンドリューはいったいどこにいたのだろうか。僕はよく知らない。たぶん、二階の部屋でAᗺBAでも聴いていたんだろうとは思う。ただ僕は、母やマークを責める気にはなれない。読者の中には家庭内でもっとひどい目に遭った人はいるだろうし、そういう人なら、これを読んでも「大したことないな」と思うに違いない。あるいは、母が、少しの間であってもこんな父との暮らしに耐えていたのを不思議に思う読者もいるだろう。本当は、家族全員がただ父をひどく恐れていただけだ。いずれにしろ、この頃すでに母はこの日々を終わらせるチャンスをうかがってはいたのだと思う。具体的な計画も立てていたはずだ。小学校の最初の学年が終わる前に、母は父と離婚し、父は家を出て行った。

親にとって、怒りを込めて本を書く息子ほど恐ろしい存在はないかもしれない。だから、僕はできるだけ公平であろうと心がけている。僕は何も、ここで父を一方的に断罪しようというわけではない。むしろ僕は父を理解したいと思っている。ここまでに書いた所業だけを見ると、父のことを暴虐だと思う人も多いだろう。だから埋め合わせに、ポールは決してサディストなどではなかったとここで言明しておく。まず、僕が階段から落ちた時に父が笑っていたのは、父なりに痛みを軽く受け流す方法を僕に教えようとしていたと考えることもできる。この世界は過酷な場所だ。だが、何か苦しいことがあっても、ポールのような男は、軽く肩をすくめてやり過ごすだろう。父は――あまりにやり方が不器用だし、拙速すぎたとは思うが――僕を強い人間にしようとしていたのだ。広い意味では僕を守ろうとしていたと言えないこともない。

かわいそうな父。小さな男の子を抱え、妻はあまり従順とは言えなかった。仕事は危険なものだったし、一家の大黒柱という孤独な役割を担っていた（父が自ら進んで担っていた役割だが、そうすることを皆から期待されてもいた）。酒飲みだが、当時の水準から言えば大きな問題とは言えなかった。父は、自分のすべきことをしていた。懸命に働いていたし、酒を飲むのも、周りの皆に合わせるためという面はあったと思う。三人の息子をよくしつけてもいた。ただ、妻をうまくしつけることはできなかった。一九七四年、父は寝室の窓に保守党の選挙ポスターを貼ったが、母はその時、隣の部屋（僕の部屋だ）の窓に労働党のポスターを貼った。

父の落胆はどれほどのものだっただろうか。彼女は教会で、自分に「従う」と約束したのではないのか。それは彼女には守ることのできない約束だった。父自身が約束をいくつも破っていたのだから、余計にその約束は守られなかった。

結局、「まだ一九七〇年代だった」としか僕には言えない。その当時、僕が誰かに「これからウッドホール・スパに行くんだ」と言ったとしたら、「ウッドホールに行くんなら、ポール・ウェッブってやつを訪ねな。一緒に酒を飲むのにも、バカをやるのにも、喧嘩をするのも、最高の相手だよ」なんて言われたかもしれない。ただ、僕は同じようなことを一九九二年になっても言われた。僕はその時、一九歳で、また父と暮らすことになった。先ほど書いたとおり、元住んでいた家にスーツケースを持って戻って来たのだ。紫だった階段は青に変わっていた。地元のパブに行き、父くらいの年齢の人と話すと、七〇年代当時、父が皆からどのように思われていたかを聞くことになった。そういう話を聞くのは僕にとって嬉しいことだった。その人は僕がポールの息子だということを知っていた——そこにいる誰もがそれを知っていた——のだけれど、昔のポールの話をすると僕が辛い過去を思い出してしまうかもしれない、などという気遣いは一切しなかった。僕はひたすらうなずきながら、話を聞いた。彼は僕に一杯おごると言った。「ポール・ウェッブの息子には、何だっておごっちゃうよ！」僕は素直に申し出を受けることにした。そして、またひたすらうなずき、話を聞いた。

父がパブで一緒に飲んでいた人たちにとても好かれていたというのは、この人に会う前から、もう何年も前から知っていたことだった。タブロイド紙風に大げさに言うなら、父はいわばそこでは「伝説の人」だったのだ。伝説というのは、どれほど真偽の疑わしいものであっても、どこか魅力的なものだ（たとえば宗教がそうだ）。おごってもらった酒を飲みながら酔っ払いの話に耳を傾けているうち、僕は不思議に父を誇らしく思った。少なくとも、父が有名人であることは確かなのだ。何かというと喧嘩をし、すぐに女に手を出し、そしてとにかく口が達者。たとえそんなことで有名だったとしても、有名なのに変わりはない。自分の力、行動で名を上げたのだから、それだけの価値はあるのではないか。父の友人をはじめ、同時代の人たちすべてに同じことが可能だったはずだし、おそらく多くの人が同じことをしようとしたに違いない。でも、父ほど見事にそれをやってのけた人はいなかった。そして一九歳になった僕は、おごってもらった酒を飲みながら、まだ生きている自分の親との妥協点を探そうとしていた。それはいいことなのではないかと思っていた。

　四月だった。母はその二年前の同じ週に亡くなっていた。

　その夜、父は僕とは違うパブにいた。テレビのすぐそばにいた僕の前に新しいラガーが置かれた時、僕はこのおじさんに、もう少しで母が亡くなった時のことを笑い話のように語りそうになった。ふらつく足で家に戻る時、僕は帰宅をどこかで楽しみにしている自分に気づいた。スリーヴ・モインが近づいてきた時、僕は戸惑いを覚えた。パブで聞いたことを父に話すべきか迷っていたわけではない。自分が求めているのは、果たして父と子の絆を強めるような行動なのかどうか、わからなくなったのだ。パブで聞いたことを話せば、父が喜ぶのは間違いないだろう。二人とも酔っているのだし、それで雰囲気がとてもよくなるのはわかっていた。父が嫌がるわけはない。もちろん、実際に父がしていたのはろくでもないことばかりだ。パブで喧嘩をして（しかもとことんまでやめない）、母も裏切っていたのだから。歩道脇の溝に気をつけながら僕は歩いていた。溝の手前にはわずかな突起もあり、つまずきそうで危険なのだ。しゃっくりがさかんに出る。闇の向こうから車が現れた。ドライバーはヘッドライトをローにしている。歩行者の目がくらまないよう配慮していたのだろう。人は優しいものだ。言いすぎかもしれないな。少なくとも優しい人はいる。そんなことを思いながら、ふらふらと歩き続ける。

家に入ると、父がいた。テレビでボクシングを見ている。

「気分はどうだ、ロブ。今ちょっとボクシングを見ていたところだ。楽しい夜だったかい？」

「うん、楽しかったよ。ありがとう、父さん」僕は大声で、力強く言い切った。大声で話す必要があった。父は防音具もつけずに長年チェーンソーで木を切ってきたせいで、父の耳はすっかり遠くなっていた。力強く言ったのは、父はそれを望むだろうと思ったからだ。僕もそうしたいと思っていた。特に今夜は。

「パブにはどんなやつがいた？」

僕は冷蔵庫からビールを出して居間に入った。8と2を書かされた部屋であり、ウッドペッカーの短パンで殴られた部屋でもある。母が父から僕を守ろうとした部屋であり、大きくなってからは僕ら兄弟が母を父から守ろうとした部屋だ。僕らの愛した大事な母。僕の動きはとてもスローになっていた。わざとそうしていたのだ。ぼんやりと、なぜこんなことをしているのだろうと自分でも不思議に思っていた。なぜこんなに心臓が高鳴るのか。自分の家に帰っただけなのに。

父は、何脚かある背もたれが真っ直ぐなダイニングチェアの一つに脚を組んで座り、片方の肘を食事をするテーブルの上に置いていた。自分でそれをするんだ、テーブルに肘をのせるなとあれほど厳しく言っていたのではないのか、と思った。僕は父の周りを歩いて、綺麗になでつけられた茶色の髪を見た。そして、父と向かい合うようにして座った。父は四八歳で、まだ強かった。痩せていて動きも敏捷だった。とはいえ、昔ほどではなくなっていた。僕はテレビを見ている父をじっと見ていた。

僕はこう話し始めた。「そうだね、いたのはだいたい常連だと思うよ――ウィルにデイヴ、それから一人、知らないおじさんがいた。その人、父さんが昔どれだけすごかったか、って話をしてくれた」

父はテレビの画面から目を離さない。「そりゃ誰だい？」

「名前はよく聞き取れなかった。ごめん。父さんと飲むのが一番楽しかったって言ってたよ、父さんは喧嘩もよくして、女もよく口説いていたって。たぶん、まだ母さんと結婚していた頃の話じゃないかな」

全身の血管を血が駆け巡るのを感じていた。テレビを見ていた父の顔が僕の方を向いた。父の身体には力は入っていなかった。もし入っていたとしても、見た目ではよくわからなかった。父の身体は長年の不摂生でしまりがなくなり、まるで錆びた栓抜きのようになっていた。タフガイと呼ばれるような男――あるいはかつてそう呼ばれたような男――は皆そうだが、誰かが怒りをたぎらせていればだいたいそれを敏感に察知するものだ。父は僕の顔の表情をよく見た。それでどうやら「ロバートは俺に喧嘩を売っているらしい」と感じ取ったようだった。僕自身はそこまでのつもりはなかったのだが、父の方はいつでも応戦できる態勢を整えていた。こいつもどうやら兄たちと同じで、やはりウェッブ家の男のようだな、と父は思ったらしい。

「いやいやいや、息子よ」父はそう言いながら、組んでいた脚をほどいて、タバコの火を消した。「その話はどうかと思うな」父は困っていた。あるいは、困って見せるだけの優しさがあったのだろうか。それは、父の分別の表れかもしれなかった。話に乗せられて、少しでも自慢げな態度を見せようものなら、僕がテーブルによじ登って近づき、自分を殺すのでは、と思ったのかもしれない。だが僕はただ、じっと動かず、次の展開を待っているだけだった。僕は生まれてから喧嘩をしたことがなかったが、もしするとしたら、この時だったと思う。言ってみれば、『帝国の逆襲』ならぬ『フロイト派の逆襲』だ。または、『ジェダイの帰還』か『執念深い、でもしゃっくりが止まらないティーンエイジャーの攻撃』だ。僕はちょっとその気になっていた。

父はまたボクシングを見始めた。少し経ってから父は言った。「お前の母さんと俺との間には辛い時期もあったな……」僕は父から視線を外し、ボクシングの方に目を移した。酔いとともに高まった怒りが一瞬で消えてなくなってしまった。「辛い時期」というのはまた、体のいい言葉だなと思った。真実を毛布で覆い隠しているみたいだ。もちろん、父もわかっていてあえて具体的なことに触れずに婉曲的な表現をしているのだろう。実際には具体的に誰とどういうことをしたのかを念頭に置きながら話をしている。「でもな、俺たちの間にはすごく楽しい時もあったんだよ」父の目は赤くなっていた。「そんなことはわかってる」と僕は言いたかったが、言わなかった。父があまり長くこの話を続けたくなさそうなのがよくわかったからだ。父は鼻水をすすり、自分の手の甲——縫いつけられた親指のある方の手だ——で自分の鼻をこすって、それから少しだけ目もこすった。父の首の、喉のあたりが大きく脈打っているのが見えた。締めてやりたいと思ったこともある首だ。でも同時に、僕は自分が父を愛していることを自覚していた。そして母も一度は父を愛したのだ。僕はテーブル越しに手を伸ばし、父の腕に触れた。「父さん、マーティンのことは僕も悲しいよ」そう言うこともできたけれど、結局、言わなかった。マーティンのことには一切、触れなかった。

父は今、しばしマスクを外して宇宙船のデッキにいるダース・ベイダーのようだった。僕らは二人とも、その状況に長く耐えることができなかった。僕はボクシングを見て、結構な間を置いてから言った。「おやすみ、父さん」父は答える。「おやすみ」それですべて終わりだった。

スリーヴ・モインでの僕の子供時代には、二人の大人と三人の子供がいた。僕にとっては最初からそうだったが、実はそれが家族のすべてではなかった。もし僕がその五人を描いた絵を、母、父、マーク、アンドリューに見せたとしたら、四人はきっとその絵をじっと長い間、見つめることになったと思う。その絵には欠けているものがあるからだ。四人にはそれがわかったはずだ。

トルーディーおばさんの寝室の端には蓄音機が置かれていたが、そのそばには写真の入った箱があった。それは透明なアクリル樹脂の箱で、中には六枚の写真が入っていた。そのうちの一枚をいつでも見られるように、彼女は表を上に向けてしまっていた。茶色の髪をして、セントアンドルーズ英国国教会小学校の制服を着た天使のようにかわいい男の子の写真だった。それこそがマーティン・ジョン・ウェッブ、僕の一番上の兄だ。六歳の時、髄膜炎で亡くなった。

人生は愛と死のせめぎ合いだと考えることもできる。もちろん、最後に勝つのはいつも死の方だ。ただし、時には愛が虚しい勝利を収めることもある。どんなことをしても、最悪の不幸を和らげることはできなかった。だが、二人にはその埋め合わせをしようとするだけの愛情がまだ残っていた。それは僕にとってありがたいことだったと思わざるを得ない。

僕が生まれたのは、マーティンが亡くなってから一〇ヶ月後のことだ。

とても辛いことがあった時、親身になって支えてくれる友達がいる人は幸運だろう。時には、そんな友達からの優しい言葉を週に何度も聞くような時期もある。「話したくなったら、話せばいい。いつもここにいるから。話したくない時は、それでもいいから、また話したくなったら話して」――そんな言葉。

もちろん、そう言われて心からありがたいと思うこともある。でも、その言葉がプレッシャーになる時もある。僕の経験では、年齢を問わず、あまり無理に話をさせようとはせず、本人が話したくなるのを待ってくれたのは女性たちだったと思う。面倒なのはほとんどの場合、男性だった。親切には感謝するが、そういう時は同時に情けなさと自分に対するいらだちも抱えているものだ。あまり強く「話せ」と迫られても、「話すことなんてないよ」「話したからって何が変わるのか」などと思ったりもする。気づけば、今の気持ちを話してみろと迫る人たちに囲まれていることもある。問題は、気持ちを話せと言われても、僕らはむしろ気持ちを話さない訓練を受けてきているので、いざ話そうとするとうまくできないということだ。

男性に対して「めそめそするな《マン・アップ》」とか「男らしく」とか言ってしまう人は多い。優しい人でも悪気なくそういうことを言う。

「男らしく」という言葉は、「たとえ辛い気持ちを抱えていても、それを口にするな」ということでもある。

ずっとそう言われて続けていると、男の子はやがて、不思議なことに「辛い気持ちを抱えること自体がいけないことなのだ」と言われているように感じ始める。「痛み、罪悪感、悲しみ、恐れ、不安――そんなのは、男の子が抱えるにふさわしい感情ではない」そう言われているように思う。男と生まれた以上、そんな感情を持つことは許されないと思い始めるのだ。自分の気持ちを表現するにはまず、自分がどういう気持を抱えているのかを的確に知る能力が必要だ。自分の感情に名前をつけ、その感情を抱えるにいたった理由を探る。男の子はそんな能力を磨くことがなかった。そんなものは必要ないとされてきたからだ。

それはもしかすると、男性にとって好都合なことだったのかもしれない。自分の感情を深く知ることを拒否してしまえば、その感情に責任を取る必要がなくなるからだ。それは自分の問題ではなく、誰か他人の――母親の問題、恋人の問題、妻の問題ということになるのだ。感情が詳らかに語られない代わりに、それは怒りとして表に出される。怒ることだけは許されているからだ。それは男の子らしい、男らしいこととされる。

実際、僕も怒ることがある。最近はそれを自覚しているけれど、やめることができない。怒っている時、僕が本当に抱えているのは、「恥ずかしい」という感情なのかもしれない。あるいは、本当は恐れや不安を抱いているのかもしれないし、悲しみを抱えているのかもしれない。恋に落ちた時に怒る男性もいる。そういう男性はセックスをしていても怒りを抱えていたりするのかもしれない。

もちろん、女性も同じようなことをする場合がある――それは当然のことだ。ただ、男性との違いは、そうするよう子供の頃から促されてきたわけではないということだ。「女は自分の感情を自覚しないことが勲章だ」などと言われて育ちはしない。むしろその逆で、直感的になり、自分の感情に素直になるよう教えられる。人の世話をする人になり、よい聞き手になるよう促される。だから、直感に従って、男性に対して医者に行くよう勧めるし、かいがいしく洗濯物を干したり畳んだりもしてあげるようになる。彼女たちは期せずして「マルチタスク」になる。複数のことを同時にできる。子供の歯医者の予約を取りつつ、ラザニアを作るなんてこともできてしまう。悲しいかな、男性は一見そうでないように見える。それが長らく、男性が何もしないことの理由にされてきたのだと思う。

父がウッドホール・スパの通りを歩いて行くのを見たとしても、「ポール・ウェッブがいるぞ、悲しみを抑えているから、いつ怒り出すかわからなくて危険だぞ」などと思う人はもちろんいなかっただろう。父の表向きの顔は、村の人たちから総じて好かれていたと言える。父には、他人のために気前よく時間を使うところがあり、ちょっとしたカリスマ性もあった。厚かましくて、甘え上手なところも、わかりやすく親切なところとあいまって、好感を持たれていたように思う。父がパブに入って行くと、その場全体が父にとって好ましい雰囲気に変わるのがわかる。全体で父をもてなす雰囲気になるのだ。皆、父のことがとても好きだった。ただ、彼らは誰も、父と一緒に暮らしてはいなかったのだ。

だが母は父と暮らしていた。母は父と同じ喪失を経験し、父の家の中でのふるまいに耐えていた。だが、ある時、我慢の限界が来た。パット（母の名だ。彼女は「パトリシア」と呼ばれるのを嫌った）は勇敢にも父を家から追い出し、そして次にしたことは英雄的とさえ言えた。

第2章
「男は内気ではいけない」

「子供の頃は今よりもっと地面に近かったからかな。それともその頃より芝生が薄くなったのかな？」

アラン・ベネット『四〇年後（Forty Years On）』

「三人の子持ちで収入のない三〇歳の女性がいたとしたら、彼女に夫が必要なことは誰もが認めるところだろう」――ジェイン・オースティンの有名な小説『高慢と偏見』の冒頭をもじって当時の母の状況を語ると、こんな感じだろうか。確かそんなことが書いてあったはずだ。正確には覚えていないけれど。

オースティンの小説は一八〇〇年代はじめ頃のダービーシャーの話だ。でも、その中に出てくる貧しいヒロインたちの一人が、僕の母親、パットと同じ立場で一九七七年のリンカンシャーにいたとしたら、やはり同じような結論に達したと思う。オースティンの小説に出てくる女性たちは、結婚のことになると驚くほど醒めた考えを持っている。望ましいのはやはり愛のために結婚することだが、愛は結婚の一つの理由にすぎない、と考えているのだ。彼女たちは皆、正式な教育を受けたわけではないが、それぞれに教養豊かな淑女たちである。パットは労働者階級の女性で、間違いなく賢い人だったが、大学に入る前に妊娠すると大変だと考えるほどの賢明さはなかった。彼女にも神のご加護があるとよかったのだが。

オースティンのヒロインたちには、失業給付を受けるなど、まったく不可能なことだ。そして、パットにとっても、それは考えられないことだった。彼女には常にパートタイムとはいえ、仕事はあった——学校やホテルで秘書をしていたこともあるし、バーの店員だったこともある。彼女には、勉強し直してBTEC〔商業技術教育委員会。中等教育卒業認定と継続教育認定を行う政府機関。最高位の認定は大学院修士と同等とみなされる〕の認定を受ける力はあった。『高慢と偏見』のエリザベス・ベネットのように才気煥発な人だったからだ。だが、エリザベスは両親の援助をあてにはできなかった。家柄がいいだけで財力はまるでなかったからだ。そして、パットも両親の援助は期待できなかった。「デイリー・メール」紙を欠かさず購読する金はあっても、余っている金などどこにもなかったからだ。オースティンの小説に登場する淑女たちは、たとえ夫が不貞をはたらいて離婚することになったとしても、その後、生活費や養育費を支払ってもらうことは期待できなかった。その点はパットも同じだ。少しの間ならともかく、長期間払ってもらうのはまず、無理だった。

僕の父も、生活費や養育費を別れた妻に払わないのを普通のことだと思う価値観を持っていた。だが、間もなく時代は大きく変わっていく。車のシートベルトも少し昔なら誰も締めることを義務と思っていなかったが、あっという間に誰もが義務だと考えるようになり、今では法律で締めるよう義務づけられている。それに似ている。父にとっては、たとえば、毎月養育費を払う、という取り決めがあっても、そのとおりにするべきというものではなかった。「毎月？　全額？　期日どおりに払うの？　冗談だろ。そんな必要はない」というのが父の世代の普通の感覚だったのだ。だが自分が家族を養う頃には、かつて自分があり得ないと思っていた重い義務が当然とされるようになり、父がそれに恐れを抱いていたことは間違いないだろう。

とはいえ、新たな常識はそう簡単に定着したわけではない。つまり父は養育費を払わず、母は結局、自分には新たな夫が必要だという結論に達した。もちろん、その時代の同じ立場の女性全員が同じ判断をしたとは言わないが、母がそう決断したことを僕は尊重したい。

いずれにしても、母には『高慢と偏見』のダーシーのような人は見つけられなかった。彼女にできたのは、またあのいまいましいヒースクリフ〔エミリー・ブロンテ『嵐が丘』の主人公である、憎悪に満ちた悪辣な男〕のような男と一緒になってしまうのを避けることだけだった。

母に切れるカードはたった二枚、控えめさという魅力があることと、まずまず美しい（主観的な意見でしかないのはわかっているが、息子としては他に言いようがない）ことだけだが、とりあえずそれで十分だった。

哀れにも標的となったのはデレク・リムだった。二人は、ゴルフ・ホテルで開催された村のダンス・パーティーで出会った。その夜、母に飲み物をおごると申し出た男は彼一人ではなかったのだが、母から見て十分に優しいと感じられたのは彼一人だったし、彼が競走馬を所有していると言ったのが決め手となった。特段いい男ではない。母よりも八歳年上で、上唇には無色のいぼがあり、腹が出ている。将来、でっぷり太ってしまう前兆が表れていたのだ。母の失敗はこの日、眼鏡をかけていなかったことだ。

だが、母にとって重要だったのは、デレクが酒を飲まず、穏やかな人だということである。彼は愛想がいいし、女を騙しそうにも、子供を殴りそうにも見えなかった。ただそれだけで、母にとっては他の男とは違う本物の王子様に見えた。

それは求愛というよりは「征服」に近かった。ドイツによるオーストリア併合にも似ていた。母はデレクの心に平和的に進軍し、そこに自分の旗を立ててしまったのだ。もちろん、それはナチの旗ではなく、母の旗だ。どういう旗かは知らないが、僕の頭には、移り気そうな顔をした歌手のエルキー・ブルックスがゴードンのジンのボトルを持っているところを描いた旗が思い浮かんでしまう。とにかく二人は結婚した。

僕らは新居に引っ越した。新居はコニングスビーの寝室が三つある平屋だ。コニングスビーはウッドホールから車で一〇分ほどの村だが、ウッドホールほど緑豊かなところではない。母とデレクは湖水地方に新婚旅行に出た（デレクがリンカンシャーを離れたのはそれがはじめてだった）が、二人が旅行から帰って来ると、彼には色々と奇妙な習慣があることが明らかになった。

まずデレクは、「コンスレート」というメンソールのタバコを一日に四〇本吸う。そして、（本人によればタバコとはまったく無関係とのことだが）咳が出るので、咳止め薬をよく飲む。その薬は茶色の瓶に入っていて、いつもデレクの祖父が亡くなる少し前に書いた処方箋に従って調合される。デレクの咳治療は、薬瓶を口に向けて逆さまにして、そのまま二〇数えるというものだった。

週に一度、デレクはアニシード・ボール〔アニス油で香りづけされた糖衣菓子〕を半ポンド買う。それを小銭や、愛車のキーとともに無造作にズボンのポケットに入れておく。愛車はアメリカ製の「ペーサーX」だが、好きなように乗り回す余裕は彼にはなかったようだ。何しろ、とてつもない量のガソリンを食う車だからだ。時々、ポケットからアニシード・ボールを取り出して食べる。だが、取り出しただけで食べずにそこらに放置することも多かった。めったに怒らないが、唯一不機嫌になるのは、彼がラジオで競馬の結果を確認しようとしているのに、僕ら兄弟のうちの誰かがそれを先回りして言ってしまう時だ。ラジオのつまみには、直径五ミリほどのアニシード・ボールのかけらがついていることがよくあった。ラジオで結果を確認すると、デレクはそれを「デイリー・ミラー」紙〔労働党支持のタブロイド紙〕の競馬欄に書き込んでいく。そのスピード、手際のよさは見ていて惚れ惚れした。デレクは、亡くなった彼の父親から、農機具の予備部品を扱う店を受け継いでいた。基本的には、まずトラクターを購入し、それをばらばらにして、部品を取り出し販売する、という商売をする店だ。これは真面目にやれば結構な稼ぎになるいい商売だ。ただ、問題はデレクがあまり商売に身が入っていなかったということだ。彼は商売よりもギャンブルの方に熱心だった。軽いギャンブル中毒だったのだと思う。「軽い」というのは、不在の時に客が来ても、一応、連絡はつくようになっていたからだ。デレクの不在時に連絡するブックメーカーの電話番号を、僕は八歳になる前に覚えていた。電話をかけると、ペーサーXは必ず一五分以内に戻って来た。その間にお客が帰ってしまうこともあったが、まだ残ってくれていることもあった。

　要するに母はまた、ろくでなしと結婚したわけだ。ダース・ベイダーと別れて、ジャバ・ザ・ハットと結婚したようなものだった。ただし、ジャバ・ザ・ハットのような恐ろしいギャングではなく、鼻をほじりながらぼんやりと一攫千金を夢見ている愚か者と。

理想の父親像を求める心の旅はまだ続くことになった。単におとなしいのではなく本当に優しい男。活動的だがサイコパスではない男。母はそういう男を必要としていたが、そういう男が果たしてこの世に一人でもいるのだろうか、とも思う。

母にとっては父親（「ダーダー」と呼んでいた）の存在が大きかった。母の父、つまり僕の祖父はジョンという名前だ。ジョンと祖母のグレース（「ダーダー」と「ナーナー」）は、ウッドホール・スパ・ゴルフ・クラブのキッチンで給仕をしていた。グレースの姉のトルーディーおばさんも、やはり同じキッチンで働いていた。三人は一軒の小さな家で一緒に暮らしていた。その家から、野原を走って職場まで行くのだ。本当は歩いて行きたかったらしいが、なぜか走って通うことになった（いい大人がなぜ歩いて行けなかったのか）。

僕は祖父母とトルーディーおばさんの住む家に毎週末、遊びに行っていたし、学校が長い休みの時も半分くらいはその家にいた。後になって、僕についてのウィキペディアのページができた時、「ウッドホール・スパで育つ」と書かれているのをデレクが見つけて落胆していたことがある。一四年間、デレクと母とともにコニングスビーで暮らしていたのに、ウッドホール・スパに住んでいたかのように書かれたからだ。そのページの内容に僕自身は一切、関わっていないことを僕はデレクに懸命に伝えた。ただその時、一つ言わなかったことがある。そう書かれた原因は、元はと言えば、僕のインタビューでの受け答えにあるということだ。

「育ったのはどこですか？」

「ウッドホール・スパですね」

正確には、ウッドホール・スパ・ゴルフ・クラブのキッチン、グラウンド、庭園と言いたかった。そこで僕は育ったのだ。あとは、「テレビの前で育った」とも言える。バック・ロジャーズ、マイケル・ナイト、怪傑ゾロ、ディック・ターピン、ボーとルーク、ジョン＆パンチ、スティーブ・オースティン、ザ・ドクター、トーマス・マグナム、ハンニバル・スミス、コルト・シーバース、キャプテン・カーク、コーニッグ指揮官、デヴィッド・バナー博士、ミスター・T、タッカー・ジェンキンズ、ロイ・ブレイク、フラッシュ・ゴードン、ローガン、モンキー、スティール、スターバック、ストリングフェロー・ホーク、そしてロビン・フッド、そんな男たちを見て僕は育った。これだけたくさんの男がいるのに、なんと父親が一人もいない。本当に一人もだ。(*1) 彼らを見ていると、とにかく誰かの顔に強烈なパンチを浴びせれば、この世界の問題のほとんどは解決してしまうように思える。彼らが僕にとって父の代わりのロール・モデルとなった。考えてみれば、とんでもないところから人生をスタートすることになったものだ。

*1 SFに詳しい読者は抗議したいだろうが、落ち着いてほしい。確かにザ・ドクターは、デヴィッド・テナントの時代に父親になったと言える。でも、ここで話題にしている時代にはまだそうではなかった。そして、カークも、後の時代の映画では父親になっている。とはいえ、息子の人生にとって彼はいないも同然なのだから、僕の書き方もそう間違いでないと思う。

ダーダーはよく、仕事で地面に杭を打ち込んでいた。ハンマーが杭に当たる大きな音がするたびに僕は怖くて目を閉じた。ここからは彼のことを名前で「ジョン」と呼ぶことにする。「ダーダー」だと父親を意味する「ダッド」と似ていてわかりにくいからだ。ジョンは当時、六〇代のはじめだったが、とても大きい人だった。白髪はいつも、鋼鉄の櫛で綺麗になでつけられていた。口ひげも白くなっていて、いかにも硬そうなごわごわとしたひげだったが、父のひげに比べると何となく親しみが持てた。年齢とともに太ってしまってはいたが、元軍人らしく、いつも背筋は伸びていた。この年代の男はほとんどがかつて、戦争に行っていたのだ。

トルーディーとグレースは、それぞれ補助地方義勇軍（ATS）と王立婦人海軍（WREN）にいたことがある。陸軍と海軍の女性部である。そのせいでキッチンでは、軍隊風の会話がよく飛び交っていた。「速やかにベッドの準備をせよ！」「只今より休憩の時間に入る」など、少々、いかめしい言い方をするのだ。

僕はウッドホール・スパに来ると、祖母やトルーディーおばさんにも促され、ジョンが温室の仕事をするのを手伝うことが多かった。僕はまだ小さくて、トマトの木よりも背が低かったし、力も弱くて丈夫な茎を折ることもできなかったから、手伝うというよりも、ただ見ているだけになるのが常だった。でも、ジョンと温室に行くことを僕は本当に楽しんでいた。温室へは裏道を自転車で向かったのだが、僕らはその時に「スロー・レース」をよくしていた。これはどちらが足をつくことなく遅く走れるかを競うレースだ。ジョンはとにかく「急ぐ」ということを一切しない人で、僕はジョンのそういうところが何より好きだった。突然勢いよく動き出すことは絶対にない。僕はスタビライザーのついた赤いラレーの自転車に乗っていたから、スロー・レースでは有利なはずだった。それでも、バランスを崩して負けてしまうことはよくあった。

ジョンはキッチンの給仕であると同時に、クラブの庭師の一人でもあった。僕の記憶では、手伝いに行っていた温室もディズニーのクリスタル・パレスと同じくらいに巨大で、多種多様な珍しい花や低木が収められていた。僕は実際に中を見るまでは、ただ大きいだけで大したことはないだろうと思っていた。一面にカビのような芝生が広がっているだけで、他に見るべきものはないと思っていたのだ。ジョンは温室の鍵を手に取る。その鍵には青いひもがついている（そのひもを植木鉢の下に入れて、鍵を固定することができる）。ジョンのあとについて温室の中に入ると、僕の鼻は強烈なにおいで刺激された。トマトの木の葉緑素がはたらいているにおいだ。小さなじょうろなら僕にでも何とか扱えたので、ジョンは僕に仕事を作ることができた。

温室から外に出ると、ジョンは地面に木の杭を打ち込み始めた。この杭は、にんじんを植えている場所を囲むひもを張るのに使うこともあれば、鳥を驚かせる仕掛けを固定するのに使うこともあった。色のついた薄い長方形の紙を杭に結わえつけておくと、風でその紙がはためいて、鳥が驚いて逃げるわけだ。『チャーリーとチョコレート工場』の黄金のチケットとは逆で、招待するのではなく、近づけないようにする。

畑に出ると、僕に手伝えることはほぼなかった。でもジョンは、気にしていなかった。くわを手に取ると畑のそばの地面を少しだけ耕すところを僕に見せた。僕に――そんなことをしてもほとんど意味はないと思うのだが――耕し方を教えようと思ったのだろう。ジョンは少し錆びた鉄製の刃のついた大きな木のくわを僕に渡すと、仕事に戻った。フレッド・アステアが杖を手に持って踊るのを見たことがあったので、僕はくわをその杖と同じように使おうとした。だが、くわを杖のように操ることなどとてもできはしない。結局、走り高跳びの選手に棒を借りてきて、それを回そうとするのだが、うまくいかなくて自分が棒の周りを回っている、という感じになってしまう。戻って来たジョンは、僕の様子を見て面白がっているようだった。そして僕にこう言った。「そうだ、自分のやりたいようにやればいいんだぞ、坊主」ジョンは僕の手からくわを取ると、まるでそれがプラスチックでできているかのように軽々と扱った。見事に畑を耕し、雑草を取り除き、余計な石を脇へよけて砂利道を作っていった。怪傑ゾロがむちでろうそくの日を消すのと同じくらい楽々と、それだけの仕事を滞りなくやってのけたのだ。

ジョンが思いやりのある優しい祖父だったのは間違いないが、いい教師だとは言えなかった。その力強く男らしい仕事ぶりを見せつけられると、幼いとはいえ一応は一人前に持っていた僕のプライドは、パンケーキのようにぺしゃんこになってしまった。

キッチンでは、祖母に作ったばかりの美味しいスコーンの生地の入ったボウルを渡され、指でそれをこねるよう言われた。トルーディーおばさんはハムサンドイッチを作ってくれたが、その作り方がまさに僕の好みにぴったりだった。パンの耳は全部落として、対角線にそって四等分に切るのだ。僕は、パンの耳がないことにダーダーが気づかないといいな、と思いながらそのサンドイッチを食べていた。ジョンは、サンドイッチのパンには絶対に耳がついているべき、という強い信念を持っていて、また男たるものそれが当然とも思っている人だった。そこが一番うまいのだからというのだ。ハムの脂、ベーコンやソーセージの皮、半熟の目玉焼き、野菜の茎の部分などと同じように、パンの耳は男なら全員好きなものだと思い込んでいた。ジョンの好みは僕からすれば正気とは思えなかったが、僕が少数派なのは明らかだった。

トルーディーおばさん：ダーダーのお手伝いをしていたのかい？

僕：（うなずく）

ジョン：そうさ、本当によく手伝ってくれたよ！　必死になって働いてくれたんだ（ジョンはここで僕に向かってウィンクをした）

トルーディーおばさん：そりゃそうでしょうね。

ジョン：振り返ったら、必ずそこにロブがいるんだ。それでがんばってる姿が目に入る。

祖母：もちろんそうよね。こんなに強い子なんですもの。

ジョンは腕時計で時間を見て、オーブンのところまで歩いて行き、中から大きなローストビーフを取り出して、テーブルの上に置いた。肉汁が僕の目の前で音を立ててはねていた。ジョンは、取っ手の部分が骨でできた大きな肉切りナイフを持ち、もう片方に砥ぎ棒を持って、二本を擦り合わせて刃を砥いだが、動作が遅く力も入っていなかったので、本当に砥げているかは心もとなかった。僕はその様子を見ながらサンドイッチを食べていた。

僕は外ではだいたい一人で遊んでいた。兄のマークとアンドリューとは年が離れすぎていたので一緒に遊ぶことはあまりなかった。兄たちは僕とはまったく違う自分たちの遊びをしていた。彼らの遊びというのはだいたい、ジュビリー・パークに行って、友人たちと木登りをすることだった。そしてよく木から落ちていた。この頃は、いつも二人のうちどちらかが、腕にギプスをはめている状態だった印象がある。

僕の屋外活動は彼らとは違い、もっと用心深いもので、他の子供たちと行動を共にすることはなかった。ただし、もちろん「ガイ・バイズ(Guy-Buys)」は例外だ。ガイ・バイズというのは、僕の空想上の遊び友達である。僕はキャプテンで、一二人の――そう、やはり一二使徒と同じく一二人なのだ――ガイ・バイズのメンバーを従えていた。

大人になって結婚してから、妻が僕のセックス歴を聞きたがったことがある。その流れでなぜかこのガイ・バイズの話になった時、妻はこれをネタに散々僕をからかった。

「え、何て言ったの。その空想の友達の名前。ゲイ・ボーイズだっけ？」

「違うよ、ガイ・バイズだよ」

「ゲイ・ボーズ？」

「ガイ・バイズだってば」

「バイ・ガイズ(Bi Guys)じゃないのね」

「そう、違う。バイ・ガイズじゃない。ガイ・バイズだ」

勘違いする人はいるかもしれないが、ガイ・バイズには、まったくゲイの要素はない。ただし、もしガイ・

バイズの中に女の子がいたら、事情は違ってくる。ガイ・バイズはゲイということになるからだ。七歳の時点の僕に「男らしさ」の定義を問うたなら、以下の二つの条件が返事になるだろう。条件①は「同性愛を嫌うこと」、そして条件②は「絶対に女を見下すこと」である。男たるもの絶対にゲイにはなりたくない。そして、女の子と遊ぶのはゲイだけだ。それが間違いなく男らしい男の考え方であると、僕は思っていた。僕はドアを開けて、ガイ・バイズのメンバーたちをキッチンの中に迎え入れたのだが、その時、彼らに「絶対に女の子とは遊ばないように」と念を押すのを忘れなかった。

僕らは自転車で走り回り、犯罪と闘っていた。ペダルのついたおもちゃのトラクターに乗ることもあったし、リンゴ箱をセロテープでアンドリューのスケートボードに固定して、それに乗っていたこともあった。行動範囲はゴルフ・クラブ全体に及んでいた。それだけの場所を使って、ドラマをテレビで見たとおりの筋書きで再現することが多かった。僕はある時にはゾロになり、またある時には『白バイ野郎ジョン＆パンチ』で軽口を叩きながら活躍する白バイ警官になった。いつも共通していたのは、お気に入りのプラスチックの剣や拳銃を選んで武装していたことだ。

当然だが、想像の世界の僕はスティーヴ・オースティンやバック・ロジャースのような空手の使い手でもあった。七歳の子供が見えない悪党に対してキックやチョップを繰り出しているのを見て、そばを通るゴルフアーたちは怪訝な顔をするが、僕はそんなことには慣れっこだった。ゴルファーの中には、早撃ちのまねをして、バッファロー・ビルがどうしたこうしたとよくわからないことを言って一人で笑う人もいたが、僕はそちらの方を少しにらむだけで何もせず、ただ彼が立ち去るのを待つのみだった。

中産階級、リベラルで子持ちという人としばらく話すと（「中産階級」だの「リベラル」だのという言葉は大嫌いなのだが、この話ではどうしてもこういう言葉を使わざるを得ない）、遊びの性差が話題にのぼることが多い。そして話は、いつもこんな感じになる。細部はもちろん違うが、本質としてはいつも同じだ。

「インディアの誕生日にスター・デストロイヤーをプレゼントしたんだけどね、彼女はすぐにそれをパジャマの中に入れて、一緒にベッドに入ったよ」あるいは「ハックルベリーと人形遊びをしようと思ったんだけど、あの子ときたら、人形を二つ、ひもでつないでヌンチャクにして遊び始めちゃったよ」

こういう話を聞くと、よく理解せずにバカにする人も多い。「だいたい女の子に宇宙船のおもちゃをプレゼントするのがおかしいよ！」などと言う。「またリベラルが進歩的ぶって、おかしなことをして。それで結局、いつの時代も変わることのない生物の真実という壁にぶち当たったんだな。ポリティカル・コレクトネスの行き過ぎなんだよ、ははは！」と笑ったりもする。

しかし、本当におかしいのは、この「いつの時代も変わることのない生物の真実」を自分が知っているという考えである。ヒトの脳は「男脳」と「女脳」に分かれている、その証拠を自分は簡単に見つけることができる、と思うのは、魂は死後も不滅だ、その証拠を自分は見つけられるというくらいにおかしなことだ。最近、体内の映像化技術が発達したことで、脳は一人ひとり違っていることが明らかになり、単純に「男」「女」の二つのグループに分けられるものではまったくないということもわかった。(*2) 僕はとりあえず自分の知っている範囲の研究結果を引用する——読めばわかると思うが、この本自体は論文などで引用されることを想定して書いていないので注意してほしい——けれど、ここに書いたことが唯一の正しい意見とは言えないし、僕よりもっとうまくこの話を書ける人はきっといると思う。それこそ「科学者」と呼ばれている人の方がうまく説明できるはずだ。

詳しいことが知りたい人はコーデリア・ファインの『ジェンダーに対する誤解（Delusions of Gender）』やリーズ・エリオットの『女の子脳　男の子脳　神経科学から見る子どもの育て方（竹田円訳、ＮＨＫ出版、二〇一〇年）』などの本を読むといいと思う。ここでは最も重要な点だけを書いておこう。それは「もし小さな男の子がピンクが嫌いだとしても、それは生まれつきの脳のせいではない」ということだ。誰かがそういう考えを彼の脳に植えつけたのだ。(*3)

コーデリア・ファインの『ジェンダーに対する誤解』では、二〇〇〇年のある研究が引用される。

*2 『サイエンス』誌、二〇一五年一一月三〇日号：http://www.sciencemag.org/news/2015/11/brains-men-and-women-aren-t-really-different-study-finds

*3 しかも、二〇世紀の前半には、ピンクが男の子の色で、青が女の子の色だとされていたのだ。詳しくは、ジョー・B・パオレッティ著『ピンクと青：アメリカの男の子と女の子の区別（Pink and Blue: Telling the Boys from the Girls in America, Indiana University Press, 2012）』を参照。

生後一一ヶ月の子供を持つ母親に、傾斜を調整できる坂道を見せ、我が子がそこで「はいはい」をする能力を評価してほしいと告げる。どのくらいの傾斜を登れるか、またどのくらいの傾斜に挑戦しようとするかを評価してもらうのだ。実のところ、生後一一ヶ月の段階では、男の子でも女の子でも、はいはいで坂を登る能力に違いはないし、リスクを冒して急な坂を登ろうとする勇気には差はない。ところが、母親たちには、能力、勇気ともに、女の子を過小評価し、男の子を過大評価する傾向が見られた。(*4)

被験者となった母親たちの多くは、自分にジェンダーに対する思い込みがあり、それが自らの振る舞いに影響したと知ったら恐ろしいと感じるだろう。だが、これはどう考えても「大いに影響した」としか言いようがない。こんな研究もある。子供の誕生を新聞で告知する親は、生まれたのが男の子だと誇らしげな言葉を選び、女の子だと幸福を表現する言葉を選ぶ傾向があるという。また、生まれたのが女の子だった場合、男の子の場合より、新聞で告知しない割合がわずかに高くなるようだ。誕生後のことも順に調べていくと、まず親が子供に期待することも性別によって違うことがわかる。父親は、息子が大きくなったらスポーツを教えることを楽しみにする。また母親は、娘が大きくなったら親密な友人のようになることを期待する。もちろん全員ではない。ただ、母親は、息子がたとえば自分の誕生日を忘れてもさほど気にしないことが多いようだ。妊娠中の母親は、胎児が男の子だと知っている場合、その子のお腹の中での動きが「元気」だと言いたがる。

男の子は、女の子に比べ、独立心が強く、何事にも積極的で、外向的であることを期待される。また、特定の人と個人的に密な関係を築くことには無関心であることも期待される。しかも、この期待はその子が誕生する前から始まっているのだ。これでは、男の子が五歳になる頃、その子にバービー人形をプレゼントしたとしても、よい結果にならないのは当たり前だろう。

　実際、僕自身も例外ではなかった。ガイ・バイズのキャプテンとなった僕は、絶望的なほど他人と関わるのが下手で、剣と銃だけにのめり込んでいた。僕にはそれが至極当たり前のことに思えた。そういう自分を高く評価していた。

　銃撃戦や追跡、剣での闘いの合間には、僕はガイ・バイズとともにいくつかあるアジトの一つに立てこもり、次の大きな闘いに備えて武器を修理したり、作戦を練ったりしていた。僕は、クラブの周辺に五つほどのアジトを持っていた。アジトの「建設」はそう難しくはない。まずシャクナゲの茂みでちょうどいいくらいの細さの枝を何本か探して折る。そうして空いた隙間に入って行く。それでおしまいだ。ちょうどアジトになるくらいの大きさの茂みがいくつかあったのだ。

　アジトの中に入ると、土と落ち葉のカーペットには差し込んだ日光によって斑模様ができていた。僕はそこで背の高い木を見上げて耳を澄ませた。近くのトチノキの枝ではクロウタドリ（ブラックバード）が鳴いていた。

*4『ジェンダーに対する誤解（Delusions of Gender, Icon Books, 2011）』, pp198-9

秋になると、トルーディーおばさんに言って、タッパーを貸してもらう。トチの実を拾うからだ。九月には、近くのコニングスビー小学校の新学年が始まる。七歳から一一歳までの子たち、僕より少し年上の子たちが通う学校だ。教師は女性が多かったが、男性も何人かはいた。本や文房具を売っているWHスミスでは、この時期〝Back to Skool〟という看板を掲げた。本当は〝Back to School（新学期）〟と書くべきなのに、なぜ、間違えていたのだろうか。親しみやすくしたかったということなのだろうか。この時期が好きな人は誰もいないのではと僕は思う。日曜日のティータイムがあまりにも長く続いているような時期だ。

不思議な音が聞こえた。何マイルも離れたところから聞こえてくるようだ。爆撃機のヴァルカンだろうか。それにしては深みが足りない。戦闘機のファントムか。たぶんそうだ。キッチンで働いていたエドナおばさんは「コニングスビーにヴァルカン爆撃機があるのはいいことだ」と言っていた。「もし戦争になったってさ、私らには何が起きたかもわからないうちに終わっちゃうよね」ニュースでは、アメリカはロシアよりもたくさん核ミサイルを持っていると言っている。イギリスはアメリカの側のチームなので、ともかく自分たちのチームが勝てるのならいいかとは思った。

ジェット戦闘機のファントムは、上空高く、僕のアジトの葉っぱでできた「屋根」よりもはるかに高いところを飛んでいた。

43（四三歳の僕）：やあ！

（7＝七歳の僕が剣を抜く）
7：誰だ、敵か味方か？
43：味方だよ。元気か？
（沈黙）
43：すまん、どうやら誰かわからないみたいだな……僕は四三歳の君だ。
7：何だって？
43：僕は、四三歳になった君なんだ。
7：（間が空く）僕は七歳だけど。
43：そうか、やっぱり。元気か。
7：何だって？
43：元気か？
7：ああ、元気だよ、おかげさまで。
43：それはよかった。
（沈黙）
43歳：あのさ、僕は今、本を書いているんだ。よかったら手伝ってくれないか？
（沈黙）
43歳：（あたりを見回す）いいアジトだ。これは大きめのやつだよな。

7歳：一番大きいやつじゃないけど。

43歳：ああ、もちろんそうだ。古い線路のそばに大きいのがあるもんな。

（7が43を見る）

43：あの中に入るには勇気がいるぜ。土手を飛び越えて、そのあと、溝も飛び越えないといけない。

7：そのくらいできるさ！　いつもやってるからね。

43：そうだよな。わかってるよ。

（間が空く）

43：ガイ・バイズの他の連中はそばにいるのかい。ちょっと二人だけで話せるかな？

7：ガイ・バイズは本当はいないんだよ。

43：いや、まあそうなんだけどさ。いるものとして遊ぼうよ。

7：（剣を、蛇革のベルトの鞘にゆっくりと戻す）そうだね。いるものとして遊ばないと。

43：物語の中にはいるよね。

7：ああ、そうだね。

43：それが、現実の生活より実感があることもある。

（沈黙）

7：あんたの本にはそういうことを書くの？

43：そうだな。記憶がテーマだ。それから想像……

7：ガイ・バイズのことを書く本なの？

43：いや、そういうわけじゃない。

7：そうか。

43：（間が空く）ガイ・バイズのキャプテンについて書く本だ。

（7が笑う）

7：何があったんだよ。

43：奴も色々と大変なんだ。

7：大変って、何が。

43：それはもう色々だよ。それを全部話すわけにもいかない。

（7が何かを考えている様子でうなずく）

43：じゃあ、僕はもう行くよ。邪魔はしない。

7：手伝ってほしいんじゃなかったの。

43：もう十分、手伝ってくれたよ。ほんの少しの間でも話ができればよかったんだ。

7：そうか。

43：ここに一人で大丈夫か？

（7が再び剣を抜く）

43：いや（Yep）、バカな質問だったな。ともかく、楽しんでくれ。

7：〝Yep〟なんて、あんたはアメリカから来たのか？
43：いや、違うよ。今はみんなこんなしゃべり方だよ。
7：困ったもんだな。
43：そうでもないよ。
（43が立ち去ろうとする）
7：また会えるかな。
43：そうだな……君が一五歳になったら会えるよ。
7：あんたはその時どうなってんの？
43：僕はその時も四三歳だ。
7：ずっと変わらないの？
43：いや、僕も変わるよ。でも、物語の中ではいつも四三歳なんだ。物語ってそういうものだろ。

独りだった。アジトの中で、僕は間違いなく独りだった。

僕は注目を集めたいわけではなかった。注目を集めると傷つくことになる。一二人のガイ・バイズはいた。

でも彼らは僕の子分でもないし、もちろん友達でもなかった。

彼らは僕のボディガードだったのだ。

こう書いていくと僕には現実の友達がまったくいなかったようだが、決してそうではない。特に、コニングスビー幼児学校の最上級生の時には、僕はうまくやっていたと思う。友達の誕生日パーティーなどにも呼ばれていた。あるパーティーでは、皆が食べ残したエンジェル・ディライト〔イギリスのお菓子〕を片づけていた誰かの母親が僕に向かって悲しそうに「ロバート、皆が君みたいだったらいいのにねえ」と言ったことがある。これは「どの子も君みたいに静かでおとなしかったらいいのにねえ」という意味だ。僕はそう言われて、腹立たしい気持ちだった。褒め言葉なのかもしれないが、僕には嬉しくなかった。また同時に、混乱して落ち着かない気持ちになった。男の子はおとなしくないほうがいいんじゃないのか。僕の兄たちのように、騒がしく乱暴であることを期待されているはずなのに、なぜおとなしいのが褒められるのか。

　ロジャー・バクスターも、兄たちと同じタイプの男の子だと僕は思っていた。ロジャーは僕の親友だった。マシュー・テリズ、マイケル・キー、それに僕は、遊ぶ時いつもロジャーのあとをついて歩いた。ロジャーがリーダーなのは明らかだった。その前はブラッドリー・フーパーがリーダーだったのだが、父親が空軍にいたので、キプロスに引っ越して行ってしまった。つまり、ブラッドリーがブレイクだとすると、ロジャーはエイヴォンということになる（これは『ブレイクス7』というテレビドラマになぞらえた言い方だ。要するに、リーダーより鋭さのある、より興味深い副官が、リーダーに昇格したのだ）。ただし、本人はその「昇進」を喜んではいなかったようだ。「まいったな、これじゃ小便も落ち着いてできやしない」当時七歳のロジャーはそう言った。僕ら三人がトイレにまでついて行って、彼が小便をするのを見ていたからだ。もちろん、自分でも小便をするふりをしていたが（僕は一人でないと本当に小便をすることはできない）、彼が陰茎の包皮をめくって元に戻す様子には目を奪われずにはいられなかった。僕にはそれを試してみることすらできなかった。うっかりめくったら、中身が外れてしまうかもしれないと思い、怖かったからだ。中身が取れて下へ落ちていくさまが目に見えるような気がした。とてつもなく恐ろしかった。

他に恐れていたのは、女の子たちの存在だった。もちろん、女の子は周囲のどこにでもいる。遊び時間になると、必ず誰かが急いで運動場へと飛び出して行く。そして、「●●するもの、集まれー」と叫ぶ。「●●」の部分にどういう遊びが入るかはその時々で違う。何人かが連れ立って運動場に出て行く時もある。たとえば、六人の子たちが隣の子と肩を組んで走り、「戦争ごっこする奴、集まれ！」などと叫ぶ。その時、必ず最後に「女は来るなよ！」と言う。「スターウォーズごっこしようぜー、女は来るなよ！」という具合だ。驚くべきことに、それでもたまに参加しようとする女の子はいるのだが、皆、はじき出されてしまう。もちろん、反対に女の子のしている遊びに僕ら男の子が参加するなど、考えられないことだった。例外は、女の子たちが一生懸命作ろうとしているもの、たとえば雪だるまなどを無慈悲に壊してしまう時くらいだ。

どうしてそんなことをするのか。それは雪だるまが〝スノーマン（雪男）〟であって、〝スノーウーマン（雪女）〟ではないからだ。「女が雪男を作るのはおかしい」という理屈だ。七歳の男の子たちにとって、「女を見下すこと」は最高の正義であり、周囲を見渡すと、文化も言語も、すべてその目的にとって都合よくできている。だから、まったく努力することなく目的を達成できるのだ。もしあなたが、当時の僕と同じように、自分の属している集団にい続けられるか不安で恐れを抱いているとしたら、集団外の人間を最大限、軽蔑しようとするのではないだろうか。現代のドナルド・トランプと同じようなことをするはずだ。そして、当時の僕にとって集団外の人間とはすなわち、女の子たちだったわけだ。

その二年前、父と離婚したばかりだった母は、僕を新しい先生、ミセス・ウォーカーに引き合わせた。それは、父が家を出て、僕らがまだスリーヴ・モインに住んでいた短い期間のことだ。その頃の僕はほとんど毎朝、母のベッドで目を覚ましていた――悪夢を見ることが多かったからだ。悪夢を見ると、僕は母のベッドに潜り込んでしまう。そうしてしばらくしてようやくもう怖くない、危険は去ったと納得することができた。僕が来ると母は伸びをして、あくびをしながら「もう、こんなのだめよ」と言うのだが、実は一緒に寝るのを喜んでいたと思う。母も長い間、一人では眠れなかったのだ。

ある日の午後、僕は母とともに、いつもの「セイリング」を歌いながら新しい学校に向かっていた。その学校でミセス・ウォーカーに会ったのだ。ミセス・ウォーカーより優しい先生は世界中の小学校を探してもいないのではないかと思う。でも、彼女の前に出た途端、僕はまったく別の子供に変わってしまった。さっきまで歌っていたのに、急に一言も発しない物静かな子供になったのである。「この子は本当に内気で」戸惑った母は先生にそう言った。「内気」この言葉を何度耳にしただろう。僕という人間を一言で表す時に繰り返し使われた言葉だ。誰もが僕は内気だと言い、そう言われるからそうでなくてはいけないのだろうと思っていた。

だが母は、その言葉で本当は何を言いたかったのだろうか。本当は「家の中で色々あって、この子も傷ついているんです」そう言いたかったのではないかとも思う。僕も兄たちも、父から「身体的な指導」を受けていた。要するに、今なら「虐待」と呼ばれてもおかしくない扱いを受けていたということだ。僕はその恐怖をまだ引きずっていると、母は感じていたのだろう。母はすでに何ヶ月も前に離婚して父を遠ざけてはいた。でも、僕は繰り返し悪夢を見ていた。夜になると恐怖はより強くなると母は解釈していた。そういう心の傷もあって、僕は他人とあまり話そうとしない――母は先生にそう言いたかったのだろう。

そんなことをはっきり言うのは決して上品とは言えない。だから、母はすべてのことを「内気」の一言で表現した。ミセス・ウォーカーは、僕にどの程度、読む力があるかを知るために使う本を探した。一冊で少し試すと次、少し試すと次、というふうに何冊もの本を使った。まるで赤ん坊に合うおしゃぶりを探しているみたいだった。その間、ミセス・ウォーカーは何があっても驚いていないふりをした。彼女はそれをとてもうまくやってのけたと思う。だが、それでも何かがおかしいのだということを僕は感じ取り、困惑した。

その後、平屋の小さな家で二年間、物静かに過ごすうちに、僕は本をとてもうまく読めるようになった。だから、最初うまく読めなかったのは、すべて僕のせいだというわけではないだろう。ミセス・ウォーカーが本をとっかえひっかえしている間、母は恥ずかしさのあまり死にそうになったらしい。しかし、母だけが悪いわけでもない。やむを得ず、母が全責任を負わなくてはいけなくなってしまっただけだ。

その頃、父がどこにいたのかは知らない。だが、それは午後四時頃のことで、一緒に暮らしている時に危険=父の帰宅を察知して落ち着かなくなっていた時間帯でもあった。

ある日、ゴルフ・クラブで、僕は地面にミツバチがいるのを見つけた。それはまったくの異常事態だった。本来、大きなハチがいるような場所ではなかったからだ。彼（ハチは全部オスだと僕は思っていた）は生きていて、翅をゆっくりと動かしていた。まるで自分の翅の動きを確かめているようだった。そこはキッチンと一番ホールのティーをつなぐ大きな砂利道の上だ。ゴルファーたちが常に行き来している。空は灰色で、徐々に暗くなってきていた。

ハチはもうすぐ死ぬのだろうと思った。這って進もうとしてはいるようだったが、実際にはまったく前に進んでいなかった。大きな雨粒にでも当たって致命傷を負ったのか、それとも誰かを刺したのか。ミツバチには針が一本しかなく、一度使ったら、それで死んでしまうのだと聞いたことがあった。ミツバチもスズメバチも怖いには違いなかったが、それを知ったことで、僕にとってはミツバチの方がより高貴で賢いように感じられた。気楽に刺し放題のスズメバチのように愚かではないのだと思った。僕の目の前にいたミツバチが何らかの理由で具合を悪くしていることは間違いなかった。僕は手を伸ばして少し触ってみようとしたが、結局、勇気が出ずに触れない。ミツバチには、スズメバチと違うところがもうひとつあった。ミツバチには毛が生えている。哺乳類を思わせる外見をしているのだ。空気は湿っぽいにおいになっていた。間もなくまた雨が降るのだと思った。このままではミツバチは助からない。僕は小石を拾って、それを円を描くように並べた。それが少しでもミツバチの身を守るのに役立てばと思ったのだ。そのままだとわなをしかけたのと同じになってしまうかもしれない、と思ったので、円に小さな隙間も作った。必要ならば、ハチはその隙間から逃げられるだろう。だが、雨が降り出すと、雨水はすぐに円の中に入って来た。

キッチンに入った僕は、窓越しに、屋根のない城の中にいるミツバチを見ていた。でも、電灯がつくと、見えるのは窓ガラスに映る自分の姿だけになった。それを見ながら僕はあれこれ考えた。なぜ僕はロバートなのか。どうして僕の名前はロバート・ウェッブなのか。なぜこんな金色の縮れた毛が生えているのか。他の人も、僕と同じように自分というものを感じているのか。そんなことはありえないような気がした。そしてなぜ僕は今、泣いているのか。たかがハチ一匹のことで。

誰にも気づかれないうちに涙を乾かさなくてはならないと思った。このことは誰にも、祖母にもトルーディーおばさんにも、母にも話さないつもりだった。話せば優しくしてくれただろうと思うが、話してしまうのは嘘っぽいと思った。

そもそも、ハチの面倒を見るのなんて男らしくない。男ならハチなど踏みつけにするものだ。

第3章
「男はスポーツ好きでなきゃ」

「フットボールと言えば――重要なのは――それは単にフットボールではないということだ」

テリー・プラチェット『見えない式服（Unseen Academicals）』

僕は鼻をほじっていた。笑えばいいのか泣けばいいのかわからなかった。否定したくともできはしない。これは女物の靴下なんだ。「トルーディーおばさんのせいだ」僕は上の歯と下の歯の間に鼻くそをはさみながらそう思った。悔しかった……なんでおばさんは僕をこんなひどい目に遭わせたのか。

ロジャー・バクスターは学校の低い壁の上で、僕と隣合わせに座っていた。「元気出せよ、ロバート。うん、君の言うとおり、ちょっと女っぽい靴下だとは思うけどさ……」ロジャーは優しかったが、問題のソックスを見下ろしながら満面の笑みを浮かべていた。「僕はそんなに悪くないと思うよ」

僕は首を横に振って小声で言った。「これが人生さ」母がいつも言っていた言葉で、その頃の僕にはそれほど意味がわかっていたわけではない。でもこう言うと、少し大人っぽい、深みのある人間になったような気分だった。疲れたような感じがよかった。

「何だよ、ロバート。子供がそんな大人みたいなこと言うもんじゃないよ」ロジャーはそう言ったけれど、僕はまさにその大人みたいな感じが気に入っていたのだ。大きくなったら、もっと大人のことがよくわかった上で同じことが言えるのだろうなと思った。

その日はスポーツデーだった。僕はジュニア・スクールの二年生で九歳になっていた。もうガイ・バイズとは遊ばなくなっていたが、彼らについての物語を書いたりしていた。その一つは『堕ちた英雄』と題した物語だ。ガイ・バイズのキャプテンが仲間とはぐれてしまい、森の中で悪者たちに追われるという話。傷つき、疲れ切ってキャプテンはどうにか基地に帰り着く。その後、仲間たちが戻って来ると、キャプテンは悪者たちに見つかり窮地に追い込まれていた。ガイ・バイズは容赦なく悪者たちを殺す。物語は大虐殺で終わる。

僕はどうして、この靴下を買う時、店で「これじゃない」と言わなかったのだろうか。

突然、「スポーツ・デイには全員、白い靴下を履くこと」という新しい規則ができた。それでトルーディーおばさんは僕をコニングスビーの店に連れて行ったのだ。そこは中に入るとまず、自分の欲しいものを店員に言うという類の店だった。店員は希望を聞くと、自分の後ろに並んでいる一万はあろうかという数の小さな引き出しのうちの一つを開けて、適切な品を取り出してこちらに手渡してくれる。

問題は、この時に店員が手渡してくれたのが「適切な」品でなかったということだ。カウンター越しに渡された靴下を一目見て、僕はおやと思った。白いことは白いが……何かがおかしいのだ。白い靴下はそれ以前にも見たことがあった。白い靴下はだいたいがさほど長くはなく、履いてもすねの高さまでは来ない。そして、上の方には二本くらいストライプが入っているのが普通だった。ジョン・マッケンローやジミー・コナーズが履いている靴下がそうだ。だが、その時渡されたものは、それとは違っていた。まず、長すぎるし、模様が入っていた。しかも靴下に描かれた模様ではない。いわば、その靴下そのものが「模様からできていた」と言っていい。光に当てると、靴下に無数の穴が空いているのがわかる。これは……女物の、レースの靴下だ。店員が靴下の価格を告げたが、その額はトルーディーおばさんの想定の三倍くらいだったと思われる。おばさんの様子を見ていればわかった。顔は愛想よく笑いながらも、大きな赤い財布の中を慌てて指で探っていた。

僕はおばさんに異議を唱えたかったけれど、それはあまりにも無礼なように思えた。その後、母とトルーディーおばさんとの間にはいつもの言い争いがあった。おばさんが僕に買ってくれたものの代金を母が払おうとするが、おばさんは受け取ろうとしない。いつもそうだ。一応、話が落ち着いて、おばさんがデレクの車に乗り込んでゴルフ・クラブへと向かったあと、僕は母に泣きながら文句を言った。三〇分くらいは言い続けたと思う。母はあれこれ僕をなだめようとしたけれど、結局はこう言った。「仕方のない子だねえ。ロバート、女物だろうが、男物だろうが、そんなことどっちだっていいのよ。靴下は靴下でしょ。同じよ」

僕は生まれてから、それほどひどい嘘を聞いたことがなかった。母がいらだっているのはよくわかった。自分で買いに行くべきだったと母も後悔していたのだと思う。トルーディーおばさんが間違えた、しかも大間違いをしたということは母にもよくわかっていたのだ。いったいこの子をどうしようというのだろう。バレエでも踊らせようというのか。母もそう思っていたに違いない。

　学校の様子はスポーツ・デイに備えて、普段とはまったく変わっていた。僕はとにかく速く走って、靴下に誰も気づかないようにしようという作戦を立てた。足を速く動かせば、はっきり見えなくなるはずだった。だが、それはまったくお粗末な作戦であることをすぐに悟ることになる。僕は運動場で試しに走ってみた。これくらい速く足を動かせば、ほとんど消えて見えるのではないかと期待して、少し下を向いてみたら、足はまったく消えてなどおらず、靴下もはっきりと見えた。お菓子のようにかわいい模様は、誰からも見て取れるはずだ。もうどうすることもできない。何か手を打とうにも手遅れだ。それに、問題なのは、運動場のトラックを取り囲むようにして見ている親たちではない。問題は、まさに今、運動場にいる他の子供たちだった。

　特に問題なのは男子たちだ。フットボール好きの男子たち。体育の時間のたびに運動場に集まり、尻に手を置いて体育教師の話を聞いている。皆、顔をしかめて神妙そうに話を聞く。時々、地面に向かって唾を吐く。これは将来に備えた練習だ。男子は将来、大人になっても、同じようなポーズ、同じような態度を取り続けるのだ。たとえば、スーパーマーケットの食肉売り場を覗く時でも、常にそういう態度を保つ。ただ最近では、唾吐きは男の必須の行動ではなくなっている。その代わりに、尻に手を置いたまま、通り過ぎる女性に向かって後ろ向きに近寄るという行動が新たに加わった。

　男子の中でも特に困った奴なのがマシュー・テリズだ。僕はとにかくマシューが好きではなかった。ゲームをしていてもずるをするからだ。マシューが言った。「ロバートを見ろよ！　いい靴下だな、ロバート！　ハハハハ！　私はロバート、女の子よ！」他の男子たちも周りに集まり始めた。最悪だ。

「黙れマシュー。いいんだよ」ロジャーが言った。「別にロバートが自分で選んだ靴下じゃない。おばさんが買ったんだよ！」何人かが小声で「おばさんだってよ……」と小バカにしたように言うのが聞こえた。でも、リーダー格のロジャーが加勢してくれたので心強かった。マシューはロジャーに怒られたのが堪えたらしく、おとなしくなった。僕は彼が復活する前にとどめを刺しにかかった。

「この靴下もウンコまみれなら、もっと見栄えよくなるんだけどな」

ロジャーは大笑いした。他の男子たちも爆笑だ。僕は、マシュー・テリズがきっと一生忘れないであろう、ある出来事を意識してこう言ったのだ。二週間ほど前、マシューは授業中に手を上げてトイレに行きたいと言った。その時、授業をしていたミセス・ベンソンは、どうも朝から機嫌がよくなかったらしい。明らかにいらだった様子で彼女はこう言った。「私が二〇数える間に帰って来なさい。そうでないと大変なことになるよ」

これは脅しとしてはあまり賢明とは言えなかった。マシューは素直な子だったので、自分でも数を数えながらトイレに行ったのだ。彼はトイレに駆け込むと、パンツを下ろして用を足し始めたのだが、半分くらい出たところで時間がなくなったので、仕方なくパンツを上げて教室に戻って来た。マシューからは大変な悪臭が漂っていた。おかげで、隣の席のジェームズ・ライアンは気分が悪くなり、トイレに駆け込んで吐いてしまったくらいだ。これはミセス・ベンソンが急かしたのがいけないのだが、彼女は自分の非を認めるような人ではなかった。そして、すぐにそのまま体育の時間になった。

九歳の男の子がウンコをもらして、そのまま白い体操着に着替えたらどういうことになるか、あなたは知っているだろうか。

僕は知っている。

かわいそうに、マシューは元はと言えば自分のせいではないのに、その苦境をどうにかやり過ごさなくてはいけなくなった。この年頃の男子はとても脆いのだ。男子には信仰とまではいかないが、それに近い信念がある。絶対に守らなくてはいけない名誉がある。絶対にされたくないこと、なりたくないものがあるのだ。

たとえば、「女みたい」と言われることもその一つだ。それまでに何をしていても、「女みたい」と言われてしまえばすべてが台無しになる。

僕がお漏らしの件について口にしたことで、マシューは追い込まれた。でも、彼はそれを笑い飛ばそうと必死に努力をした。同時に彼は僕の靴下をまだ見つめていた。靴下について何か言って、どうにか反撃できないか考えていたのだ。だが、どうにも反撃のしようがなかった。

「ウンコ野郎になんか、着るものについてあれこれ言われたくないね」僕はほとんど叫ぶようにして言った。あとから「ファッションのアドバイスなんてされたくないね」の方が気が利いていたのにと思い、そう言えなかった自分が腹立たしくもなったが、それは大したことではない。ここで重要なことは、「ウンコ野郎」と言ってやることだったし、それにはとても効き目があったようだからだ。マシューは僕の方に近づいてきたが、その目に浮かんでいるのは怒りではなく、恐怖だった。子供は簡単に友達にあだ名をつける。マシューもそれはよく知っていた。「ウンコ野郎」なんて屈辱的なあだ名をつけられたら大変だ。これは長い間つきまとうことになる可能性の高いあだ名である。そして、足が生えているようにあっという間に大勢に広まってしまう。なんてことだ。みんな、ごめん。特にマシュー、本当に申し訳なかった。

ロジャーはまだ笑っていた。彼は僕の前に出て、近づいて来るマシューを止めた。他の子たちは僕らを取り囲み、口々に何やら言っていた。時々、「ウンコ野郎」という大きな声が聞こえる。マイケル・キーはその場で足踏みを始めた。膝を思い切り高く上げて、足が地面につくたびに大声で「ブリブリブリ……ブリブリブリ……」と言った。だんだん、収拾がつかなくなってくる。そろそろ歌を歌うべきと考えた連中がいたらしい。でたらめな詞の歌が誰からともなく始まった。「ウンコ野郎と呼んでくれ、ウンコ野郎と呼んでくれ、ウンコ野郎と呼んでくれ、だって俺の足はウンコまみれだから」

だが、マシューは落ち着いた態度で「やれやれ……」と言っただけでその場を離れていった。諦めたような何かを悟ったような表情だった。まるで自分はもう髭も生えた大人で、ガキどもがちょっと何か言ったくらいでは何とも感じないぞ、と言っているようだ。この分なら早晩、マシューは立ち直るだろう。

僕はその場を切り抜けてほっとしていたが、また新たな問題が生じつつあった。リサ・プロクターが見ていたのだ。リサは一年生の時に僕の隣の席だった子だ。僕は、彼女が隣にいることがいかにも不快だという態度を取っていた。机の上の僕の領域にリサのペンケースが一ミリでも入り込んだら、大げさに押し戻したりした（女子の物が近くにあると「女菌」がうつるといけないからだ）。でも、本当のことを言えば、僕はリサが好きだったのだ。実際、誰も見ていない時、リサと僕は仲良くしていた。

彼女は僕に近づいて来て、怖くなるくらい抑えた声で言った。「ちょっとひどいよね、ロバート。ひどいと思うよ。あなたは他の子とは違うと思ってたのに。これじゃ他の子と何も変わらないね。そうじゃない？」

何も言えなかった。

「あなたも結局、他の子たちと同じなんだ」周囲にいた男子たちは、まるでそうするのが義務であるかのように、一斉に鼻で笑い、あきれ顔をした。リサは友達のキャシーと歩き去った。

僕はリサに言いたかった。これは正当防衛なんだと。先に仕掛けてきたのはマシューなんだと。そして、自分は他の子たちと同じじゃない、まったく違うんだとも言いたかった。「他の子たちと同じ」だなんて、僕が何より言われたくないことだった。「他の子たちと違う」と言われる方がいい。複雑なのは、きっと他の男子たちも、「自分は他の子たちと同じ」とは思っていなかっただろうということだ。

男子は他の男子をどう思っているか。とにかく、あいつらと同じになりたくないと思っている。偶然よく似ている子はいても、同じになりたいとは思っていない。もちろん、他人がいてこその自分ではある。わかってもらえるだろうか。僕らはそれぞれ、自分は結構いいやつだと思っている。ただ、問題は他の連中の存在だ。

僕は思った。リサはいいよなと。もしリサが男物の靴下を履いたとしたら何が起きるだろうか。特に何も起きない。せいぜい「おてんば」と呼ばれるくらいのことだ。大したことじゃない。僕らが「女みたい」と言われるのに比べたら、喜ばしいくらいじゃないか。

ジュニア・スクールに上がって、それまでと違うのは、男の先生がいることだ。それは僕にとっては不安の種ではあった。その中には、校長先生のミスタ・モーガンも含まれていた。ミスタ・モーガンは、髪が薄く、恐ろしげな眼鏡をかけた強そうな男性だった。入学して最初の集会で、ミスタ・モーガンはおどけた笑顔を浮かべ、新入生を歓迎すると言ったが、その後すぐ厳しい表情になって校則について話し始めた。

「規則というのは守るためにあるものだ」先生はよく通る、倍の大きさの講堂であっても後ろまで届きそうなバリトンの声でそう言った。これは困ったなと、正直思った。一九八〇年頃は、今と違って体罰が堂々と行われていた時代だ。ミスタ・モーガンはスリッパで殴るという噂だった。他には、ミスタ・デュークのように、机の上にいつも黄色い木の棒を置いている先生もいた。「黄色い危険」と呼ばれた棒だ。ミスタ・デュークは一見、感じのいい人ではあった。授業中によく質の悪い冗談を言った。ただ、彼のイングランド人とアイルランド人とスコットランド人を比較する冗談を聞くたびに、僕は落ち着かない気持ちになった。結局、いつも「アイルランド人はバカだ」というオチになったからだ。僕はこういう冗談は言うべきではないと思っていた。ＩＲＡ〔アイルランド独立軍の略。イギリスに組み込まれたままの北アイルランドの分離と全アイルランドの統一を掲げ、一九七十〜八十年代に無差別テロも含め活発に活動した〕が攻撃を仕掛けた、建物を爆破したというニュースがよく流れていたけれど、そもそもミスタ・デュークのような人がいるからこういうことになっているのではないかと僕は考えた。彼が黄色い棒を持っているのはまず威嚇のためだろうが、単に威嚇ですむという確証はどこにもなかった。いつ冗談を言うのをやめ、その恐ろしい棒を持って僕に近づいて来ないとも限らない。

　もしそうなったら、ガイ・バイズは僕を守れないし、ロジャーにも無理だろう。マークがいれば、もしかすると守ってくれるかもしれない。棒を持って僕に近づいて来る男を見たら、僕の一番上の兄、マークはどうするか……それに関しては、マーク本人にも意見はあるはずだ。

マークはバーでスツールを引っ張り出して、一つ咳払いをした。二〇〇九年のことだ。僕がチャリティ番組『コミック・リリーフ』に出て、レオタード姿で『フラッシュダンス』の曲をバックに踊った年だ。それから、T・S・エリオットについてのドキュメンタリーに出演した年でもある。BBCがそこそこ顔を知られている人間を四人使い、『マイ・ライフ・イン・ヴァース』と題した一時間番組を四本作ったのだ。それぞれ、出演者の好きな詩がテーマになっている。また、詩というものが自分の人生にどう影響を与えたかということも考察していく。僕が選んだのは、「J．アルフレッド・プルフロックの恋歌（The Love Song of J. Alfred Prufrock)」という詩だ。ディレクター、プロデューサーがイアン・マクミランというのも素晴らしいことだった。僕とイアン、そしてマークは、リンカンシャーの「エンジェル」というパブで会っていた。

そこは一六歳を過ぎると、「スネークバイト・アンド・ブラック」というカクテルを一パイント〔約四七三ミリリットル〕までは飲ませてくれる店だった。知らない人もいると思うので説明しておくと、スネークバイト・アンド・ブラックというのは、同じグラスにサイダー半パイントとラガー半パイントを入れ、それにカシス・シロップをほんの少し加えて作るカクテルだ。カシス・シロップが入っているので、飲み過ぎると紫色のものを吐くことになる。言うまでもないことだが、僕はこのスネークバイト・アンド・ブラックが好きではない。僕が好きなのはバカルディ・アンド・コークだ。これは、お菓子に最も近いカクテルと言われている。

『マイ・ライフ・イン・ヴァース』という番組には、出演者の自叙伝的な要素もあった。マークは番組の中で、僕の少年時代についてインタビューを受けている。バーのスツールに腰掛けたマークにイアンは、今回協力してくれたことについて感謝の言葉を述べた。「いえ、何でもありませんよ。弟のためですから何でもします」この対応は僕にはまったく驚きではなかった。その言葉に嘘はない。マークはそういう人なのだ。

　イアンは最初にこんな質問をした。「小さい頃のロブはどういう子でしたか。たとえば、子供の頃の彼を一言で表現するとしたらどうなりますか」

「甘えん坊ですね」

「何ですって？」

「甘えん坊ですよ」マークは僕の方をちらっと見た。僕は目を落としてビールのグラスを置いたコースターを見てから、「大丈夫」と言うように両方の眉毛を上げた。平然を装ってはいたが、内心はかなり動揺していた。確かにそうだ、と僕は思った。僕は「内気」でもあったが、同時に「甘えん坊」でもあったのだ。

　祖母とトルーディーおばさんは、サンドイッチのパンの耳を切り落としてくれただけではない。ソーセージの皮も剥いてくれたし、ブドウの種も取ってくれた。遠縁の人などは、兄のマークとアンドリューには、二人まとめて一枚のクリスマス・カードを送って来ることもあったが、僕は常に僕だけのカードが届いた。クリスマス・カードもイースター・エッグも、そして寝室も、誰かと共有になったことは一度もなかった。僕には個室が与えられていたのに、すでにティーンエイジャーだった兄たち二人が共同で一つの寝室を使っていたのはなぜなのか。その理由はいまだによくわからない。だが、とにかく当たり前のようにそうなっていたのだ。

　兄弟の中で僕だけ色々と世話を焼いてもらえることは確かだったと思う。ゴルフ・クラブで過ごしていた当時、僕が何より楽しみにしていたのは、祖母もジョンもトルーディーおばさんも、全員が休みになる日だった。そういう日には、僕が世界で二番目に素晴らしいと思っている場所（美しい海沿いの街・スケグネスの次だ）――リンカンに行けるからだ。リンカンは華やかな大都会で、ジョンの白い車で行けば四〇分くらいの距離にあった。暖かい日には、サンルーフを開け放して走った。僕はジョンと量販店のキャッシュ＆キャリーを見て回ることもあった。業務用サイズの大きいショッピングカートを押して店内を歩く。透明なプラスチックのカーテンをくぐると、そのさきは巨大な冷蔵室だ。その中で僕は、ジョンが、大きいれんがのようなチェダーやレッド・レスター〔いずれもイギリスの伝統的なチーズ〕をカートに入れるのを手伝った（実際はほとんど見ているだけだったが）。その後、僕らはマークス＆スペンサーで女性陣と合流する。トルーディーおばさんは僕を書店に連れて行って、『ドクター・フー』のペーパーバックを一、二冊買ってくれたりした。そして、最後に取ってあった最大のお楽しみが待っている。僕らはまるで王族のように行進をして、ベルニ・インでの最高の昼食へと向かうのだ。小公子である僕が食べるのはランプステーキ（ヒレは誕生日のみ）で、その後、祖母の頼んだクリームのせコーヒーを少しもらう。これがとても美味しい。ただ、熱いので、飲むたびに口の中全体に火傷を負ってしまう。毎回、今度こそ火傷せずに飲むぞと思うのだが、うまくいかない。

僕がこれだけ甘やかされていることについて、母はいったいどう思っていたのだろうか。母は僕をいつも見守ってはいたが、厳しくすることはなく、いつも寛大だった。ゴルフ・クラブでの週末のあとは、僕の行儀が悪くなったと言うことはあった。たとえば、食べていいかと尋ねないでビスケットを勝手に食べてしまうようになったと指摘するようなことはあったが、それで厳しく叱責されることはなく、すぐに話は済んだ。

実のところ、僕を誰よりも甘やかしていたのは母自身だったのだと思う。母は僕が五歳になってから七歳になるまで、毎晩、寝る前に本を読んでくれた。二人の兄がその年の頃、母にはそんな時間も自由もなかったが、僕の時にはそれがあったというわけだ。母が読んでくれたのは『ライオンと魔女』、『ジャングル・ブック』、そして僕が特に好きだった『トム・ソーヤーの冒険』などだ。『トム・ソーヤー』が好きだったのは、母がアメリカ南部のアクセントをまねてセリフを読んでくれたからだ。僕が読書好きになったのが、幼い頃に母が読んでくれたおかげかどうかはわからない。ただ、名作をたくさん読んでもらったことで、僕と母の距離は近づいたとは思う。

それはひとまずどちらでもいいだろう。今、僕らは、「特権」というものについて真剣に話す時だと思う。まず僕自身、自分が数多くの特権に恵まれた存在であることを、常に積極的に認めることにしている。まず僕は健康だし、そして白人の男性だ。身体的、精神的な病気によって死にそうなほど深刻な状況に追い込まれたことはない（少なくとも今は）。ある程度の教養を持った中産階級の人間で、自分の好きなことを職業にしていて、仕事に困ることはなく、けっこうな収入を得ている。これらを自慢したいわけではない。なぜかと言えば、ここに挙げた特権を得られたことは、ほとんどどれも僕の手柄ではないからだ。ほとんどは単なる幸運で得られたものだ。

特権とは幸運の別名なのではないだろうか。ここで僕の一番上の兄、マーティンのことを思い出す人もいるかもしれない。もちろん、僕は思い出す。僕にとっては、自分が生まれたのは、間違いなく誰かが死ぬことになったからだ。そのことで、僕は幸運とは何かを少し学んだと思う。この本をマーティンに捧げることもできるけれど、ただ静かに幸運に感謝するだけならともかく、それで感傷に浸ってしまうのは違うだろう。

一〇代の終わり頃には僕は父と暮らしていたが、夜、パブからふらふらとうちに帰ることがあった。そんな時、見上げると、リンカンシャーの雲一つない、驚くほど美しい夜空が広がっていることもあった。無数の星も輝いている……僕は何かに、自分が幸運の星の下に生まれたことに感謝したくなり、同時にマーティンにも感謝したくなるのだった。でも、そんな自分に怒りも感じた。人は時に感傷的になる。それは否定しようのない事実だ。だが、感傷には不健全なところもある。カーリング・ビールの黒ラベルを五パイント飲むくらいの不健全さだ。僕は実際にはマーティンに会ったこともないし、マーティンは自らの意志で死んだわけではないのに、僕はとにかく彼に感謝をするしかないのだ。

幸運について、僕はいくつかのことを知っている。一つは、人は自分の幸運を認識すべきだということだ。幸運を認識していれば、単に幸運のおかげで手に入れたものを、自分の力で手に入れたと勘違いしないで済む。もう一つは、たとえ自分が幸運でも、それで自分を責める必要はないということだ。

大きな幸運は、突然訪れたように見えても、実はずっと前にそのための準備が始まっているかもしれない。僕の場合は（僕に訪れた特に大きな幸運については、この章の終わり頃に書くことにする）、自分のことを愛してくれる家族がいて、その人が僕に本を読むことを促してくれた。それが幸運の準備になったと思う。本を読んだからと言って、即、頭がよくなるわけではない。その助けにはなるが、それよりも、物語の中に入り込むことで、他人の立場を想像できるようになることの方が大きかった。男の子が他人の立場を想像せよと奨励されることは普通あまりないが、僕の場合はその機会に恵まれた。

『ライオンと魔女』の中で、スーザンとルーシーは王である偉大なライオンの死を嘆き悲しむ。『チョコレート工場の秘密』で、チャーリーは一年越しの願いをかなえ、チョコレートに封入されたゴールデンチケットを引き当てる。『エーミールと探偵たち』では、エーミールが（探偵たちと出会う前だ）一人で列車に乗って、安全ピンで自分の指を刺す。『ドクター・フー』では、ドクターがカストロバルバという街で正気を失ってしまい、コンパニオンのティーガンは故郷への思いを募らせる。ルーク・スカイウォーカーは、双子の太陽の周りを回る惑星、タトゥイーンで冒険に憧れていた。寝室で母と、あるいは一人でいた僕は、物語の力で遠い場所に行くことができた。そして、自分では気づかないうちに、自分の近くにはいない人たちに触れることができた。そのおかげで、僕はチャンスをつかむことができたのだと思う。もちろん、他人に感情移入できたからといって、それだけで奇跡のような力が生まれるとは言わない。ただ、共感する力があれば、ないよりもチャンスが広がるということだ。

マーティンと物語——どちらも僕にとって幸運の星、双子の太陽のような存在だった。

ジュニア・スクールには一人で歩いて通っていた。家から一〇分ほどの距離だ。デレクに、できるだけ道路を横断せずに帰って来られる経路を教えてもらっていた。僕にはありがたいことだった。おかげで、デレクに車で送ってもらうことがなくなったからだ。デレクは僕を車から降ろす時に毎回、人目をはばからず僕にキスをした。それが嫌だったのだ。その場面を友達（マシュー・テリズだ。ウンコ漏らし事件の前のことだった）に見られてしまった。デレクの愛車、ペーサーXが走り去ると、マシューは言った。「お前の恋人が誰だか知ってるぜ、ロバート――お前の父さんだ！」これは本当に嫌だった。まず、父親が身体的な接触で愛情を表現するのはあまり普通でない（しかも恥ずかしい）ことだと知っていたし、デレクはそもそも僕の父親ではなかったからだ。僕はいつも彼をデレク、またはデスと呼んでいて、それ以外の呼び方をしようなどと思ったこともなかった。

　だが、それはデレクの望みとは違っていた。母に切れるカードは彼女の控えめさと美貌だけだったとすでに書いたが、実はその言い方は正確ではない。相手がデレクの場合に限り、カードはもう一枚あったと言っていいだろう。その三枚目のカードは僕だった。

なぜか。それは僕がデレクにとっては魅力的な子供だったからだ。

　デレクは本来、小さな娘が欲しかった。だが、娘が無理なら、おとなしくて礼儀正しい男の子でもいいと思っていた。大きな青い目をして、髪はふさふさ、ホワイト・ブロンドでカールしていれば最高だった。僕はタンクトップを着た小公子のような子供だったから、デレクの理想に近かったのだ。母には「あの人のこと、お父さんって呼んでくれない？」と言われたが、僕は即座に「それはごめんだね」と返答した。それから苗字を「ウェッブ」から「リム」に変えていいかと尋ねられた時もすぐに「嫌だ」と答えた。僕の苗字は「ウェッブ」以外にあり得なかったから、考えるまでもなかった。それに、養子縁組の申し出は僕に対してだけで、マークやアンドリューにはなされていなかった。僕だけ兄たちと苗字が違うなど耐えられなかった。「男の子を三人も一度に引き取ってくれるような男はあまりいない」とはよく言われた。母の友人たちが何度もそう言っていたし、後にはマークとアンドリュー自身もそう言った。それは確かに本当かもしれない。だが、デレクだって本当の意味で三人の男の子を引き取ったとは言えないと思う。二人の男の子を引き取ったのは間違いない。あとは彼を魅了した新しい妻と、おとなしい天使のような子供が一人だ。その子をデレクは溺愛した。デレクは愛情の深い優しい人で、僕たちは皆、彼のことが好きだった。やたらに僕を抱きしめるのも構わないと思っていた。ただ、絶えずキスをしてくるのだけはやめてほしいと思っていた。

デレクの対極にいたのが、祖父のジョンだ。ジョンにとっては、僕にキスをするなど、まったく考えられないことだった。七歳くらいの頃だったか、ある夜、ゴルフ・クラブの小さな家で、僕は祖父のところへおやすみのキスをしに行った。祖父は、膝の上に夕食の冷えた肉をのせて、テレビで『トゥー・ルーニーズ』を見ていた。僕は祖父の大きな脚の上でぎこちなく身を傾けたが、途中でバランスを崩し、肉の詰まった背骨（もちろん祖父の、ではなく食べ物の方だ）に手をつき、祖父の腹に頭突きをするような格好になってしまった。

「あのなあ、ロブ。もうお前も一人前の男なんだから、わざわざおやすみのキスなんてしなくていいだろう」

祖父は言った。少し気まずくなっていたのが、祖父の一言で救われた気がした。

「うん、そうだね」

「おやすみ」

「おやすみ、ダーダー」

父との間では、そういう身体接触を伴う愛情表現が問題になることはまったくなかった。そもそも父と顔を合わせることはほとんどなかったからだ。力を込めた握手とともに、父と挨拶をするようになった時は、僕はもう大学生になっていた。父と握手してハグをするという形ばかりの挨拶の繰り返しにさすがにうんざりし始めたのは、三〇代になってかなり経った頃だった。

「さあ、こっちへ来てよ、早く」

「ああ、そうだな。でも、俺たちまだハグするのか」

「そうだよ」

「おお、そうか。そうだな」父は僕の言葉に驚き、喜んでいるようだった。

大したことではない。ただ、三〇年以上、同じことを続けたのだ。よくやったのではないか。

マークとアンドリューも、子供時代にありがちな同性愛への漠然とした嫌悪が薄らぐとよくハグをするようになった（ただし、相手は僕で、二人が互いにハグすることはあまりなかった）。子供の頃はそんなことはしなかったが、一度だけ例外がある。


あれは僕が七歳の頃、コニングスビーの家にいた時のことだ。その夜は珍しく、母がデレクに頼んで、二人で外出することになっていた。二人は早い時間、僕がまだベッドに向かう前の時間に出かけて行った。当時、もうすぐ一四歳になるところだったマークは、ティーンエイジャーにしてはあまり出歩かない方で、その日もうちにいた。それで母は、マークに僕の寝かしつけを頼んだ。僕はパジャマに着替えるとベッドに入った。

「さて、ロブ。どうすればいいのかな」

「どうって？」

「だから、マミーはこういう時、いつも何をしてくれるの？」

マークは、親代わりをするとはどういうことか、その要領をよくわかっていた。まず大事なのは、子供の視点でものを見ることだ。マークは普段、母のことを「マミー」とは呼んでいなかったが、あえて僕の視点から「マミー」と呼んだ。これはすごいことだと思う。僕はマークに、母が寝かしつけの時にいつもしてくれることを話した。「マミーはシーツと毛布で僕をくるむんだよ。でも掛け布団は軽くのせるだけ。それから少し本を読んでくれて、『おやすみなさい。神様がお守りくださいますように。いい夢を見てね、また明日』って言うんだ。それで僕は『うん、また明日』って言う。そしたらマミーはキスしてくれて、ドアを少しだけ開けて部屋を出るんだ。廊下の明かりが入るようにしてくれるんだよ」僕が話をしている間にほんの一瞬、マークが顔をしかめたような気がした。頭でも痛いのだろうかと心配になった。

「マミーが本を読んでくれるって？」

「うん」

マークは指を鳴らして、元気よく手を叩いた。僕にはそうなることが事前に想像できたはずだと思う。マークは、僕にとって王様であり、フォンツ〔一九七〇年代後半～八十年代前半のコメディ番組『ハッピー・デイズ』のキャラクター。当初脇役であったが、人気が大ブレイクして主役となった。フォンジーとも〕でもあった。そんなことを無理強いして傷つけてはいけない。

「今はちょっと急だし、用意ができてないから本は読めないよ、ロブ。でも、ほかのことは全部してやる」

マークはシーツと毛布で僕をくるんだ。そして、生来の演技力を発揮して、身体を僕の方に傾け、優しい声でこう言った。「おやすみ、ロビー、神様がお守りくださいますように。いい夢を。また明日」

「うん、また明日！」

驚いたことに、また喜ばしいことに、マークは僕の唇に軽くキスもしてくれた。そして言ったとおりに、ドアを少しだけ開けたまま部屋を出て行った。

僕は二人の兄が大好きだった。ただ、正直に言えば、成長するにつれ、マークの存在の方が大きくなったのは確かだ。マークは僕にとって王様でありフォンツであり、また同時にタッカー・ジェンキンズであり、ハン・ソロでもあった。それから、ショワディ・ワディのリード・ヴォーカリストも忘れてはいけない。マークは、あのかっこいいヴォーカリストにも等しい存在なのだ。茶色みがかった黒い瞳は母に似ている。僕やアンドリューのような透き通るような青ではない（父も、屋外での仕事や、屋内での飲酒によって顔全体が黒っぽくなるまでは、僕やアンドリューに似た目の色だった）。マークは、僕にとっては、男はこうあるべき、という要素をすべて持っている人間だったのだ。

第一に、マークの髪は茶色のストレートだった。それだけでもう勝ち目はない。学芸会の劇でも主役を演じた。何をしても学校で指折りの存在になれた。スポーツも屋内のゲームも全部うまかった。軍事教練も見事にこなしたし、ギターも弾けた。絵もうまい。そして——あのフォンツと同じように——いつも途切れることなくガールフレンドがいた。

マークとアンドリューは、ガートゥリー・セカンダリー・モダン・スクール〔セカンダリー・モダンは公立学校の中でもグラマー・スクールに比べると学力的には下で、労働者階級の子女が多く進学する〕に通った。辛いのは、そこでは新たな能力が要求されることだ。強くならないと生きていけない。アンドリューはとても強くなった。だが、マークはさらに強く、最強と言えるほどになった。何年かのち、僕は学校――兄たちが通った学校ではない――で悪ガキどもにいじめられそうになった。年長の子たち二人が僕に暴力を振るいそうになったのだが、そこにもう一人が割って入った。「俺はやめとく。だって奴はマーク・ウェッブの弟だからな」

本当にマークの存在は強大だった。僕自身は小公子のようだが、その僕を攻撃すれば、マークを攻撃したのと同じになる。マークの評判は、学年を越え、数多くの街や村へと伝わっていた。どんないじめっ子も、その評判に脅え、一切、僕に手を出そうとはしなかった。中には、何を勘違いしたのか、僕とすれ違っただけで何もしていないのに謝る子までいた。

普通の感情を持った人であれば、自分のことを本に書かれるのは嫌なものだろう。僕も実はその一人だが、こうして自分のことを自ら書いてしまっている。問題は、何かを書くと悪い方に誤解される恐れがあるということだ。誰にいつどう誤解されるかわからない。

こういう回想録も、やはり一つの物語だ。誰であれ、その中に入れるためには一種の「キャラクター」にする必要がある。つまり、現実よりも人物を単純化する必要があるわけだ。それは、自分の兄弟のことを書く場合でもそうだし、たとえ愛情をもって書いたとしても、現実の人物とは必ず違ったものになってしまう。だから僕は、ここでは普通よりも慎重になろうと思う。マークほど尊敬できる人間はそうそういない。彼のような人間に出会える可能性は極めて低いだろう。今、マークは誇り高き父親であり、地元の子供たちのフットボール・チームでコーチもしている。農産物卸売会社の社長でもある。面白い人だが、根は誠実で生真面目だ。彼に比べれば警察官ですらコメディアンのように見えるほどだ。車はアウディに乗っている。

僕の描くマークは現実離れしていると思う人も多いかもしれない。突然とんでもない暴力を振るって強さを見せつける機会が繰り返しあったわけでもないのに、直に会ってもいない人たちをそれほど恐れさせることはそうあるものではない。僕は決して嘘を書いたわけではないが、僕とは違った角度で彼を見る人はいるだろう。

マーク自身は、一〇代以降の若い時期の自分を表現する時に「不安だった」「悩んでいた」という言い方をしていた。彼の通っていたガートゥリー・スクールは、一九七〇～八〇年代には、「少年院のよう」と言われるような学校だったと聞いたことがある。マークとアンドリューは、そういう劣悪で厳しい環境の中で生き抜いていく必要から、強くたくましくならざるを得なかったのだろう。二人は必死で努力をし、素晴らしい成果をあげた。学校側はほとんど期待していなかったような人間になったのだ。学校としては、とにかく「男らしく」あればいいという程度だったのだと思うが、二人はそれ以上の人間になった。[*1]

僕たちは、男性や女性を驚くほど強固なステレオタイプに類型化して見ている。親や友人、祖父母、教師などの言動にもあっただろう。「男の子の持ち物は黒」「ピンクは女の子の色」みたいなやつだ。

また、たとえば、誰かがこんなふうに言うのを聞いたことはないだろうか。「レオは、ほんとに典型的な男の子だね。まず、じっと座っていられない。もちろん、静かに読書をするのが好きな男の子もいるだろうけど、それはあんまり自然じゃないよ。やっぱり男の子はさっぱりしてわかりやすいよね。そうでしょ。感情も単純だし。結局、男の子は男の子なんだよ」

女の子にも、もちろんこの手の類型化はなされる。たとえばこんなふうに。

「女の子って花が好きでしょ。そんなこと、今時言うことじゃないのは知っているけど。料理も好きだよね。結局、女の子はみんな、心の奥の奥ではわかっているんだよ。自分に求められているのは、じっとおとなしくそこにいて、綺麗にしていることだって。もちろん、中には、仕事をバリバリやりたい女の子もいるよね。別にそれが悪いってわけじゃないんだよ……」

もし、人種や宗教について同じようなことをしたら、とてもまともな人間とはみなされないような見方だということはわかるだろう。なぜ男や女になら許されるのか。

ただ、「男」に関しては、その類型が完全に的外れでないことは認める。僕には強い兄が二人いたからだ。僕は色々なことを二人のどちらかに教わっている。口笛の吹き方を教えてくれたのも（マーク）、補助輪なしで自転車に乗れるようにしてくれたのも（アンドリュー）、靴紐の結び方を教わったのも（マーク）兄たちだ。

*1 男子生徒のステレオタイプは、レベッカ・アッシャーの『めそめそしない（Man Up, Harvill Secker, 2016)』の第二章によく描かれている。階級、人種、障害者などに対しても同様の偏見は見られる。ただし、ガートゥリー・スクールには関係ない。白人の労働者階級出身の子供ばかりが集まる学校で、まだ障害者の教育には対応していなかったからだ。失読症になるのは魔女の仕業だ、などという人がまだいた時代である。

『スター・ウォーズ／帝国の逆襲』を見に映画館に連れて行ってくれたのも（アンドリュー）、恥ずかしがらずに歌を歌うよう励ましてくれたのも（マーク）、スペースインベーダーでハイスコアを取る方法を教えてくれたのも（アンドリュー）、エア・ライフルの安全な撃ち方を教えてくれたのも（マーク）、潮が満ちてきた時に砂の城を守る方法を教えてくれたのも（アンドリュー）、電話のダイヤルはまず受話器を上げてから回すのだと教えてくれたのも（マーク）、車の運転を教えてくれたのも（アンドリュー）、自分自身を笑い飛ばすことを教えてくれたのも（アンドリュー）、マークのおかしなところを教えてくれたのも（アンドリュー）、おやすみのキスをしてくれたのも（マーク）、すべて二人の兄のどちらかだ。

マーク、アンドリュー、本当にそうだ。僕が「甘えん坊」だったのは間違いない。母もトルーディーおばさんも祖母もみんな、すごく僕を甘やかしていたよね。だけど、彼女たちだけじゃない。愛すべき兄さんたち、あなたたちだって、傷んだ果実みたいに甘かったじゃないか。

ある日のこと。もう寝る時間だった。僕は一一歳になっていて、母が本を読んでくれることはなくなった。僕が自分で読みたいと言ったからだ。自分で読めば、自分の速度で読めるし、前に戻ることも、飛ばして先へ進むことも自由自在だ。ワームホールを開けて自由にタイムトラベルができるのだ。登場人物を一気に遠い過去や未来に送ることも、遠い場所に送ることもできる。それはすっかり僕の習慣になった。

そのくらいの歳になると、母にされるがまま、毛布やシーツにくるまれるのも嫌がるようになる。だが母はなおも毎晩、おやすみを言いに僕の寝室に来てくれた。そして、適当に部屋の片付けもした。母は僕の部屋にいるのが好きだったのだと思う。優しい目で僕を見て、「今、困っていることはない？」と訊ねてきた。

「今日、校長先生とお話ししたのよ」母はそう言った。

僕は驚いた。嫌な予感がする。でも、今日は保護者会の日じゃなかったはずだ。もしかして、臨時の保護者会でもあったのだろうか。保護者会があると、母は僕のことを何か褒められたのか、不思議なくらい上機嫌で帰ってくることがあった。また反対に、とんでもなく不機嫌で帰って来ることもあった。そんな時は「しっかりしなさいよ」と言って僕を叱るのだ。「しっかり」か。そう言われても困る。

実は母は校長先生、ミスタ・モーガンをよく知っていた。彼が別の学校の校長をしていた時、母はその秘書をしていたからだ。おかげで僕は、彼について色々と情報を得やすい立場にいたことになる。たとえば僕は、ミスタ・モーガンのファースト・ネームが「ジム」であることを知っていた。でも、友達に話しても誰もそれを信じようとしなかった。ジム・モーガン。あの、有名なフットボール選手、ジミー・ヒルと同じファースト・ネームということになる。そんな人と同じだなんて、あり得ないということだったのかもしれない。

「先生は、あなたのイレブンプラス（グラマースクールの入学試験）の結果を知らせようと電話をくださったのよ」

なるほど、直接ではなく電話で話したということか。わかったよ。それでイレブンプラスがどうしたって？

もう長い間、周囲の誰もがイレブンプラスのことばかり話していた。この結果によって、ガートゥリーに行くか、それともグラマースクールに行くかが決まるのだ。問題は、その時点で僕に試験を受けた自覚がなかったということだ。

ミセス・ベンソンは時々、生徒たちに謎の問題用紙を配った。不思議に思ったが、クイズのようで僕はそれを解くのが楽しかった。たとえば、いくつかの図形のうち、他と違っているのはどれか、といった問題が載っている。変な問題ばかりだが、僕にとっては数学やフットボールよりはずっとましだった。そういう問題は、イレブンプラスの過去の問題で、いわば模擬試験のようなものだったのだろうが、ミセス・ベンソンはある日、僕らにそれと知らせることなく、本物のイレブンプラスの問題を配っていたらしい。それは必ずしも悪いやり方とは思わないが、あとで驚くことになるのは確かだ。そう、だから僕は気づかないうちにイレブンプラスをすでに受験していたのである。それは驚くべき報せだった。

「あなたはちょうどボーダーラインだって、ミスタ・モーガンが」

「ボーダーライン」僕は意味がわからず、ただ母の言ったことを繰り返した。

「ガートゥリーに行けば優等生だけど、グラマースクールに入ったらついて行くのが大変だって」

たぶんそのとおりなんだろうと思った。クラスの中にいるとわかる。僕は、賢い部類の子たちの中にいるとできない方に入るが、できない子たちの中ではかなりいい方だった。ミセス・ベンソンは、スペリングと数学の授業の時、クラスを四つのグループに分けていた。まずグループA、これは「至高の存在《フェリシティ・ブライアン》」と名づけられていた。次にグループB、これは「英国の頭脳《ブレインズ・オブ・ブリテン》」と名づけられた。「至高の存在《フェリシティ・ブライアン》」は最高位のグループであり、クラスの中でも優秀な子ばかりが揃っていた。彼らには他の生徒とは違う特別な問題が用意される。僕は、自分がグループAに入れられることはないのだと悟った。また、その方がいいとも思っていた。グループ

AやBに入ってしまえば、そこでは簡単とされている問題にも苦戦してしまうことになったはずだ……残念ながら。クラスには、近所のトレーラーハウスで暮らしている男の子が三人いた。彼らは頻繁に問題を起こす。近づくと嫌なにおいがした。ミセス・ベンソンは、ことあるごとに三人を励ました。彼らをあえてグループBに入れたりもした。でも、それは本当に彼らのためになったのだろうか。

ミセス・ベンソンにはお気に入りの生徒が何人かいた。僕もその一人になった。僕がクリエイティブ・ライティングの授業で書いた物語に感心してくれたのだ。彼女は何度か僕に、教室でその物語を音読するよう言った。皆の前で自分の文章を読まされるのは苦痛だったが、やがて面白く感じるようになった。僕が読んでクラスメートが笑うのは悪くなかった。皆が笑えば笑うほど、読むことに対する恐れはなくなっていった。

「そうなんだ……じゃあ、僕はどっちへ行けばいいかな」僕は母に尋ねた。毎晩している部屋の片付けを終え、ベッドの脇に座っていた母は、眼鏡のブリッジを押し上げて僕を見た。

「それはあなたが決めることよ」

そうか、確かにそのとおりだ。だが、難しい問題だ。グラマースクールに行けば、ワインレッドのブレザーを着ることになる。ガートゥリーなら黒のブレザーだ。ワインレッドはピンクに近い色だ。その点はよくない。グラマースクールの生徒は「スノッブ」だと聞いたことがある。スノッブというのがどういう意味なのかはよくわからないけど、何か上品ぶって嫌な感じということは確かだ。うちはトレーラーハウスではないけど、平屋の小さな家だし、僕ら家族は絶対に上品とは言えない。だから僕はグラマースクール向きではないだろう。僕は母の顔をのぞき込んだ。母はなぜか下を向いている。静かな呼吸音が聞こえた。

ではガートゥリーなのか。ただ、マークとアンドリューの様子を見る限り、ガートゥリーは僕向きの場所ではないように思える。「少年院」のような場所だと聞いた。僕は少年院という言葉の意味を、デレクの持っていた一巻だけの百科事典で調べた――デレクはクロスワードに使うためにその百科事典を買ったのだ。そこで知ったことから考えると、とても僕が好きになれる場所とは思えなかった。もちろん、どちらの学校にも女の子はいるけど、ガートゥリーの方が「男らしい」印象はある。だが、それは本当に僕が求めていることなのだろうか。男らしい男ばかりがいる場所に、本当に僕は行きたいのか。

優等生でいられることは、「ついて行くのに苦労する」ことよりいいことなのだろうか。それと同じくらい大変なことは他にもたくさんある気がする。だが、グラマースクールは遠いのでバスに乗って行かなくてはいけない。ガートゥリーなら歩いて行ける。うーん、考えれば考えるほどわからない。これは本当に難問だ。僕はもう一度、母の方を見た。母はどうしてほしいのだろうか。どれが正しい答えなんだろう。

「大変でも、グラマースクールに行くことにするよ」僕はそう言った。

下を向いていたので、母の顔はほとんど長く黒い髪に覆われていてよく見えなかった。しかし、口元を見ると、笑顔になりそうなのを抑えているのがわかった。少しすると落ち着いたのか、また無表情に戻ると、母は顔を上げ、僕の目を見つめた。母の頭は驚くほど動かない。「本当に？」母はそう尋ねた。

僕は元気よくうなずいた。「うん、本当だよ」

「それはよかった」母はそう言うと、今度はにっこりと笑った。

「そう決めたなら、がんばらないとね。本当にがんばらないと大変よ。でも、あなたならできると信じてる」

どうやら僕はとんでもないことを言ってしまったらしい。

「おやすみなさい。神様がお守りくださいますように。いい夢を見てね、また明日」

「うん、また明日」

僕は正しいことを言ったのだと信じている。そのあと、母はキッチンでレコードをかけるのではないかと思った。初期のビートルズか、クリフ・リチャードか。母にとって懐かしい、聴いて元気の出るような音楽だ。エルキー・ブルックスかもしれない。少し奇抜な曲もあれば、苦悩を率直に語るような曲もある。母が喜び、希望を感じているのならば、ビージーズの何かアップテンポな曲かもしれない。部屋を出て行く母の動きには、少し重さがあるようにも思えた。でも、母は僕の方を振り返ると、おどけた感じのウィンクをした。

僕はクイーン・エリザベス・グラマースクール（ＱＥＧＳ）に入ることになった。いわゆる「いい学校」だ。

廊下の向こうからは、ビージーズ「ステイン・アライブ」の聴き慣れたディスコ調のイントロが流れてきた。

僕はカーテンの方を見て、影が映っていないかを確かめた。父が見たら何と言うだろうと思った。その答えは、クリスマスに会った時にわかるだろう。

　「俺の歩いている姿を見ればすぐにわかるよ
　俺は女にはモテるんだ、無駄話をする時間はないね……」

第4章
「男は勇敢であれ」

約束するよ、父さん。僕は父さんと同じ間違いはしない
トラブルにはできるだけ近づかないようにする
でも、僕を弱いだなんて思わないでほしい。僕は侮辱を甘んじて受ける気はないんだ
父さんはきっとわかってくれると思う
男には、どうしても闘わなくちゃいけない時があるんだ

ケニー・ロジャース「弱虫トミー(Coward of the County)」

「うん、そうだな《スー・ノイ》」。ミスタ・ジェニングスはそう言ったが、その言葉にはアクセントがあった。それを聞くと僕は、テレビ番組『ホワイ・ドント・ユー?』を見ていた時のことを思い出した。僕は出演者の言葉のアクセントで「あ、これはベルファストのスタジオから放送されているんだ」と気づいて、少し気分が沈んだ

のだった。ミスタ・ジェニングスは「月曜日には『物理学とは何でしょう』という問題を出しました」と言ったが、「問題《クエスチョン》」が「クエッシエン」、「物理学《フィジックス》」が「フェゼックス」と発音されていた。そのあと、ミスタ・ジェニングスは「火曜日には、『生物学《バイオロジェイ》とは何か』という質問をしましたが」と言って、意味ありげに間を置き、「今日はどういう質問をするでしょうか？《ホワット・ディエ・サンク・アム・ガナ・アスク・イエ・ノイ》」と問いかけてきた。

彼が何を問おうとしているのか、僕にはまったく理解ができなかった。アクセントのある英語よりも、スペイン語で問いかけられた方がまだいいくらいだと思った。これを「異者排斥《ゼノフォビア》」と言うのは少し大げさかもしれないが、思春期にありがちな過敏さゆえか、その頃の僕は、自分と異質な存在に対して嫌悪感や恐怖心を抱くことが多かった。

実を言えば、僕は答えをわかっている。時間割表に「化学」と書かれているからだ。手を挙げて答えた方がいいのだろうか。そんなことをする意味があるのだろうか。僕は物理学、生物学と同様に、化学も好きになれないだろう。それは明らかだ。僕らはその時、「総合研究室」という部屋にいた。「科学研究室」や、「生物学研究室」や「家政学研究室」や「物理学研究室」や「数学研究室」は別にある。自分の人生に関わる研究室がこうして一気に増えたのは、まったく歓迎すべきことではなかった。

ミスタ・ジェニングスは長椅子に軽く腰掛けていた。太った尻を片方ずつ椅子にのせるような座り方だ。自身のバカげた質問に誰かが答えるのを待ちながら、まるで僕らをからかうかのように脚をぶらつかせていた。なぜわざわざ科学を三つに分けたのだろう、と僕は思った。どれを選んでも、結局担当する教師が同じなら意味がないではないか。ミスタ・ジェニングス本人に罪はないかもしれないが、僕にとっては、科学とSFはまったく違う。両者は銀河系の端と端くらいに離れている。科学の授業を聴いていても、ロケットの話など出て来ないのだ。少し期待していたＳＦ好きの僕にとっては、かなりいらだたしいことだった。

数学研究室にいたっては、「研究室」とはいっても見た目はまったく普通の教室と変わらない。ガス栓もないし、火にかけて使う金網もない。危険な物質を作り出すガラス器なども見当たらない。数学にはそんなものは一切、必要ないからだ。数学の担当教師はミスタ・バンディーンだった。彼は、まだ自己紹介もろくにしないうちに僕に居残り補習を受けさせた。マンツーマンで、延々よくわからない割り算をさせられるのだ。あれは本当に辛かった。小さい頃に家で8と2を書く練習を散々させられた時も辛かったが、その時ほど騒々しくはなかったし、僕にも忍耐力はついていた。だが、心の中はあの時と同じくらいのパニックになっていた。ミスタ・バンディーンの息を浴びることにすっかり慣れてしまい、僕は最初の学期のうちに、今日、彼がコーヒーに砂糖を入れたかどうかを確信を持って言えるほどになってしまった。共学だったが、男子の中には一部、数学の授業を楽しみにしている子もいるようだった。今で言う「オタク」の連中だ。また、「普通」の男子も総じて数学は嫌ではないようだった。僕はどちらかといえばオタク寄りだったのにもかかわらず、理科も数学も苦手だった。常に怯え、感謝を知らない、怒れるオタクだ。ブンゼンバーナーも、小数点も、僕を殺すために作られたものだと思い込んでいた。

コニングスビー・ジュニア・スクールの同級生のうち、イレブンプラスに合格した生徒は僕を含め七人だった。これは、無意味なＩＱテストから無作為に選ばれた問題に比較的うまく答えられた子が約三〇人の中に七人いた、ということでしかない。そのＩＱテストは、一九八四年の時点でさえ、信頼できないとみなされるようになって二〇年も経っていた。僕らは最初の年に三つの「フォーム〔ここではほぼ「クラス」と同義〕」に分けられ、地域の他のジュニア・スクールからも同じように選ばれた「優秀なる七人（か八人）」と混ぜられた。

僕のフォームの担任はミセス・ブロックリーだった。彼女はフランス語の教師だ。いつもショートヘアを地味なピンで留めていた。たぶん、当時、四〇代だったと思う。ミセス・ブロックリーの鮮やかな青い目は、教室全体を限なく見渡し、また生徒一人ずつをじっくりと見た。僕の属する「1B」というフォームの生徒には何が求められているのか、彼女は僕らに手短に、しかしわかりやすく説明してくれた。彼女の話し方は穏やかで丁寧だった。少々ふざけた質問にも明るく答えてくれたし、知性のある質問にはよく考えて答えてくれた。当然、何でも自由というわけではなく、一定の秩序はあったが、それはよい秩序だった。その秩序を大きく乱すようなことを誰かがすれば、その青い目に射抜かれて、椅子から動けなくなる。そのあと、その行いがなぜ悪いのかを五分は言って聞かされることになる。ミセス・ブロックリーを決して怒らせてはいけない。

先生に気に入られるような優秀な生徒たちは、楽々と授業について行っているように見えた。そして僕は、グラマースクールの中でも、僕とは違うできのいい半分に属する生徒たちについて色々と知るようになった。彼らはグラマースクールに来る前から優秀だった生徒たちだ。その中には、テレビのニュースで見る人のような話し方をする子も何人かいた。地元リンカンシャーとは明らかに違う言葉を話していた。たとえば、fast《速い》という単語のaを、farce《茶番》のaと同じように発音する。また、家の中の話をする時、bedroom《寝室》という単語を、〝bed-ruhm〟のように発音する。昼食のあと、彼らはナイフとフォークを揃えて少し傾けて置く。時計でいう六時のようにまっすぐではなく、七時か八時くらいの角度にするのだ。『グランジヒル』〔一九七八～二〇〇八年まで英国で放映された人気ドラマ〕

も見ない。彼らの一人、ウィルバー・チャタートンはイタリアのトスカーナ地方に行ったことがあると言っていた。家にピアノがあるという子も多かった。授業中に先生が「わかる人？」と言った時に最初に手を挙げるのも彼らだ。特別賢いわけではないのだが、とにかく話好きなのだ。そして、話をすればするほど賢くなっていく。彼らはいったい何者なのだろうか。

彼らの一人に、カール・ビリンガムがいた。僕の隣の席にいたが、とにかく黙ることがない。無神経なので皆から嫌われていたが、それが癪に障るのか、余計に饒舌になるようだった。カールは僕の見ていない間に、手を引っ張ろうとする。僕は無視する。しばらく無視していると彼はそのいたずらをやめる。僕は自分の手にナチスのシンボル、鉤十字を描いておいた。ナチスの悪事についてまだ十分に理解していない頃だが、それでも手に鉤十字があるとあまり印象がよくないことはわかっていた。それまで知らなかった種類の感じの悪さだった。マシュー・テリズなら、「ちんちん」や「おっぱい」を描くところだ。僕は自分がマシューと同類なのをよくわかっていた。ただマシューはガートゥリーに進学したので、もうそばにはいなかった。

僕はカール・ビリンガムと過ごすことが多かったが、それは、学校に「隣の人と仲良くすること」という謎の規則があり、それに従っていたからだ。午前の休み時間、1Bの男子生徒たちは、ほとんどがメインホールあたりにたむろし、六年生たちが下手なブレイクダンスをするのを見ていた。カールは「キャタピラ」ができて、それがまあまあうまかったので、見ていた皆は渋々ながら認めざるを得なくなった。数分間ではあるが彼は尊敬を勝ち得ることになった。だが、すぐにカールも僕らの中に戻って来て、六年生たちが頭で回転するのをただ見るようになる。毎朝、僕らは理由もなくそれを繰り返していた。

音楽は、誰かがテープに録音していた「トップ40」入りのヒット曲だった。その中にはブレイクダンスに合う曲もあれば、そうでない曲もある。たとえば、チャカ・カーンの「フィール・フォー・ユー」なら合うけれど、ポール・マッカートニーの「ひとりぼっちのロンリー・ナイト」は合わない。でも、何人かは曲が何であってもダンスを続行した。曲の違いなどまったく意に介していないようにも見えた。音楽が合わないくらいでダンスを止められるか、と言っているようでもある。見ていて奇妙ではあった。

僕がクイーン・エリザベス・グラマースクール（QEGS）に入ったことに対する兄たちの反応は予想どおりだった。マークはそれを喜び、誇りに思ってくれた。一方、アンドリューは自分に対する侮辱と受け取ったようだった。マーク（当時一七歳）、アンドリュー（一六歳）、そして僕（一一歳）の力関係は、アニメの『トムとジェリー』みたいなところがあった。猫のトム（アンドリュー）が、ネズミのジェリー（僕）をそこら中追い回すのだが、それもブルドッグのスパイク（マーク）が登場してトムを追いかけ始めるまでのことだ。

ある日のティータイム、僕は冷凍庫から出したばかりのパンにそのままバターを塗ろうとして、結局パンをばらばらに引き裂いてしまったことがあった。

アンドリューは大喜びだ。「グラマースクールに行ってても、パンにバターも満足に塗れないんだな！」

グラマースクールでパンにバターを塗る方法を教えるわけでもないし、別にグラマースクールに入学する前から自分はこういうヘマをしがちな人間だったじゃないか。そう言えば困るかなと思ったが、その場はあえて言わなかった。僕はアンドリューにはウィットのある返しをしないようにしていたのだ。理由は二つある。

そもそも、僕はそれほどウィットに富んだ人間ではない。次に、そういう返しをしたとしても、アンドリューは必ず僕より上に立とうとするし、そのために何をしてくるかわからない。僕を傷つけるようなことは決してしないが、少なくとも、きつい眼差しで見られることは間違いない。アンドリューは、僕がキッチンのテーブルに向かって座っている時には、必ず僕の頭を叩いて後ろを通る。だいたいは軽く叩くだけなのだが、時には叩き方が強すぎて、食べていたシリアルのボウルに顔がつくこともあった。

僕らは総じて仲良くやっていた。僕が楽しみにしていたのは、火曜日のティータイムだった。火曜日には、マークの寝室に集まって、ポータブルの白黒テレビで『西遊記《モンキー》』か『水滸伝《ザ・ウォーター・マージン》』を見る〔いずれも日本制作のドラマで、海外でもヒットした。『西遊記』は堺正章、『水滸伝』は中村敦夫主演〕からだ。アンドリューは一時、部屋の壁にAᗺBAがヘリコプターの前に立っているところを撮った大きなポスターを貼っていたが、それを愛想のよくないシド・ヴィシャスのポスターに貼り替えていた。その他には、裸（パンツだけ穿いている）の絵に空手の打点や、身体の急所などをわかりやすく示した見取り図を貼ったりもしていた。

『西遊記』を見終わるとアンドリューはいつも、僕の方を向いて「戦闘開始！」と叫んだ。そして、ひとしきり格闘ごっこをするのだ。だいたいは僕がタンスの角かどこかに頭をぶつけて終わる。僕は泣きそうになるのを必死で我慢した。

時々頭を叩かれるくらいのことはまったく気にならなかったが、グラマースクールに行ったことをねちねちと何度も言われるのは腹が立った。「パンにバターも満足に塗れない」というのは、そのあと何度も続くドラマの最初のセリフに過ぎなかった。『優等生は常識知らず』とでも題されたドラマだ。アンドリューはドラマの主人公だったが、登場人物が彼だけということはまずなかった。父（自分も同じ学校に行っていたことはまるで忘れたかのようにふるまっていた）、デレク、祖母、ジョン、アルバイト先の仲間たち、母の友人たち、そして母までが、そのドラマに出演することになる。

勉強のできる男子は「常識がない（はず）」「社会で通用しない（はず）」などと言って揶揄されることが多い。そのことは、本人にも、教育する側にも葛藤を生んでいる。一〇代になるまでの幼い時期に、僕らは皆、世の中には「男子とはこういうもの」というステレオタイプの存在を認識することになる。男子はじっと座ってはいられない。騒がしく、厚かましく、粗暴で破壊的。そういうステレオタイプだ。男子はテストステロンが多すぎて、一つのことに集中するなんてことはできない。女子と違って読書なんて好きじゃない。本を読んでいるよりもフットボールをしている方が幸せだ――ということになっている。

こういう考え方は、当然のことながら、男子の学業にも大いに影響することになると僕は思う。男子が世間の期待するような男子でい続け、なおかつＧＣＳＥ〔General Certificate of Secondary Education の略。義務教育修了時に受ける試験で、大学受験の準備をするシックス・フォーム課程に進めるかどうかの判断基準となる〕で好成績を修めるとはどういうことか。「男らしさ」と勉強とは、どうも相性が悪い。本をよく読むことは男らしいとは言えないからだ。おとなしく静かに本を読むと「ゲイっぽい」ということにされる。

ＱＥＧＳに入学したあとも、僕らは優秀だと褒められはするが、同時にとても幸運だと何度も言われる。また、成績がいいとそれを揶揄されることもあるが、それに対し期待される反応は男子と女子で大きく違っている。女子の場合は、少し笑って「ただがんばって勉強しているだけです」と言うことが期待される。ところが男子が成績がいいのを揶揄された時は、「前の晩に慌てて勉強したらどうにかなった」とか「たまたま得意な問題が出た」などと言わなくてはいけない。「日頃からこつこつ勉強している」とは決して言ってはならない。それは女子にだけ許される言葉だ。

この件に関しては、僕自身にはあまり話すことはない。入学して最初の夏の試験で、僕の平均スコアは、クラス二四人中一七位だった。トップ五に入った中で男子は二人だ。ピート・ガーヴィーとラッセル・マクアレン。二人は、「賢い男子」の置かれるおかしな状況にどう対処したのだろうか。

ただひたすら静かにしていた。それが彼らの対処法だったのだ。

マークはバスルームに入ろうとした。兄たちはいつも言い争いをしていたが、その声は金曜日の夜、外出する前に最も大きくなった。僕は彼らの声を聞いて、自分が出かけるわけでもないのに気分が高揚した。二人がそれぞれ、コニングスビー・コミュニティ・センターでの、セックスと暴力の楽しい夜に期待していることが伝わってきたからだ。「お前、いつまでバスルームにいるんだ。長すぎるぞ」と、一人がもう一人に文句を言うのもいつものことだった。そのバックでどういう音楽が流れるかは、共有のプレーヤーをどちらが先に使うかで変わった。マークがプレーヤーを使った場合には、ステータス・クォーが流れることになるし、アンドリューならセックス・ピストルズになる。

「いい加減にしろ、アンドリュー。いつまでかかるんだ、ばかやろう」

「うるせえ、クズ。失せろ。髪洗ってるんだよ」

「俺にそんな口のきき方したらどうなるかわかってるんだろうな」

「怖い怖い。お前もここ使うんだろう。悪いけど、俺がクソまみれにしてやったぜ」

「もう中に入るぞ」

「失せろ、変態！　俺がまだ入ってるだろうが」

「鍵を開けろ、このホモ野郎！」

「母さん、母さん、クズ野郎がホモになったよ、俺をレイプしようとしてるよ！」

キッチンにいる母が言う。「ロバートのいるところでそんな言葉使わないで」

「おい、聞いたか、クズ。ロバートのいるところで汚い言葉使うなとさ」

アンドリューは大笑いしたが、そのあとバスルームに長くはいられなかった。彼はぜんそくで、吸入具を使う必要があったからだ。こんなふうにマークを怒らせたら、あとで殴られることになるのはアンドリューもよくわかっていた。しかし、その時は気にしていなかった。僕は、音楽がセックス・ピストルズでも、ステータス・クォーでもそんなに変わらないと思っていた。

その当時、アンドリューがマークを褒めるようなことはめったになかったが、コミュニティ・センターでマークがある女性に殴られた話をした時だけは褒めていたのを覚えている。何の理由かはわからないが（おそらく十分な理由があったのだろう）、彼女は激怒して、マークを攻撃したのだ。その間、マークは反撃しない（当然だが）ばかりか、身を守ろうとする（それは正当なことだ）でもなく、手を背中に回したまま、ただ立ち尽くしてあざだらけになるまで殴られるままになっていたという。「みんな見てたよ」アンドリューは言った。「あれはめっちゃすごかったな、シャクだけど」。そんなふうに、ただやられるまま耐えるのには、どれだけの身体的な強靭さと勇気が必要なのだろうと僕は思った。そして、なぜマークがたちの悪い連中にも恐れられるのかがわかった気がした。どうやらマークは、自分を人に見せることに長けていたらしい。

マークとアンドリューの対決ショーは見て面白いとも言えたが、年齢が上がるにつれ、徐々に冗談では済まされない状態にもなってきた。とにかく、一方がもう一方に何かを言う、あるいは何かを尋ねるたびに、必ず皮肉、あるいは敵意のある反応が返ってくるようになったのだ。一〇代の男兄弟というのはどこもああいうものなのかもしれない。ただ残念なのは、彼らの場合、三〇年近くもその状態が続いてしまったということだ。父親が暴力的だからといって息子たちも暴力的になるとは限らないし、父親が不在だからといって、必ず息子たちが怒れる若い男たちになるとは限らないのだが、そう言ったところで仕方がない。男どうしはいつも競い合うもので、互いに少しでも相手より上に行こうとするものだから、真の友情が生まれることはない、などと言われることもある。だが、そんなことを言ってもまったく慰めにはならないのだ。

二人の関係は最近では随分よくなった。どちらも、もう五〇歳を超えている。色々あったが、二人も努力したのだと思う。これでも早く関係が改善した方ではないだろうか。中には、「男らしさ」の呪縛から一生逃れられない人もいるだろうと思う。

『BBCブレックファスト』など、テレビの情報番組では時々、「男らしさの危機？」などと題した特集が組まれたりしている。「堆肥容器はどれを選ぶべきか」をテーマにした園芸コーナーと、「ヌード・ゾービング

〔ゾービングは巨大なプラスチックのボールに入って坂を転がるアトラクション〕流行」のニュースの間に、そんな特集がはさまるのだ。僕は、「男らしさ」が危機にあるというより、「男らしい」ということ自体が危機だと言いたい。そう言い切ってしまうのは乱暴すぎるかもしれない。ただ、「男らしさ」という言葉を聞くと、即、疑問を呈したくなるのも確かだ。そもそもなぜ、自分が男らしいかどうかを気にするのか。それは何のためか。「彼は男らしい」という時、人は彼がどういう人だと言っているのか。勇敢なのか。誠実なのか。それともストイックなのか。どれも素晴らしいことには違いない。だが、僕はこれまでの人生で、そういう性質を持った女性にもたくさん会ってきた。「彼は自分の男らしさを誇りに思っている」それはいい。彼にとってそれは大事なことなのだろう。でも、その「男らしさ」とはいったい何なのか。「自分が女でなくてよかった」と言いたいのだろうか。一般に「男がするもの」とされていることが、他の男性より得意だと言いたいのか。車を運転する時に手袋をはめる、強い体臭がする、など男性のステレオタイプは数多くあるが、「男らしさ」と聞いて何が思い浮かぶだろうか。

「女らしさ」というのもある。それは何だろう。たとえばそれは、「毛」に表れるものだろうか。髪が長いことや、脚や脇の下など特定の場所の毛を処理することだろうか。スカーフの趣味か。それとも色彩感覚か。男性が話をしている間は口をつぐんでいられる能力のことだろうか。果たして女らしさとは何か。

僕は別に無理に難しく考えたいわけではない。「男らしさ」「女らしさ」という言葉の具体的に意味するところが本当によくわからないのだ。別に男らしいとか女らしいとか、そういうことを言わなくても、ある人物とその行動を表現する言葉は他にも数多くあるはずだ。男だから／女だからといって全員が必ず同じような性質を持っているわけではないのだし、わざわざそんな言葉を使う必要などどこにもないだろう。

たとえばデヴィッド・ベッカムが自分の見た目にとても気を使っているとしよう。そういう時、つい言いたくならないだろうか。「男のくせに」と。これは僕もかつて言ったかもしれない。でも本来、ここに男女を持ち込む必要はない。また彼がどういう性生活を送っているかも、彼の性別とは関係がないのだ。そして、その性生活が自分から見て好ましいものであっても、そうでなくても、それだけで彼の人間性を判断すべきではないだろう。リリー・アレンの曲の歌詞に汚い罵り言葉が多くても、それを「女らしくない」などと言ういわれはない。それは男女の別に関係のないことだ。

野暮なことを言いたいわけではないが、たとえばラドヤード・キップリングの「ＩＦ」という詩の最後の一行には不満がある。「君は男になるのだ、息子よ！(you'll be a Man, my son!)」この部分を変えれば、もっといい詩になったのではないかと思う。人が成長して美徳を身に着けることと、その人が男性か女性かは関係ない。ここは息子でも、娘でもいいはずだ。

確かに、併記というのは詩的にあまりにお粗末だ。でも、「ＩＦ」という詩（僕はこの詩が好きなのだ）に対して読者がどう感じるかはわからないが、この詩に列挙されている美徳には、男性しか持ち得ないものは一つとしてない。ただ、キップリング自身はおそらく僕に賛成しないだろう。そして、一九〇九年に生きた人々の多くも彼と同様だろう。

僕はよく「男らしさを克服する」と言っているが、これは何も、男に生まれただけではじめから何かよくない状態にあると言っているのではない。生まれること自体は素晴らしいのだが、現状では男に生まれるだけで余計な荷物を背負わされているので、それに気づくべきだと言いたいのだ。その荷物は、本当は必要のないもののはずだ。その荷物に、男性は足を引っ張られている。自分の生き方ができず、他人に決められた生き方をさせられている。

コミュニティ・センターでの楽しみは、確実に得られるとは限らないものだ。それは自分からは遠いところにあると思っていて、僕は早くそこへ行きたいとは思ってはいなかった。金曜の夜の楽しみは、学校の共同のシャワーや三角フラスコ、そして英語の授業などとはかけ離れたものだった。

グラマースクールに入った時、僕は英語の授業を楽しみにしていた。その中でクリエイティブ・ライティングもすると思っていたからだ。だが、実際にはそうではなかった。することといえば、構文解析と、エステル・ハウツィヒ『ジ・エンドレス・ステップ（The Endless Steppe）〔一九六八年発行の児童書の名著〕』の講読だけだった。それが延々と続く。二人が組になって、真面目に文章を朗読していく。交代で少しずつ、どこまでも読み進む。

一二歳の僕は、朗読が大嫌いだった。声を出して本を読むことがまず恥ずかしいし、第一、うまく読めない。うまく読めないから余計に恥ずかしくなる。相手が読んでいる時は、不安な気持ちで何パラグラフ読んだかを数え、自分は次にどこから読み始めることになるのか、あたりをつける。当然、そんなことをしているから、内容などまったく聴いてはいない。仮に真面目に内容を聴こうとしたとしても、かなり難しかっただろう。何しろ、朗読するのがプロの俳優などではなく、はじめてその文章を目にする子供だからだ。

だが、二一世紀の今、信じられないことに僕はプロの俳優になっている。そして今僕が書いているこの本の音声版の朗読を自分でしたとすれば、もちろん、うまく読めるに違いない。それは、もう録音される前から内容も文章も十分に知っているからだ。

ミス・ウェインをはじめ、英語の教師たちが僕らに朗読をさせたのは、そうすれば、少なくとも一度は本の全文に目を通すと考えたからだろう。たぶん、朗読なんて基本的に誰もが嫌いだろうと僕は思っている。また、やはり自信を持って読めるようになるには、どうしてもある程度の練習が必要になる。それは僕にも完全に当てはまることで、読めるようになるには相当な努力が必要だった。

子供を本嫌いにさせたいなら、このように朗読を強制するのは、間違いなく非常に効果的な方法だろう。特に、朗読するのが退屈な本だったら効果は大きい。『ジ・エンドレス・ステップ』もその条件に当てはまる本かもしれない――よくわからないけど。内容を聴いていなかったのだから、わかるわけがない。たぶん、一人の女の子の話だったとは思う。彼女が家族とともにシベリアで亡命生活をして、色々な問題に直面し、それに対処するという感じの話だ。この本を学校が採用した理由もわかる。リンカンシャーの修道院のように外から隔離されたような学校にいて、自由や民主主義が当たり前という環境で楽に生きている生徒たちが、もっと大変な時代、場所について知るのは価値のあることだろう。しかし、そうだとしても、特に若い読者の場合は、その本を少しでも楽しめなければ、いくらいい本でも結局は響かないのではないだろうか。前半生で大変な苦労をした著者本人は、自分ではこの本を読まなくていい。この点では彼女は苦労しなくて済む。

金曜日のいいところは、週末の始まりということである。その頃にはトルーディーおばさん、祖母、そしてジョンはもうゴルフ・クラブでの仕事を辞めていたので、そこへ遊びに行けなくなったのは僕にとって寂しいことだった。引っ越し先は、元はイギリス空軍が住宅供給のために所有していた土地に立つ、三つの寝室を備えたテラス・ハウスだ。同じコニングスビーではあるが、ゴルフ・クラブとはちょうど反対側に位置していた。その家に泊まるのは僕にとって新鮮で、驚くほど楽しかった。近所の同年代の子たち、つまり普段とは違う子たちと遊べることも大きかった。以前とは違い、僕は実在の友達と遊ぶようになっていた。ロジャー・バクスターも同じく、かつて空軍のものだった土地に建つ家に住んでいた。ゴルフ・クラブとは違い、広い場所を歩き回れるわけではなかったが、僕には遊ぶ仲間がいた。一二歳になった僕は、そろそろ友人どうしで色々と影響を与えたり与えられたりするようになっていた。

ロジャーは僕とともに同じ学校からグラマースクールに進んだ七人のうちの一人だった。グラマースクールに行くバスで僕はいつも、自分の隣をロジャーのために空けていた。「空けていた」といっても、バスはいつもほとんど人が乗っておらず、当然、わざわざ僕の隣に座ろうとする人もいなかったのだけれど。ただ、もし本当にそんな人がいたとしたら、僕は何も言えず、ロジャーがあまり気にしないといいなと思いながら、ただ窓の外を眺めていただろう。

その頃、僕はいつも自転車に乗っていた。中古のローリー・グリフターだ（この自転車は、ハンドルの右側のグリップを回すとギアチェンジができるのだが、僕はそれをついバイクのアクセルのように使いそうになるので気をつけていた。小さい頃の癖で『白バイ野郎ジョン＆パンチ』ごっこをしている気分になっているのがわかるとバカにされてしまう）。その自転車に乗って、友達を呼びに行く。

「ロジャーいますか」

「こんにちは、ロバート」ミセス・バクスターは、犬が外に出ないようにしながらそう言った。「ロジャーは今、コンピュータだけど、お入りなさい」

ロジャーのコンピュータは、コモドールＶＩＣ—20〔米国コモドール社の日本支社が一九八一年に発売し、世界中でヒットした8ビット家庭用ホームコンピュータ「ＶＩＣ—１００１」の海外品番〕だった。それは僕の持っていた四八キロバイトのＺＫスペクトラム〔英国コモドール社が一九八二年に発売した8ビット家庭用ホームコンピュータ。前出のＶＩＣ—20の次世代にあたる〕に比べるとメモリ容量はしょぼかったけれど、外見がコンピュータっぽいところが魅力的だった。それでも、僕は自分のマシンが使っているうちにだんだん好きになり、ある種の宗教的な敬意をもってコンピュータを扱うようになっていた。『ホレス・ゴーズ・スキーイング』や『ジェットパック』あるいは『ザ・ウェイ・オブ・ザ・エクスプローディング・ファースト』といったゲームソフトで遊んだら、僕はその都度コンピュータを大事に箱にしまっていた。前の年のクリスマスに包装紙の下から出てきて、最初に僕の目に触れた箱をそのまま使っていたのだ。

「よお、ロバート！　マシューも呼ぼうか」ロジャーはそう言って、持っていたジョイスティックを放り投げた。ケーブルがあるので、ジョイスティックはすぐに落ちてきて、ＶＩＣ—20に当たり、結構大きな音がした。ロジャーはコンピュータを無造作にカーペットの上に置きっぱなしにしていたので、僕は内心、憤慨していた。ロジャーには、そういうちょっとがさつなところがあり、僕の二人の兄たちにも似ていた。だが、僕はそれが嫌いではなく、むしろ好きだった。

「そうだね！　いい天気だし、農場に行くにはちょうどいいな」僕は言った。

「いい天気だし！」ロジャーは僕の口まねをした。あまりに月並みなことを言ったのでからかったのだ。でもすぐに彼はリビングの窓の外を見て言った。「うん、お前の言うとおりだ、ロブ。いい天気だよ、行こう！」

コニングスビー・ジュニア・スクールの時と同じように、ロジャーが僕のことを「ロブ」と呼んでくれると嬉しかった。通学バスの中では、互いに「ウェッブ」「バクスター」と苗字で呼んでいたからだ。ロジャーと僕はフォームが違っていたので、学校で顔を合わすことはほとんどなかった。彼はブレイクダンスを見に来ることもなかった。

マシュー・テリズはガートゥリーに行っていたが、その頃は以前に比べると随分と感じのいいやつになっていた。ロジャーと僕が進学後も変わらず自分を誘うことが嬉しかったのではないかと思う。正直、マシューが農場に住んでいたのは僕にとって大きかった。色々な意味で、行けなくなったゴルフ・クラブの代わりになったからだ。唯一の問題は、僕らのしている遊びがとんでもなく危険だと感じていたのが、僕だけだったということだ。見方を変えれば、僕だけが極端な臆病者だったということかもしれない。常に平然としていなくてはと思って必死になるが、どうしてもそうできなかった。両脇に高さ一・二メートルほどもあるイラクサが生えた細い道を通る時には、急にどの方向に吹くかわからない風に備えなくてはならない。とんでもなく急な坂を自転車で一気に下りる時もあった。干し草置き場にかけられた不安定なはしごを上ることもあった。花々の中にいる気が立ったスズメバチの群れに向かって水鉄砲を撃つという、向こう見ずなこともした。川で小さなゴムボートに乗っていたら、ボートの空気がゆっくり抜け始めたこともあった。僕は泳げないのに、だ。

ロジャーは僕のことをいつもわかってくれていた。たとえ僕が怖がっていたとしても気にしなかった。優しく僕を励ましてくれてもいた。

「イラクサは棒で叩きながら通ればいいんだよ」

「後輪のブレーキをかけながらゆっくり下りなよ。俺たちは後ろから行くから」

「はしごをしっかり持っているから安心しな。俺は最後に上がるよ」

「こいつらは俺たちのことなんて気にしていないよ。ロブを刺すハチはいない」

「今日は流れがないから大丈夫だよ。どっちにしても、お前を溺れさすようなことはないから」


僕はなぜロジャーのようになれないのか。僕らはジュニア・スクールでまったく同じ先生に水泳を習ったはずだ。恐ろしい先生だった――なのになぜ、ロジャーだけが、プールの底から足を離して水に浮かぶことができたのか。水の中に頭を沈めるとすべてが真っ暗になり、音も変になる。そして、水が鼻の中に入って来て、死にそうになる。どうしてこれが気にならない人間がいるのかわからない。僕だってロジャーが溺れないよう助けたいのに、なぜそれができないのか。

僕は、自分がどういう考え方を持つことが望ましいと人に思われているか、よく理解していた。コンピュータで遊ぶより人間と遊ぶ方がいいし、部屋の中にいるより外に出る方がいい。そう考えるのが望ましいとされているのだ。そして、実在の友達は、想像の友達よりも健全なものであるとされている。だが、こういう「健全な」考えを抱くことは、僕にはかなり重い負担だった。その原因はすべて僕の「勇気のなさ」にある。外で人間の友達と遊ぶ方が人間的な成長には役立つのかもしれないが、そんなことをすべて忘れて、ずっと部屋にいて、ひたすら『ジェット・セット・ウィリー』〔一九八四年に発売されたＺＫスペクトラム用ゲームソフト〕の腕を磨くことができたら、僕にとってはどれだけ楽かわからない。

ケネス・ギブズは転校生だった。身体はそれほど大きくないが、スコットランド人で、髪は硬く、尖っていた。そのどちらか一方の属性だけでも僕にとっては十分に怖かったのだが、両方なので余計に怖い。彼の声が聞こえるたび、僕は警戒して頭を低くしていた。まるでゴードン・ストラカン〔サッカー選手〕がパンク・ロッカーになって教室にいるような感じだ。だがケネスは気さくで社交的だったので、あっという間に皆に溶け込んだ。

ただ、ケネスには困った癖があった。よく女子の尻をつねるのだ。つねられた女子はだいたい「あっちに行ってよ！」と言うのだが、彼はそうして女子に厚かましくちょっかいを出す、ませた自分でいることを楽しんでいるようで、どうしてもやめないのだった。やられた女子も、あまり大きな問題にしようとしない。自分が最初に声を上げるのは嫌だったのだろう。気持ちはよくわかる。教師に「お尻」の話など誰がしたいものか。

だが、ある日の昼食時間に状況は一変した。またケネスが女子の尻をつねり、それを見たカールは「もうたくさんだ」と思ったらしい。カールのことはすでに少し書いたが、覚えているだろうか。僕の隣の席にいた、上品ぶったそばかすだらけの男だ。

「いいかげんにしろよ、ギブズ。もうこれで終わりにしろ。お前に尻をつねられたい女子はいないんだよ。早く大人になれ」そう言われたケネスは無言でにカールの方を向き、口のあたりを強く殴った。ショックだった。ショックに感じられるくらい、それがめったにないことだったのは幸運と言える。男子は確かに絶えず互いを叩き合っていた。ただ、顔を殴ることはめったになかった。あのピート・ガーヴィーですらショックを受けていたくらいだ。「何するんだ、ギブズ！　どうして殴るんだよ。先生に言ってやるからな。このバカ野郎」

ここで「殺してやる」などとは言わず、「先生に言うぞ」になるところが重要である。僕は間違いなく、自分に合った学校を選んだのだと思う。

午後のホームルームの時間、ケネス・ギブズはミセス・ブロックリーにハーフネルソン〔レスリングの首攻め技〕をかけられたようになった。ミセス・ブロックリーはなかなかケネスを離そうとしない。彼女は穏やかではあったが、時々、自分がどれだけ怒っているかを思い出すようだった。声を荒げこそしないものの、彼女はとどまることなく話し続けた。彼女は指導をしていたのだ。不心得な生徒を徹底的に指導する気のようだった。

「ケネス・ギブズ、私の聞いた話だと、君は、この不快で無礼な行為を――私が話しているんだから、君は立ちなさい！――何度も繰り返しているようですね。そして、被害に遭ったのはヴァレリーとフィオーナの二人だけでもないようですね。ティファニー、あなたもされたことがあるというのは本当ですか」

ティファニー・ランプリング（あのテス・ランプリングの妹だ）は、必ずしもそうしなくてもよかったのだが、先生に問われてうなずいた。「全員なんです。本当に。女子全員です」

「女子全員ですって⁉」ミセス・ブロックリーは大仰に繰り返したが、これは茶番だった。彼女はすでに、女子全員が被害者であることを聞いていたからだ。だが、事実を突き止めることがその場の目的ではなかった。彼女はただ、自分がこれからする話の準備をしただけだ。「そうですね。この何週間かで、ケネスにつねられたか触られたかした人は隠さずに手を挙げなさい」

ケネス・ギブズは顔を真赤にして立っていた。体重を右足にかけたり左足にかけたりしながら、女子全員の手が一斉に挙がるのを見ていた。その様子は実に惨めだった。ゆっくりと、そして本当に一斉に挙がったので、効果は破壊的だ。だが、むしろ「破壊的」という言葉のもつ攻撃的なイメージとは逆の印象として、この出来事は長く僕の心に残った。彼女たちは、一人では声を上げることもできなかった。どうしても他の女子たちの協力が必要だった。彼女たちに必要なのは数であり、連帯だった。

　ミセス・ブロックリーは感情的にはなっていても、それはしっかりとわかっていたらしい。彼女はケネス・ギブズにも絶対にわかってほしいと思っていたのだろう。女子たちがどういう状況に置かれていたかを決して忘れてほしくないと思っていた。「周りを見なさい。ケネス。あなたが侮辱したクラスメートたちを見てごらんなさい。あなたは彼女たちを侮辱したのですよ」ミセス・ブロックリーはしばらく黙り、ケネスが言われたとおりにするのを待った。彼は自分にできる限りのことをした。だが、ミセス・ブロックリーはなおも待ち続ける。ケネスは再び、周囲を見回した。告発者たちが絵のように動かず、静かに彼の方を見つめていた。

　その日は彼にとって最悪の日だっただろう。

「はい、もういいでしょう。皆さん。どうもありがとう――もう手を下ろして。はい、それではケネス、カールの方を見て」

　カールは僕の隣の席に座り、濡れたペーパータオルを口に当てていた。歯茎から出ていた血は二〇分ほど前に止まっていた。はっきり言えば、彼には少し、この状況を利用してやろうという気持ちがあったと思う。だが、それを責めることはできない。

　ミセス・ブロックリーは核心に触れ始めた。「カールは何も言わずに済ますこともできました。クラスメートが嫌がらせをされていても、何もせず、ただ黙って見ていることもできた。でも、彼はそうすることを選ばなかった。彼は口を出すことを選んだんです。感謝されようと思ったわけではない。ただ、それが正しいことだからです。カールは紳士ですね」

彼女は最後の一言を発したあと、しばらく間を置き、惨めに立ち尽くしているケネスに座っていいと言った。この問題はこれで終わり、二度と取り上げられることはなかった。その後、少なくともケネス・ギブズがフォーム1Bの女子たちのスカートに触れることは一度もなかった。

この件で僕の頭に強く残ったのは「紳士」という言葉だった。また、この言葉がこういうふうに使われるのを聞いたのは最後ではなかった。僕はこの言葉を聞いた時、心臓が高鳴り、息が苦しくなるのを感じた。そうなるのは、自分が恥ずかしいという気持ちと、あんな行動ができる人間が羨ましいという気持ちがあるからだ。僕も、何もせずに黙っていた男子の一人だった。カールは、僕よりすごく強いわけでもないのに、悪いことを悪いと言えたのだ。カールはケネスに殴られた。あれほどひどい殴られ方でなかったとしても、僕なら何としてでもそれを避けたいと思ってしまう。確かに、殴られるだけの価値はあるのかもしれない。結果として「紳士」と呼んでもらえるのなら、十分に価値はあるのかもしれないのだ。

ただ、「紳士」という言葉は、必ずそう用いられるわけではないが、騎士道や階級に由来するものだ。この言葉の背後には、男はか弱き女を守るべきであるという考え方があるし、紳士とは上流階級の人間であるという意識も隠れている。つまり、物事の善悪を本当に判断できるのは、上流の人間だけというわけだ。

もちろん、ミセス・ブロックリーが言いたかったのはそういうことではない。彼女が言おうとしたのは、

「男子は女子を侮辱してはならない。なぜなら人間は他の人間を侮辱してはならないからだ」ということだ。彼女は「紳士(gentleman)」と言ったのは、何も「上流(gentility)ぶれ」ということではなくて、「優しく(gentle)あれ」、ということだ。態度を、行動を優しくしろということである。自ら進んでそうしようとする人間は——特に殴られる危険を冒してまでそうする人間は——確かに賞賛に値する。

紳士であるためには、ただ上品であるだけではなく、同時に勇敢でなくてもいけないのだと思わされた。その考え方は恐ろしいが、同時に魅力的でもあった。僕はそれまで、品よくしなくてはいけないのは弱虫だけだと思っていたからだ。そして、勇敢なのは強い男だけだと思っていたからだ。

父は、今ならいいだろうと思える時には、僕らの住む小さな家にやって来た——だいたいはクリスマスの朝か、誰かの誕生日だ。そして、その時の父は確かに優しかった。そういう父に会うのは、僕は嬉しかった。ただし、過去のダース・ベイダーのようだった父の記憶も残っていたので、今の優しく魅力的な父が同じ人間だということに、どうしても戸惑いはあった。

父と母は、テレビドラマ『ダラス』のJ．R．とスー・エレンのような距離を置いた付き合いをしていた。ただし、彼らのように油田を持つ大富豪でもなければ、服に肩パッドも入っていない。また、二人が恋人のようにいちゃつくことはもうなかった——二人の間の空気が温かくなることはあったが、それは、まるでボクシングのスパーリングのようなジョークの応酬によってだった。二人はどちらも面白い人だが、母の方は父に比べるとそういう一面を見せることは少なかった。二人を互いによく知りすぎていた。とても距離は近いのだけれど、長年の戦争のせいで関係がこじれてしまい、その後は互いを軽くからかい合うことを続けている、そんな二つの国のようだった。ただし、二人の間の戦いは必ず母が勝つことになっていた。母は戦いの終わらせ方を知っていたからだ。

大勢の中でジンを一、二杯飲むと、母の当たりはかなりきつくなる。ある日、ちょうど昼食の時間に、僕はウッドホール・スパのパブで母といて、おかわりのコークを飲みながら、母が旧友と話すのを見ていた。

「問題はね、パット」母の友人、ジェフは言った。「それがローデシア〔英国植民地時代の南アフリカの呼称〕の身もふたもない現実だったことだな。ローデシアを今、当人たちが何と呼んでいるかしらないけどな。皆が同じことを言っているよ――結局、黒人は働く気がないんだって」

家では散々アフリカ産のリンゴの悪口を言っていた母は、口をすぼめ、しばらく何も言わずに待っていた。ジェフは天井を見上げ、次に何を言おうか考えている様子だ。母は一瞬、僕の方を見た。彼は母の友人の中でもいい人だ――彼の政治観も、当時のその土地ではごく普通のものだったと言っていい。母は他の人たちより少し進歩的だったが、アクティビストだったわけではない。ジェフの言葉を聞き流してもよかった。わざわざ彼と喧嘩をして、楽しい午後を台無しにしてまで異論を挟む必要はない。村社会で波風を立てるのもあまり得策ではない。しかし、母はおそらくジェフに対して腹を立てていたし、指摘すべきか逡巡する自分に対しても怒りを覚えていたのだと思う。そこへ父が入って来た。父のミドルネームはフレデリックで、母はいつも父のことを「フレッド」と呼んでいた。大きくなってからそれに気づいて少し驚いたのを覚えている。

父は母の様子に剣呑さを感じ取ったか、生やしたばかりのあごひげの上に笑顔を浮かべて遠慮がちに近づいてきた。「よお、パット！」

「フレッド、お目に書かれて嬉しいわ。ロバートを紹介します。あなたの息子よ」

母の声は必要以上に大きくなっていた。狭いパブなので、その声で周りが少しざわついた。土地柄もあり、ちょっとしたことで『あの人は女のくせに遠慮がない』という評判がすぐに立つのはわかっていたが、母は「フレッド」が相手だと平気でこういうことをするのだ。

父は笑顔のまま、ゆっくりとうなずきながら言った。「うんうん、そうだな」父は僕の方を向いて「よお、息子よ！」と言った。僕は一二歳だった。父は僕の片方の耳を親指と人差し指でつまんで揺さぶった。父なりの愛情表現だ。だが残念ながら父の指は荒れていて、耳たぶのような神経の敏感な場所を触られると、余計にそれがわかった。正直に言って、これはとても不快だった。僕は顔をしかめそうになるのを必死にこらえた。

「俺はお前のこと、よく知ってるぞ」父は低い、優しい声で僕にそう言った。父は僕の髪をかき回し始めたが、すぐに話しかけるべき相手を見つけたようだった。「よお、キース！　ひどい天気だな。どうしてた？」そう言うと父は行ってしまった。

何週間かして父が僕らの住む小さな家にやって来たのは、こんなふうにパブで恥をかかされたせいではないかと思う。父は僕を花火に連れて行ってくれるという。僕は「気にしなくていいのに」と思っていた。ガイ・フォークス・ナイト〔イギリスの祝日。一一月五日。かがり火をたき、花火を上げて平和を祝う〕は、いつも楽しく過ごせる日だった。家に大人たちが親しく集まり、皮のついたままのジャガイモをオーブンで焼くのだ。デレクは使い古した空き缶に安物の爆竹を入れて庭に出て、ライターの明かりで書かれた名前を読み上げてから、一つずつ火をつけていった。

だが、僕は父と行く気になった。母の勧めもあったが、かつてダース・ベイダーのようだったのに優しく変身した新しい父が、まだ僕とは三語も言葉を交わしていないのにとても楽しそうだったのだ。

花火は、父の友人、ニールの家で上げられることになっていた。ニールは広大な庭を持っていて、花火は本当に素晴らしいものだった。ロケット花火も多数あり、大きな音のする回転花火もあった。ニールは二階の部屋の窓を開け放ち、その部屋のステレオのスピーカーから、ヘンデルの「王宮の花火の音楽」を大音量で流していた。ニールは他の人たちに比べるとかなり裕福そうに見えた。それで僕は彼のことを村の大富豪と思うようになった。ニールも彼の妻も、周囲では珍しい大学卒で、まとっている雰囲気も他の人たちと違って華やかだった。しかもクラシック音楽を聴いていると知ったことで、僕は彼らを村にはなかなかいないインテリなのだと決めてしまった。彼は気前のいいホストで、態度も感じがいい。僕は彼の声が好きだった——グラマースクールの男子が大人になったような声に聞こえた。彼はイタリアのトスカーナ地方に行ったこともあるのだという。

メインイベントのあとはホームパーティーだった。パーティーの会場は一階の三つの部屋だったが、信じがたいことに、どの部屋もキッチンではないのだ。僕は、見知らぬ何人かの少年たちとともに三部屋のうちの一つに案内された。少年たちは騒がしく、僕より皆、年長だった。幸い、僕はその誰とも話をする必要はなかった。そこで映画が上映されたからだ。「村の大富豪」だけに、すでにビデオカセットレコーダーを所有していたのである。映画は『フラッシュダンス』だった。

　これは現実にはとてもあり得ないような物語だ。主人公は、製鉄所で溶接工として働きながらプロのダンサーを目指しているアレックスという女性である。僕が見るには大人向けすぎるような気がした。汚い言葉がたくさん使われているし、舞台裏のシーンでは何度も露わになった女性の胸が映るからだ。でも、オーディションでのアレックスのダンスは……もちろんマイケル・ジャクソンのダンスほどではなかったけれど、間違いなく素晴らしいものだった。悲しいかな、このメンバーで見るには『フラッシュダンス』は明らかにミスチョイスだ。だが、なんということだろう。僕は、ほとんどそんなことは関係なく楽しんでしまっていたのだ。

　その後、パーティー会場で父は僕の隣に座った。父もそれなりに努力をしていたのだと思う。

「誰と話したんだ、息子よ?」

「うーん、誰とも」

「何だって?」

「知っている人が誰もいなかったから、だから——」

「何かもらったか。コークか?」

「うん」

「俺のビール、ちょっと飲むか」

「いらないよ」

「シャンディ・ガフをもらってきてやろうか」

「いいよ」

「何だって？」

「いらない」

「いらないのか」

「うん、いらない」

父は僕を見た。苦笑いをしながら、一人でうなずいていた。父は言った。「お前のことはよくわかってるよ。放っておいてほしいんだな。そうすりゃ自分で勝手にビールを飲んで酔っ払って、手当たり次第にそのへんの女の子に抱きついて、おっぱいでも触るんだろ」

僕は自分がそんなふうになっているところを少し想像してみた。

「そうだろ？　息子よ」

「うーん……」

「違うのか」

僕は父につられて、ゆっくりとうなずいていた。まるで、僕の頭の中や人間性を何でもお見通しの父の力で、隠していた秘密がばれてしまったと言っているかのようになった。父はすでに四杯目のラガーを飲んでいた。どうやら、そのままでは逃してもらえそうになかった。だから僕は「そうだね」と言った。

「何だって？」

「そうだね」

「もちろん、そうさ」父はやっと満足したようだった。「よし、お前のことは、酔っ払っちまう前にきちんと車で母さんのところへ送り届けてやるからな」

帰り道、父はほとんどずっと軽口を言っていた。僕は適宜、うなずいたり、微笑んだり、大笑いしたりした。でも本当は、もっと話をするべきだったのはわかっていた。静かにしていることは総じて、僕によい結果をもたらしてきた。だが、グラマースクールに入ってからは、僕の沈黙をよそよそしい、あるいは高慢だと解釈する人が増えた。僕は自分ではよそよそしくもないし、高慢でもなかったはずだと思う。単に、僕には言うべきことが何もなかっただけなのだ。ましてや父のようにおしゃべりで自信家で、怒りっぽい人間といる時には、沈黙はさらに悪い結果を生みやすい。父は、自分が父親（つまり僕の祖父）とともに電気技師として働いていた頃に配線工事をした家を見かけると、そのことを話した。途中、父がかつて狩猟や釣りをした森や川も通り過ぎた。昔に比べて村がどう変わったか、また変わらないのはどういうところか、父は話した。「絶対に変わらないことっていうのもあるんだぞ、息子よ」父はそう言った。

まったくだ、と思った。僕はその頃、村のあらゆる「村っぽさ」がだんだん嫌いになっていた。僕はよく、村の保守的なところを批判的な目で見ていた。自分の年齢に似合わぬ考えを持っていたと思う。そういう考えを持つことが自分にとって救いになっていたのかもしれない。僕みたいな子供が『フラッシュダンス』を見ようとしているのに、他の子たちが僕を追い出そうとしなかったのはなぜだろうか。結局、どうでもよかったからだろう。彼らは、美しき溶接工がプロのダンサーになりたがっていようがいまいが、どうでもよかった。なぜ、父は釣りにマークとアンドリューだけを連れて行ったのか。なぜ、僕は釣りになど興味を持たないと思ったのか。僕だって釣りに興味を持つかもしれないのに！　釣りに行くか行かないかは大したことではないけれど。ただ、そういう扱いに僕は傷ついた。父は僕を傷つけたのだ。

「大人になったら何になりたいんだ、息子よ?」父は尋ねた。

僕はいつも同じ答えをした。「コンピュータの仕事だよ」こう言えば、面倒になりそうなやりとりを早く終わらせることができるからだ。当時は、二〇歳以上の人間は誰も、コンピュータに関わる仕事が具体的にどういうものだか、まったく何も知らなかった。だから、この答えは会話を終わらせるのに最適だったのだ。

僕は父に、自分が本当にどういう仕事をしたいのか言っていなかった。自分が何をしたいのか知らなかったわけではない。僕は自分でそれに気づかないように努めていた。一応、何をしたいという考えはあったのだ。それはひそかな思いだった。僕が考えていたのは、まるで裸で人前に出るような、想像するだけで恥ずかしいし、恐ろしくもあることだ。

その頃、たとえ僕が誰かにそれを話したとしても、誰もまともに受け取りはしなかっただろう。

第5章 「男は先生に気に入られたりしない」

「父がたとえ一度でもハグしてくれていたら、僕は今頃、会計士になっていただろう」

レイ・ロマーノ（俳優、コメディアン）

ゼルダ・リンシードには色々と困ったところがあった。まず、「スマッシュ・ヒッツ」誌のポール・ヤングが載った見開きページを英語のノートのカバーにしたことが問題だった。しかも、ポール・ヤングの写真に髭を描き込み、さらに彼の脇毛を指す矢印まで描いてしまっていた。

普通、ノートにカバーをするのは長持ちさせたいからだ。僕がカバーに使ったのは、たまたま食器棚で見つけたアナグリプタのベージュの壁紙だ。大きなハサミで、ノートに合うサイズに切って自作した。そのせいで、僕のノートはそれぞれまったく不統一で不細工なベージュの塊になってしまった。積み重ねて倒れないようにバランスを保つのは、ハマグリを一〇個積み重ねるくらい難しかった。その様子を見かねた母は、僕に茶色のハトロン紙を買ってくれた。

だが、ゼルダは反逆者だった。彼女は落書きだけでは飽き足らず、ついには隣のティファニー・ランプリングと甲高い大きな声でおしゃべりを始めた。僕らの新しい学年主任のミセス・スレーターが話をしようとしているのにもかかわらず、である。この先生は、ミセス・ブロックリーのような穏やかな独裁者タイプではなかった。多少のおしゃべりくらいは見逃してくれる。ただそれも、あくまである範囲でのことだ。それを超えると、問題の生徒に注意をすることになるのだが、彼女はその注意のしかたが独特だった。

ミセス・スレーターは話し声のする方に顔を向けると、こう言った。「ゼルダ、ティファニー、うるさいですよ。バカな犬じゃあるまいし。静かにしなさい。あなたたちみたいに騒いだ人たちが、これまでどんな罰を受けてきたのか、知りたいですか」

ゼルダとティファニーはアニメのキャラクターのように、口をぽかんと開いて先生の方を見ていた。「犬」と言われたのに驚いたらしい。僕には、ミセス・スレーターの使う言葉は、海賊のように荒っぽく聞こえた。何かというとすぐに「薄汚い犬」とか「ろくでなし」とか、そういう言い方をするのだ。「海賊のよう」というだけでは不正確かもしれない。ミセス・スレーターがゼルダとティファニーに浴びせかけた言葉は、基本的にはティーンエイジャーの男子が使うようなスラングである。この娘とは絶対にセックスしないだろうと思う女子のことを評して使うスラングだ。たとえば、「マドンナはいい犬《ライト・ドッグ》だ」などと言ったりする。

僕らはその時、図書室にいた。僕らフォーム1B（間もなく迎える次年度にはフォーム2Sになる）とミセス・スレーターの初顔合わせであると同時に、デューイ十進分類法をはじめて教わる場でもあった。僕らはそこで、棚から取り出した本を適当に元とは違う場所に戻すのは「犯罪」だと教わった。前半の時間は、本の分類のしかたを学び、後半は……ただ読書だった。一人ひとり、勝手に本を読むのだ。

　僕は英語担当のミセス・ウェインがだんだん好きになっていた。『ジ・エンドレス・ステップ』の講読も、その頃には終わっていた。ミセス・ウェインなら、図書室の本を元の場所に返さないことを「犯罪」とは言わないだろう。そんなことを言っている姿は想像もつかない。しかし、新たに英語の担当になるミセス・スレーターはそう言ったのだ。たちまち、僕は英語教師は皆こういう話し方をするものだと決めつけてしまった。英語という言語の豊かさ、可能性の大きさからすればそんなはずはないのに、まったく皮肉な話だと思う。ミセス・スレーターは、誰も理解できないようなジョークをよく言っていた。彼女の使う語彙も、誰にも理解できないものが多かった。彼女は、一二歳のクラスの生徒に対しても、一八歳のクラスの生徒に対するのとほとんど同じ話し方をしていた。それはスペイン語の授業を英語を一切使わず、スペイン語だけでするのに似ていた。先生が歩み寄ってくれないので、僕たちはとにかく必死でついて行くしかない。そういう先生は普通、あまり人気がない。でも僕は、ミセス・スレーターの何も気にしない自由さがすぐに好きになった。

　本棚の整理をしばらくしたあと、僕らには、読む本・借りる本を選ぶ時間が少し与えられた。僕はすぐにフィクションの〝D〟の棚へと向かった。僕の好きな『ドクター・フー』の著者、テランス・ディックスの本を探すためだ。ただ、僕はそれを少し恥ずかしいと思っていた。今はもっと大人っぽい本を探すべき時間だと知っていたからだ。大人っぽい本がどういうものかはよくわからなかったが、たぶん、アガサ・クリスティとかそういうものだろう。少なくとも、ディックスがその場にふさわしい作家でないことは確かだった。彼はただ、テレビドラマを小説化しただけだからだ。

驚いたのは、僕が家に持っていない本が一冊あったことだ。『ドクター・フーとニモンの角(Doctor Who and the Horns of Nimon)』だ。トム・ベイカーがドクターを演じていた時代の作品で、ハードカバーだった。裏表紙の宣伝文を呼んでいると、ミセス・スレーターが突然、隣に来た。

「あら、あなた、『ドクター・フー』のファンなのね」

僕は恐る恐るうなずいた。

ミセス・スレーターは本を見て顔をしかめ、こう言った。「私はSFのことはよくわからないの、悪いけど。どういうところがいいのか教えて」

僕は驚いて先生を見た。「え、今ですか?」

ミセス・スレーターはかすかに微笑んでうなずいた。目はまだ本を見ている。

「そうですね、僕はストーリーが好きですけど」

「なるほど、それはいい説明ね」ミセス・スレーターは僕のひじのあたりを見ながらそう言った。目を見てくれない。どうも納得してくれていないように感じる。どう言えばいいのだろう。僕はただ、なんとなく面白いと思って読んでいただけだ。それをそのまま言えばいいのだろうか。

「ええっと、僕にとっては、登場人物がどういう人かよくわかっているところがいいです」

「テレビで見ているから?」

「ああ、はい。そう思います……」僕は自分が世界一の大バカ者になったような気分だった。「家にも何冊か持っています」

ミセス・スレーターはまっすぐに僕を見て言った。「あなたはコレクターなの？」

「はい！」

「まさか、この本を盗んだりしないよね」

「え、どういうことですか。すみません」

「この本をあなたのコレクションに加えたりしないのか、っていうこと」

「いえ、そんなことするわけないです！」僕はすっかりうろたえてしまった。その様子を見てミセス・スレーターは微笑んで、また本棚を見始めた。

「残念」彼女は言った。「今はもう、図書館から本を盗む子なんていないのよね」僕のそばから離れながら、彼女はふと思いついたかのようにこう言った。「賢い子ね——あなたは自分の好きなものがわかっている。楽しんでね」

会話がひとまず済んで、僕はほっとしていた。励まされたのか、からかわれたのかわからなかったけれど。ただ、嫌な気分ではなかった。僕はまた本の宣伝文を読み始めた。この物語はギリシャ神話の「クノッソスの迷宮（Labyrinth of Knossos）」を下敷きにしているらしい。「クノッソス（Knossos）」の〝K〟が黙字〔スペルとしては存在するが発音されない文字〕なのか、それとも『チャーリーとチョコレート工場』のウィリー・ウォンカの「ヴァーミシャス・クニッズ（Vermicious Knids）」のように発音するのかはその時の僕にはわからなかった。また「ニモンはミノタウロスがモデル」とも書かれていた。しまった、と思った。ミセス・スレーターにこの話をすればよかったのだ。「これがＳＦの核心なんです、ミセス・スレーター。他の小説と同じですね。世界を想像し直してみる。自分が別の場所、別の時代にいたら、と想像すること、それによって人間を今までとは違ったふうに理解できるんです」そう話せばよかった。だけど実際には、自分はコレクターだ、くらいのことを小声で言うことしかできなかった。もちろん、ただ集めているだけではなく、どれも読んでいるのだし、きっとそれは伝わったと思う。それが少しは救いになるが、とても発言としては十分とは言えない。僕はすぐにでもミセス・スレーターを感心させたいと思ったが、騒ぐことなく、あくまで静かにことを進めないといけない。

　授業のあと廊下を歩いていたら、ピート・ガーヴィーが後ろから追いついてきた。ピートはさっきまで僕と向かい合うような位置に座っていて、Ｐ・Ｇ・ウッドハウスの『よしきた、ジーヴス』（森村たまき訳、国書刊行会二〇〇五年）を読みふけっていた。ピートは僕と同じで、見たこと、聞いたことを大声で皆に言いふらすような人間ではなかった。

「おい、ウェッブ。スレーターは何の用だったんだ？」ピートの後ろには、他にも何人か男子がついて来ていた。

「ああ、僕が読んでいる本に興味があるみたいだった」

「おせっかいだねえ」

「まったくだよ。先生には関係ないですって言ってやったよ」

「ははは。そういえば、スレーターのファースト・ネームはヘザーなんだってよ」

「うわあ、ヘザーか……どんくさそうな名前だな!」

「そうだろ! 昼飯食ったら、外でちょっとボール・デスやろうぜ」

またボール・デスか。なんてこった。この遊びのルールは簡単だ。一人ずつ順番に「キッカー」になる。キッカーじゃない時は「ランナー」だ。ランナーは、体育館のレンガ造りの外壁に沿って並び、一人ずつ順に、壁の反対側に向かって走る。その間、キッカーは至近距離からランナーの股間めがけてサッカーボールをできるだけ強く蹴るのだ。狙いが外れた場合でも、壁に当たって戻って来たボールを再度、蹴ることはできる。ランナーの時は、絶対に股間を守ってはいけない。必ず片方の手を高く上げ、「ボール・デス!」と大声で叫びながら走らなくてはいけない。走るのが極端に遅く、ボールを蹴るのもまるで下手な僕にとって、このゲームはまったく面白くなかった。

僕はピートに言った。「いいね、僕もやるよ」

最悪だ。下手なブレイクダンスをただ見ている頃の方がずっとよかった。女子は同じ時間にいったい何をしているのだろう。彼女たちはただうろうろと歩き回り、おしゃべりをしているように見える。きっと「男子って子供っぽいよね」と言っているのではないかと思った。それは女子たちの多くが男子たちに感じていたことだったと思うのだ。

もちろん、彼女たちは僕らのことなどまったく話題にしていなかった可能性も大いにある。

どの家族にもきっと、皆で最初に出かけた日があり、そして最後に皆で出かけた時、というのがあると思う。最後の時も、皆とても楽しむだろう。だが、もう出かける前から全員がそれが最後とわかっている。お互い、絶縁するわけではない。会わなくなるわけではないが、揃って出かけることはもうないなとわかるのだ。僕の場合は、三世代で揃ってスペインへ行ったのが最後だった。僕が一二歳の時、一九八五年の夏だった。全員揃っての旅行はそれが三度目だったが、同時にそれが最後となった。愛すべき年寄りたちは、見ているとプールサイドで過ごす夜の楽しいひとときから就寝時間にいたるまで、やたらに涙もろくなり、議論好きにもなっていた。少し前にはまったく気にならなかったことだが、その時は以前よりもひどくなっていた。そうなったのには十分な理由があった。祖母のグレースが癌で亡くなったばかりだったのだ。まだ六四歳だった。

家族旅行の予定を立て、そのあとで行くはずだったうちの一人が亡くなってしまったなら、旅先で「あの人が生きていたら喜んだだろうに」という言葉を繰り返し口にするのはごく自然なことだ。そして、祖母に関して言えば、それは間違いなく本当だった――祖母は本当に旅行を楽しむ人だった。そして、もし祖父やトルーディーおばさん、そして母が、自分の妻／姉／母親が亡くなって悲しいからといって旅行をキャンセルして金を無駄にするようなことがあったら、きっととても怒っただろうと思う。だから、僕らは何があっても必ず旅に出ることにはなっていた。行くことは必ず行くのだから、あとはその状況で存分に楽しむしかない。

デレクは家に残っていた。休みが取れなかったからだ。マークも家にいた。母が外国にいる間に、こっそり彼にとっては高すぎるフォード・カプリを買おうと思っていたからである。アンドリューは旅行に来たが、二週間ずっと僕に優しかったので、何となく落ち着かなかった。

僕は祖母の葬儀に呼ばれなかった。これはちょっと変ではないだろうか。一二歳と言えばもう十分に大きいのだから、自分の祖母の葬儀に出たっていいはずだ。おそらく、うちの家族は葬儀に関する常識に乏しかったのだと思う。一二歳にもなれば、狭いリビングで、タバコを吸う四人の家族とともに、テレビでコメディー・ドラマ『オンリー・フールズ・アンド・ホーセズ』を見ていてもおかしくはない。世の中には、親から木登りをするよう言われたり、なにごとも経験だからと、カヌーでナイアガラの滝に挑むよう言われたりする一二歳もいるだろう。しかし、うちの家族は、一二歳の僕は葬儀に出ることすら早すぎると思ったらしい。

その土曜日、僕は祖父とトルーディーおばさんの住む家にいて、皆が来るのを出迎えた。その日は誰もが身なりを整えていた。ボストンやケンブリッジの親戚も来て、家の中は満員になった。僕はキッチンのドアのところに置いた椅子に座っていたが、おじたち（僕の本当のおじもいれば、大おじたち、両親や祖父母の友人たちもいた）が皆、そばを通り過ぎていく。その時の態度が僕には不思議だった。

まず彼らは互いに声をかけ合い、また互いの妻たちにも声をかけていた。誰もが深刻な、悲しげな顔をしていた。大人として、その場にふさわしい顔をしていたと言える。ただ僕の姿を見た時には、その悲しげな顔が笑顔になるのだ。そして、キッチンに入って行くまえに、僕のことを殴るまねをする。三〇分ほどの間、次々に男の親戚たちが僕のそばを通り過ぎたが、全員が同じだった。僕を見て満面の笑みを浮かべる、そして「こらお前、殴るぞ！」と言っているような身振りをする。その繰り返しだ。細かいところは人によって違っている。「お前もこうしてやるぞ」と言うように、うなずきながら自分の手のひらにこぶしをぶつける人。僕に向かって左フックを繰り出して鼻から一ミリくらいのところで止める人もいた。アレックおじさんは特に気合いが入っていた。スローモーションで頭突きをしてきたのだ。その間は僕には何年にも感じられた。

　僕はそこに座り、レモネードを少しずつ飲んでいた。皆、いい人ばかりだ。別に僕は彼らにハグしてほしいとは思っていなかった。それがなぜなのか、はっきりとした理由はわからない。ひげ剃りあとが痛いのも嫌だったが、それだけではないと思う。しかし、今日が祖母の葬儀だという子供に殴りかかるまねをするのは、やはり変ではないだろうか。

　ティーの時間はロジャーの家で過ごした。ロジャーの母親、スーはトーストにビーンズをのせながら言った。「おばあさま、お気の毒だったわね。お加減がよくないこと、全然知らなくて」ロジャーは僕を丁重にもてなしてくれた。僕らはＶＩＣ―20で遊んでから、ロジャーの父親の車に乗り込み、暗くなるまでそこにいた。アマチュア無線の機械で誰かとの交信を試みたのだ。ロジャーの父親はトラックの運転手で、無線機の使い方も少し教えてくれたらしい。彼がチャンネルを「14」に合わせると、僕らは交代で呼びかけた。「チャンネル14、誰かいませんか……チャンネル14、誰かいませんか……」しばらくすると、応答があった。

「ろうそくは何本燃やしてるんだ?」なれなれしい口調で質問をしてきた。ロジャーは僕を見た。僕は小声で彼に言った。「きっと誕生日ケーキのことを言ってるんだよ。僕らが何歳なのか、聞いているんだと思う」ロジャーはうなずき、応答した。「了解。ええと、僕らは一二さ――一二本燃やしてるよ……」僕らは彼と二、三分話し、それで交信は終了した。正直少々拍子抜けだった。特に、応答してきた男性のアクセントが、隣に住んでいる人だったとしても驚かないほど聞き慣れたものだったことに僕はがっかりしていた。僕らは二人とも、映画『キャノンボール』かテレビドラマ『トラック野郎！　B・J』に出てくるようないかれたアメリカ人を期待していたのだ。ただ、いずれにせよ、こんな夜にロジャーと過ごせたのはとてもよかった。ロジャーは僕の気分を感じ取ったのだろう。部屋の明かりをつけると、小さなペンナイフを取り出した。ロジャーはそのナイフで、一生友達でいるという血の誓いを交わそうと言う。力を込めて差し出されたその刃物を見て、僕は困ってしまった。血の誓いなんて僕にはとてもできない。僕はその代りに「君は僕の親友だよ」と真剣に心から言った。ロジャーは困惑していた。血を流した方が盛り上がるのに、と思っていたのは間違いない。だが、しばらくすると、しかたないと思ったのか、彼はこう言ってくれた。「お前も俺の親友だよ、ロブ。俺は絶対お前を裏切らない」

それは、本当に言葉どおりだった。

コスタ・ドラーダ〔スペインのビーチ・リゾート〕に安上がりに行きたいなら、長距離バスを使うのも一つの方法だろう。リンカンで長距離バスに乗り込み、あとは一九時間ほど揺られていれば、コスタ・ドラーダに到着する。到着したらもう真夜中——出発から二回目の夜だ——だが、存分に休んで疲れを取ればいい。

バスで最悪なのは最初の四時間だ。それでドーバーに到着する。バスには、途中で交代できるよう運転手が二人乗り込んでいる。太りすぎの運転手が乗っていたりすると、二人ではバスに負担になるんじゃないかと思うこともある。ただ、手の空いている方の運転手は、乗客が少しでも楽に過ごせるようにと、ビデオをかけてくれる。

運転手はマイクを手にこう言う。「さあ皆さん、楽しい映画のお時間ですよ。ファミリー向けの映画『ファイナル・オプション』、どうぞお楽しみください」箱からＶＨＳのテープを取り出すと、運転手は、そういえば思い出した、というふうにまた話し始める。「ご覧になるとわかりますが、とても暴力シーンの多い映画です。正直に言うと、汚い言葉もたくさん出てきます」彼はしばらくの間、カセットの入った箱の裏側を見てからまた言った。「でも、私の覚えている限り、性的なシーンはあまりなかったと思います……はい、本当に。ただとにかく、ちょっと汚い言葉が出てくるので……まあ、いずれにしても、とてもいい映画です」『ファイナル・オプション』で主役を務めたルイス・コリンズは、テレビドラマ『特捜班ＣＩ☆５〔原題はThe Professionals。イギリスで最大視聴率七十%を記録した刑事アクションドラマで、日本でもテレビ放映されヒットした〕』のボーディ捜査官役で、空の段ボール箱の壁をフォード・カプリで走り抜けて有名になった俳優だ。夜ふかしを許してもらって見たことがあったが、あれは最高の作品だった。

話はまた少しそれる。一九九八年のある日、僕はロンドンのパブにいて、小学校時代の話をしていた。その頃、僕らがしていた「ＣＩ☆５ごっこ」の話だ。まず、誰かが「ＣＩ☆５ごっこやろうぜ！　女はだめだ！」と呼びかける。それで何人かが集まって遊び始める。

「僕はいつもコーレイ部長役だったんだよね。ロジャー・バクスターとマシュー・テリズが交代で、ボーディとドイルの二人の捜査官の役をしていた」僕はそう話した。

デヴィッド・ミッチェル〔ロバートとコメディコンビ「ミッチェル&ウエッブ」を組む相方〕はそれを聞いて驚き、手に持っていたビールのグラスをテーブルに置き、こう言った。「なんでコーレイ役なんてやらされたんだ？」

「何言ってるんだよ。コーレイはえらいんだぞ。部長が命令を出すんだから」

「え、じゃあ、君の学校では皆、コーレイをやりたがったってこと？」

「そうだよ」

「本当に？　コーレイ役をやりたくて行列を作ってたってことかい？」

「行列は作らなかったと思うけど、でもまあそんな感じだよ」

デヴィッドは僕があげたばかりのタバコを一口吸った。「本当のところ」デヴィッドはそう言った。「僕らの仲間内では全然違ったな。僕らは皆、マッチョマンになりたがっていたから」

デヴィッドは二〇代の頃、いわゆるソーシャル・スモーカー〔独りでは喫煙せず、飲み屋などでそばに大勢の人（特に喫煙者）がいるところだけで喫煙する人のこと〕だった。僕の知る限り、成功したソーシャル・スモーカーは彼一人だと思う。よく、パブでゲイのカップルからタバコをもらっていた。普通の喫煙者と違って、起きぬけからタバコを吸いたいと思うわけではないからそれで十分なのだ。僕もデヴィッドにタバコをくれと言われることは時々あったが、あまり嫌な気はしていなかった。一〇本入りの箱を持っていて、僕のように常にタバコが必要でそのために小銭を手元に持っているような人間にくれることがあったからだ。もちろん、タバコを控えれば、そのぶんがんになることも防げるのだが、当時はまだタバコが切れるのを心配して小銭を取っておいたりしていたのだ。

僕とデヴィッドはアイデアの交換をしていた。ようやくまともな仕事にありつけたばかりの頃だ。それは書く仕事だった。チャンネル4のコメディ番組『アームストロング&ミラー』のスケッチの台本を書くのだ。僕らはパブで会い、お互いに自分のノートを前に置いて話し始める。その時の会話では、必ずしもお互いのことを笑わそうとはしていなかった。目の前の相手を笑わそうとすると自意識過剰になってしまってよくないからだ。一応、何気ないおしゃべりをしながら、何か面白いアイデアが浮かんで来るのを注意深く待っている。そうしていると、いつも必ず何か面白いことを思いついた——ふとしたタイミングで、視界の端に何かが見えた気がするのだ。ただ、すぐに直視しようとすると、見えたはずのものが消えてしまう。まるで暗い星のようだった。しっかりと視界に入ってくるまで、しばらく待っている。よし、これでもう大丈夫だなと思えたら、そっとペンを手に取ってメモを取り始める。

そういう時、僕らはテレビの話をすることが多かった。だが、子供の頃の学校の話をすることはあまりなかった。まだ二〇代の半ばで、それを面白いと思うには若すぎたのだと思う。

バスの中で見た映画『ファイナル・オプション』でも、ルイス・コリンズは例によって裁判によらずに何人もの人を殺すことになり、そのたびに程度の差はあれ、必ず後悔していた。特に、恋人だったテロリストが雨のように降り注ぐ特殊部隊の銃弾で倒れた時には、束の間、とても悲しんでいるようだった。しかし、すぐに立ち直って、結局、敵を次々に倒していく。

僕は映画を見終わったあともしばらく興奮が醒めやらず、面白かった場面を思い出したりしていたが、そこに一人、男の子が近づいてきた。小さなチェス盤を持っていて、僕にやらないかと言う。僕はデレクにチェスのルールを教わったことがあった。デレクは最初の一番で僕に勝たせてくれたので、自分もその男の子に勝たせてあげるのがいいだろうと思った。

男の子はガレスという名前だった。ガレスは、小さな駒を盤に並べると、僕に「先手をどうぞ」と言った。僕はまず中央のポーンを二マス進めた。これは、休日の朝、『プレイ・チェス』というテレビ番組で見たことがある定石の初手だった。ガレスはそれに対してクイーンを大きく動かし、僕のポーンがさっきまでいた場所に置いて、「チェック」と言った。

なるほど、たしかにチェックだ。ここで何か言うべきなのか迷った（チェスのルールをよく知らない人もいるだろうが、ここで重要なことは、ガレスがまるでルールを知らないか、まったく無視しているかのどちらかだということだ）。ガレスのクイーンは僕のクイーンのすぐ隣にあったので、僕はそれを取った。それを見てガレスは顔をしかめたが、すぐにまたポーンを四マス前に、一マス左に進めて「チェック」と言った。

なるほど、彼なりの駒の動かし方のルールがあるらしい。僕も彼のまねをして、普通とは違う動かし方をするべきだろうか。その方が面白くなるかもしれないが、今の一手ですでに無意味になっているゲームがさらに無意味になるかもしれない。どっちだろうか。とりあえず自分はルールどおりを続けることにして、ナイトを正しく動かした。するとガレスはすぐに異議を唱えた。「それはだめだよ。だってチェックなんだから」

そうか、ならばしかたがない。僕はまったくルールを無視してビショップを動かし、間違った位置にあるガレスのポーンを取った。それに関してはガレスも不満はないようだった。ただ、また別の駒をでたらめに動かして、僕のキングの隣に置いて「チェック」と言っただけだ。

僕は困ってしまい、もう泣き出したいくらいだった。このおかしな相手をどうすればいいのだろうか。説教すべきか、とことんつき合うべきか。ルールを教えればいいのか。どれも問題外だと思った。

僕はよく見て考え込んでいるふりをしたあと、こう言った。「メイトだね。うんそうだ。チェックメイトだよ。よくやったね」

ガレスはすぐには納得しなかった。「本当に？　だって、まだいくらでも……」ガレスはまた、僕のキングに向かって駒を動かし始めた。明らかにまたルールを無視したむちゃくちゃな手を打とうとしている。

「いや！　もうチェックメイトでいいんだよ。君の勝ちだ」

「わかった。じゃあ、もう一回やる？」

「いや、もういいよ」これ以上、何をどうすればいいのかわからなかったので、ただ「いや」と言って、首を横に振るしかなかった。しばらくするとガレスは急に駒と盤をまとめて手に持って、その場を立ち去った。

きっともっとうまくやる方法はあったのだろうと思うけれど、僕にはどうしていいのかわからなかったのだ。


それから何年も経った頃、僕は友人（デヴィッドではない。でも、やはりコメディ・ライターだ）と話をしていた。友人は不思議なことにその頃、それまで住んでいたテラス・ハウスから、ほとんど変わらない別のテラス・ハウスに引っ越したばかりだった。場所も二軒とも同じブリクストンで、ほんの少し地域が違うだけだった。彼の話では、前の家で問題が起きたので引っ越したらしかった。隣人たちが、自分のゴミ箱に入り切らないゴミを、彼のゴミ箱に捨てるようになったのだという。僕は尋ねた。「それで何か言ってやったの？」

「いやあ、何も言わなかったんだよ」彼はそう答えた。「何か言うより、引っ越す方が簡単だと思ったんだ」

僕はそのあと、三分くらい笑っていた。もちろんジョークだったとは思うけど、僕にとっては、他人とうまく対話ができず、大変な手間をかけてもそれを避けようとする、そんな大人が自分以外にもいるのだと思うと少し嬉しかったのだ。僕も、特に、堂々とルールを破る人間との対話がどうしても苦手だった。そう、ガレスのような相手だ。

僕は自分という人間について考えてしまう。苦手な相手を、あんなふうにただ対話を拒絶して遠ざけたのは、僕にとってガレスが最後ではなかった。僕には、もっとましな方法を採るだけの社交術がないのだ。

社交術があるというのは、単に礼儀正しいという意味ではない。何より大事なのは即興力だ。今、たまたま一緒にいる人にどう対応するのが最善かを瞬時に見抜ける力が必要なのだ。そこに決まったルールはない。どうつき合えばいいのかは時と場合、あるいは相手によって変わってくるからだ。もちろん、今、目の前にいる人間が不正をしていると気づくことも少なくない。その場合の対処にも大人のやり方というのがあるのだ。トイレットペーパーは二枚重ねになっていることが多いが、本来、完全に重なっているはずのものが一センチずれてしまったような状況は人間どうしにもある。放置してそのずれが自然になくなることは決してない。

だが、中にはそのずれを解消する努力を一切しない人間もいる。ずれたままのトイレットペーパーを必要なだけちぎって、何とか使う。「あとは誰かが何とかするだろう」と思ってその場を立ち去るのだ。僕のガレスに対する態度もそれだ。それは相手が何か不正をした場合に限らない。一切の対処をせずにただ立ち去るという選択肢は、常にある。対話から逃げてばかりいると、非社交的と言われるようになる。そして、その中には物書きの道を選ぶ人もいる。

女の子はおそらく、ごく幼い頃から、社交をうまくするように（そうするべきだと）言われて育つと思う。だが、男の子はあまりそういうことがない。おかげで大人になってからも、男には自信ありげに堂々としていることとくらいしか頼れる武器がない。相手のことをあまり慮らず、ただ堂々とふるまって、どうにかうまくいくことを祈るだけだ（僕は、子供の同級生の親たちと顔を合わせると、愛想よく「こんにちは」と言うには言うが、そのあとすぐに携帯電話を取り出して、誰かと話しているふりをしてしまう。挨拶は礼儀なのでできるが、社交はいまだにうまくできないので電話に逃げる）。

堂々とするという意味では、僕などはとても有利な立場にいるではないか、と思う人もきっといるだろう。まず僕は白人の男性で、そして豊かで自由な西欧諸国の人間である。確かに、今のこの世界では、僕たちのような属性の人間が「標準」ということになっているのだと強く感じる。ただそのことと、堂々とするというのは別だ。人間の心や態度が属性だけで決まると思うのは短絡的だろう。

真の自信、真の自尊心は、「標準」であれば得られるといった類のものではない。他人からよほど肯定され、勇気づけられていなければそれは難しいのだ。どんな人でも同じように、何かよほど得意なことがあり、それを認めてくれる人が一人はいるという二つの条件が必要になるだろう。

僕の場合は、学校に通っている頃に、その状態に少し近づくことができた。

そのきっかけとなったのは、ミセス・スレーターだった。

「ロバート、納得いかないだろうけど。こういう緊急事態なので、どうにかお願いできないかな」

一九八六年、ＱＥＧＳに入って二年目の終わり、僕は一三歳だった。ミセス・スレーターのその時の態度は快活ではあったが、実際に状況はかなり深刻だった。

ＱＥＧＳには「アイステズボッド」という変わった伝統行事があった。これは、二年生の三つのフォームが、親たちを客として迎えて演劇、音楽、体操で互いに競い合うという行事だ。

僕らのフォームでは、ピート・ガーヴィー――ユーモア作家Ｐ・Ｇ・ウッドハウスを密かに愛好し、あの「ボール・デス」の考案者でもあるピートだ――が、二〇〇〇年を舞台に設定した一〇分間の喜劇を書いた。僕らが皆、その年、同窓会で再会するという内容の劇だ。ピートは自ら、語り手、主役を務めることにもなっていた。成功を収め、富豪になったピートは、僕が運転手を務めるダイムラーに乗って同窓会にやって来るのだ。ところが気の毒なことにピートは、本番の二日前に虫垂炎で入院してしまった。それが僕にとって非常に大きな意味を持つことになるのだ（念のため書いておくが、ピートは無事に完治した）。

ミセス・スレーターは期待を込めた目で僕を見た。神様、ハン・ソロならこういう時、どうするでしょうか。いや、神様ご自身ならどうされますか。僕がピートの代りに主役をやるなんて、まったくあり得ないことだ。何しろ、それまでに僕が演じた中で最も大きい役は、コニングスビー・ジュニア・スクールにいた時のキリスト生誕劇でのもので、セリフはたった一行だった。ヘロデ王輩下の護衛隊長で、マントを着て登場するのだが、緊張しすぎてしまい、ようやくのことで「何者かを恐れておられるのですか、閣下」と一言だけのセリフを言った。僕が舞台上にいたのは八〇秒ほどだったが、ずっと嫌な気分だった。演じるということ自体が恥ずかしくてたまらなかったのだ。これは変な話だ、僕は本当は役者になりたいと思っていたのだから。まったく演じる必要のない、ただそのままいるだけで成立するような役者になりたかったのだ。

しかし、ミセス・スレーターの英語の時間に、ピートの書いた劇の稽古をしていた時、僕がまったく予期していなかったことが起きた。

その稽古が楽しかったのだ。

僕は運転手の役だったが、執事のような側面もある役どころだった。『よしきた、ジーヴス』に影響を受けたらしい。僕のセリフは、「おっしゃるとおりです、ご主人様」「まったくです、ご主人様」というものばかりだったが、どう言えばいいかはよくわかった。スティーヴン・フライがテレビドラマ化されたジーヴスを演じるのは、それから何年もあとのことだ。先に見ていたらもちろんお手本になったけれど、僕はまだこの種の人物が出てくる映画やドラマをまったく見たことがなかった。しかし、僕は『よしきた、ジーヴス』を、ピートが返却したあとすぐに借りて読んでいた。

『よしきた、ジーヴス』は面白くて、僕は何度も大笑いをした。そして、読んでいるうちにわかったのは、ジーヴス本人はいわゆる「つっこみ」役だということだ。キャノン&ボールのトミー・キャノンのような存在である。そしてたぶんもう少し気取っていて、賢いキャラだ。

僕はリハーサルでジーヴスを、気取ったトミー・キャノンのような感じで演じてみた。すると、フォーム2Sが一斉に笑い出した。僕は立ったまま、腕を固くして身体の前でV字の形を作った。握った手は股間の前に置く――トミー・キャノンと同じように。そして、しばらく間を空ける。次に僕が言うセリフは「まったくです、ご主人様」だと全員が知っていて、言うのを今か今かと待ち受けている、その空気を楽しむように、少し待つのだ。皆が注目してくれさえすれば、案外、長いこと何もせずに待てるのだとすぐにわかった。実際、あるところまでは長く間を空ければ空けるほど、「まったくです、ご主人様」と言った時の笑いは大きくなる。難しいのは、あまりに間を長く空けすぎると、今度は誰も笑わないということだ。僕は、聴衆が今どういう状態か、神経を研ぎ澄ませるようになった。どのくらい間を空けるのが最善か、反応を見て計るのだ。

　絶好のタイミングを判断するには、聴衆から聞こえてくる音も大きな材料になるが、どうやら僕の体内にも小さな時計があるらしく、その音を聴くことも大事だ。その時計はずっと前から僕の中にもあったと思うけれど、それ以前は仲のいい友だちといる時以外、役に立たなかった。たとえば、ロジャーが僕を気に入ってくれたのは、そのタイミングが面白かったからではないかと思っている。

　ところがこの時から僕は、さほど親しくない、知り合って一年くらいにしかならない人たちの前でも面白いことができるようになった。当然だが、劇の本番では、会ったこともない人たちの前で面白いことをしなくてはならない。大きな飛躍だけれど、何とかなるだろうとは思った。ただし、セリフが「まったくです、ご主人様」くらいでよければ、の話だ。

　そう思っていたのに、まさかの主役とは！　とんでもない！　だが、ミセス・スレーターは僕以外に主役をやらせたくはないようだ。僕はもうミセス・スレーターに「主役をやれ」と命令されたように感じていた。選択の余地がないのなら、それもいいだろう。ミセス・スレーターの命令でそうしたのなら、もし僕が大失敗しても、彼女のせいということになる。

僕は肩をすくめて、言った。「そうですね。わかりました」

フォーム２Ｓは結局、その年のアイステズボッドで優勝した。

三つの部門のうち、「体操」では少々、危ない場面もあった。出場したゼルダ・リンシードが、規定では裸足で登ることになっていたロープを、水虫を理由に運動靴を履いて登ったのだ。つま先を伸ばして登らなければ反則になるのだが、靴を履いていると、審判員がそれを判定できない。ゼルダ自身は憤然と、つま先は伸ばしていたと主張したが。

「演劇」部門——これが大当たりだった。ピートが演じるはずだった主役、この人物は愚か者たちに囲まれている。代役となった僕はその人物を、憤慨しているバジル・フォルティ〔一九七〇年代のシットコム『フォルティ・タワーズ』の主人公で、シニカルで気取った上流階級の男という設定〕になったつもりで演じた。これは、はっきり言えば、「バジル・フォルティのものまねをした」ということである。だが、狙っていた箇所ではすべて笑いを取ることができた。母は後ろの方で立って見ていた。微笑んではいたが不安そうだった。しかし、僕の方を見て、控えめに親指を立ててくれた。

本番のあと、コーヒーを飲みながら打ち上げということになったが、その時、皆の僕を見る目が、今までとまったく違っていた。そもそも、これまでは皆が僕に注目すること自体めったになかったのだが。

その夜、僕ら家族は皆リビングにいて、ＢＢＣのシットコム『ノー・プレース・ライク・ホーム』を見ていた。ウィリアム・ゴーントとまだ若いマーティン・クルーンズが出演していた。

僕は思った。いったいどうすれば、こういうことを仕事にできるのだろうかと。見ていて、まったく大変そうに見えない。この人たちがあまりにうまいから簡単そうに見えるのか。それとも本当に簡単なのか。同じように喜劇を演じていても、たとえばジョン・クリーズなどとはまったく違っている。本人たちもそれを自覚しているのだろうか。あとでパブに行って、「ジョン・クリーズみたいにはとてもできないね」などと言い合っているのか。それとも脚本のせいでこうなっているのか。若くて背が高くて耳の大きな役者が、面白いセリフさえ書いてもらえれば、それだけでジョン・クリーズと同じくらい面白くなるのだろうか。僕は身を乗り出して必死でテレビを見た。クルーンズが何か「これは僕にはとてもまねができない」というようなことをしているのか、それを見極めようとしたのだ。違いとしてまずあげられるのは、クルーンズはすでに大人だということだ。当然、リンカンシャーのグラマースクールの生徒に比べれば、それだけでもテレビに出るのにふさわしいとは言える。それから彼は話し方が明瞭で、堂々としている。彼の言葉には、イングランド南部のアクセントがある。テレビに出てくる面白い人たちにはだいたい同じアクセントがある。クルーンズはテレビの世界にとても馴染んでいるように見える。どのようにして、彼はそうなれたのだろうか。

僕はあの花火のあと、映画『フラッシュダンス』を見て父の車に乗って帰る時に自分が抱えていた感情がいったい何だったのか、突然わかった。僕は自分が「有名になりたい」と思っていることに気づいたのだ。それはとてつもなく強い願望で、思わず頬が熱くなった。

有名になると何かといいのではないか、と僕は思った。有名人なら、父親に殴られることもないだろう。無視されることもない。釣りにも連れて行ってくれるだろう。有名ならば、物静かにしていても、誰も僕のことを無視しない。アイステズボッドのあとのように、皆が僕のことを見るようになる。有名ならば、周囲の人が「きっとこの人には何かある」と思って見るようになるのだ。

僕は他の男子たちのことを考えた。有名になれれば、他の男子たちがほとんど誰にもできないことを成し遂げたと言える。僕はスズメバチが怖いし、イラクサもうまく避けられない。サッカーも水泳も数学も苦手で、喧嘩も弱いし、科学もできず、シャンディ・ガフも飲めない。でも、たとえそうだとしても、有名になれれば、すべてがどうでもよくなる。他の誰にもできないことができれば、あとは何もできなくても平気ではないか。

僕は有名になろうと思った。そして僕の場合は面白いことを書くか、演じるか、そのどちらかで有名になるしかないだろうと考えた。有名になれれば、きっといいだろう。有名になれば、きっと安全だ。有名になれば、問題なんて何もないんだろう。暖房費をけちったりすることもないに違いない。女の子にももてるはずだ。

さて、有名になろうと決意はしたものの、残念ながら僕はその週のうちに早くも悩み始めた。まず、面白いからといって、本当に女の子の気を引くことができるのだろうか、と不安に思った。それを考えるだけで頭も身体も混乱状態に陥った。色々な感情が同時に湧いてはちきれそうになる。思春期というのは、火を怖がっている放火犯に自分を乗っ取られるようなものだと思う。自分で四方八方に火炎瓶を投げつけながら、「おい、なんだその火は。危ないじゃないか!?」と大声で叫んでいるような感じだ。

僕が最初にダンスをした女の子は、キャシー・シェパードだった。彼女の父親が近所の小さなパブの経営者で、娘の一三歳の誕生日に店を閉めてパーティーを開いたのだ。フォーム２Ｓの生徒はほとんど来ていたと思う。キャシーの姉のクリッシーが監視役を任されていた。

ダンスの前にはボトルゲームをした。

これは皆が床の上に輪になって座り、中央でボトルをルーレットのように回転させるゲームだ。カジノのようだが、当たっても金が手に入るわけではなく、強制的にキスをさせられるという憂鬱なカジノである。言うまでもなく、キスの相手は異性でなくてはならない。そして、たとえ指示されたのが気の進まない相手であっても必ずキスをしなくてはならないのだ。いくらキスができるからといっても誰にも好みはあるので、嬉しくないことが多い。退屈な上に恥ずかしい、これほどひどいゲームがあるのかと僕は思う。二〇世紀には『Ｘファクター』のようなリアリティ番組もなかったので、僕らの文化には、退屈で屈辱的なものに対応できる土壌がまだなかった。

いや、実はそうでもなかったかもしれない。兄のマークの友人、ラリーが金曜日の夜にうちに来て、少しディスコ・ダンスを踊ったことがあった。本当は少しうちに立ち寄っただけですぐに出て行くはずだった。マークの話では、ラリーはディスコ・ダンスの全国競技会で優勝したばかりだという。マークはうちのキッチンでちょっと踊ってみろとラリーを促した。うちのキッチンなので当然狭い。ラリーは最初は嫌がっていたが、ここで断ってしまうのもダサいと思ったのだろう。しかもマークがすでにレコード・プレーヤーの前にいて、キッド・クレオール&ザ・ココナッツの「スツール・ピジョン」をターンテーブルにのせていた。母が嬉しそうに見ていたが、「洗濯機のところに行きたいから少し脇へよけてね」とラリーに頼んだので、少し間が空いた。洗濯物を入れてスイッチを押すと、母も少し離れたところに座り、パフォーマンスを楽しむ態勢になった。その場には僕と母、マーク、アンドリュー、そしてデレクがいて、テーブルを囲むように座り、ラリーを見つめていた。キッド・クレオールのトランペットが流れ始めると、ラリーは迷いながらも、ゆっくりと回る洗濯機の前に移動した。

今、調べてみると、「スツール・ピジョン」はたったの三分二五秒ほどの短い曲だということがわかる。しかし、おそらくラリーにとっては一週間ほどにも感じられたのではないだろうか。マークがプレーヤーのボリュームを上げたのが火曜日だとすると、少しは応援になるかもと思ったのか、母が少しの間手拍子をしたのが水曜日あたり。そして、何度か繰り返して、「狭すぎるからちゃんと回れないな」と言ったのが週末か。だが、それでもダンスは続いた。苦しくても、最後までやり遂げなくてはいけないことというのは時々ある。ラリーはやめようと思えば、もちろんいつでもやめられたわけだし、見ている方も、止めてあげることでこの明らかに惨めな状態から彼を救うことができた。しかし、それは、注文したビールを飲み干さず、テーブルに残したままパブを出るようなものだ。それは「男はこうあるべき」という固定観念なのかもしれないし、労働者階級、あるいはイギリス特有の価値観なのかもしれない。人間として普遍的な意識ということもあり得る。いずれにせよ、大きな間違いに気づいていても、止めずに最後まで続けてしまうこともあるものなのだ。

ボトルゲームにも同じことは言える。

僕がキスしたい相手はティファニー・ランプリングだけだった。彼女とキスができれば、その喜びは一〇年は褪せないだろうと思った。ティファニーはゼルダの友達で、将来、僕の理想の女性となるテス・ランプリングの妹だ。そう、そのとおり、僕はいずれテスに恋焦がれるようになる。しかし、それは、妹のティファニーとの何も進展しない関係が二年ほど続いてからの話である。

当然のようにティファニーはボトルゲームには参加していなかった。彼女とゼルダは、皆から離れてバースツールに腰掛け、あきれたように首を横に振りながらゲームを見ていた。

僕はバーにコークのお代わりを取りに行った。すると、ティファニーは脚を組み替えてこう言った。「あんな子供じみたゲーム、本当にやるの、ウェッブ。気に入った子がいるなら、いつでも自分で外へ連れ出しちゃえばいいじゃない」

ティファニーは自分と同い年の男子とキスするくらいなら泥を食う方がましという子なので、ここで一緒に出ようとは言えない。僕は小声で「そんなに物事、単純じゃないんだよ」とかなんとか言いながらゲームに戻った。ティファニーとゼルダは、世の中が嫌になったと言いたげな眼差しをお互いに向けた。

そのあと、監視役のクリッシーが音楽をかけ、僕にだけこっそりと「キャシーはあなたとキスしたいみたいよ、ロバート。なんて返事する？」と言った。僕は店の隅の、今日の主役が座っている方を見た。キャシーは、姉の方を期待と不安の混じったような目で見ている。僕はハン・ソロがやるような具合に肩をすくめて、「いいですよ」と言った。クリッシーは嬉しそうに身振りでその返事をキャシーに伝えた。彼女は、すごい勢いで白目をむいて天を仰いだ。首の骨が折れるのではないかと思うほどだった。「困った妹よ」クリッシーは言った。「こんなふうにいつも私を戸惑わせるのよね」彼女は本当に恥ずかしそうだったが、同時にこの展開を喜んでいるようだった。僕も悪い気はしていなかった。キャシーのことはとても好きだったからだ。ティファニーほどではなかったけれど。僕はティファニーとゼルダがさっきまで座っていた方をちらりと見た。二人ともどこかへ行ってしまって、もういなかった。

「ところで」クリッシーは、本当に嬉しそうに言った。「あなたたち、スローダンスってしたことある？」僕もキャシーも首を横に振った。

「わかった。じゃあ、ロバート。あなたは両手をここに置いて」クリッシーは慣れた手つきで僕の両手をキャシーの腰にあてた。「それでキャシー、わかると思うけど、あなたは両手をロバートの首にかけて」キャシーは一瞬、これまでにそんなバカな話は聞いたことがないという顔をしたが、すぐに言われたとおりにした。

僕は女の子にこれほど近づいたことはそれまでなかった。彼女はとてもいいにおいがした。

「さあ、あとは音楽に合わせて身体を揺らせばいいのよ」クリッシーはそう言い切った。その頃にはすでに何組かの「カップル」が会場に生まれていた。正直に言って、まったく悪い気はしていなかった。

一曲終わり、次に聞こえてきたのは、バンド・エイドの「フィード・ザ・ワールド」のイントロだった。

バンド・エイドの「フィード・ザ・ワールド」は、キスのＢＧＭとしてはいささか問題があると言わざるを得ない。世界の子供たちが飢えているという、ロマンティックな気分を盛り下げる歌詞を無視したとしても、曲調が聖歌のようでもあるし、どうしても健全なパーティーという雰囲気になってしまう。女の子と身体を密着させて横に揺れていても、そこでキスをするのは難しい。二人ともすぐにやめる勇気がなかったので、曲が終わるまではそのままの状態で踊っていた。ようやくお互いから離れた時には、どちらもほっとしていた。彼女に何か挨拶をしなくてはと思ったが、なぜかそこで少しだけ勇気が出て、僕は彼女の頬にキスをした。キャシーは周囲を見回してから、うなずき、微笑んだ。「どうもありがとう」彼女はそう言った。

ティファニーとゼルダが不意に戻って来た。倒れそうなくらい大笑いしている。なんだ、そこにいたのか。たぶん、駐車場にワインを持ち出して、一本空けてしまったのだろう。完全にできあがっているようだった。


祖母の葬儀の前に会えて嬉しかったのは、ドットおばさんだ。彼女と、トルーディーおばさんと祖母は三姉妹だ。つまり、僕にとってはもう一人の大おばということになる。とても元気な人で、ケンブリッジの郊外に住んでいた。長い休みの時には、トルーディーおばさんに連れられてよく彼女に会いに行った。

ドットおばさんのうちは、ニューマーケット・ロードそばの公営住宅だった。そこに遊びに行くと、ドットおばさんとトルーディーおばさんがビンゴに行くのに僕もついて行き、フライドポテトをもらったりしていた。

ただ僕も少し大きくなると、老婦人二人と自分が外出するのはおかしいのではないかと思い始めた。あるいは、そう思わなくてはいけない、思って当然だと僕が勝手に考えただけかもしれない。とにかく、僕はある時、ビンゴに行かないと決めたのだ。トルーディーおばさんに「行くかい？」と尋ねられて、僕ははじめて「いや、ここで本でも読んでいる方がいいよ」と答えた。これは嘘だった——僕は本当は是非とも二人とビンゴに行きたかった。トルーディーおばさんの顔に落胆の表情が浮かんだのがわかった。でもすぐに、彼女は笑顔になった。同じことを前にも経験していて、この日が来ることをあらかじめ知っていたのだ。だが、マークとアンドリューがそうだったからといって、自分も同じというわけではないと僕は思っていた。

しかし、実際のところ、マークとアンドリューはどうだったのだろう。もしかすると、二人のうちどちらかは、たとえ一三歳になっても二人のおばと出かけ、当たり前のように「楽しかったね！　僕はビンゴが大好きだよ」と言っても不思議ではなかったのでは、とも思う。

僕はそう思いたい。ただ、とにかく僕自身はそんなふうにできなかった。僕には流れに乗ることしかできなかったのだ。流れに乗るというのはつまり、世間がおかしいと思うかもしれないと感じれば、それをやめてしまうということだ。これは、「大人になる」というのとは違うだろう。それよりは「男らしくする」ということだったと思う。もちろん、この二つは関わり合ってはいる。男子もまだ幼いうちはアマチュアであり、うまく「男らしく」できなくてもしかたがない。しかし、ティーンエイジャーともなればもう「プロ」なので、そうはいかないのだ。

正直に言えば、一人で家にいて、『ドクター・フー』の最新作を読んでいるだけでも確かに十分楽しかった。

僕は寝室の、ベッドの上で本を読んでいた。残念だったのは、ドクターのパートナーのニッサがドクターと別れ、宇宙ハンセン病療養所に残ってそこを手伝うという道を選んだことだ。僕は美しく心優しいニッサに夢中になっていた。僕は読むのを一時中断して美しいニッサのことを考えていたが、いつの間にか着ていたものを脱いでしまっていた。療養所で彼女はどうなってしまうのだろう。助けてくれる人はもうそばにいない。たとえば、性器に棘が刺さってもそれを抜いてくれる人はいないのだ、などと考えた。

もちろん、そんなことはめったに起きないとわかっている。だが、ニッサの性器に棘が刺さったとしたら、僕を呼んでくれれば助けられる自身があった。僕は、自分がティーンエイジャーで構成されるエリート揃いの宇宙医師団の一員となり、彼女のいる療養所のそばを偶然とおりかかるという場面を想像した。

ニッサと僕はきっと宇宙ハンセン病療養所のテレビ・ラウンジで少し話をすることになるだろう。病人でない人間と話をすれば、彼女にとって気分転換になるはずだ。やがて、彼女はなかなか口に出すには恥ずかしい自分の苦境を僕に打ち明けてくれる。僕は自分がいかに分別のある人間で、経験も豊富かを話して彼女を安心させる。そして、ニッサは喜んで僕に治療を任せてくれるのだ。僕は最大限の注意を払い、自分の歯を使って素晴らしい正確さで棘を抜く。僕はエリート宇宙医師を養成するスペース・アカデミーでの授業で見せられた見取り図を思い出しながら治療をする。一応の治療が済めば、いつものとおりのアフターケアもする。僕の芸術的な神経刺激術を駆使して、彼女のクリトリスをなめるのである。優しいニッサは、たぶん、正しいなめ方の指導をしてくれるだろう。それまでにも同じような指導を受けた男はいるのだろう。僕は教わったとおりにする……待て、なんだこれは。すごく不安だけど、なんかすごいことが起きてるぞ！　いや、もうやめなくちゃ、このままじゃおしっこもらしそうだ。いや、これはおしっこじゃない、何か別のものだ！　これは……ああ、神様！

妄想の中でテレビドラマ『天才少年ドギー・ハウザー』の主人公にでもなったつもりだったのに、気づくと宇宙でクンニリングスをして、はじめてのオーガズムを体験していた。

僕はバスルームに駆け込んで、小便をしようとした。いつもと少し違うだけで、これも小便かもしれないと思ったからだ。だが、そんな必要はなかった。その時、僕のペニスの先から出ていたのは、色も粘り気もまったく小便とは違うものだった。なんてことだ。まあいい、多分こういうものなんだろう。いや、本当にこれで正しいのだろうか。僕はとても不安だった。ペニスがあまりにも敏感になっていたからだ。傷をつけてしまったのかもしれないと思った。いや、きっとこれでいいのだろう。これがきっとオナニーというやつだ。

バスルームには全身を映せる大きな鏡があったので、僕は自分を映してみた。まだ裸だったが、身体はかなり紅潮していた。神様は見ていただろうか。もしかすると祖母が見ていたかもしれない。なんてこった！いや、まあ、わざわざそんなくだらないことはしないだろう。これは恥ずかしいことなのだろうか。僕は恥ずかしいと感じたし、こんな自分を見たいとは思わなかった。僕は急いで寝室へ戻り、服を着た。

僕の驚きはまだ収まらなかった。本当に驚いていたのだ。この体験を誰に話そう。もちろん、ティファニーやゼルダには話せない。兄たちにも絶対に話せない。ピート・ガーヴィーにも話せないだろう。ピートはもう何年も前からこれをしているかもしれないが。

ああ、そうだ……ウィルだ。ウィルにならこういうことを話してもいいんじゃないかと思う。

第6章
「男は男と恋に落ちたりしない」

「人はみな裸で生まれてきた。自分の身体以外は何もかも荷物だ」
ル・ポール

ロジャーと僕は、ブロスのことで喧嘩になった。ブロスというのはポップ・グループの名前だ。若い読者は知らないかもしれない。〝Bros〔兄弟を意味するbrotherの略語〕〟を「ブロス」と発音することを面白いと思う人もいるだろう。

子供の頃の友情は、「都合のよさ」から始まることが多い――同じ教室にいるとか、同じ街に住んでいるとか、そういうことだ。だが運がよければ、その中の最高の誰かが、恋にも近い強い気持ちを持てる相手へと変わっていく。僕はロジャーに恋心を抱いていたわけではない――僕の恋についてはこのあとに書くが、それと彼に対する気持ちはまったく違う――だが、頭に銃を突きつけられて白状せよと迫られたら、僕はロジャーを愛していたという明白な事実を認めないわけにはいかないだろう。もちろん、お互いにそうだ。だが、そんなことを認めるわけはない。男同士は友達にはなっても、恋をするわけではないということになっている。ただし、お互いへの愛着はとても強い。だから別離の時の感情は、恋に破れた経験のある人にとって馴染み深いあの感情にも近いものになる。大きな裏切りがあったわけではなく、何か両者の間に決定的な違いを感じる瞬間があったわけでもなく――ただ、徐々に距離が離れていっただけだったとしても。ロジャーが僕に、「一生友達でいるという血の誓いを交わそう」と言ってから三年が経った一九八八年のことだ。当時大変な人気だったブロスのメンバーには本当の兄弟、双子のゴス兄弟がいた。彼らからはまるでレーザー光線のような光が放たれていた。その光によって、僕らは重大な真実を教えられたような気がした。それは僕らが昔、葉っぱを燃やし穴を空けて遊んだ虫眼鏡の光のようでもあった。僕らはともに一五歳になり、太陽はそれまでと変わらず明るかったが、光は以前のように真っ直ぐではなかった。また、光の色も前より増えていた。

「『フェイマス〔ブロスの世界的ヒット曲。原題は「When will I be famous?」〕』って本当にクソだな」僕はある朝、ロジャーがバスに乗ってくるなりそう言った。このところ、バスの中で、僕らはいつも何かしらでもめていた。ある時は、僕がいつも自分のかばんを座席の上に置いていたことでロジャーは怒り出した。そのせいで彼は自分のかばんを床に置かなくてはいけなかったからだ。体育の授業がある日には、僕は二つかばんを持っていたから、それに場所を取られるロジャーはたまらなかっただろうと思う。彼はしばらく何も言わずにいらだちを心の中にため込んでいたのだが、ある朝、「今日は絶対に言ってやろう」と心に決めたのだ。僕は確かにロジャーの言うとおりだと思ったので、その日からはかばんを床に置くようになった。

ただ、かばんのことは、ロジャーにとってバス通学の時の唯一の問題というわけではなかった。困ったことに、それは他に多数ある同様の問題のうちの一つにすぎなかった。そして、そのことによって、僕らの関係自体が大変な労力をかけなければ修復できないものになってしまった。そうなるとどちらも、もう踏ん切りをつけようかという気分になってくる。僕はどうすればロジャーとの関係を修復できるのかがよくわからなかったし、修復したいのかどうかさえはっきりとはわからなかった。ロジャーが僕のことを「傲慢なろくでなし」と決めつけてしまっていることはよくわかっていた。そう思われていると思うと、僕としては余計に傲慢な態度に出ることになってしまう。

「ブロスの奴らはプラスチックでできたアーリア人の人形みたいだ」僕はさらに言った。「全然歌えないし、自分ではマイケル・ジャクソンだと思っているんだろうけど、踊ることもできない。あんなに太ってちゃ無理だよ。ドラマーも、見た目はあとの二人と似たり寄ったりだね。地下牢にいるアーリア人だ。クズだね。才能のないナチスのクズだ」

ロジャーは僕のこういう言い草を面白いと思っていた時期もあったと思うが、この頃にはもううんざりしていた。ロジャーからすれば、「またウェッブがくだらないことをくどくど言い始めたぞ」というだけだった。ロジャーは平然とこう言い返した。「俺はいいと思うけどな。楽しい曲だし。所詮はポップ・ソングなんだから、あんなものでいいと思うよ」

「ポップ・ソングだからって、あそこまで無内容でいいと思わないな」

「そうか、じゃあ、お前が好きなのはどんな歌だ？」

「そうだな」至極もっともな問いだけに、僕はいらだった。僕は「クリスチャンズの『アイデアル・ワールド』だな!」と答えた。その理由は、彼らがアパルトヘイトに強く反対していたからだ。

ロジャーは鼻で笑った。「本当かよ!? お前本当に『アイデアル・ワールド』が『フェイマス』よりいいっていうのか?」

「ああ、そうさ」

ロジャーは嫌味な感じで調子外れに歌い始めた。「アイデアル・ワールド」の替え歌だ。「理想の世界では、何もかもがクソすばらしい……理想の世界では、黒人であることが最高だ! ああ、どうして人は優しくなれないの? みんな、やさしーくなろーうよー!」

ロジャーがからかうのも当然だった。「アイデアル・ワールド」は決して悪い曲ではなかったが、一九八八年で人種差別反対の意思を示すのなら、もっといい曲が他に五、六曲は思いついたはずだからだ。たとえば、「ギミー・ホープ・ジョアナ」とか、「サン・シティ」とか。もちろん「フリー・ネルソン・マンデラ」もある(ピーター・ガブリエルの「ビコ」はあえてここには含めない。ピーター・ガブリエルは僕にとってはいらだたしい)。

僕は今なら、「フェイマス」は生き生きとしたいい曲だと喜んで認める。とても魅力的なティーンの賛歌になっていると思う。だが、当時の僕には、ブロスを、そして特に「フェイマス」という曲を嫌うのに十分な理由があったのだ。何しろ、僕と同い年くらいの女子たちは、全員がブロスとセックスしたがっていた。そして、その中には、僕とセックスしたいというわずかなそぶりさえ見せる子はいなかった。もちろん、僕だって誰でもいいってわけじゃない。ただ、僕としては、本当にする/しないではなく、彼女たちの中に一人か二人でも、僕とセックスできないことを残念に思っていそうな子がいれば嬉しかったと思うだけだ。男が一五歳で童貞というのは別におかしいことではなかったけれど、僕は心の中でストップ・ウォッチが動いているのを感じて焦りを感じ始めていた。その音は一ヶ月ごとに大きくなってくるように思えた。

そうこうするうちに、ブロスは新曲を出して『トップ・オブ・ザ・ポップス』で披露した。今度の曲もタイトルからして腹が立つ。タイトルは「ドロップ・ザ・ボーイ」で、「男の子をやめて、一人前の男になる」という歌だ。

「『俺は男だ（I'm a man）』だってさ！」僕は母にほとんど叫ぶようにして言った。「どうして男だけがそんなことを言わなくちゃいけないんだよ！」実際は、「俺は男だ」というのはまさに僕自身がその頃、ずっと言いたくてたまらなかった言葉だったのだ。

母は僕の言葉を聞いても、椅子の上で少し身体を動かしただけだった。ちょうどＧＣＳＥ（中等教育修了一般資格試験）を受けている時だ。僕は英語ではセット１（最も上位のグループ）に入ることができ、同時に——実に不思議なことだが——数学でも同じようにセット１に入れた。僕は学校で受ける試験のどれでもトップに近い成績を取るようになっていて、母はそれを喜んでいた。グラマースクールに入る時には「ボーダーライン」と言われた僕が、数年の間に「優秀な子」の部類に入ったと認められるようになった。勉強に関しては、もうあまり心配なことはなくなっていた。本心を隠したり、言い訳をしたりする必要は前に比べると減っていた。七歳の頃の僕は物静かな子供だったけれど、母と二人だけの時は「セイリング」を大声で歌ったりもした。その僕が一五歳になると、母の前でブロスの曲の歌詞を分析してみせたりもするようになった。そうして、自分が新たに身につけた力を誇示しようとしていたのだろう。ただ、その時、やたらに両手の人差し指と中指を出して折り曲げる、いわゆる「エアクォーツ」のジェスチャーをする癖があった。これは、「自分が言っているのではないですよ、誰かの言葉の引用ですよ」という言い訳を含んだジェスチャーである。

「誰に向かって言ってんのかわからないけどさ――たぶん誰と決まっているわけではないんだろうけど――本当に『男の子をやめる（Drop the boy）』なんて言うやつがいるのかな。それでさ、男の子と呼ばれなくなったら、『飛び上がって喜ぶ（Jumping for joy）』って言っているけど、本当にそんなこと、思ってるのかな」

　僕は母の答えを待たずにさらに話し続けた。

「自分で何度も繰り返し、『そうさ（Yes I am）』って強調しているからには、きっともう一人前の男なんだろうとは思うけど、もしそうだとしたら、『飛び上がって喜ぶ』は変だよね。一人前の男がそんなことするの、変じゃないかな。そんな人、見たことある？　たとえばさ、デレクが飛び上がって喜ぶの、見たことある？」

　デレクがそうしているのを少し想像するだけで母にはおかしかったようだ。母は、マット・ゴスを見ながらこう言った。「この子、きっと強がって見せているんだと思う。私には、休みが欲しいって顔に見えるけど」

　母が何を言っているのか僕にはわからなかった。僕が言いたいのはそういうことではない。僕はもっと別の話をしているのだ。何だって？　休みだって？　どんな休みがいいんだよ。ただ、とにかく、このままだともうすぐ、母のいつものあの話が始まってしまう。六〇年代の音楽は今よりずっといいという話だ。

「あのね、この子たちはビートルズとは全然違うと思うのよね。そうじゃない？」母は嬉しそうにそう言った。

僕はテレビに向かってしかめ面をし、いかにも怒りを抑えているというようにゆっくりとした身振りをしながら言った。「いや、誰もが……あの……いまいましい……ビートルズみたいになれるわけじゃないよ」

母はくすくす笑いながら、からかうような口調で言った。「ごめんね、ロブ」

僕は母に向かって優しくまばたきをしてみせ、それから渋々という感じで少しだけ笑った。

身近にこんな一五歳の少年がいたとして、あなたはどうだろうか。正直に言って、ほとんど何も言わない無口な少年の方が好きだと思うのではないだろうか。ティーンエイジャーというのは、とにかくひどいことを言いたがりがちだ。僕もひどい言葉のたくさん詰まったスーツケースを持って歩いているようなものだった。そんな言葉をスーツケースから取り出して、人にぶつけてみたくてたまらなかった。

ただし、「ひどい言葉」の中にも、母が気に入りそうなものはあった。母親と仲良くするのは、「男の子」だろうか。それとも「一人前の男」だろうか。マット・ゴスは果たしてどう思っただろうか。彼の意見がどちらだったとしても、僕は必ずその反対の行動を取っただろうと思う。たとえば、マット・ゴスが「ストーン・ウォッシュのジーンズを穿くのが男らしい」と歌ったとすれば、僕はそれを脱いでゴミ箱に捨てただろう。

マット・ゴス、ルーク・ゴスの兄弟と僕の誕生日が同じだと気づいた時は嫌な気分だった。でも、彼らとは他にも共通点があると思っていた。彼らが「フェイマス」で歌っていたように、僕も有名になりたいと思っていたのだ。でも、単に有名になるために有名になりたいというのでは、他人からはバカに見えるのだなということもわかっていた。もう少しましな理由を見つける必要があった。僕は、「自分にとってはあくまで芸術が大事で、それを突き詰めると、不幸な副作用として有名になってしまうのだ」というような言い方を覚えた。

さて、「ウィル」の話だ。

僕はウィルの人間性が好きだった。彼は学校の同級生で、身長、体格もだいたい僕と同じだった。髪は僕より黒く長く伸ばしていた。僕の髪からはもう天使のようなカールは失われていたけれど、縮れてはいたので長く伸ばすと大きくふくらんで、まるでブロンドのアフロのようになってしまう。だから伸ばせない。ウィルなら軽くウェーブしているくらいなので、細いフレームのめがねの両側が隠れるくらいに伸ばすことができる。ウィルも僕と同じように痩せていたが、肩幅は彼の方が少しだけ広く、また筋肉も彼の方が少しあった。彼の膝は僕のようには節くれだっていなかった。脚は……いや、こういう話ばかり続けるのもおかしい。そもそも僕が話したいのは、ウィルの人間性についてであって、身体のことではない。新しい親友を読者に紹介する時、最初に何をすべきか。僕は今、服を脱いだその人の裸を見せるようなことをした。それはどこか示唆的なことかもしれない。それはおそらく、まさに僕がその後、自分自身について試みてきたことだからではないだろうか。

ウィルは「クール」な奴だった。学校の友達でデジタルの腕時計を最初にやめたのは彼だった。また、最初に髪を長く伸ばしたのも、短く切ったのも彼だった。白いソックスも、U2も、最初に好きになったのも最初に飽きたのも彼だった。僕らの中で最初に髭剃りが必要になったのは彼ではなかったけれど、伸ばしたもみあげは似合っていた。最初にパコ・ラバンヌの服を着て、ファーレンハイトの香水をつけたのも彼だった。ペイズリーのシャツを着たからといって即、ゲイに見えるわけではないと僕らが気づく前に、ウィルはそうしていた。そして、僕らが気づく頃、ウィル自身はとうの昔にペイズリーを着なくなっていた。

彼の着ているものはとにかくいつもよく似合っていた。そしてとても魅力的だった。すべてが彼の熱狂的なファンのように常に彼にまとわりつき、彼の周りで揺れていた。

だが、すでに書いたように僕が好きだったのはウィルのそうした外見ではなく、彼の人間性だった。彼の脚も好きだったけれど。


メディア・スタディーの授業で、僕はウィルと同じ教室になった。僕が評判の悪かったこの科目を選んだのは、まさにそのメディアの悪評を信じたからだった。報道されているとおりならきっと楽な授業で、さほど努力をしなくてもいい、息抜きの時間になるだろうと考えた。

ところが、実際にはそうではなかった――少なくとも最初のうちは。僕たちは、何本も小論文を立て続けに書かされた。所有権や政府の支配、ニュース・バリューといったことをテーマとする無味乾燥な論文だ。一九九六年にＢＢＣ憲章〔ＢＢＣの公共放送としてのあり方を定めた文章。一九二六年に発布されたもので、しばしば時代に合わせて改訂される〕はどのようになっているか、というテーマの論文もあった。あまりにも遠い未来で、とても予測などできなかった。

実地演習が始まると、また状況が変わってきた。機材を借りて自分たちでドキュメンタリー番組を作る演習だ。思っていたように楽な授業ではなかったが、これは面白そうなので張り切って取り掛かった。ウィル、ピート、マット、ラッセル、そして僕がチームになって、二〇分の映像を作る。『検証――ステレオタイプの悪影響』というもっともらしいタイトルもつけた。僕らはミセス・スレーターに、リハーサルが必要だと申し出た。要するに、一時間ほど外に出てさぼってやろうと企んだわけだ。街へ出てフライドポテトでも買い食いしようと思っていた。ピートのバイクがあるので、皆で交代で乗るのも面白い。故障していて、時々まったく走らなくなるバイクだった。あとは照明が全部消えている体育館で鬼ごっこをしてもいいなと思っていた。

ピートが番組の司会をすることになった。おかげで僕は脚本に集中できた。テレビに多く見られるステレオタイプをネタにした寸劇をいくつも組み合わせて、一本の番組にした。たとえば性差別的な要素のあるクイズ番組のパロディ、ニュース番組によく登場するいかにも悪そうなティーンエイジャー、女性ばかりが出演している洗濯用洗剤のコマーシャルに出演した設定の男性、など。そういうものがいくつも出てくる。

今、思い返すと我ながらよくやったなと思うし、番組の内容も好きだ。一九八〇年代のリンカンシャーである。しかも、リンカンの街からも遠く離れた田舎だ。その時代、その場所で、僕らが自分の考えを正直に表現し、まだ当たり前だと思われていたようなことに敢然と異議を唱えたのはよかったと思う。何に影響を受けてそういうことをしようと考えたのかはよくわからない。一九八七年には、スレーター夫妻のホーンカッスルの自宅の窓にＳＤＰ・自由同盟〔労働党から分離して結成されたＳＤＰ（社会民主党）と、伝統的な政党ながら力を失っていた自由党が政治の第三極を目指して組んだ選挙連合〕のポスターが貼ってあったが、それと無関係ではないかもしれない。また、母が労働党支持者だということもきっと無関係ではない。僕自身、テレビを見ていて、「この人は面白い」と思って笑うのは、ほとんど全員がいわゆる左寄りの人だった。僕の密かな希望（大学に行きたい、人を笑わせる役者になりたい、など）と、母の味方をしたい、男社会に異議を申し立てたいといった漠然とした願望はどちらも政治に深く関係していることが、この頃、急にわかってきた。現実には、労働党の議員の大半は男性であり、その大敵のサッチャー首相〔一九七九～九〇年まで英国首相。公営事業の民営化や各種産業の規制緩和や効率化を「鉄の女」とも言われる強硬な姿勢で行い財政再建を目指したが、結果的に失業率と貧富の格差を拡大させた〕は女性であるという大きな逆説《パラドックス》もあったのだが、それを僕はしばらくの間、見過ごしていたのだろう。僕と同じ側にいたのはまず母、そしてミセス・スレーターで、そして僕と反対側にいた人間といえばまずはデレクと父だった……僕が必要を感じてマニフェストを読んだのはかなりあとになってからのことだが、要するに、僕も当時から労働党支持層だったということだろう。

　僕は自分から申し出てドキュメンタリーの脚本と監督をすることになった。誰にも異議はなさそうだった。僕はすでに、以前にピートが書き僕が彼の代役で大当たりしたあの同窓会の劇の続編を書いていたし、フォーム3Sでは朝礼で正編と続編の両方を上演していた。フォーム4Sでは、学期の終わりに三度、スケッチを上演した（この時のスケッチは、僕にとって最初のコミック・リリーフで始まる。本編の前の滑稽な寸劇だ）。僕は、この時、ウィルを重要な「つっこみ」役にした。ウィルの役は当時の教育長官、ケネス・ベイカーのパロディで、彼が大げさに演じたごますり男ぶりはとても愉快だった（僕は、この人物に「ケネス・フェイカー」というひどい名前をつけた――くらえ保守党、という気持ちだ）。僕は、人を小馬鹿にしたインタビュアーの役を演じた。色々な人がやっていたジャーナリスト、ジェレミー・パックスマンのものまねを、さらにものまねした感じにした。

　僕がウィルを笑わせると、彼はいつも首を後ろに反らせた。僕はその時、彼のあごが綺麗に左右対称なのを感心して眺めていた。それに彼が気づかないといいなと思いながら。

一六歳の誕生日、僕は五時から七時までの時間を、普段の木曜日とまったく同じように過ごしていた。ゲートウェイというスーパーマーケットで商品の棚出しのアルバイトをしていたのだ。

そこでの僕は優秀だった。バイト仲間のスーパースターと言ってもよかった。プライス・ガンを撃つのはトニーと同じくらいに速かった。すでに二年は店にいる彼と変わらないのはすごいことだった。(*1)

僕はアルバイトの中でも最年少で、トニーをはじめいい仕事をしている他のアルバイトたちと働くのも楽しかったが、ある時マネージャーが変わり、アルバイトはもうガートゥリーの生徒しか採らないと言い出した。僕はそこを辞めるまでの間に、合計で三人のマネージャーの下で働き、他のアルバイトたちからは「教授」と呼ばれるようになった。「インディペンデント」紙を読んでいるところを見られたからだ。でも、皆は優しかったし、時給も一・三六ポンドまで上がっていた。僕は基本的には倹約家だったが、縦にディスクを入れるCDプレーヤーのついたブッシュ・ミディ・システムというオーディオセットを母の通販カタログで見つけ、それを買って散財してしまった。その頃の僕はカセットテープはたくさん持っていたが、持っていたCDはまだ三枚だけだった。ジャン・ミッシェル・ジャールの『レボリューションズ』、インエクセスの『キック』、プリンスの『ラヴセクシー』。レーザー光線でデータを読み取って音楽を再生するなんてすごいと思っていた。

誕生日プレゼントに、ゲートウェイで一緒に働いていたグラマースクールの先輩の女子二人が、メイツのコンドームの三箱セットをくれた。「がんばりなさい、ロバート」ルーシーは大声でそう言った。トイレの練習をする幼児を励ますような言い方だった。「もう一六歳なんだから、きっと必要よね」僕は必死に平静を装い、動揺をさとられまいとした。才気煥発なレイア姫に厳しいことを言われても鷹揚に構え、もっと言ってみろという態度を取れるハン・ソロのようになろうとしたのだ。ただ、まったくの無駄だったと思う。顔が赤くなってしまったからだ。僕は全身の毛細血管に血がめぐるのを感じていた。頭皮から顔からペニスまで、全部だ。それはまさにルーシーが期待した反応だっただろう。ルーシーも友達も本当に嬉しそうに笑っていた。彼女たちは、これ以上はアウトだというギリギリの線まで僕をからかってきた。僕はテート&ライル〔英国の食品ブランド〕の値札つけ作業に戻ったが、スピードはいつもより速くても、どうも正確さに欠けていた。

ハン・ソロのまねをしようとしても、僕にはまったく意味がないのだなとわかってきた。たとえばルーシーは、ハン・ソロとはつき合わないだろう。ルーシーがつき合っていたのは、ディーンという、顔にそばかすのある二〇歳の男だった。ディーンはよく喧嘩をしていて、ザ・キュアーの「フォレスト」のベースラインを弾くことができた。まあ、僕以外のほとんど誰もがそれを弾けたのだが。

ウィルはギターを持っていて、当然そのベースラインは弾けた。ウィルには彼女がいた。一九八九年で、僕らはグラマースクール五年生（小学校から数えると一一年生）だった——彼女は僕らよりも年下だ。デイジーという名前の彼女はとても賢く、ブロンドで、社交的で、楽しい子だった。デイジーは両親を尊敬していたし、ウィ

*1 プライス・ガンは、バーコードが普及する前、商品に値札をつけるのに使われていた道具だ。間もなくバーコードの時代になった。最初のうち、僕はスーパーなどでバーコードを見かけると、何か味気なくて嫌だなと思っていた。

ルは基本的には法を守る人間だったから、きっと二人は彼女が一六歳に「近く」なるまで、何もしないだろうと思っていた。ただ、本当に一六歳になるまでは待たないだろうとは思った。僕はその時を恐れながら待っていた。ウィルは隠し事を一切しない男だったので、もし彼がデイジーとセックスをしたら、僕はそのことを世界で三番目に知ることになるだろうと思っていた。

本当のことを言えば、僕はその現場にいたいくらいだった。それはのぞき趣味などではなく、そのニュースをウィルの口から聞きたくなかったからだ。同じように苦痛なら、自分の目で現場を見る方がましだと思った。ウィルはきっと軽く、何でもないことのように口にするだろう。たぶん、賭け事に勝ったことを報告したかと思うと、次の瞬間には好みの色のスポーツカーが見つからないのを嘆くように。しかし、実際にウィルが彼女とするとしたら、どのようにするのだろうか。また反対に、デイジーはどのようにするのか。

ある朝、ウィルは点呼の前にフォーム５Ｓの教室にふらりと入って来て、「ウエンブリーでプリンスを見るんだ」と僕に告げた。つまり、デイジーも行くということだ。それにデイジーの父親と、デイジーの友達が何人か行くという。ロンドンに行くわけだ。しかもプリンスを見に。デイジーとつき合っているからデイジーも連れて行く。僕は呼ばれなかった。それは当たり前のことだろう。

もちろん僕は自分にもそんな時が来るのを待ち焦がれていたが、僕はまだそこから銀河系一つ分くらい離れたところにいた。しかも、その銀河系に僕は嫌われているようだった。僕はその頃から詩を書き始めた。

ここにその頃書いた詩を引用するようなことはしないので、安心してほしい。僕は元来うぬぼれ屋だし、何でも隠さない方ではあるが、やはりどこかに線引きは必要だろうと思う。ティーンエイジャーの頃の詩は仮に当時の最高傑作であっても載せるに値しない。できの悪い芸術がかえって面白いことは確かにあるけれど、すべてがそうとは限らない。中にはあまりのひどさに単に腹が立つだけというものもあるだろう。

一六歳の誕生日には、すでに書いたとおりにコンドームをプレゼントしてもらった。ただからかわれたというよりも、友情の込もった贈り物だったし、そういう時の対応の仕方も学んだと思う。そして僕には、誕生日にもう一つ、すべきことがあった。それは、オーディションを受けることだ。テレビのスター発掘番組『ボブ・セッズ・オポチュニティ・ノックス』のオーディションだ。かなり前に終了した番組『オポチュニティ・ノックス』がその頃、復活していたのだ。僕は「ラジオ・タイムズ」誌についていた申込用紙に必要事項を記入して送った。ただ、本当に自分が番組に出るという実感はまるでなかった。一応、「スタンドアップ・コメディをする」と申し出てはいた。その言葉を書いたこと自体、人生ではじめてで、ましてや実際にやったことなど一度もなかったが、この番組では誰もコントなどしないので、僕も仕方なく二、三分の台本を自分で書いてスタンドアップ・コメディをすることにした。

僕が書いた台本は、いわゆる「あるあるネタ」である。周囲を観察していて思ったことを僕があれこれと指摘し、聴衆はこう思うのだ。「あるある！　確かにそう思っていたけれど、自分がそう思っていることにも気づいてなかったよ。面白いね！」たとえば、こんな具合。

「あのさ……ほら、GSってあるでしょう。あれって何か意味あるのかな。あ、ごめんなさい。GSって一般

教養科目 (General Studies) のこと。ほら、あの誰も……いや、やめておこう」

「あのさ……親友がいて、とても好きなんだけど、つい何かで腹を立てて、ドアをバタンと閉めて部屋を出ちゃうなんてことないかな。それで胸が痛んでいるんだけど、そのことを誰にも話せないでいる。もう、空を破りたいくらいの気持ちになる。そんなことないかな。ない？　僕だけ？　あ、そう」

……うーん、スタンドアップ・コメディはうまくいきそうにない。ビリー・コノリー、エディ・マーフィー、ヴィクトリア・ウッド、ロビン・ウィリアムズなどのスタンドアップ・コメディはよく見ていたし、確かに好きだった。でも、たとえばエディー・マーフィーなら、やはり映画『ビバリーヒルズ・コップ』を見る方がいいなと思っていた。ヴィクトリア・ウッドも、一人で舞台に立っているよりも、コメディ番組『アコーン・アンティークス』でジュリー・ウォルターズと共演しているところを見たいと思ってしまう。

だが、何より僕が好きなのは、コントやシットコムだった。『フォルティー・タワーズ』、『ライジング・ダンプ』、『ザ・ヤング・ワンズ』、『ブラックアダー』、『ブラス』、『アブソリュートリー』、『ア・キック・アップ・ジ・エイティーズ』、『ア・ビット・オブ・フライ・アンド・ローリー』、『フレンチ＆サンダース』、『サタデー・ナイト・ライブ』……それから、エマ・トンプソン、ハリー・フィールド、ジョン・クリーズ、モーウエナ・バンクス、ベン・エルトン、バリー・ハンフリーズ、ピーター・クック、クライヴ・ジェームズ、クライヴ・アンダーソンが関わっているものは全部。面白い人たちどうしが面白いことをし合うのを見ているのがとにかく最高だ。しかし、面白い人たちは、最初にどこで面白い人に出会ったのだろうか。それが知りたくて僕は、テレビのインタビューを見たり、「デイリー・ミラー」紙をうちに持って帰ってじっくり読んだりもした。それでわかったのは、「大学ではじめて面白い人に出会った」という人がとても多いということだ。しかも、その確率がやたら高い大学が一つあった。ケンブリッジ大学だ。ケンブリッジ大学の、「ケンブリッジ・フットライツ」というコメディ・クラブで出会った人が多い。だから、たぶん……。

いやいや、それはバカげた考えだ。僕らの学校からケンブリッジに行くなんて。テス・ランプリングくらいの超がつく優等生以外にはあり得ないことだ。何しろ彼女は、あの「Aレベル・ヒストリー」で「A」を取った人間だ。あの科目で「A」を取るのは普通は不可能だ。それは、彼女を担当した歴史の先生を含め、誰もが同意することだ。そんな人しか入れない大学に願書を出すと思うだけで震えがきてしまう。ふざけていると思われるのではないか。自分のことを何様だと思っているのか、と言われそうだ。

だが、その考えは僕の中で段々大きくなっていった。ミセス・スレーターに話してみようかと思った。他に話を聞いてくれそうな人は誰もいなかった。

『ボブ・セッズ・オポチュニティ・ノックス』のオーディションには行かないことにした。たとえボブが何と言おうと《ホワットエバー・ボブ・セッズ》、僕はそこではうまくやれそうになかったからだ。どちらにしてもオーディションの場所はロンドンなので、行くまでが大変だ。母に車で連れて行ってもらうくらいしか方法は思いつかないが、それよりグリーンランドに連れて行ってくれと頼む方がまだいいかもしれない。

スタンドアップ・コメディは僕の好みではなかったが、ソロのパフォーマンスがすべて嫌というわけではなかった。ただし、僕が誰よりも好きなソロ・パフォーマーはコメディアンではなかった。その人の名前はマイケル・ジャクソンといった。

意外に思う人もいるかもしれない。もちろん、マイケル・ジャクソンが好きでいけないわけではない。その頃は当然、まだ児童虐待で告発される前だった。ただ当時も、マイケル・ジャクソンが好きだと言うのには少し勇気が言った。彼はどこか変なのではないかと、誰もが思うようになっていた時期だからだ。

僕がマイケル・ジャクソンに惹かれたのは、一つには彼が子供時代を他人に「盗まれた」人間だったせいではないかと思う。彼が大人になってもどこか子供っぽかったのは、それが理由ではないだろうか。マイケルたち兄弟の父親が、有名になった子供たちを殴っていたことが後にわかった。父親のジョーは、ジャクソン5のリハーサル中、ベルトを手に持っていたという。兄弟は演じることを強制されたというより、演じること以外には何もなかった。彼らは子供ながら完璧にプロとしての仕事をしたが、その代償として様々な心の病を抱えることになった。マイケルはにきびが顔にできる頃、世界中の聴衆の見ている前で声が徐々に壊れていき、それをどうにも止めることができなかった。一九八七年リリースのアルバム『バッド』を聴いた時には、痛々しいほど内気な子供が必死に強がって見せているように感じたのを覚えている。『バッド』のジャケットを見て、僕の空想上の友達「ガイ・バイズ」が現実にいたらこういう感じかなとも思った。珍妙な衣装に身を包んで、虚勢を張っている彼の姿がそこにある。そして、虚勢の裏には隠しきれない大きな恐怖心が見えていた。

マイケル・ジャクソンは『終わりなき伝説(The Legend Continues)』という地味なタイトルの伝記ビデオを出していた。うちにはもうビデオデッキがあったので、僕もそのビデオを見た。僕のような熱狂的なファンでさえ、その内容の八〇パーセントはくだらない映像の寄せ集めであることがわかった。忘れられないのは、ソフイア・ローレンをはじめとする大スターが脈絡なく現れて、「マイケルってリトマス試験紙みたいなの。彼はいつも学ぼうとしている」などと奇妙なコメントをしていたことだ。ただ、このビデオにもいいところはあった。『モータウン25』というテレビの特集番組から取った映像が使われていたことだ。「ビリー・ジーン」のステージでのパフォーマンスも見ることができた。

それは僕が見たことのないようなパフォーマンスだった。気づくと、僕は口をぽかんと開けて見ていた。巻き戻しては見る、巻き戻してはまた見るの繰り返し。途中で、振り付け師がこのパフォーマンスの魅力を語る映像や、キャサリン・ヘップバーンがマイケルのダンスの素晴らしさを語る映像が挟まるのがうっとうしい。だが、それくらいではびくともしないものすごさがあった。まず、とにかく美しい。マイケルがステージを動き回るその姿。ほんの一瞬でも目を離してはいけない、そう思わせる。

そして、曲も素晴らしい。アルバム・ジャケットに写るあの異常な男、あるいは少年が作っているにもかかわらずというべきか、異常な人間が作っているからこそというべきか。「ビリー・ジーン」の歌詞は、ある女性に「あなたの子供を生んだの」と言われるという内容になっている。マイケル・ジャクソンがセックスをするだなんて想像もできない頃に、そんなことを歌っていたのだ。僕にとっては、彼がいつまでも童貞かもしれないと思えることがよかった。同時に、ふとしたきっかけから兄たちを凌ぐ存在となり、ついには暴力的な父親を圧倒した、そういうマイケルの姿に自分を重ねて惹かれたことも否定はできない。

ムーンウォークの場面では、映像を一時停止した。うちのデッキにはコマ送り機能はなかったけれど、僕は再生と一時停止を交互に押して、できる限りコマ送りに近いことをした。「そうか！　こんなふうに踊っているのか！」後ろに向かって動く足は、地面に対して平行にならないといけない。マイケルは自分の全体重をもう一方の足のつま先にかけていた。痛いに違いない。ただ、それに合わせた靴を履いているのだと思う。つま先の部分が硬く、ソールにはグリップがない靴だ。そして、マイケルは自分がダンスをするフロアのこともよく考えたのだと思う。動きを邪魔しないよう、床はできる限り平坦で滑らかなものに、取り替えてでもしなくてはいけない。実際に取り替えたこともあったようだ。

他にもわかったことがある。僕はマイケルのパフォーマンスを繰り返し見て、何度も一時停止をしたりして、細かく分析をした。にもかかわらず、再び全体を通して見ると、やはり魔法のように感じられるのだ。いくら細かく分解をしても、全体が損なわれることは決してなかった。パフォーマンスの背後にどういう工夫や努力があるかを知ったあとでも、やはりすべてを難なくこなしているように見え、そこが魅力的に思えた。

本を同じように読み始めたのも、おそらくその頃だったと思う。僕は内容を楽しむというよりも、書き手がどのようにしてその文章を書いたかを解き明かすことを楽しんでいた。文章の書かれ方を分析し、分析の結果をまた自分で文章にすること。英語という科目が好きだった僕は、それを一日中続けても飽きなかった。好きでしていることなので、訓練や練習というつもりではなかったが、繰り返していると自然に練習になっていたのだろう。時が経つにつれ上達するのが自分でもわかった。そういうふうに最初はただ好きでしていたことを何度も繰り返していると、自分ではそうだと思わないうちに、大変な努力を重ねることになる。そうして得た能力が「才能」と呼ばれるのだと思う。

一〇代の頃は、僕にとっての読書黄金時代だった。最初は当然のごとく、ユーモアのある面白いものを読んでいた――オスカー・ワイルド、ジェイン・オースティン、Ｅ・Ｍ・フォースターなどだ。それからトーマス・ハーディー、Ｄ・Ｈ・ローレンス、ジョゼフ・コンラッド、ジョージ・エリオット、ヴァージニア・ウルフ、ジョージ・オーウェルも読んだ。さらにＰ・Ｂ・シェリーをはじめとするロマン派の詩人、ウィルフレッド・オーウェンなどの戦争詩人。作品は素晴らしいがあまり恵まれない境遇にいたフィリップ・ラーキン。だが、僕が何より夢中で読んだのは、シェイクスピアの戯曲だ。僕はシェイクスピアを貪り読んだ（時々、ささやくような声で音読することもあった）。

それだけ英語の勉強をし、読書もしていたことが、もしかすると『ボブ・セッズ・オポチュニティ・ノックス』のオーディションでも役立ったかもしれない。だが、僕は進むのがとても無理そうな近道を行くのをやめた。代りに、とてつもない回り道を選ぶことにした。ケンブリッジ大学に進み、「ケンブリッジ・フットライツ」に入るという道だ。こちらもとても不可能には思えた。

僕は教室に他に誰もいなくなるまで待って、ミセス・スレーターに相談した。僕がケンブリッジに行きたいと思うのはバカげたことだと思うかと尋ねた。「いいえ、バカげてなんかいないと思う」彼女はすぐにそう答えた。「あなたよりできなかった子でも入ってるから」励みになる言葉だった。「でも」彼女は慎重に言葉を選んでこうつけ加えた。「長い間、うちから行った人はいないけどね」

上等だ。ともかく読めるものは何でも読もうと思った。どれだけのことをしても、しすぎではない。今のところ、気を散らすような要素は何もないのだし。

第7章
「男が童貞なんて恥ずかしい」

「君は自分が繊細だと思ってるみたいだけど、そんなことはないよ。君の繊細さは、他人がそのつもりで君に何かをしてくれた場合にだけ有効なものだ。確かに神経質で、うぬぼれが強いとは思うけれど、繊細だとは思わないな」

キングスレー・エイミス『ラッキー・ジム（福田陸太郎訳、三笠書房、一九五八年）』（バートランドに向けたディクソンの言葉）

僕に妹ができた。

デレクがふらりと僕の部屋の扉のところまでやって来た。僕はちょうど、マイケル・ジャクソンの「スムース・クリミナル」に合わせて激しく踊っているところだった。デレクが来たので僕はボリュームを下げた。ちょっとイラっとした。彼が吸うタバコの煙が部屋に入ってきていた。

「やあ、ロビー、お母さんが言っていただろ。君に弟か妹ができるかもしれないって。どうやら本当にそうなるみたいなんだ!」

僕は嬉しそうな顔をしようと努力した。「そう、それはよかった」僕はそう言って、ぎこちなく「おめでとう」とつけくわえた。

デレクは微笑みながらうなずいて、立ち去った。僕は窓を開けて、鏡に映る自分の姿を見た。それで自分が何を考えているのか探ってみようと思ったのだ。顔を見る限り、嬉しいという感情はどこにもないようだった。

そうか——これでもう末っ子じゃなくなるのか、と思った。末っ子ではなくなるということは、母にとっての優先順位もこれからは変わるんだろう。それは別に構わない。僕はもうティーンエイジャーだ。そんなことを気にする方がおかしい。なぜ気にする?

でも本当のところ、僕は少し気にしていた。母は嬉しそうだった。特に、生まれてくるのが女の子だとわかってからはさらに喜んでいるようだった。僕は妹が生まれるまでの間、努めて愛想よくしていた。最初のうち、母は伸縮性の高いジョギング・パンツを穿いていたが、それを完全なマタニティ・ウエアに替える日が来た。その時、母は僕のうまく隠しきれていない不穏な感情を読み取ったらしかった。「私はしばらく、みっともない感じになるけど、ごめんね」母は僕に言った。僕は「何言ってんのさ」というふうに手を振り、何度か笑いながらうなずいてはみたけれど、うまくはできなかった。母は僕を見て、僕の気持ちがわかったようだった。色々なことが変わり始めていた。母はやたらに僕を安心させようとしたし、僕もやたらに母を安心させようとした。一応は意味はあったと思う。でも、二人とも相手に言葉で何か言うことは結局、できなかった。

すべては、母の四〇歳の誕生パーティーが終わって帰宅してから起きたことらしい。母はそう言っていた。まったく、僕と同じような状況にいて、それでも落ち着いて現実を受け止めることができるティーンエイジャーの少年がどこかにいたら教えてほしいくらいだ。そんなやつがいたら、首相にした方がいい。僕は母が妊娠したと聞いて少し驚いていた。母とデレクは頻繁に喧嘩をしていたからだ。言い争いの種は、主に家のセントラル・ヒーティングをつけるか否かだった。僕が暖かいと思うくらいの時でも、母は常に寒い思いをしていたようだ。デレクは鈍感で、母がどう感じているかに無頓着だった。暖房費をそれほどかけられなかったというのもある。ともかく二人は暖房をめぐって頻繁に口論をしていた——それがもう何年も続いていた。

世の中にはもっと暮らし向きの悪い人がいくらでもいるのはわかっていた。それに、部屋の中にいつも氷が張るような寒さでもなかった。僕はそこでも十分にくつろぐことができたし、将来に備えて呑気にサインの練習などしたりもしていた。しかし、母にはうちよりいくらかましな暮らしをしている友人もいた。だから、どうしても比べてしまい、不満を抱きやすかったのだ。母は、それがイギリス社会のあり方のせいかもしれないと考えていた。特に日曜の午後には。

日曜の午後。そうだ、日曜の午後はひどいものだった。

日曜の午後が嫌いな人は多いだろう。僕だけじゃない、それはわかっている。でも、僕の場合はその度合いが驚くほど強かったのだ。病院が嫌いというのと同じくらいに日曜の午後が嫌いで、恐れてもいた。

実際、僕の日曜の午後にはよくない思い出が多かった。小さい頃には、毎週末をゴルフ・クラブで過ごしていた。おもちゃの剣やレゴで遊び、テレビで子供向け番組『ティズワズ』を見て、僕の好みに合わせてパンの耳を取って作ってもらったサンドイッチを食べていた。だが、日曜のティータイムには、「もうすぐ日常に戻るのだぞ」という警告を出されているような気分だった。日常生活といえば、思い出すのは、まず焼いた肉から出た肉汁が凝固した時のにおいだ。デレクはそのにおいが嫌いでいつも文句を言っていた。母は母で、よくジンを飲みながら自分の境遇について愚痴を言った。デレクは、毎週のように、とめどなく続く母の話を聞いていた。その間、ほとんど何も――「男らしく」――何も言わない。時には小声で捨て鉢な台詞を残して立ち去ろうとしたが、どの部屋に行こうとも、母の声は彼を追いかけていく。第一、家にはそれほど多くの部屋があるわけでもなかった。

「調理道具を二〇年も買い換えずに使い続けている人なんて他に見たことがない」母はよくそう言った。「両親から譲り受けたスリーピースのスーツを三〇年間、我慢して着続けている人も他に見たことがない。普通のうちなら、夫は毎日会社に出かけて行くし、日がな一日家にいて、テレビでカーレースを見ていたりしない。二月の半ばの寒い日に暖房をつけたくらいで文句を言う夫なんて、普通はいない。肉汁のにおいくらいで毎日毎日文句を言う夫もいない」母は延々、そんなことを言い続けた。それがたっぷり一時間は続くのだ。母の言うことも確かにもっともだとは思ったけれど、僕は面倒なので関わらないように逃げていた。

もっと嫌なのが、嵐の後の静けさだった。デレクはリビングに行き、テレビでカーレースを見る。母はそのままキッチンのテーブルに向かって座り続けている。頬杖をつき、自分の吸っているタバコの煙が黄ばんだ天井に上がっていくのを見ながら、エルキー・ブルックスが女の苦しさを歌うのを聴く。いやはや。

「口うるさい妻」というステレオタイプは昔からあるが、そのステレオタイプは、男にとってわかりやすく便利なものに違いなかった。そのステレオタイプによく当てはまるように見える妻は確かに多かったのだとは思う。ただ、問題は口うるさくなる原因がどこにあるのかということだ。多くの場合、「口うるさいなあ」と思っている夫本人が主たる原因になっている。「役立たずの夫」という、もう一つのステレオタイプに当てはまる男が原因だったりする。女性が自分の家庭の状況に不満を持ったとして、ただ愚痴を言い続けるしかないのは自分だって嫌なものだ。だから、あらかじめ「こんなこと言いたくないけど……」と留保をつけて、せめて自分を卑下しないで済むようにする。それをさせているのは男だ。だが、時代は変わったのだ。みんなジンの代りにピノ・グリージョの白ワインを飲むようになったし、「口うるさい妻」も過去の遺物になる時だ。

僕自身はだいたい二〇〇九年から一三年にかけて、役立たずでろくでなしの夫、そして父親になっていた。アビーの「泣き言ばかり言う嫌な女にはなりたくないんだけど……」とか「あんまり口うるさくなるのは嫌なんだけど……」という留保を聞き流しつつ、一時的には罪の意識を感じながら、僕は心の中でこう思っていた。「まったく不幸なことだ。彼女がこんな陳腐な台詞を言いながら、毎日、平日の昼の三時から酔っ払っている僕のようなろくでなし男に耐えているなんて」(*1)

母だって毎日、愚痴を言うわけではなかった。毎週の日曜日だけだ。僕は何となく、この小さな家の中に……何というか、ある種の不正義があるのを感じていた。でも、それをどうにかしようと動くことは一切なかった。僕が手出しをするようなことではないと思っていたからだ。たとえば、僕が洗濯機の使い方を教わったりして、家事を手伝えばよかったのだろうか。それで自分の服だけでも洗えばよかったのか。あとはどうすればいい？　マークとアンドリューの寝室に入っていって、二人の下着を取ってくるとか。ついでにデレクのや母の下着も取ってくればいいのだろうか。どこまでやるのがいいのか。たぶん、そういうことで問題が解決したわけでもないだろう。

母に手伝ってくれと言われたことは一度もなく、僕も何もしなかった。一応、お茶を淹れてもらった時などには、形ばかりだが感謝の気持ちを表したりはしていた。デレクが文句を言っていた肉汁のにおいに関しては、一切、何も言わないようにしていた。食事のあと、洗うまではしなくても、食器をシンクまで運ぶくらいのことはした。僕のそういうちょっとした行動を見て、デレクは「いい子ぶってる」などと言ってからかってきた。今だったら「意識が高いねえ」とか言うんだろう。

でも、そういうどうしようもない状況を救ったのが、妹の誕生という出来事だった。

突然、母とデレクには生きる目的ができ、活力が生まれた。それはどちらも二人が長らく失っていたものだった。小さな妹はかわいかった――僕はすぐに妹を愛するようになったし、その気持ちはずっと変わらない。僕はそれまで兄になったことがなかったし、いざなった時には、それにふさわしい人間に成長したいと思えるようになっていた。マークとアンドリューはどちらも一六歳で学校を出て、働き始めていた。マークはすでに

*1　もちろん、これがずっと続けば家庭が崩壊することは誰にでも簡単にわかるだろう。

少し前に家を出ていたし、アンドリューも間もなくその後を追うように家を出ることになっていた。だから、僕らは四人家族ということになる。僕、母、デレク、そして妹のアナベスだ。カードがシャッフルされたような気分だった。僕らはその四人でしばらくの間、幸せに暮らした。

ただ、僕のペニスはというと、まったく幸せな状況ではなかった。ウィルとデイジーの仲は羨ましいと思ったが、僕はすっかりテス・ランプリングに夢中で、それどころではなかった。彼女への思いが、僕にとって世界で最も重大なことになっていたのだ。少し前は彼女の妹のティファニーに魅力を感じていたのが、その気持は薄れてしまった。ティファニーが僕とつき合うことがあり得ないのは明らかだった。それがわかった時、同じ学校のアッパー・シックス・フォーム（上級第四学年）にいた彼女の姉に恋するのは僕にとってごく自然なことだった。同い年の綺麗な女の子に相手にされなかったティーンエイジャーの少年が、優しくしてくれそうな二歳上の同じく綺麗な女の子に惹かれるというのは、いかにもありそうな話だ。その頃の僕の世界は、まだごく狭いものでしかなかったのだ。

たぶん、ティファニーを通してテスに近づくのが最善の方法だっただろうと思う。ティファニーが僕に対して性的な興味をまったく抱いていないことは百年も前からはっきりしていたので、僕は彼女の前で緊張することがなくなり、おかげで僕らはとてもいい友人になっていた。ティファニーという子をどう表現すればわかってもらえるだろうか。彼女は何というか、ルイーズ・メンシュの青春時代という感じの女の子だった。ただ、当時はルイーズ・メンシュも同じように若かったわけなので、そのたとえはおかしいのかもしれない。最近のメンシュを一六歳にした感じ、と言えばいいだろうか。

　ティファニーは気まぐれで気難しかったけれど、一方でとても楽しい子だった。ゼルダ・リンシードとの「反乱同盟軍」はそのまま変わらず続いていた。中産階級の家庭に生まれたが、彼女はその家に不満を持っていた。彼女は幸せそうなリベラルの両親を軽蔑するようになり、彼女と僕は一度、政治的な意見の違いから大喧嘩をすることになった。「社会主義ですって!? えーと、ロブ、悪いけど言っていいかな。私、フランスからの留学生に知り合いがいて、みんな社会主義者なんだけど、あの人たち、メインの料理とデザートを同じお皿で食べるのよね。気持ち悪い！」ただ、とりあえず、ティファニーは僕のことを「面白いやつ」と思ってくれているようだった。それでよしとしようと思った。

　いずれにしろ彼女に恋をしてもどうしようもなかった。彼女はすでにゲイリーという年上の男とつき合っていたからだ。彼とはパブで出会ったらしい。ティファニーは彼の野暮ったいところが好きだったようだ。それがかえって信用できると思ったらしい。そして、彼は車を持っていた。僕はゲイリーをパーティーで見かけたことがあった。僕の目には、彼は頭の悪いろくでなしにしか見えなかった。彼の脳は、調子のいい時にやっとまぶたを少し動かして瞬きをするくらいの能力しかないように見えた。だいたいいつも瞬きもしないでまっすぐ一点を見つめていたからだ。だが、さすがに一八歳なだけあって女の子の扱いはうまく、それがティファニーにとっても魅力なのだろうとは思った。

　グラマースクール五年目のある日のランチタイムにティファニーは、最近ゲイリーとセックスをしたが、それが最低だったと、僕に打ち明けた。ティファニーはその時にプリンスの「ホエン・トゥ・アー・イン・ラヴ」をかけて、香を炊いたらしいのだけれど、ゲイリーはそれが気に入らなかった。またゲイリーは靴下も、靴もジーンズも脱がずにセックスをするのだという。それだけ何でも身に着けたままなのに、唯一絶対に身に着けてほしいものだけは身に着けなかったらしい。それはコンドームだ。

僕はずっとうなずきながら話を聴いていたけれど、ゲイリーに比べて自分はなんとウブなのだろうかと思っていた。本当は、僕にとってはチャンスだったのだろうと思う。そこでティファニーに気の利いた言葉の一つもかければ、随分、展開は違ったはずなのだ。ティファニーが困った問題に直面していることは事実だった。たとえば、裁判になれば、この状況は十分な同意がないままの性行為とみなされる可能性が高い。そうでなくても、彼女にとってひどい体験なのは明らかだろう。ただ、この場合、ヒーローになるべき男が僕だというのが困ったところだった。僕は彼女に危険を知らせ、彼女を助けるべきだとは思ったが、それをどうすればいいのかがわからなかった。二年前に彼女が僕のパンツの中に手を入れてくれていれば話は簡単だったのだ。そうすれば、こんな気分の悪い思いは一切しなくてよかった。

だが今、ティファニーは僕に、妊娠しているかもしれない、怖いと言っている。ベッドのゲイリーが最低なのは、彼がダンスをしているところを見ればわかる、と僕は思った。ハンカチで涙を拭いていたティファニーも、きっと彼が最低だと悟ったはずだ。そうだ、結局、ゲイリーはケチで卑劣な野郎だったということだ。

ティファニーが言っていたのは、母親に話さないわけにはいかないということだった。

「ホエン・トゥ・アー・イン・ラヴ」は、あのアルバムの中では好きな曲ではなかった。でも、僕とセックスをしようという女の子が、それをBGMにしたいというのなら、何も言わず、そのままにさせただろう。僕はきっと〝トゥ《二人》〟という歌詞のところで射精するのだろう。ゲイリーでも、ディーンでも、ジェイソンでもいいけれど、靴下や、あとから書いた猿みたいな眉毛はそのままにしたがるのに、コンドームだけはつけない輩はいったいどういうつもりなのだろうと思った。そいつらは全員、ろくでなしだ。これなら僕の方がずっといいじゃないか。僕のどこがいけないんだ。いったい何が悪いんだよ。赤とグレーのスキー・ジャケットだって、他のやつらと同じだし。プリーツの入ったジーンズもちゃんと短くて、白い靴下が見えるようになっているし。白いレザー・タイも、レモン色のVネックのジャンパーとよく合っているはず。これで十分だろう！

「ねえ、ロブ、私どうしたらいいと思う？」ティファニーは突然、そう僕に尋ねた。

「あんなやつ、捨てちゃえよ」

ティファニーはハンカチをしまい、僕に向かってまばたきをした。「もう捨てたのよ。言わなかったっけ」

「そうだね」僕は動揺しながらもどうにか自分を落ち着かせて言った。「でも、あいつは捨てられたってわかっているのかな。はっきりした方がいいよ。手紙を書くとか何とかしてさ」

ティファニーはため息をついて、横を向いた。僕は、この場をどうにかしなくては、と思ってさらに言った。「そりゃさ、手紙なんか書いてもあいつは読めないのかもしれないけど」

ティファニーはしばらく僕のことを見つめていた。笑い出しそうにも、僕を平手打ちにしそうにも、そのまま立ち去りそうにも見えた。一秒くらいの間だったが、本当にそのどれになってもおかしくない雰囲気だった。すべては彼女次第だ。こういう時は一気にアドレナリンが出るのを感じるものだけれど、この時もやはりそうだった。とにかく、ティファニーといると退屈するということがなかった。彼女は両手で自分の顔を覆った。肩が震えているのが見えた。やがて彼女は顔から手を離した。はじめは静かに笑っていたが、ついには声を出しての大笑いになった。なんだってんだ？　ひょっとして生理なのかもしれないな。いや、今の彼女は必死で生理が来てほしいと祈っているのだった。そういう話だったよな。

「まったくあなたの言うとおり、ロブ。そういうこと。あいつは大バカ野郎なのよ、本当に」

「本当にそうだろうね、君の言うとおり、大バカ野郎だよ」

しばらく笑っていたら、どうやら気持ちが落ち着いてきたらしかった。彼女はまた鼻をかみ始めた。僕はまた警戒態勢に入った。このあとはちょっとしたことでまたどう転ぶかわからない。

彼女は鼻をかむのに使ったハンカチを見つめていたが、何か決心したらしかった。彼女は早口で、小声でこう言った。「たぶん、妊娠はしていないと思う。お母さんに話してもたぶん、まともに聞いてくれないだろうし」そして突然、こんなことを言い出した。「ところで、あなたはどうなの、かわいいロブ氏は。あなたの恋愛はどうなったの。私のお姉ちゃんを狙っているって言ってなかった？」

僕は肩をすくめた。何なんだよ、いったい。たまらないな。

「お姉ちゃんはエリックとつき合ってるのよ。知ってた？」

エリックだって？　どこのどいつだ、エリックって？　「ああ、知ってるよ」僕はそう言った。

「お姉ちゃん、彼のフラットまで行って、気が向いた時は適当にセックスしてるんですって」

僕はうなずいて「ああ」と小声で言った。フラットを持ってる男か。すごいな、こりゃゲームオーバーだ。

「でも、お姉ちゃんはあなたのこととても好きだって。よかったね、かわいいロブ氏――あのレビューも好きだって。全校生徒集会の時の劇も。あなたって芸術的な才能があるし、どこか謎めいているから、そこがいいって言ってる」

　同じ学年とはいえ、厳密には六ヶ月下の子から「かわいい」と言われてしまったが、それは特に気にならなかった。「謎めいている」というのもどういう意味かわからないけれど、どういう意味でも別にいいと思った。大事なのは、テスがあのレビューを見てくれたこと、しかも気に入ってくれたということだ！　僕にとってそれはたぶん、当時のリック・アストリーになれるよりすごいことだった。嬉しかった。

「まあ、とにかくあんまり気にするなよ」僕はぎこちなく彼女の肩に手を置いてそう言った。「君が大丈夫ならそれでいいよ」

　彼女は自分の肩に置かれた僕の手を見て、それから僕の顔を見てまた笑い出した。「あらあらロブ、あなたって本当にばかね」


　エリック。僕は彼が「エンジェル」にいるのを見た。ピート・ガーヴィーと僕はジュークボックスのそばにいて、そこから、店のちょうど反対側にいたエリックがよく見えた。実を言えば、その前にも僕は何度か彼を見かけたことがあった――ただ名前がエリックだということは知らなかったし、テス・ランプリングに近づける男だということも知らなかった。いったい、あいつはここで何をしているんだ。ここは、僕らみたいな子供が酒を飲むパブだ。もう何世代にもわたって、暗黙のうちにそういうことになっていた。彼みたいな年寄りには、そのための店がある。「オールド・ニックス」みたいな店に行って、他の年寄りたちと飲めばいい。

僕はその時、一六歳で、エリックという名前を聞くだけで胸が痛んだ。まったくひどい話だった。

エリックは二三歳くらいで背が高く、がりがりに痩せていた。見るところスネークバイト&ブラックは飲んでいないようだった——当たり前だ。自分のフラットを持っているような男がそんなものを飲むわけがない。飲んでいるのは当然、ギネスだった。ギネスをちびちびと飲んで、フェレットを思わせるようなひげに泡をつけていた。どうやら彼には自分なりのスタイルというのがあるらしかった。それは、わかっていてあえて不潔にする、というスタイルのようだ。ひげに泡がつこうがどうしようが洗ったりはしない。それがイケてると思っていたらしい。彼はプール〔日本で一般的に「ビリヤード」と認識される方式は、本場英国では「プール」と呼ばれる〕をプレーしていた。ただそのやり方はスヌーカーのようだった。テーブルの周りをゆっくりと歩き回り、玉を次々に突いていくのだけれど、決して冒険はしない。キューの先にやたらとチョークを塗る。彼の話していることは僕にも聞こえた。彼はニール・キノックが労働組合を裏切ったと考えているようだった。そばにいた人と議論になっていたが、何度もinfer《推察する》という言葉を使っている。その言葉をimply《暗示する》と同じような意味で使っているらしい。しかも、同じことを言うのでもinferの方が上品だと思っているらしかった。自分と意見の合わない相手に、彼は持っていたキューの先を向けた。そして甲高い声で「他人の立場になってものを考えられないとだめなんだ、わかるか。他人の立場に自分の身を置いてみるんだよ」などと言った。彼はトロツキーのような小さい眼鏡をかけていた。パブの閉店時間になると、エリックは店の主人の機嫌をとるような態度を取った。反対に、女性の店員には性差別的な冗談を言うなど、常に横柄な態度だった。彼はベルリンの壁が崩壊したのが気に入らないらしかった。いつも短パンにサンダルという姿で、そのせいか足の爪はひどい状態になっていた。僕はできるだけそれを見ないようにしていた。見ていると、彼という人間は全般的に、おかしな行動とバカげた発言の連続で成り立っているようだった。

一言で言うと、彼はクソ野郎だった。そのことがこれくらい簡単にわかる男もなかなかいないと思った。

「調子はどうだい、エリック」ブランデーの入ったグラスを持ってバーから戻って来たウィルが声をかけた。

そりゃ、最高だろうさ。

エリックは、どうやら特別に難しいショットに挑戦しようと考えているらしかった。普通はどれかの玉を穴に落とせばいいわけだが、玉の配置から考えると、一筋縄ではいかないショットだ。「好調だよ、ウィル」エリックは上の空の顔でそう答えた。

ウィルは当然のようにエリックのことを知っていて、親しげにしていた。それは好都合だ。ウィルは僕らのところまでやって来て、ジューク・ボックスで僕らがどの曲を選んだのかを調べ始めた。「マイケル・ジャクソンかよ！　誰だ、これ選んだの」

「いいじゃないか。『オフ・ザ・ウォール』の曲だし」そして僕はすぐにこう尋ねた。「ところで、彼のこと知ってるのか？」

「よくないよ！『ロック・ウィズ・ユー』なんてかけてみろ、お前らとは縁を切って、オールド・ニックスに行くよ」

「かけないよ。で、彼のこと知ってるの？」

「誰を知ってるって?」

「だから、あのクソ……エリックだよ」

ウィルはプール・テーブルの方をちらりと見て言った。「ああ、もちろん知ってるよ。いいやつだよ。それがどうかしたか」

ピート・ガーヴィーが一人でにやにや笑っている。「ロブはさあ、最愛のテス様がエリックとつき合っているから心中穏やかじゃないんだよな」

「黙れ、ピート。クリスプでも食ってろよ」僕は言った。ピートはウォーカーズのチーズ&オニオン・クリスプを口いっぱいに頬張り、楽しそうに僕の方を見た。

ウィルはジューク・ボックスに五〇ペンス玉を入れて言った。「ロブ、いつかは現実というものに正面から向き合わなきゃいけないぞ。お前がテス・ランプリングとセックスするなんて、それは俺が、そうだな……あのトレバー・マクドナルドとセックスするくらいあり得ないことなんだぞ」

「君がトレバー・マクドナルドを好きだなんて、知らなかったな」

「違うよ、あり得ないって言ってるんだ」

僕はピートの方を向いて言った。「ウィルがトレバー・マクドナルド好きって知ってた?」

ピートはうなずいた。

「だから、あり得ないって話をしてるんだよ」ウィルはもう一度言った。ブランデーを飲み、目はジュークボックスの方に向けたままだった。何気なく自分の髪に手をやっている。それを見ていたら僕は、今すぐ彼に飛びかかってこう言ってやりたくなった。「何がトレバー・マクドナルドだ、まずデイジーが先だろ」
「ところで、デイジーとはもうやったのか?」ピートはまたクリスプを頬張りながらそう尋ねた。
「お前、ちょっと遠慮がなさすぎるぞ。頼むよ」ウィルはそう答えると、ブランデーのグラスを置いて、黒のリーバイス501のポケットからラッキー・ストライクのソフトケースを取り出した。「もちろんやったさ。彼女、かわいいんだよ」

このニュースを動揺せずに受け止めようと努力していたところへ、テス・ランプリングが入って来た。彼女は友達のスーザンと一緒だった。スーザンはバーカウンターに行き、テスは店を横切るようにゆっくりと歩いて行く。テスはカーキグリーンのポンチョに、大きめのジーンズ、重そうなブーツという格好だ。八月のことである。おかしな格好に見えても仕方ないだろう。ところが、彼女だとそうは見えないのだ。結局、彼女が何を着ていても人はあまり見ていない。彼女の顔ばかり見てしまうからだ。

テスはほとんど表情を変えることがない。なぜかはわからないが、彼女は何を見ても、何があっても驚くことがないように見える。彼女はとにかくいつもどこか楽しそうで、また少し皮肉混じりだった。彼女はなにごとも真剣には受け止められない人のように見えた。それは、この世界がいかに悲しいのかを彼女だけは知っているからだと思った。天安門事件のニュースを見て、彼女は泣いたとティファニーが言っていた——彼女がニュースに本気で関心を示したということ自体に、僕はとても驚いた。テスは鋭く茶色い目をしていた。髪も茶色でちょうど耳を覆うくらいまで伸びていた。綺麗な髪だけど、髪型はあまり気にしていないらしかった。彼女は、僕にとっては、もう圧倒的に、宇宙がこれまでに作り出した最高に美しい女性だった。

テスはエリックのところまで行くと、彼の陰毛のように伸びたあごひげにキスをした。そして、女性にしては低い、少し気取った声でこう言うのが聞こえた。「スーザンが飲み物を買ってるから、私も行ってくるね。ギネスもう一杯飲む？」エリックは、プールに気を取られてよく聴いていない。どうすれば一発で失敗しないで玉をポケットに落とせるかを考えているようだ。「ああ、行ってきなよ」エリックはそう言った。

何だこいつ。「行ってきなよ」って、それだけか。てっきりポケットからいくらか金を出すのかと思って見ていたけど、まったくそんなことはなかった。フラットも持っているというし、何の仕事か知らないけど、バンに乗ってフルタイムで働いてるくせに。それなのに彼女に酒をおごらせるのか。

僕はそれから八秒間ほど葛藤していた。僕の頭にはその時、生まれてはじめての闘いが勃発していたのだ。その後、同じ闘いが長年にわたって何度も繰り返されることになる。それは、フェミニズムと昔ながらの家父長制との間の闘いだった。ただし、フェミニズムは常に不利だった。何しろ、審判が勃起したペニスだったからだ。

闘いはたとえばこんなふうに繰り広げられる。テスがエリックに飲み物をおごる権利があるのは間違いない。別に女の子が酒をおごったって何も問題はないのだ。ここでエリックを批判するのは、騎士道精神みたいで古くさく、保守的、反動的な態度ということになるだろう。テスだって夏休みにはアルバイトをしていて、自分の金を持っている。当然、自分で稼いだ金をどう使おうが彼女の自由だし、彼女は自分が選んだ相手なら誰とつき合っても構わない。恋人にギネスをおごりたいと思う彼女は魅力的だ。いや、ここで魅力的なんて言うのはおかしい。これはまったく普通のことだからだ。

でも、やっぱりエリックはクソ野郎には違いなかった。僕は彼が嫌いだった。テスと寝ているというだけで、巡航ミサイルにくくりつけて太陽に撃ち込むべき野郎ということになる。以上、他に言うことはない。

僕は家でプリンスの「スロー・ラヴ」を聴いて、テスのことを考えた。そして、10ｃｃの「アイム・ノット・イン・ラヴ」を聴いて、ウィルのことを考えた。どちらのことを思ってオナニーをするのがより絶望的なのか、と僕は考えていた。これは判断がとても難しい。とりあえず、ものごとの明るい面を見ようと思った――まず、テスに対して抱いている感情からして、少なくとも僕がゲイでないのは明らかだった。もちろん、ゲイだからといってそれが悪いことでないのは、理性では知っていた。でも、もしゲイだったとしたらこの世界で生きるのが大変だろうとは思っていた。女にだけ執着するストレートの人間であれば無視できるばかげたこと、無意味なことがこの世界には満ち溢れている。ゲイの男は、そのすべてに日々耐えて生きなくてはいけないのだ。そして、正直に言えば、僕はウィルに対してもある種の劣情を抱いていた。それは危険で刺激的なものであると同時に、恥ずべきもの、間違ったものという気がどうしてもした。幼い頃から叩き込まれた「同性愛は嫌悪すべし」という鉄の掟はまだ生きていたのだ。いわば僕は、「隠れ同性愛者」ならぬ、「隠れ同性愛嫌悪者《ホモフォビア》」になっていた。同性愛嫌悪をはっきり口に出したりはしないが、その感情を密かに抱えている。それは正しくないと知りつつも、同性愛は嫌だと思うことを止められずにいた。

救いといえば、ウィルとテスがつき合うことは絶対にないだろうと思えることくらいだった。

ティーンエイジャーの少年は自分の孤独に恋をする。それ以上の恋なんて、実はどこにもないのではないだろうか。

恥ずかしながら、これは僕が日記に書いていたことだ。一七歳の誕生日からつけるようになった日記には、よくこういうことを書いていた。日記の書き手は、この問いかけが自分で気に入っている。ただ、「孤独」という表現がロマンチックすぎることに、書き手は気づいていない。その頃、僕が実際に抱えていたのは「孤独」なんて格好いいものではない。嫉妬と、不安、そして何よりも強いのは（また何よりも最低だったのは）、巨大な、頭をかき回すような、常に性器を膨張させる性欲だった。

シックス・フォームに進む頃には、童貞であることがとてつもない重荷になっていた。鉛のパンツ、鉄の靴、コンクリートの王冠を身に着けて歩いているような気分だった。それは一種の去勢だ。ティーンエイジャーの少年の多くがそういう状態に置かれる。その状態を抜け出せば、いよいよ少年ではなくなるわけだ。少年でなくなると一人前の男ということになるが、だからどうということもない。「男は七秒に一度、セックスのことを考える」と言われるが、まさにそういう「ミーム」に絶えずつきまとわれるだけだ。別にそれは「ミーム」という言葉で表す必要もない、くだらない迷信かもしれない。ただ、それに似たようなものがあるのは確かだと思う。

しかし、本当だろうか。「七秒に一度」だなんて。僕自身はどうなのか。まあ、確かに頻繁に考えはするけれど……七秒に一度というほどではないと思うので、その意味ではまだ童貞の少年のままなのかもしれない。僕が靴紐を結ぶのにかかる時間がだいたい七秒だ。靴紐を結ぶ間に毎回セックスのことを考えるだろうか。

それはないような気がする。ただ、そうでもおかしくはないという考えがあるのは事実らしい。(*2)

日記を書いている間にも、確かに頻繁にセックスのことを考えてはいた。改めて念を押しておくが、日記に書いていた詩をここに載せたりはしない。ひどいできだし、何より面白くない。ただ、日記自体はいくら内容がひどくて面白くなくても役に立つのは確かだ。間違いなく、史料価値はあるからだ。一九八九年の一〇月（シックス・フォームが始まったばかりの頃だ）に書いていたことをここに引用してみよう。

ウィルに電話した。映画に行くことになった。見たのは『ヤング・アインシュタイン』だったけど、まあクソみたいな映画だった。だいたい監督の名前が「ヤッホー・シリアス」って。自分で「シリアス《真剣です》」と名乗るのってどうなんだろう。自意識が強すぎて、特に女の人には嫌がられるのではないだろうか。僕がコメディにうるさくなっているのは間違いないが、あの映画はそれとは関係なく、客観的に見てひどいんじゃないだろうか。まあとにかく、そのあと、彼と僕とクライヴは映画館を出て歩いてうちに帰ったが、その途中でウィルは僕を打ちのめした。金曜の夜にデイジーとセックスした時のことを話し始めたからだ。

*2 この「七秒の神話」には謎が多い。まず、どこの誰が言い出したのかがわからない。よく言われているのは、一九四八年に発表された「キンゼイ報告：人間男性の性行動」という報告書が発端ではないかということだ。しかし、アルフレッド・キンゼイ自身も、報告書の共著者たちも一切、そういうことを言ってはいない。

『銀河伝説クルール』のビデオを見ていた時にやったらしい。もちろん、予測はしていたけど、話を聞いてたら、やっぱりひどく傷ついた。そうやって彼は、自分がうまくやっていることを強調しているのだ。それとの対比で僕がまったくうまくいっていないことが強調されてしまう。

本当にそのとおりだなと、読んでいて思う。その後は五ページにわたって、アルバイト先のスーパーマーケット、ゲートウェイで会ったジルという女の子への思いが延々綴られている――ジルに彼氏がいることがわかったのだ。パーティーに誘って、行くという返事をもらって喜んでいたら、会場を二人で抜け出すことに失敗し、さらに「友達でいましょう」と言われてしまった、ということが書かれている。

彼女と二人で歩いてクレイグの家まで戻り、彼女の母親が迎えに来るのを待っていた。おやすみのキスなど、当然期待できない。そんなのは最初からわかっていたことだ。今後どうなるか、僕にはよくわからない。ジルもひょっとすると僕のことを少し好きなのかもしれないとは思う。はっきりとは言えない。次のチャンスは一月六日の、ゲートウェイのスタッフ・パーティーだ。

ゲートウェイのスタッフ・パーティーを待っている間には、学校内のバンド、コミュニオン（デイジーがリード・ヴォーカルのバンドだ）とアンダーパンツ（ティファニーの新しい彼氏、パディがベースを担当するバンドだ。パディは、ザ・キュアーの「フォレスト」のベースラインも弾けた）が出演するクリスマス・コンサートもあった。そのコンサートの場には、イザベルとマリーナもいた。イザベルはかわいい子で、僕と同じ学年だった。マリーナもかわいくて、僕より一学年下だった。僕はどちらかと言うと、イザベルよりもマリーナの方が好きだったが、二人ともジルには及ばなかった。ただ、ジルはそこにはいない。

　イザベルは僕に「ハロー」と言ってくれて、僕らは本当に仲良くなったと思う。なぜかといえば、たとえば、僕は彼女をすごく笑わせることができた。彼女は笑いすぎて少し引きつけを起こしていたくらいだ。それに、バカルディを一、二杯飲んだら、僕らは二人だけでちょっと会場を抜け出した。そのあとも一晩中、一緒にいたと言ってもいい。手をつないだりもした。だけど、彼女のことを好きかと言えば、そうではない気がする。確かにとても好感は持っているけど、好きというのとは違うかもしれない。それにマリーナが、あのラッセル・マカレンと一緒に抜け出して行くのを見た時には倒れそうになった！　信じられない。ものすごくショックだ。あんな素敵な子が、ラッセルみたいな社交能力ゼロの男と。第一、奴はウオッカを二杯飲んで完全に酔っ払っていたんだ。まったく本当に、し・ん・じ・ら・れ・な・い！　そのあと僕はあまりにも落ち込んでしまい、イザベルがいることをすっかり忘れてしまった。

繊細な若い男が何やらマッチョなことを言っている。「ラッセルは酒に弱すぎる」と言いたいらしい（エリックがプール・テーブルのそばで酔わないよう気をつけながら飲んでいたことも見下していたし）。その上、何も悪くないイザベルに八つ当たりだ。こんな男がマリーナと一緒にうまく抜け出すなんて、できるわけがない。そう思うと我ながら気の毒になってしまう。このあと、日記では延々一〇ページにわたって、マリーナ——この時まだ一五歳になったばかりだった——は、結局僕のことが好きだとわかった、という話が続く。それを、彼女の姉から「直接」聞いたのだということを強調している。日記の文章はたとえばこんな感じだ。
「マリーナはあとで泣いていたらしい。クロエが僕にそう言った。彼女は僕のことを怒らせたと思い込んだらしかった。マリーナはラッセルなんかと一緒にいたくはなかったけれど、礼儀正しい彼女にはとても『ノー』とは言えなかったのだ」。ただ、僕のことが好きだというマリーナのことを、彼女の母親は心配していたという。まったくもっともな話だ。一九九〇年二月一九日の日記を見ると、この日、人に厳しくなったかつての小公子は、どうもそれに関してとても怒っていたらしい。

彼女の母親が問題なんじゃないかとずっと思っていたけど、彼女自身があんなバカ女だとは思ってもみなかった。九〇年の一月七日から毎週末、僕はマリーナをデートに誘っていた。そのたびに、彼女の返事は「ママにきいてみるね」だった。そしてママの返事はいつも「絶対にだめ」だったのだ。僕はクロエからはっきりと聞いたのだ。マリーナは僕のことが好きだって。それは疑いようのない事実だ。ミセス・ケイがマリーナに「だめ」と言うからには、そこには彼女なりのきちんとした考えがあるはずだ、と思う人も多いかもしれないけど、そんなものはないらしい。ただのバカだよ。ほんと。「彼はあなたには年上すぎる」とか「一六歳になるまでは真剣に男の子とつき合っちゃだめ」とか言っていたこともわかった。彼女の言う「真剣に」がどういう意味かは誰でもわかる。マリーナが本当に僕のことが好きなら、母親が何を言っても反発するはずだ、だから、そんなの断る口実だ、と思うかもしれない。でも、口実だとはとても思えない。どっちにしても全然だめだ。何度挑戦してもだめ。これからもずっとだめなんだろう。

ミセス・ケイとしては、娘が法を破るようなことをしてほしくないと思って必死だったのかもしれない。ここで一つ言っておきたいのは、マリーナの姉のクロエのことだ。クロエはかなり奔放に何人もの男とセックスをしていた。僕はそのことでクロエを非難するようなことも書いている。姉はセックスのしすぎで僕に非難され、妹はセックスしなさすぎて非難されている。そして母親は、娘を心配するというごく普通のことをして僕に非難されているわけだ。一方、勝手な僕は「全然だめだ。何度挑戦してもだめ。これからもずっとだめなんだろう」なんて、もうこの世の終わりみたいなことを書いていたが、そのあともなかなかあきらめようとしなかった。何度「ノー」と言われても、「イエス」という魔法の言葉を待ち続けたのだ。

木曜日はとても落ち込んだと自分で思っていたけれど、昨日の出来事での落ち込みに比べたら、そんなのは何でもなかった。「エンジェル」で一時間ほど過ごしたあと、僕らはタウン・ホールに行った。マリーナがそこにいるのはわかっていた。そして、ラッセルはナンシー・タナーに夢中のようだった。なぜなのかは神のみぞ知るだ。マリーナは確かにそこにいた。何人か友達がいて楽しそうにしていた。そして明らかに僕を無視していた。その後、彼女はとうとう切り札《マスター・カード》を出した。それは、彼女が口にできる中で、最悪の、本当に最悪の言葉だったんじゃないかと思う。絶対にそうだ。一〇分ほどしてから、マリーナといつも一緒にいる友だちの小さなサリーが僕のところまで来てこう言った。「マリーナが、あなたとは友達でいたいって言ってるよ」その言葉は、槍のように僕を刺し貫いた。たとえ何を言われても、何をされても、「友達でいましょう」と言われるよりはましだ。それは「あなたにはまったく興味がない」というのを言い換えた、体のいい、だけど酷い言葉だ。だが、現実を直視するしかない。彼女はずっと僕のことをそう見ていたということだ。もうあきらめるべきだ。それは、はっきりしている。

そう、はっきりしている。なのに、槍で刺し貫かれているのに、こいつはまだ何か道はないか探っていたのだ。それでよりによって最悪の行動を取ろうとした。

僕は自然な反応として、彼女に手紙を書こうとした。彼女を非難する言葉を並べたひどい手紙を書こうと思った。彼女は僕を傷つけたのだから、その事実をよく知るべきだと思った。でも、ルイーズに同じことをしてすごく後悔したことを僕は覚えていた。それはやはり悪意ある、しかもいかにも子供っぽい行動だと言わざるを得ない。

いや、そもそも手紙なんて書くなよ。ルイーズは一学年上で、僕に胸を触らせてくれたりもしたのに、「友達でいましょう」と言ったのだ。僕は、彼女がどれだけ僕を辛い目に遭わせたかを手紙に書いた。彼女は二度と僕と口をきいてくれなかった。だから、こういう時に手紙を書くべきではないのだ。

でも、やはり手紙を書きたい。書いてもいい気がする。

だめだって！　絶対にそんなことをしてはだめだ。しかも、お次にはこんなことを書いている。

もちろん、ひょっとしたら来年にでも僕らがつき合う可能性がわずかにあったとしても、手紙など書いたらそれがゼロになってしまうのはわかっている。すでに目の前でたくさんのドアが閉じられた。自分で閉じたことは一度もない。僕は彼女のために長い時間を費やした。彼女は何も応えてはくれなかったし、傲慢な態度ですべてを終わらせた。彼女には何も見えていないのだ。僕の気持ちなど、明らかにまったく理解していない。そういうふうに考えると、憎しみに似たものが自分の中に生まれ、爆発しそうになる。

まったく、二一世紀の僕は昔の僕に言ってやりたい。彼女は君のことなんてそんなに気にしていないんだと。君はもう頭がおかしくなっているから、その状態で手紙なんか書いちゃだめだ、と言いたい。

九〇年四月三日。手紙を出した。別にそれほど悪いことだとは思わなかった。少し遅れたが、彼女からは返事があった。お姉さんのクロエの話では、マリーナは土曜日に手紙を読んで、その日の午前中はずっと泣いていたらしい。それを聞いてショックを受けた——そういうつもりではなかったからだ。

バカだな、こいつは。

彼女からの返事には、静かな威厳があって、それが印象的だった。

何、この偉そうな書き方。本当にバカだ。

僕が悪いのだろうか。これはただの僕の身勝手なのだろうか。

うーん、いいところに気づいたね。よく考えてみよう。

どうしても自分ではそれを認める気にはなれない。あの手紙が悪意あるものだというのはわかっていた。でも、僕は傷ついたのだ。だから、誰かを攻撃したい気持ちがあった。

あまりのバカさ加減に愛想が尽きそうになる。いや、この時、実は別の心配事が発生していたことを知らなければ、とっくに愛想が尽きている。

三月のはじめ、まったく罪のないマリーナが「友達でいましょう」と言う日の二週間ほど前に、僕はこんなことを書いている。

母さんのことがとても心配だ。恥ずかしいことに、この日記でこれまで自分以外の誰かのことを気にして何かを書いたことは一度もないと気づいた。母さんは先週の金曜日から入院している。肺感染症らしい。実は肺に、がん化した細胞もあると言われた。化学療法を受けなくてはいけない。なんてことだ。心配だ——僕は母さんを本当に愛してる。これからはわがままな性格を直さなくちゃと思う。母さんにいい報告がたくさんできるように。母さんのいない人生なんて考えられない。本当に全然、考えられない。

そして、マリーナからの返事について書いたのと同じ日に、僕はこんなふうに書いていた。

三月二一日水曜日、だから先々週のことだが、母さんが回復することはもう決して、絶対にないのだとはっきりわかった。あと四ヶ月くらいらしい。そのことは誰とも話したくない。ここにも書きたくない。

三月のはじめに母ががんだとわかり、その三週間後、がんを克服して生き延びることは不可能だと知った。マリーナに手紙を書いたのはそのあとのことだ。「僕は傷ついていた。だから、誰かを攻撃したい気持ちがあったのだ」という最低な言い訳しかできないが、つまり、僕の恐れと悲しみが怒りに変わった時に、マリーナは不幸にも、ちょうどそれをぶつける的になってしまったということだ。

三月二一日の日記を書いている時、僕はすでに自分が人生で一番愛した人がもうすぐいなくなると知っていた。「もう決して、絶対にない」という書き方はおかしいけれど、一七歳の少年にその状況を受け止めてきちんとした文章に書けといっても無理な話だ。僕は、この時の自分を責める気持ちにはなれない。とても少年がまともに対処して文章にできるような状況ではないからだ。

その日、学校から家に戻った僕は、突然の胸騒ぎを覚えた。家の前に父のバンがきちんと駐車してあったからだ。

第8章

「男は泣いたりしないんだ」

「私たちは、私たち誰もは皆、暗くても明るくても、すべての思考を比喩に巻き込んでしまう。そして、その強さのせいで死に至るような振る舞いに及んでしまうこともある」

ジョージ・エリオット『ミドルマーチ』

母は家にいて、ベッドで眠っていた。病状がとても悪いことは見ればすぐにわかった。でも、正確にどのくらい悪いのかは誰も言わなかったし、僕も尋ねようとはしなかった。僕はキッチンまで歩いて行き、持っていたかばんをそっと置いた。

「おお、お前か！　まあ、こっちへ来て何か言え！」

父はキッチンのテーブルのそばにいた。デレクも一緒だった。それは珍しい光景だったが、もちろん喜ばしいものではない。僕は二人とともに、テーブルに向かって座った。父の目は充血していた。父には何か思うところがあるようだった。何か、言わなくてはいけないことがあるのだ。そして父は、自分こそがそれを言うべき人間なのだと判断したらしい。なぜなら、ここにいる他の人間は皆、現実を直視するという、基本的な能力に欠けているからだ。本当のところ、怒りも覚えていたのだろう。父は話し始めた。そして世界が終わった。

「母さんは、残念だが、もう長くはない」

「長くはない（terminal）」という言葉からは、同時に色々な意味を受け取ることができた。父はリンカンシャーのアクセントで話し、その口調から相当、酔っているのだということもわかった。〝terminal〟の〝er〟の音は、横隔膜の奥の奥から出てくるようだった。僕は向かい側に座っているデレクの方を見た。デレクは、テーブルに肘をつき、手で口を覆っていた。そして、わかった、と言うように少しうなずいた。父は部屋の中を歩き回りながら、話を続けた。僕にはそれが信じ難いことのように思えた。

「本当に辛いことだがな。でもな、そういうものなんだ。それが人生なんだ。お前の気持ち次第だが、もしお前がうちに来て、俺と住みたいと思うのなら……」父はキッチンを見回した。「つまり、その、なんだ、デレク、あんたは誰か掃除する人を雇った方がいいな。だって、大変じゃないか？　家の中をいつも綺麗にしておくっていうのは簡単なことじゃない」デレクはうなずいた。父は調子づいた。「それでな、うちの掃除をしてくれているジョシーなら、週に一回ここに来て、二、三時間もあれば綺麗にしてくれるよ。彼女もきっと忙しいとは思うが、週に二、三時間、それだけだ」

デレクは言った。「ああ、それなら簡単ですね。ジョシーはウッドホールじゃないんですか」

「彼女はウッドホールだよ。でも、木曜日には何軒かコニングスビーの家を掃除するらしい」

「料金はいくらくらいなんですか」

「俺は五ポンド払ってるな。ただ、ここまで来るとなるとガソリン代を少し払ってくれと言うかもしれない」

デレクは、五ポンドに加えてガソリン代も払うというのに驚いて、値下げの話をしようとしたが、僕が泣いているのに気づいてやめた。

「わかるよ」父は言った。「本当に辛いことだ」

母がこの世から消えてなくなろうとしているというのに、僕はただキッチンにいるだけで何もできず、ただ、こんな時に掃除婦を雇う話をする愚かな男どもと過ごさなくてはいけない。それが情けなかった。

父は僕を外へ連れ出し、ぎこちなくハグをした。僕の涙が、父の抱えてきた怒りを少し洗い流したらしかった。そして父自身、今にも泣きそうになっていた。

そのすぐあと、父は帰って行った。自分の義務を果たしたと思ったのだろう。辛い現実にどう向き合えばいいのか、その方法を僕に教えるのが自分の義務だと父は思ったのだ。父は自分のバンに乗ると、すぐにパブへと向かって行った。よく見ると真新しいバンだった。車の側面には、父の会社の屋号〝Paul Webb, Ltd.〟がペイントされていた。その日はそれが宣伝とは思えず、何か異様なほど強い自己主張のように見えた。

「フレッドって、前からずっとそうだけど、本当に困った人よね」母は言った。僕はその日、父が帰ったあと、母の寝ているベッドのそばにいた。母は苦労して身体を起こし、いくつか重ねた枕の上に座って言った。「ごめんね。あんなふうに私の病気のことを知らせるべきじゃなかったってことはわかってる。本当は自分であなたに言うべきだったのよ」

僕は枕を添えて母が座るのを手伝おうとしたが、結局、ただ無駄に右往左往しただけに終わった。母の邪魔になるのが怖かったというのもある。母はポータブルのテレビで、音を小さくしてドラマの『ダラス』を見ていた。ボビー・ユーイングが何人かの石油王たちと話し合いをしている場面だった。

「僕のことなら心配しないで」僕はそう言った。母の肌はくすんだ黄色になっていた。そして、息をするたびに、遠くでうがいをするような音が聞こえた。その音は、その週にはかなり近くに聞こえるようになっていた。それまで見まいとしていた兆候の数々が、急に、悲しくなるほど雄弁に僕に語りかけ始めた。母の死が近いことはもう明らかだった。

母は言った。「さて、何か私に聞いておきたいことはある？　それから、私に言っておきたいことはあるかな？」僕は自分を一〇〇〇人動員してでも、何か母が興味を持つような話を見つけたいと思った。必死に頭を働かせたが、まともな質問は思い浮かばないし、母に言いたいことといえば、「愛してる」以外には何もなかった。だけど、「愛してる」なんて口に出すと、すっかり取り乱してしまいそうで嫌だった。僕は母の息子なのだから、強い男でありたいと思った。それで一七歳の少年だった僕は、当時の最大の悩みを話すことにした。

「あのね……大したことじゃないんだけど」

「何？」

「あのね、なんだか皆は僕がいつもセックスばかりしているようなことを言うし、僕もなんだかそんなふうに見せていたけど、本当は僕は童貞なんだ」

母は笑おうとしたが、それで僕をばかにしているように見えたら嫌だと思ったらしかった。それに、今の母には笑うことにも大変な労力が必要だったし、もちろん話すことも容易ではなかった。母は言った。「驚いたとも言わないし、驚いてないとも言わないよ。それに、そういうのはそのうちなんとかなるものだよ」

「友達は皆、彼女がいるんだ」

「それも大丈夫。あなたは何だって人には負けない子だよ」

母の言葉は励みになった。だから、約束をしようと思った。「必ずＡを三つ取って、必ずケンブリッジに入るよ、母さん」

僕がそう言い出すことを母はわかっていたようだった。「ロブ、どこへ行くことになっても、あなたはきっと幸せになるよ。あなたは今も、ずっと前から私の誇りだよ。だから何も心配しないで」

僕らは一緒に『ダラス』を見た。ＪＲ（ジョン・ロス・ユーイング）がクリフ・バーンズのオフィスに立ち寄る場面になった。ここからまた面白い展開がありそうだ。僕も母もこのドラマが好きで、同じようなシーンをもう一〇回は見ていた。ただ、その夜は、見ていても何も感じられなかった。いつもながら面白いはずの場面が何も面白くない。ボビーがＪＲをプールに投げ込んでも、いつものお決まりで、ボビーが石油王の股間を殴っても。家にまだ誰も白髪の人間がいない頃、兄たちがまだ学校へ行っていた頃、母が毎晩、僕に本を読んでくれて、僕を寝かしつけてくれた頃はあんなに面白かったドラマが、もう何も面白いと思えない。

――おやすみなさい。神様がお守りくださいますように。また明日。

――うん、また明日。

母は言った。「フレッドは『うちに引っ越してくるか』なんて言ったと思うけど、あなたがいいと思うようにしてね。でも、私は、ここがあなたの家だと思ってる」

僕はそれを聞いてうなずいた。母が僕に何かしてほしいことはないかと考えていた。「これからはアナベスと過ごす時間をもっと増やすようにするよ」僕はそう言った。

「いや、いいのよ。あの子には自分のお父さんがいるんだから。私のことはもう忘れてしまうだろうけど、でも、あの子にはお父さんがいる。あなたは自分のことをしなさい。気が進まなければフレッドと暮らさなくたっていい。ああいう困った人だしね」

それからしばらく黙って、突然、母はこうつけくわえた。「あなたが生まれたのは、マーティンが亡くなったすぐあとだった。私たちがこれだけ仲がいいのは、そのせいもあるかもしれない」

僕は、何年か前から母のベッドの脇に置かれていた子供向けの挿絵入りの聖書を見ていた。その中のページに、母の字で「マーティン・ジョンへ」と書かれているのを僕は知っていた。僕は無神論者だった――だから、母が亡くなれば、その存在はただ消えてしまうのだと思っていた。でも、僕は母が消えてなくなるということを受け入れられず、それから間もなく無神論者ではなくなる。僕は勇気を奮い起こして、こう言った。

「マーティンにはまた会えるよ」

母は僕を見て言った。「そうだといいね」

僕は母に笑顔を見せたが、今このまま母と過ごすのは無理だと感じた。そして、それは母も同じだったらしい。「さあ、いい子だから、お茶を淹れてちょうだい」僕は言われたとおりにした。正直、ほっとしていた。

デレクはストレスで何日か体調を崩してしまい、母が働いていたダワー・ハウス・ホテルの上司であり、母の友人でもあったキャロルが、黙ってあとを引き継いでいた。その後の数週間のキャロルを見ていると、友情とはどういうものなのか、友情の意味とは何か、ということがよくわかった。彼女はホテルをほとんど休み、キャセロールやラザニアを作って持って来てくれた。うちに来る看護師たちともうまく連携していた。看護師がいない間、母への投薬はキャロルがしていた。きちんと、決められた時間に、決められた量の薬を飲ませるのだ。彼女は何があっても少しも動揺を見せず、自分のしていることを見せびらかすわけでもなかった。母とよく話をし、母の話に耳を傾けた。母が痛いと言えばその痛みを和らげてやり、自分はたとえ痛みを抱えていても隠していた。そして、時々は状況には不似合いの笑いをもたらしたりもしてくれた。キャロルこそはまさに「良識」というものを体現した人だったと思う。僕は密かに、大人になったら、キャロルのような人になろうと思った。

一方で、そういう状況になると、わざとらしく優しいふりをする人も増える。いい人だと思われようとしているのが見え見えで、いらだたしい。もう交流がほとんど途絶えた友人、親戚たちが次々にうちに来る。道でも尋ねるように気軽に電話をしてくる。そんなことがあまりに続くので、僕らはだんだんそれを楽しむようになった。訪問客たちはただ、「ハロー」の一言を言うためだけにやって来る——本当にそうだ、待っていれば必ず「ハロー」と言う。誰か来れば母も身を起こして車椅子に乗り、姿を見せると言い出す。でも、相次ぐ訪問客への対応の儀式が、母にとって苦行になっているのは明らかだった。おかしな話だが、重い病気にかかり、死期が近くなってから、人には訪問客のもてなしという新たな仕事が発生することがあるのだとわかった。母は基本的には訪問客を歓迎し、あれこれと気を配っていた。花を生ける花瓶を新しく買ってくるよう、デレクに頼んだりもした。空々しい会話、つまらない冗談、「元気になったら何々しよう」などという虚しい言葉も、うなずきながら黙って聞いていた。やって来た友人の中には、母が長年あまり好きでなかった人もいたが、彼女は母のために泣いてくれた――ありがとうと言うしかない。誰かの死に直面すると、その人がどういう人なのかが露わになるのかもしれない。誰が本当の友達なのかもよくわかるみたいだ。皆がそういう試験を受けているようだった。母とキャロルが試験で最高得点を取ったのは間違いなかった。中には合格点に遠く及ばない人もいたし、多くは不合格ではないが、さほど好成績でもないという結果になった。

その頃はうちの中のどこにいても、薬箱のようなにおいがしていた。僕はよく、デペッシュ・モードのアルバム『ヴァイオレーター』を聴いていた。雰囲気に合うような気がしたからだ。ボリュームはいつも小さくしていた。

四月一七日

デレクは今朝、具合が悪いようだった。母さんの病状はまた悪化した。僕はとても寂しくて、今日は感傷的になってしまった。母さんはもうすぐいなくなってしまう。僕はまったく心の準備ができずにいる。

四月二三日

キャンベル先生の話では、もってあと二四時間らしい。神様、僕はもうすべてを終わらせてあげたいです。それは間違ったことでしょうか。薬のおかげで母さんは何の痛みも感じていない。でも、それは母さんが半ば意識不明だということでもある。寂しい。

四月二四日

母さんは午後二時四五分に亡くなった。

愛してるよ。

四月だけど、四月でも時には雪が降ることがあるんだ。

僕はその時、自分の寝室にいて、たぶん、経済学の論文か何かを書いていることになっていたのだと思う。だけど実際には、ただ窓の外をぼんやり眺めているだけだった。

キャロルがドアをそっとノックし、ドアの隙間から顔を出して言った。「そろそろ、こっちに来た方がいいと思う」

僕は自分の小さな机から立ち上がり、母とデレクの部屋——僕にとってはもはや恐怖の部屋になっていた——へと入っていった。

マークがそこにいた。「母さんは逝った」マークは言った。「逝ってしまったよ」

僕はベッドの方を見た。そこに母はいなかった。ここ何日かと同じようにただ眠っているように見えたが、遠くに聞こえていた呼吸はもう止まっていた。ベッドの中の存在は、母ではない別のものだった。まったく見慣れないものではないけれど、もう母とは違っていた。

その時の気持ちを一言にまとめれば、信じられなかった、ということになるだろう——すべての終わりだったが、それを信じることができなかった。とても辛い状況が長く続いていたのに、そのあとでただ、こうしてすべてが止まってしまうなんてことがあり得るのだろうか。これで母は消えてしまって、もう二度と戻って来ないなんて。母の声を聞くことはこの先もうないし、母の目を見つめることもない。抱きしめられて母のにおいを感じることも二度とないのだ。しばらくの間、留守にするのとは違う。もう遠くに行ってしまって、これで一生、会うことはできない。そんなバカな。そんなことはあり得ない。

マークは僕を裏庭へと連れて行った。

「ああ、ロビー、ロビー、ロビー」マークはそう言った。僕らはお互いを強く抱き締め合った。マークが泣くのを見たことはなかった。その時も泣くまいと努力していたようだった。それはたぶん、僕のためだ。僕もやはり泣くまいと努力していた。それはマークのためだ。考えてみれば、どちらもおかしなことをしていたのだ。僕らはしばらくの間、何でもないような顔をして、家の庭を眺めていた。その庭をデレクは、自分の商売道具でもある農機具を使って手入れしようとした。荒れ放題でキイチゴなどが生えていたところを錆びたトラクターで掘り返したので、まるで閉園になって見捨てられたテーマ・パークの遺跡みたいな有様になっていた。僕は不意に「ジョンとトルーディーみたいだ！」と言った。

「そうだな、確かにそうだ。二人とも、どうしてこんな人生なのか、自分たちがいったい何をしたのか、悪いことでもしたのかって思っていたかもしれないな」マークはそう言った。僕はその時、とにかく何でもいいから慰めが欲しかったのだと思う。だからこんなことを言った。

「僕らはまだ若いよね」

「若い、確かにそのとおりだ、ロブ。そう思うと少し安心するよな」マークは彼なりに辛い状況に立ち向かおうとしていたのだろう。そのせいか、返事が少しブラックなジョークのようになってしまった。「あんまりそうも思えないけどね」僕はそう言って、少し笑ったが、笑顔はさっきのハグと同じくらい、ぎこちないものになった。全身の筋肉が収縮してしまったように感じられた。そのせいで呼吸さえ困難になっていた。

間もなく、アンドリューも帰って来た。アンドリューの髪は乱れ、あちこちが逆立っていた。まるで両手で激しく頭をかき回したあとのように見えた。僕は言った。「大丈夫?」

「お前こそ大丈夫か?」アンドリューはそう答えた。僕らは互いの質問には答えなかった。それは単純に、二人ともまったく大丈夫ではなかったからだ。

父の母、つまり僕の父方の祖母は到着が遅くて、母に会うことはできなかった。祖母は間に合わなかったと聞いて、何も言わず、居間に座っていた。まだ三歳だったアナベスはうちの中をうろうろして時々、「マミーはどこ?」ときいた。

もういい、もう世界が終わってもいいと思った。もうたくさんだった。これまで楽しいこともあったけれど、これほど最悪なことが起きてしまった今、すべてがバカバカしくなり、何もかもどうでもいいと思えた。

　祖母はあまり動揺していないように見えた。「イエス様がいてくださるよ！」祖母は真剣な目をして、明るい声でそう言った。とてつもなく場違いに思えた――何もかも見通しているような目をして、子供に話しかけるような声で話していた――祖母から見れば、僕らは子供だったのだろう。もしくは強い信仰心があれば、こんな言葉で現実から目を背けられるのか。

「お母さんは行ってしまったけど、今はイエス様と一緒にいるのよ」

　そうならいいと思う。本当にそうだと信じたかった。僕は、真実に向かって手を伸ばしていた。それはまるで、洋服ダンスの後ろにあるナルニア国に手を伸ばしているような気持ちだった。精神を集中させると、真実の国の冷たい空気を少し感じることができた。ただ、努力して精神を集中させるだけでよかった。その時の僕にとっては、それだけでも、何も感じられないよりはよかった。

　アナベスは祖母の言ったことを信じていないようだった――おばあちゃんは冗談を言っていると思ったらしく、だんだん笑顔になった。僕はアナベスを腕に抱いた。そして、なぜかはわからないが、自転車のことを考え始めた。現実を直視しないで済むから、関係のない考えが浮かぶのは嬉しかった。

　僕の自転車、グリフターは気難しいやつだった。ある日、ゴルフ・クラブでグリフターのペダルの上で立ち上がったら、その瞬間チェーンが滑り、当時一一歳だった僕は、股をフレームに強くぶつけてしまった。たまたまそばにいた祖父のジョンは、その様子を見てこう言った。「ああ、かわいそうに！　タマにまともに当たったな。痛いだろうな」それから、さらにこう言った。「だがな、ここで泣いてはだめだ。特に、おばあちゃんやトルーディーに泣いているところを見られてはだめだぞ」僕にはそれは逆に思えた。僕は、祖母やトルーディーおばさんになら泣いているのを見られてもまったく気にならなかった――それよりも、泣いているのを祖父に見られる方が恥だった。

僕は居間で自転車のことを考え続けた。そのあとに乗った自転車は何だったっけ。それは母からクリスマスプレゼントとしてもらったレーシング・バイクだった。僕は、自分にとってはじめての、そして唯一の交通事故のことを思い出した。

僕はコニングスビーで、真新しいレーシング・バイクに乗っていた。その時は、ゲートウェイでのバイトに向かっていたのだった。僕は交差点を直進しようとした。左からは車が一台、近づいて来ていて、ウィンカーから右折しようとしていることがわかった。でも、僕が直進すればきっと一旦停止をして、僕をそのまま先に行かせてくれるだろうと思った――当然のことだ――なぜって、それが法律だからだ。しかし、僕の考えは間違っていた。車は僕が来ているにもかかわらず、お構いなしにそのまま右折を始めた。おかげでレーシング・バイクと僕は、時速二五キロメートルで、車のドアに激突してしまった。

ドライバー――高そうな、イギリス空軍みたいなサングラスをかけていた――は、すぐに車から出てきて、倒れている少年と自転車の様子を見てこう言った。「ごめんな……これは俺が悪かった」

僕は立ち上がった。歩道に投げ出された自転車を取りに行く時は、ドライバーも一緒に来てくれた。彼は自転車を簡単に調べ「うん、これは大丈夫だ」と言った。前輪が明らかに曲がってしまっていたが、ドライビング・グローブをはめた手でそれを元に戻して「いや、まあラッキーだったね」と言ってそのまま立ち去った。

確かに「ラッキー」だったのだろう。片方の膝に少しあざができて、片方の手の平を少し擦り剝いて……それだけだったのから。そこまで考えた時、我に返った。僕はうちの居間で、アナベスを腕に抱いていた。何だか時間の感覚がおかしくなって、あの事故が、これから起きる出来事のような気がした。

僕は事故のことを考えた。思い返せば、あれは重大な出来事だったのだ。幸い、大した怪我もなく無事に済んだけれど、一歩間違えれば大惨事になったはずの危険な、とてつもなく恐ろしい出来事だった。もし大事になっていたら、まったく取り返しがつかない。あとからどうにかしようにも、ほとんど何もしようがない。決して消せない、なかったことにはできない。

その時の感覚は、肉親と死別した時の感覚に似ていた。一瞬、目を見開くような大きな恐怖に襲われ、そしてそのあと、とてつもなく大きな痛みに襲われるのだ。


アナベスの髪を撫でながら僕は思った。この子はまだ三歳でよかった。もちろん、三歳でも自分の周囲で何か起きていることは漠然と感じるだろうし、その影響は受けるに違いない。ただ、彼女自身がさほど大きな衝撃を受けることはない。何か大きなものが崩れても、彼女はまだ小さくて、その残骸の間を簡単にすり抜けることができる。やがて、そうした出来事の連続の中で、彼女が「何を普通と感じるか」という感覚ができていくのだ。たとえば僕には、父を怖いと思うことや、冬の朝に寒くて震えながら起きることは「ごく普通」に感じられた。そういう感覚がアナベスにもできていくのだろう。

振り返ってみると、ティーンエイジャーにもいいところはあったと思う。辛いことがあっても、ティーンエイジャー特有の反発心で乗り越えられることがある。それによって、家族という小さな世界から、もっと大きな世界へと目を向けるようになる。

アナベスと僕は当時、三歳と一七歳だったが、二人の年齢によってはもっとよくない事態にもなったと思う。たとえば、六歳と一〇歳だったらどうか。七歳と一二歳だったとしたら。それよりはましだったと思うけれど、いずれにせよまっぴらだ。

ここまでの考えは決して間違っていないと思うが、出発点は正しくても、何かの反動で誤った方向に行くこともあり得る。自分の中に何かロマンティックな物語が生まれ始めると、特にそうだ。現実があまりに過酷で、受け止めきれない時、人はそれを物語に変えることで何とか耐えようとする。物語にすると、目の前の出来事や自分のすることに意味が与えられる。嫌な知らせを聞いた時には、いい知らせを聴いてバランスを取りたい、取らねばならないと思う。雲が出たら、そこからかすかにでも光が差してほしいと思うし、苦しんでいる主人公は、自分の人生の目的が欲しいと思う。たとえば誰かが死に、そのあとに誰かが新たに誕生すれば、死が新たな生命を生んだという物語を作り上げてしまう。たとえば、マーティンの死が僕の誕生につながったという物語もそれだ。率直に何でも口にした母は、死によって沈黙してしまったが、物語の中の母は、そのあとも声を出し続けることができる。小さい頃の母は救世主を切望していた。空想のボディガードが一二人もいたという。ボディガードたちは若く、強く教育もある男たちである。母にはとても恵まれたところもあったが、それでも、この不公正な世界にはついに馴染めないままだった。一番下の息子は、つまり僕は、そんな母にとっての救世主の一人になれたのだろうか。

母にとって僕は、悪い報せのあとのいい報せであり、雲間から差す光であったのかもしれない。僕には生きる意味は必要なかった。僕の存在自体が母にとっては意味だったのだ。母は僕の中にずっといて、そう言い続けてくれる。

それは確かにある種の救いをもたらしてくれる考え方ではあるが、一方、狂気に近いとも言える。はじめは健全な想像だったとしても、そこからあまりにも大きな自己像が生じてしまうのはよいことではない。ただ、それは僕の感情の必死の叫びだったのかもしれない。そうでもしないとあまりに追い詰められてしまって、すべての動きを止めてしまいかねない状態だったのではないだろうか。僕の心の中で、何かが凍りついた。短期的には、それは妥当な自己防衛の手段だったのだろう。だが、それはのちに多くの問題を引き起こすことになる。僕は、自分がいずれ世界を征服すらできる特別な存在だと思い込んでしまった。それは自分のためではなく、自分以外の誰か——自分が絶対の存在と思う誰か——のためだったが、そんな気持ちが問題を引き起こすのだ。

僕は抱いていたアナベスを下ろして、自分の部屋に戻った。とにかく論文を仕上げようと思った。こういう状況でもすべきことができるところを見せてやるのだ、と思った。いったい誰に見せるのかはわからなかったけれど。僕は机に向かい、ペンを手にとり、窓の外を見た。ヒロイックな考えにすっかり取り憑かれていた。

結局、その日は何もできなかった。

葬儀のあと、マークが僕を学校まで車で送ってくれた。QEGSのシックス・フォームのブレザーとタイはどちらも黒だったので、改めて喪服を用意する必要はなかった。ただブレザーの金バッジを外せばよかった。

葬儀の間はバッジをズボンの後ろのポケットに入れていた。僕は車の中で、そのバッジを元どおりに縫いつけた。素早く、しかも他の子たちが母親にやってもらうのとそう変わらないくらいにうまくつけることができた。

その日は、ノッティンガムへの学年旅行があった。ノッティンガムのユニバーシティ・フェアに行くのだ。これは大学進学希望者のためのイベントで、大きなホールに様々な大学の入学事務局の責任者が集まり、入学案内を配布し、話をしてくれる。僕は絶対に行きたいと思っていた。マークは、僕の様子が少しおかしいと思っていただろう——助手席で一心に裁縫をする弟を見て——が、そういう素振りはまったく見せなかった。ブレザーのバッジは少し傾いたが、これはこれでいいと僕は思うことにした。

Aレベル〔一般教育修了上級レベル（General Certificate of Education Advanced Level）の通称。中等教育卒業もしくは大学入学レベルにあることを示す学業修了認定〕の授業をリンカン・カレッジやボストン・カレッジで受けるために、一年早くグラマースクールを出る子もいる。僕がもしそうしていれば、この制服を持つことはなかっただろうし、そもそも制服など着なくなっていた。そうしていれば、ユニバーシティ・フェア目前のこの時期を、破けたジーンズを穿き、耳に新しいピアス穴を空けたりしながら過ごすことになっただろう。そして、僕らのような残りの同級生のことを「まだグラマーになんて通ってんだ」とか「すぐ就職すりゃいいのに」などと言っていたかもしれない。実際、僕はその頃、そういう連中にいらだちを覚えていた。僕には今や母が亡くなったという事実が重くのしかかり、前向きな考えを抱くのが難しくなっていた。裁縫をしているのも、その重荷に耐えるためだ。いらだってはいたが、同時に僕はカレッジに行った同級生と話がしたいとも思っていた。カレッジがいかに「クール」か、そこで自分がいかに成長したか、まだ制服を着て校長なんかのいる学校に行っている同級生がどれだけ信じられない存在か、そういう話をさせて、それを聴いていたいと思った。ただ話を聴く。そして、絶好のタイミングが来るのを待ち続ける。今だと思うタイミングが来たら、彼のおしゃれなヘアスタイルの中の傲慢で無知な脳に向かって、静かに、上品に、自分の今の恐るべき状況を語りかけてやるのだ。話し終えたら穏やかに肩をすくめ、バカな男がすっかり戸惑っている様子をただ眺めるのだ。

悲しみは次第に怒りへと変わっていた。

僕も本格的に酒を飲み始める歳に近づいていた。こういうネガティブな感情を抱えていて、それが怒りになった時、男は、バカルディ・アンド・コークのような「タフガイの酒」を飲むものなのかもしれない。これに関しては、僕はまったく人のことを言えない。詳しいことはあとで書くが、僕や、同級生の中でもトップクラスの酒豪だった連中はあとでひどいことになってしまった。反対に、下戸の同級生たちはハーブティーを飲んだりしていた。飲んだらトイレに直行するようなお茶だ。

シックス・フォームの学年主任は、ミスタ・エドワーズだった。気さくなウェールズ人で、普段は宗教学を教えている。ミスタ・エドワーズは、同学年の全生徒七〇人くらいに向けて、ノッティンガムへの旅についての説明会を開いてくれた。生徒たちは談話室に集合して話を聴く。僕が談話室のドアを空けると、こちらに背を向けるようにして立っていた先生は、振り返ってこう言った。「よく来たね、ロバート。入りなさい」

僕がさっきまでどこで何をしていたのか、そこにいる全員が知っているような気がした。僕はすぐに、ティファニーとウィルが隣り合って座っているのに気づいた。二人は同時に動いて、間の場所を作ってくれた。ウィルは神妙な顔をしながらもかすかに笑っているのがわかった。僕にとても同情してくれているらしい。ティファニーは満面の笑みだ。空けてくれた場所を少しふざけた感じで手で軽く叩いている。嬉しかった。友達は本当にありがたいと思った。

僕が歩き始めると、ミスタ・エドワーズは説明会を再開した。またその時、気づいたのは、七〇人の目が一斉に僕に注がれているということだった。僕はその状況を少し楽しんでいた。

注目されていることを楽しんでいたわけではなく、それを軽くあしらうことが何となく楽しかったのだ。僕は、これは確かに悲しい出来事だけど、あり得ない惨事というほどじゃないよ、というような態度を取った。自分を襲った悲劇に対し、謙虚に、また勇敢に立ち向かっている男のふりをした。母親が亡くなった時、人はどうなるのかと皆が興味津々なのだから、僕はそれを身をもって教えるのだ。葬儀の時、僕は墓に一輪のバラを手向けた。続いて、不運な教区牧師による追悼の辞に耳を傾けたのだが、この牧師がしどろもどろで、明らかに自分が何を言っているのかわかっていなかった。この日一番面白かったのは、まあ、それだ。

ノッティンガムに行くと、会場は大きなホールだった。各大学の責任者たちは、ホールの端に並べられた机に向かい、全国から訪れたAレベルの生徒たちを取り囲むように座っていた。生徒たちは、それぞれが話を聞きたい人のところへ自分で行くのだが、ノッティンガム・ポリテクニックとレスター・ポリテクニック〔ポリテクニックは大学よりも職業教育などの実学に比重を置いた高等専門教育機関。現在は大学に編入されている〕の責任者のところは長蛇の列になっていた。次に列が長かったのが、リーズ大学、マンチェスター大学といった国立大学だ。ブリストル大学やダラム大学の列はそれより少し短かった。ただ、僕はといえば、ずっと端の方を目を凝らして見ていた——そう、あの大学だ。ケンブリッジの看板を前に置いた白髪の女性は、端の方に一人で座っていた。誰も並んでいない。彼女は本を読んでいたが、時々、目を上げて通り過ぎる人たちを見上げていた。そのたびに、人を励ますような笑顔を浮かべる。どうにかして親しみやすさを出そうと努力しているようだった。

僕は彼女の方に向かって歩き出した。「身のほど知らずめ」と思いながら。

彼女と向かい合う椅子には誰も座っていなかったが、僕は決心がつかず、そのそばを不自然な感じでうろついていた。すると、彼女が突然、目を上げて「どうぞ！」と言い、椅子をすすめる仕草をした。老眼鏡を外しながら彼女は言った。「ごめんなさいね。私もこれが仕事だから」

僕は椅子に座って言った。「いえ、僕は……ただその……ご挨拶をしようと」

「ご挨拶、とても嬉しいですよ。こんなところで本を読んでいるなんて無作法で本当にごめんなさい。いけないことですね」彼女は共犯者に向けるような笑顔を見せて、しばらく何も言わずに待っていた。僕の頭にはまったく何の考えも浮かばない。彼女は座っていても背が高いとわかる。とても痩せている。五〇代後半といったところだろうか。長い、すっかり白くなった髪を緩く束ねてポニーテールにしている。声は高すぎず低すぎず、聴いていて心地よい高さに見事に調整されていた。聴いているとテス・ランプリングのことを思い出したけれど、それが何かの助けになるわけではない。

「あの、僕は今、Ａレベルの課程を受けてるんですけど……」ああ、何てバカなことを。ここにいる生徒は全員そうだって、わかりきっているのに。「ええと、それで……」そこで完全に頭が真っ白になってしまった。

「それで、あなたはケンブリッジに入りたいと思っているんですね」彼女はそう言ってくれた。

「はい、もちろんです！」僕はほっとしたせいか、ほとんど叫ぶようにそう言った。恥ずかしくて赤面してしまった。だいたい僕などがケンブリッジを目指すというのがとんでもない考えなのだ。しかたなく僕は話を続けた。「僕の学校は、何でもないグラマースクールなんですけど……」

「どこの学校ですか？」

「あの、リンカンシャーの小さな町にある学校です。だから、別に大した……」

「クイーン・エリザベス・グラマースクールですね、ホーンカッスルの」

僕は彼女をじっと見つめてしまった。「そうです。ご存知なんですね」

「私たちは、あらゆる学校の人から話を聴きますからね」

なんてことだ。彼女は僕から話を聞くためでなく、スパイにリクルートしようとして声をかけてきたのかもしれない。スパイになりたいか。いや、それは嫌だ。僕はまだ、唖然とした顔で彼女を見つめていた。

「ケンブリッジで特に勉強したいと思っている科目はなんですか？」

「ケンブリッジ」という言葉を使うのをやめてほしかった。周りの人に聞こえてしまう。「英語です」

「私の担当です。カレッジはどこがご希望ですか」

「キングスです」

「私のいるカレッジですよ！　素晴らしい！」これがもし初デートなら、とてもうまくいっているということになるのだろう。でも、このデートはいずれ突然、暗転するのだと僕はよくわかっていた。たとえば、僕に病的な虚言癖があるとか、前科があるとか、そういうことがばれて、何もかもが駄目になる、そういう展開がありそうな気がした。それなら今のうちにとんでもないことを言って雰囲気をぶち壊してしまう方がいい。彼女が僕にすぐ「帰れ」と言えるようなことをこちらから言ってしまうのだ。そうすれば、すべてなかったことにできる。僕はなにごともなかったように、デレクのいる、モルヒネのにおいの充満した家に帰れる。

「問題は……成績です。今、Ａが四つしかなくて、Ｂが四つです。なので、あまりいい成績とは言えません」

彼女は少し笑って言った。「全然、恥ずかしい成績じゃないですよ。四つのＡのうち、一つは英語ですね」

「そうです」

「つまり、英語は今のところＡのレベルだと」

「はい」

「ずっとＡでいけそうですか」

「……はい、それはそう思います」

「Ａをもうひとつ増やせますか？　それからできれば、Ｂをもう一つ増やせればと思います」

自信が消えていくのがわかった。何だかとても実現不可能な、バカげた望みを持っているのだと思えてきた。Aを一つ、Bを一つ増やせだって？　論文が五週間かかってもまだ書き終わらないのに。

「そうですか。それはなかなか……現状では難しいかもしれません」

彼女は身を乗り出し、頬杖をつき、少し机に視線を落とした。「慰めになるかどうかはわかりませんが、私の学生がよく言っているのは、Aレベルの時の勉強、特に予習はプレッシャーもすごかったし、大変だったそうです。それに比べれば、大学に入ってから単位を取るために勉強するほうがましだって。きっとそのとおりで、あなたも今は楽ではないのでしょう。楽であるはずがないとも思います」

そろそろ切り上げ時なのだろうなと感じた。ただ、最後の言葉が少し引っかかった。それが結果的に幸運だったのだ。僕は言った。「楽であるはずがない、というのはもちろんわかります。勉強すること自体は嫌ではないですし、それが自分の力だけでできることなら、たとえうまくいかなくても納得できます。でも、時には事情があって勉強を始めること自体、難しいということもあるんです。たとえば……あの、今朝のように、いえ、別に何も……」声が震えているのが自分でわかった。

彼女は心配そうに顔をしかめた。そして、両の手のひらを机の上に置いた。「今朝、何かあったんですか？　問題によっては、私たちも力になれるかもしれませんよ」

「いえ、今朝は特に関係ないです。母の葬儀があっただけで。そうじゃなくて僕が言いたいのは……」

「ごめんなさい。今朝、あなたのお母さんの葬儀があったって？」

「はい、そう言いました」

「今朝？」

「はい、そのとおりです。だから、ちょっと……バカげているのかもなと思っていて。こんなことを……つまり……ケンブリッジに行くなんて、この状況で考えるのは」彼女は思いやりの込もった顔で僕を見ていた。僕の方が逆に「がんばれ」と励ましたくなるような顔だった。僕は彼女の後ろの壁を見て瞬きをした。少しめまいがして、僕は座っているにもかかわらず、思わず机の端に手を置いて身体を支えた。

彼女は言った。「お気の毒です。悲しいことですね。ただ、私にはあなたに言ってあげられることがあります……ええっと、お名前は？」

「ロバートです」

「言わせて、ロバート。あ、私はキャサリンです。あなたがここに座って、私と話してくれてよかったと思います。あなたがケンブリッジを志望することは、少しもバカげたことではないですよ。そう言い切れます」

キャサリンは、カレッジのオープン・デーのことを少し話してくれた。参加のしかた、少なくとも二つのカレッジを見学しなくてはいけないことを説明してくれた。そして机越しに手を出して僕の手を握り、「がんばって」と言った。

僕は大学便覧――各カレッジの写真、情報が載っている小冊子だ――を手に取り、急いでかばんの中に入れた。思ったよりいい話ができたのかもしれない、と思いながら、僕はおぼつかない足取りで友人たちのいるところへ戻って行った。ただ、葬儀の話になぜ、彼女は顔色を変えたのだろう、とも思っていた。人には自分の計り知れない、いろいろなことがあるのだろう。

一九九〇年五月六日

ちょっと朗報。最近、イザベルと僕は何だかいい感じだ。彼女はもう、あの毛深いエドモンドとは別れたからね。それで、僕は彼女と仲良くしている。嬉しいのは、どうやら彼女の方も僕と同じ気持ちでいるらしいこと——それはもう明らかな事実だ！　今日なんてランチタイムにずっと話をしていたし、もうほとんどデートしているみたいだった。僕は彼女がいい子だと思うし、とても好きだ。これまでにも「彼女で決まり」とか「彼女こそその人だ」とか、たびたびそういう戯言を書いてきたが、今度こそは今までと違う気がするんだ。何かが違っている。

よくわかったな。そのとおり。この時は確かに、それまでとは違っていた。

一九九〇年五月九日

日曜日にイザベルと会った。二時に待ち合わせて、そのまま一緒に散歩した。楽しく話ができた。まったく緊張しなかった。そのあと、イザベルの家に。両親は外でバーベキューをしていて、家の中にはいない。僕らは当然、すぐに二階に上がった。この日記に何もかも隠さずに書くべきかどうか迷う。僕がいつの日か頭がおかしくなって、誰かにこの日記を見せてしまうかもしれないからだ。でも、まあいいか。僕たちはこの時、思い切り行くところまで行ってしまった。すべて終わった時、もう外は暗くなっていて、明るい月の光が寝室の窓のブラインドを通して差し込んでいた。綺麗だった。月明かりに照らして見る限り、僕の身体に特に問題はないみたいだ。彼女の身体も素晴らしい。驚くべきことが起きたんだ。僕は本当に驚いていた。しかし、コンドームっていうのはひどい代物だな。そう思わないか？

この直前まで僕は、自分がまだ童貞であることを何度も大問題のように、とてつもない悲劇のように、日記に書いていた。それだけ大騒ぎした割には、この日の記述はいやにあっさりしている。たぶん、僕はあえて控えめな書き方をしたのだと思う。結局、僕はハナから「いつの日か頭がおかしくなる」つもりでいたからだ。いずれ誰かに見せることになるだろうと思っていた。有名になったら、日記くらい見せなくてはいけない。恥ずかしいなんて言ってられないだろう――とにかく有名になるのが僕の目標だった。

さて、僕にはようやくのことでイザベルという彼女ができたわけだが、次に僕が目指したのは、「いかに彼女を大事にしないか」ということだったようだ。あの「スーパー・サンデー」から約二週間は黄金の時だったのだが、その後の僕は、「彼氏とはいかにあるべきか」を追究し始めてしまった。

まず、学校では彼女のことは無視する。そして僕は、イザベルに、彼女の友人たちのことについて長々と話した。彼女の友人たちが好きではないと言い、その友人たちが行くようなパブには行ってほしくないと言った。イザベルがジョークを言っても、僕が笑うのはそれが本当に面白い時だけだった。相手が常にジョークばかり言っている人間ならばそれでも構わないだろう。でも、自分の彼女にその態度はひどいとしか言いようがない。僕はイザベルに、彼女自身のことを一切、尋ねようとしなかった。日々どういう気持ちで暮らしているのかとか、そういうことは知ろうとしなかったのだ。イザベルには芸術家肌なところがあって、実際、かなり素晴らしい作品を生み出していた。そしてある日、僕はイザベルが自分のかばんに綺麗なリボンを刺繍しているのを見つけた。「もし僕が本当に彼女を愛しているのなら、このリボンも愛することができるはずだ」と思ったけれど、どうしても僕にはそのリボンが変に感じられた。

僕もそうだし、誰でもそうだが、彼女は誰かのおもちゃではなく一人の人間だ。たとえ誰だろうと、人格のないおもちゃのように扱われていいはずはない。イザベルはある時、僕に手紙を書いた。愛情の込もった手紙だった。細々と僕のことを褒め、率直な感謝も綴られていた。ただ手紙の中ほどに、さりげなくはあるが、気になる言葉があった。「あなたにとって、私たちの関係って、毎週日曜日の午後に三時間、セックスをするだけのものなのかな、と疑問に思うことがある。あなたはどう思っているのかな」

もしこの問いかけへの正直な答えが許されるとしたら、「よく考えたことがなかった」だろう。「三時間のセックス」が重要なのは確かだった。二人のうち一方は恋をしていて、もう一方は今までセックスができなかった分を必死に取り返そうとしているのだとしても、双方にとって日曜の午後はそれ以前に比べて明らかに楽しいものになっていただろう。「二人の関係」がそれ以上のものなのかって？　うーん、どうかな。質問するならもっと易しいものにしてほしい。僕は正直な答えではなく、心にもない言葉をたくさん書き、下手な詩を添えた返事を送った。すると驚いたことに、それが功を奏したらしかった。

結局、重要だったのは、イザベルのそれまでの彼氏たち（その数はかなり多かったけれど、僕が一番と彼女が言ってくれる限り気にはしなかった）と比べて、僕は優しいということだった。あくまで彼女はそう思ったということだが。前の男が誰も彼もろくでなしばかりだったとしたら、今の彼氏がかなりひどかったとしても耐えられることがある。たとえとてつもなく下手な詩だったとしても、今やイザベルには愛の詩を書いてくれる彼氏がいるのだ。たとえ酔っ払うとバカになるのだとしても、暴力を振るう危険があるよりはましだと思える。ティーンエイジャーの女の子の彼氏になるためのハードルは驚くほど低いのだ。イザベルは、僕のようなインチキな彼氏にも半年間、耐えてくれた。ただ、残念ながら彼女の一八歳の誕生パーティーに出ることはできなかった。その前に自分から別れを告げることになったからだ。

僕なんかがイザベルに自分から別れを告げるなんて、本当にあり得ない話だ。自分がそんなことをできる人間だったなんて、まったく信じられない。それにはまず、ある程度の分別と勇気が必要だ。日曜日にセックスをしない日常へと戻る勇気が必要だったのだ。日曜は最高だった。アナベスは祖父とトルーディーおばさんのところに行っているし、デレクはずっとリビングにいて、ダーツに夢中だったからだ。

家の屋内ドアはすべて同じものだったが、鍵のかかるドアは二つしかなかった。ある時、デレクは自分の部屋のドアについていた鍵を、黙って僕の部屋のドアに移した。考えようによっては感動的なことなのかもしれないが、何となく「セックスのバトン」を渡されたような気分だった。しかもよりによってデレクからそれを受け取るとは思っていなかったし、正直、気づいた時には少し吐き気がした。

いったいなぜ、僕は自分からイザベルに別れを告げることになったのか。それはイザベルが大きな苦しみの種になってしまったからだ。当たり前だが、彼女も一人の生身の人間で、彼女なりの願い、望みを持っていた。それが僕の願い、望みと一致しているうちはまったく問題ない。しかし、そこにずれがあると、困ったことになってしまう。ずれがある場合、僕らはどうすればいいのか。話し合うのか。徹底的に話をすればいいのか。たとえば、『ナイトライダー』のマイケル・ナイトはそういう時、徹底的な議論で解決をしようと試みたりするだろうか。あるいは、あの義賊、ディック・タービンは、「正直で中立的な話し合い」などするだろうか。答えは「ノー」だろう。

僕は要するに、彼女を愛してはいなかったのだ。これに関して、僕は自分を許すことができない。イザベルにも、思慮に欠けるところ、わがままなところがあった。それは否定できない。でも、彼女は友人だったし、いい友人だったと思う。

日記の中で、僕は苦しみながらもイザベルのために多くのことを書いてはいる。たとえばこんなふうに。

「僕は彼女を本当にとても尊敬している。いや、それ以上だ。僕はとても、とても、本当に、彼女のことが好きなんだ」バカ野郎。

ティファニーやジル、テス、ウィル、マリーナなんかと、イザベルは違っていたということだ。この五人に僕は心酔していたし、他に、ここには書かない女の子三人と男の子一人にも同じように思っていたけれど、イザベルには同じような感情はなかった。10ｃｃの「アイム・ノット・イン・ラヴ」も、イザベルに対してなら、何の皮肉も込めずに素直に歌うことだってできた。

彼女の間違いは、生身の現実の存在であろうとしたことだ。僕はそれを求めてはいなかった。僕は彼女のための物語を作ろうとした――「彼女は僕を孤独から救い出してくれた」または「彼女は僕のこれからの成長のために大事な人だ」というような物語だ。でも、そんな物語も、彼女が金曜日に僕をコミュニティ・センターに連れて行った時には役に立たなかった。そこは僕の住んでいた家から徒歩五分のところにある、バカな連中が大勢集まっている場所だった。その中にはイザベルの以前の彼氏たち、ディーン、ダレン、ジェイソンや、他の男たちもいた。彼らは言ってみれば本物の男たち、普通の男の子たちであり、どこにでもいる人たちだった。でも、僕はそういう連中が怖くてたまらなかった。だから決して打ち解けようとはしない。要するに、僕は彼女は欲しかったけど、彼女といる時に生じる色々な面倒には耐えられなかったということだ。

自分のために言い訳もしておこう。この頃の僕は、本当にとても不幸な気分だった。

僕は毎日、母がいないという事実に痛めつけられていた。毎晩のように母の夢を見て、顔面を殴られた気分で目を覚ます。母の不在という事実が、あまりにも小さいため目には見えず無害にも思えるが、実はブラックホールのように何もかもを吸い込む存在のようになっていた。母は僕が目を向けるあらゆる場所にいた。しかも同時に、母はすでに死んでいるのだ。

デレクはまだ三歳の子供を一人で育てようとしていた。子育ての経験はまるでない。そんな彼の様子を見ているのも落ち着かなかった。いったいどうすればいいのか、気の毒にもデレクには、そのヒントすら与えられなかったのだ。それは僕も同じだ。そして、僕にはＡレベルの成績を上げなくてはいけないし、校内の試験でもいい点を取らなくてはいけないというプレッシャーがのしかかっていた。勉強は現実的な問題であると同時に、有名になって今の自分から抜け出すという、僕が自分に課した夢にも結びついていた。それが今や、自分にとって厄介なものになっているのは明らかだった。僕はとうとう体調を崩してしまった。
デレクが忙しくて手一杯なのはわかっていた。でも、僕には一つだけ彼にしてもらいたいことがあった。キッチンのトースターの脇に置かれていたタッパーを片づけてもらいたかったのだ。それは母の薬の入っていたタッパーで、母が亡くなってから七週間が経ってもそのままそこに置かれていた。中に入っていたのは、ステージ4のがん患者に処方される鎮痛薬だ。タッパーはアナベスの手の届かない安全なところには置かれていたが、もちろん僕なら手が届いた。

もちろん僕が自分で片づけることもできたのだが、それは自分の仕事ではないと僕は思っていた。僕たちは危機的な状況にいたのだが、同時にそれは当事者自身では気づきにくい危機だったのだと思う。

自殺をする人間は事前に何らかのシグナルを出すとも言われるが、そんなことはないという人もいる。ただ、その人の日記を見れば、自殺を考えていたことがわかることはあると思う。一方、とても辛い時を過ごしている人が突然、「次へ行こう」という気分になることもある。そういう時はまだ、思ったほどすべてを失ってはいないのだろう。自分は一人ではないと思えるだけで、どうにかなることも多い。

僕の日記を見返すと、そのあたりのことが三ページに渡って書かれている。僕の字は行を追うごとに乱雑になる。最初の方を少し引用してみよう。

一九九〇年六月一二日

午後一一時三三分。明日は午前中に英語の試験がある。木曜は歴史、金曜は経済学の試験だ。何も勉強していない。本当に何もだ。この三週間ずっと体調を崩している。辛いし、もう、うんざりだ。もう絶対に母さんに会うことはない。何もかもがプレッシャーになっている。突然、すべてを終わりにしようかと思った。その気持ちが一時間くらい続いたので、そのことを書いた。あのタッパーが目に入った。うちに帰って来た時に、あのタッパーが目に入ったので、一杯の水とともにこの部屋に持って来た。死ぬのはきっと苦しいのだろうと思った。結局、今日はやめることにした。思いとどまったのは、死は自分だけではなく、他の誰にも訪れるものだと思ったからだ。トルーディーおばさんにも、祖父にも、あらゆる人にいずれ訪れる。僕はまだここにいる。確かに存在している。絶対に絶対に、一人ぼっちにはなりたくない。それは絶対に嫌だ。死んでしまったら、神様は僕を誰も触れない、誰の手も届かないところに行かせてしまって、僕はそこで永久に漂い続けるのかもしれない。僕はきっと「もういい、たくさんだ。もうやめてくれ」と思うだろうけど、でも逃げることはできない。僕には何もできないのだ。本当はただ、母さんを返してほしいだけなのに。母さんのかわいい息子、自慢の息子になりたいだけなのに……

読んでいると、「うん、いいよ。それでいいんだよ」と声をかけたくなる。

母が亡くなった時、僕が自分のことを「まだ若い」と言ったことは書いた。若いのだからそれだけ元気があるだろうとも思っていた。翌朝の日記にはこんなことが書いてある。

一九九〇年六月一三日

まいった。いったいどうなってるんだ。経済学の試験もあるし、しかたなく学校に行ったけど、本当はそんなの知ったことかって気分だ。昨晩、正直な気持ちを書いてしまったことを後悔しないように努力している。でも、何だかひどいことを殴り書きしたなという気分だ。あんなことを書いて恥ずかしいけど、少なくともしばらくは捨てないで残しておこうと思う。いつか役に立つ時が来るかもしれないから。何のきっかけでどう役立つかは神のみぞ知るだ。本当ならびりびりに引き裂いてゴミ箱に捨てるべき文章だ。人に見られたらとんでもない不名誉になる。しっかりしろ、自分。本当にしっかりしろ。

すごいね、この芝居がかった物の言い方。ただ、ティーンエイジャーや俳優の話し方を知っている人なら、これを読んでもさほど驚きはしないだろう。書き方は陳腐かもしれないが、そこに表れている感情のほとばしりは本物だと思う。崖っぷちで垣間見えた底力とでも言うべきか。ただ、こういう力は長続きはしない。イギリスでは、自殺をする人の四分の三は男性だという。だがとにかく、僕は生き延びた。生きているということはそれだけで価値がある。よくなりたいと思えばなれる可能性があるからだ。

そして、僕には友達が何人かいた。

一七歳の少年二人が、お互いの手を握り合ってベッドで寝ていた。一人はウィルで、もう一人はさっきまで泣いていて、泣き止んだばかりだった。

ウィルはきっと、いつまで続くんだと思っていただろう。親友がいて、その親友が母親を亡くしたとすれば、当然、こういう激しい感情の揺れを目の当たりにすることもあるとわかっていただろうが、まさか朝の五時にこんな場所でそれを体験するとは思ってもみなかったはずだ。僕らは海辺の町、トーキーのレンタル別荘にいた。その家のダブルベッドの上だった。今はこういうことをしている時ではないとは思っていた。そもそもこういうことに適した時間などないのだけれど。だから、今すぐにでも起き上がって何か服を着たいと思った。でも——そう急ぐこともないかという気持ちもあった——ウィルが手を握ってくれていたからだ。ウィルが僕の手を握ったことなど、それまで一度もなかった。

「なあ」ウィルが意を決したように話し始めた。「お前にもきっと何かがわかる時は来ると思うんだ。いつかはわからないけど、きっといつか落ち着ける時が来ると思う」暗闇の中で、僕の呼吸はまた乱れた。いかにも泣いたあと、という不規則な呼吸だ。ただ、彼の言葉を聞いて少し笑ってもいた。「落ち着く」か。よくスポーツで使う言葉だなと思った。たとえば、こんなふうに。「ゲーリー・リネカーも、今、ワールドカップをテレビで見ている七億人の視聴者を前に、平常心を失っているようです。果たして、ここで落ち着いてプレーができるのか……」

カセットテープの音楽が終わって、ヒスノイズだけが聞こえていた。色々な曲が入ったカセットで、最後の曲はプリンスの「スノウ・イン・エイプリル」だった。その曲を聴いたことで少し我に返り、落ち着けたとも言える。何しろ、その時は四月ではなく八月だったからだ。まるで季節外れだ。

僕は力なく言った。「ずいぶん時間が経ったんだから、そろそろもう慣れなくちゃとは思うんだけど」そう言うのが精一杯だった。僕は、遠いところから彼に話しかけているような気分だった。そこは僕にとって、足を踏み入れたばかりの場所だった。僕はそれまでとは違う新しい自分になっていた。もう、それまでと同じようにはふるまえない。前にいた場所、つまり何もかもがまだ元どおり正常な国にいる人たちが知らないことを、僕は知っていた。母が亡くなったという事実を理解して、僕が落ち着きを取り戻すなどということは、もうあり得なかった。乗り越えることなどできはしない。できるのは、その事実と共存していくことくらいだ。僕の中で悲しみが平常心に語りかけ、平常心も悲しみに語りかけて、両者の話し合いになっていた。いずれ和平協定が結ばれ、その後は二つの心が並び立つ状態が続くことになるのだろう。

そんなことをベッドの上で考えていたわけではなかった。その時、僕が考えていたのは、ウィルといる時に常に考えていたこと——「ウィルはいったい何を考えているのだろう」ということだ。

ウィルがベッドの上で少し体重を移動させた。「そういえば、ラルフはどうしたかな。帰って来たような音は聞かなかったよ。またビーチで寝ているんじゃないだろうな」

ああ、——そうだよな。僕はそっとウィルの手を離した。

僕らは合計五人でこの別荘に来て休日を過ごしていて、ラルフはそのうちの一人だった。ラルフは昨日ずっと、平らな暖かい岩の上で寝るなんて最高だ、と言い続けていた。その前の日は、腋の下の消臭剤がどれだけ嫌か、という話をずっとしていた。「化学物質を身体につけるなんて耐えられない」というのだ。

僕は言った。「戻って来た時にシャワーさえ浴びてくれたら、あとはどうでもいいよ」そう面白いことを言ったわけではなかったが、これで二人は大笑いになった。ウィルはこれで安心したのだろう。それが僕には嬉しかった。笑いが収まって、感情の温度も普通に戻ると、ウィルはしばらく何も言わず、何もしなかった。彼なりに気を利かせたのだと思う。そのあと、彼は自由になった手につけた時計で時間を確認した。こういうのが、ウィルの尊敬できるところだと僕は思っていた。この意味で僕は彼を崇拝していると言ってもよかった。

その年の夏は暑かったので、僕らは着るものに無頓着になっていた。夜寝るからといってそのための服に着替えなければ、とも思わなかった。だから裸になっていても不思議ではなかったのだ――でも、だからといって、お互い裸の時に、ダブルベッドに一緒に寝てくれる男友達なんてそう多くはないだろう。いや、普通はまずいないはずだ。何かが進行中なのは明らかだった。僕らはどちらもその「何か」がいったい何なのかはわからなかったけれど。ウィルは、誰かが同性愛者かもしれないということにとても敏感な男だった。その監視は、刑務所の看守のように厳しかった。国の司法を信用しておらず、何かあったら自らの手で囚人に罰を与えてやろうと待ち構えている看守のようだった。もし、目をつけた男が同性愛者だとわかったら、自分の手でそいつのペニスを改造しかねないのでは、とも思えた。ウィル自身が実は密かにゲイかバイセクシュアルだということは絶対に考えられなかった。でも、好奇心――あるいは同情――から、僕となら密かに少し変わったことをしてもいいと思ったのかもしれない。では、僕の方はどうなのか。自分がゲイなのかは自分ではわからない。ただ、自分の好きなものはわかる。僕はウィルが好きだった。この時、正確にはいったい何が起きたのか。僕は彼に触れた。彼がそれを嫌がることはなかった。僕はそれに感謝した。その繰り返しだった。アイスダンスの『トービルとディーン』みたいな感じだが、厳密にはそれとは違う。この何年かあとにも、彼が僕に触れたことがあった。僕はその時、以前よりもっとありがたいと思った。これは性的な関係というよりも、心の触れ合いと言った方がいいかもしれない。

でも、恋だったとは言えるかもしれない。自分でも驚いてしまうけれど。初恋の相手を自分で選ぶことはできない。それがウィルだったのなら、僕は自分のことを幸運だと思う。

僕らは車でボストンまで行き、リバーアイランドの店に入った。店内のスピーカーからは、アン・ヴォーグの「ホールド・オン」が流れていて、僕らは平行に何本も並ぶ通路をその曲のリズムに合わせて大股で歩いた。店の端まで来たら逆を向いて再び、リズムに乗って大股で歩き出した。バカみたいだった。

色々なことがあった――オリヴァー・リードが『漂流者２人だけの島』や『青い珊瑚礁』に出演しているかどうかで大激論になったこともあった。未成年なのに野原で酒盛りをして、そのあとダンス大会になったこともある。僕らは二人とも、プリンス、ロビン・ウィリアムズ、そしてフライ・アンド・ローリーが大好きだった。友人たちや先生たちのものまねで競い合ったこともある。一パイント一ポンドの酒を賭けてプールもした。僕が彼にムーンウォークを教えたりもした。彼は僕にギターのＡコードとＤコードを教えてくれた。そして、素晴らしいパーティーの数々。本当にいつも楽しかった。それに加えて、暗闇で手を握り合ったりもしたということだ。彼がそれだけ大事な友達だったからでもあるし、魅力的な男だったからでもあると思う。

友情はもちろんずっと続いていく。ただ、しばらくしてウィルには彼女ができ、彼は夢中になった。それで自分は男だという意識が強くなったせいか、しばらくの間、僕には冷たくなった。でも、その時のことは――一九九〇年八月のことは――ウィルもよく覚えているだろう。その時は特に何も意識せずに行動していたのだろうし、あとになって、もっと考えて行動すべきだったと思ったかもしれない。彼はベッドから出ると、そのまま部屋の中を歩いてトイレに行った。僕は夜明けの光の中で、彼の引き締まった身体がゆっくりと動くのを見ていた。

ドアを開けて出ていく前に、ウィルは振り返り、少しきざな笑顔を浮かべてまっすぐ僕の方を見た。窓には朝日が当たり、引いたままの厚手のカーテンを通してもそれがわかった。旅の最終日の朝だった。カーテンの生地が少し傷み、裂け目ができているところから、光が漏れていた。それは悪意のない異星人が、部屋の中に何か生命の兆候はないかと探っているようにも見える光だった。僕はその瞬間を記憶に留めておこうとした。一七歳だった僕は、自分のしていることを自覚していた。今、当たり前のように目の前にあることが、すぐに記憶の中にしか存在しなくなってしまうことをよく知っていたからだ。その変化の速さに僕は驚いていた。今の瞬間は、幸せなものだけれど、すぐに消えてなくなってしまうものでもある。でも、しっかり記憶に留めておけば、いつでも好きな時にその瞬間を再び作り直すことができる――僕は母の声を、毎日自分で作り直して聴いていた。

友達は他にもいた。

僕は、学校のルーム9の外で、ミセス・スレーターと座っていた。その日は日曜日で、非常口の外に芝生の植えられた小さな中庭があったので、そこに出たのだ。僕らはワーズワースの「ティンタン・アビー」を手に、それぞれ椅子に座っていた。

僕はその頃、腺熱で学校を休んでいたのだけれど、重い腰を上げて医者に行く頃にはかなり症状は楽になっていた。「ティンタン・アビー」は別に学校の教材というわけではなかった。その日そこにいたのは英語の授業を受けるためではなかったのだ。ミセス・スレーターがただ休みの日に僕を呼んで、二人で屋外に座っていたというだけだ。表向きは、僕が休んでいて受けられなかった実践批評の授業の補習ということだったけれど。

「ボブ・エドワーズとあなたのことを話したの」ミセス・スレーターはそう言った。「そうしたら、彼がいいことを言ったのよ。『ロバートは、自分自身の友人になるべきです』って。

「確かにそうですね。ありがとうございます」僕はそう答えた。

そういえば、この何年かの間、僕らの会話の中でミスタ・エドワーズのファースト・ネームはずっと「ボブ」だった。そのことを思うと少し笑いそうになった。バカげたことを言うようだけど、そもそも僕には、先生にもファースト・ネームがあるという事実そのものが何となく不思議だった。子供っぽい感覚がまだ抜けていなかったのだ。ファースト・ネームがあるとわかると、先生が生身の人間であると実感してしまう。それが受け入れにくかった。僕は「ティンタン・アビー」という詩をはじめて声に出して読んだ。ゆっくりと、しかし大した興味もないまま読んでいたのだが、途中で何かが起きた。この一節に入る頃、僕はばらばらだった自分の心が再び一つにまとまるのを感じていた。

私は自然を見つめることを学んだが
それは無分別な若い時のことではなかった

しかしそれでも
人間らしさについて歌う悲しい音楽はよく耳にしていた
その音楽は力に満ちていながら、刺々しくもないし耳障りでもなかった
感情を抑え、和らげるような音楽――そして私は感じていた
喜びで私を惑わせる存在を
至高の存在、それは崇高な感覚でもある
数多くのものが混じり合った存在でもある
それは沈みゆく夕日の光の中に見つかる

詩人はこう書いて、自分の若い時を回顧している。その記憶は断片的で、現在から遠ざかることもあれば、反対に現在に近づくこともある。何よりも強く感じられるのは妹への愛情で、その愛情には最初から悲しみが混じっている。なぜならば、いつの日か必ず二人のうちの一人がもう一人を失うことになるという事実を受け入れなくてはいけないからだ。しかし、現在についての記憶が未来の自分にとっての慰めになるだろうという考えもある。そして、修道院《アビー》は、詩の中で直接、言及されることはないが、自然の中に存在する人間の繊細な、高い精神性の象徴となっている――ワーズワースにとっては、自らの親しんでいたツツジの茂みが、彼だけの緑の大聖堂《カテドラル》でもあったのだ。

「とにかく水分をたくさん摂りなさい」医者は僕にそう言った。そして、ミセス・スレーターは僕にワーズワースを読むように言った。彼女のファースト・ネームはもう何年も前から知っていたが、ここであえて、それを使おうと思う。それは友達としての彼女のことを書いているからだ。

僕は本から目を離し、学校の敷地の外に広がっている麦畑を眺めた。そして、彼女の方を向いて「ありがとう、ヘザー」と言った。

「ワン・アンド・オンリー」は、チェズニー・ホークスの曲の中でもトップ一〇に入る人気曲だろう。ただ、マーガレット・サッチャーが首相の座を降りたことを記念するような（僕はそう思っている）挑戦的なこの曲は、実はニック・カーショウが書いたもので、一九九一年の時点ですでに、失われたポップスの世界の最後の生き残りのようにも思えた。

なぜチェズニー・ホークスのことを書いたかというと、僕は自分のはじめての車に彼の名前をつけたからだ。ヘザー・スレーターが日曜日の学校で曇り空の下、「ティンタン・アビー」を読ませてくれてから、四つの季節（一つひとつの季節が一〇年にも感じられたけれど）が過ぎていた。まず、あの最悪な夏の残りの日々。次に憂鬱な秋。母の不在を無慈悲に痛感させられるクリスマス。そして春になると、僕は日記に毎日のように「こんな日記なんて書いている場合じゃない。何かを変えなくちゃ。ずっと何も変わっていない」と書いていた。僕はAレベルの成績を上げるため、勉強の計画を立てていた。それで確かに成果はあがっていたから、その意味では大きく自分を変えることはできていたのかもしれない。ただし、時間が限られている中、決められた量の課題もこなさなくてはいけなかったので、徐々にそちらにしわ寄せが来てもいた。

でも車を買ったことで、そういう心配は一気に吹き飛んだ。中古の日産チェリーだ――このチェリーに「チェズニー」と名づけた。母の残したわずかな遺産はデレクとアナベスのものになったのだが、母は生命保険をかけていて、その保険金は三人の兄弟に分割して支払われた。僕には思いがけず六一五ポンドという大金が入ることになった。そのうちの五〇〇ポンドをつぎ込んでチェズニーを買ったのだ。スポーティーなツートン・ブルーのクーペで、リアガラスの曲線が綺麗だった。五速のギアを積んでいて、そのおかげでエンジンの小ささを感じさせない走りをした。ギアをバックに入れると警告音が出た。本当に気に入っていた。

ただ、面接など大事な用事で出かける時、僕はチェズニーを使うのをためらった。まず、自分の運転に自信がなかった。自分の運転で果たしてA-1道路を二時間も走ってケンブリッジへ行けるだろうかと思った。そして正直に言えば、僕はチェズニーもあまり信用していなかった。それだけ遠くまで行って、帰って来られる車だろうか。確かに雨さえ降らなければまったく問題なく走っていたチェズニーだが、雨が降り出すと途端に動かなくなることがあった。デレクには、そういう時、ディストリビュータ・キャップの下にWD―40を吹きかけるといいと教わっていたが、それでうまくいく場合とそうでない場合があった。大事に騙し騙し使ってはいたが、いつの日かチェーンがスリップして大惨事になるのではないかと思っていた。

そんな時、キャロルが僕に「よかったら送って行こうか?」と言ってくれた。母の親友だったキャロルは僕にとっても大事な友人の一人になっていた。僕はキャロルに送ってもらってまずキングス・カレッジ、そして次にロビンソン・カレッジに行った。ロビンソン・カレッジでは面接を受けることになっていた。

カレッジは、表向きは学力以外の基準で学生を選抜することはないはずである。だから当然と言えば当然なのだが、ロビンソン・カレッジで僕が見かけた学生たちは皆、外見からは一八歳から二三歳くらいのごく普通の若者たちにしか見えなかった。見るからに頭がよさそうで怖気づいてしまう、という学生は一人もいなかった。服装も野暮ったくて、どこにも特別な感じはない。屋外では、二人の男子学生が水鉄砲で遊んでいるのも見かけた。そこに何人かの女子学生が通りかかって「子供だね」とバカにしていた。見慣れた風景だ――この分だと、あの「ボール・デス」もやっているのではないかと思った。

面接はあまり順調でなかったけれど、大失敗ということもなかった。オックスブリッジ〔オックスフォードとケンブリッジの両名門を一緒に呼ぶ言葉〕の面接は高圧的だと悪名高かったので、僕はそれを覚悟していた。たとえば、J・R・R・トールキンのような老人がいて、僕を黙ってじっと見つめ、そしていきなり「これは驚きだね！」と叫ぶ、そんな状況を頭に思い描いていたのだ。僕はとにかく、自分の思考の独自性を証明しなくてはいけない。そのためには、面接官のあごひげに火をつけるとか、そういう極端な行動を取らなくてはいけないのではないだろうか……そんな、あまりにもバカげた想像までしていた。

実際の面接は、想像とまるで違っていた。そこにいたのはごく普通の二人の教師で、手際よく面接を進めていった。彼らは僕に本についてのごく普通の質問をいくつかした。二人ともヘザー・スレーターとそう変わらない普通の先生だ。彼女と違って少し猫背だったが、学生たちと同じで、特に珍しい人たちではなかった。

キャロルは家の裏口の前で僕を車から降ろしてくれた。僕がお礼を言って、シートベルトを外していると、彼女はこう言った。「本当はお母さんに連れて行ってもらいたかったよね、ロバート。出すぎたことをしているとあなたに思われてないといいけど」

いくら母の親友だからといっても、キャロルのような立派な大人が、僕のようなほんの子供に対してこういう気遣いをしてくれることは本当にそれだけで嬉しかった。こんなによくしてもらっていいのかとも思ったけれど。彼女がここまでしてくれるのはやはり、母に対する友情からだろう。キャロルには子供がいなかった。そして、こんなふうにして僕を助けることを、母が本当に喜んでくれるのか気にしていたらしい。母が生きていたら「電車で行きなさい、ロバート」と言ったのではないか、と思っていたのだろう。

僕は反射的にこう答えた。「そんなことないよ。だって、キャロルはＬＳＥ（ロンドン・スクール・オブ・エコノミクス）に行って、都会で働いていた人でしょう。こういう勉強のことで助けてもらえる人は、僕の周りにはキャロルしかいないんだ」これは確かに事実だった。ただ、僕の本当の気持ちはそれとは違っていた。もちろん、できることならば、母に同じように送り迎えをしてもらいたかった。僕と一緒にケンブリッジに行って、一緒にケンブリッジを見たいと思った。しかし、もし母がまだ元気で生きていたら、僕は自分から「電車で行く」と言っただろう。母親が助けを申し出てもそれをあえて拒絶するような、いかにもティーンエイジャーとその母親というやりとりができなくなったことも、僕にとっては寂しかったのだと思う。

僕は正直にこう言った。「もちろん、母さんがいればいいけど、いない今は、こういう時、キャロル以外に誰も頼れる人はいないんだ」

母の看病をしていた頃は常に平静を保っていた彼女だったが、僕がそう言うと少し涙ぐんでいた。キャロルは僕の手を握った。そういうふうに僕の手を握ってくれる人がたまにいるけれど、僕はそれがとても好きだ。

「ありがとう」キャロルは言った。

ロビンソン・カレッジからは、「三科目でＡ・Ａ・Ｂという成績が取れれば、入学を許可する」という通知をもらった。第二志望のリーズ大学からは、「Ａ・Ｂ・Ｃでもよい」と言われた。それは僕にとって驚くべき報せであり、励みになる報せでもあった。

どうやら目標達成が近づいているらしい。僕は英語という科目が好きで得意でもあった。だから少なくとも英語に関しては何も問題ないだろうと思えた。だが歴史と経済学は、英語に比べるとはるかに勉強していなかった。四三歳になっても、僕はまだ時々、歴史や経済学の試験の夢を見る。でも、バイク事故とは違い、試験の場合、自分さえ勉強をすれば結果を変えることができる。夢の中の試験では、いつも、論文形式の問題が次々に出されるのだ。そして「うーん、これはできない。ああ、次もできないな。次はもう、さっぱりまったくできない。あ、次のは何とかできるか……いや、やっぱり無理だ」という感じになる。

八月のある朝、僕は車に乗って学校に行った。試験の結果を確認するためだ。どうせ驚くような結果は出ないに決まっているが、現実は直視しないといけない。談話室で僕らは黙ってボブ・エドワーズの周りに集まった。彼が持っている折りたたまれた紙に結果が書いてある。僕らはそれを受け取るのだ。

ティファニーもそこにいて、僕の表情が目に留まったらしかった。彼女は希望していたダラム大学に入れるだけの成績を取れたようだ。よかった。僕は手に持っていた紙を彼女に渡した。それを見たティファニーは僕に精一杯、優しくしてくれた。

「うわー、英語はＡね。本当にすごい。それで……ええっと……」彼女は他の科目の結果を二回見たあと、爪が青緑色になった指で折りたたんだ。「あとはＣが二つね、残念。でも、リーズなら大丈夫じゃないの？」

「いや」

「あとはポリテクニックとか」

「どっちも入学希望を出してないんだ」

「あ、そうなのね」彼女は小声ですぐにこう言った。「私もよ。じゃあ……クリアリング〔志望校に合格できなかった受験生に、別の大学の空き定員を提供すること〕を使うの？　それか再試験？」

「そうだね、そういうことになると思う」

ティファニーはハグをしてくれた。僕らはいずれにしても別々の道を行くことになるが、この状況はそれよりも悪い。彼女はたった今、僕の目の前で大学生になったのだ。僕は今のところただのリンカンシャーのグラマースクールの生徒でしかない。それが今、証明されてしまった。ボストン・カレッジに行った連中とは違い、ティファニーには、わざわざ僕らのところに戻って来て、自分は「クール」なのだと知らせる必要もない。これまでもそうだったが、きっと彼女は、残りの僕らには一瞥をくれることもなく立ち去るのだろう。

それは、まさに僕自身がしたいと思っていたことだった。頭の中では、僕は冷酷非情なろくでなしになったつもりでいた。ただ残念ながら、本当に冷酷非情なろくでなしなら、すでに今頃こんなところでこんなことはしていない、というところまで考えてはいなかった。

翌朝、ロビンソン・カレッジのシニア・チューターから手紙が届いた。僕は「遺憾ながらお知らせいたします……」というところまで読んだだけで、その手紙をくしゃくしゃに丸めてしまった。僕は、気は進まないながら一応、入学審査部に電話をして問い合わせようかとも考えた。でも、英語の成績は十分すぎるほどでも、Ａ・Ｃ・Ｃでは問い合わせたところでどうにもならないだろうと思った。それに、そんな長距離電話をかけたら電話代が大変なことになって、デレクがショックを受けるに違いない。それがいい言い訳になって、結局思い留まった。請求書が来るのは四半期に一度なので、長距離電話をかけたことをデレクが知る頃には、僕はここにはいないだろうが。

僕はクリアリングの申し込み用紙に必要事項を記入した。仮に当時脚光を浴びていたデ・モンフォート大学の定員に空きがあったとしても、きっと自分は入学を拒否するだろうなと思っていた。デ・モンフォート大学にもきっとよさはあるのだろう。でも、僕にはそこに行く人間がどうしても知的なスノッブのように見えた。どこか喜劇的なスノッブだ。もちろん、その年にそこに行った中にも好きになれる人間が何人かいたのは確かだが、多くはいけすかない人間で、そういう連中を引きつける罠のような場所だと僕には思えた。彼らは休暇のたびに故郷に戻って来ては、自分の地元をまるで駄目な場所のように言って笑うのだ。明らかに偏見だが、僕の頭の中では、デ・モンフォート大学はガートゥリーと同じような場所だったのだ。それは男の場所だ。小公子の行くところではないと思えた。

再試験を受けるしかない。再試験は一一月だった。

だが、このままでは再試験を受けたとしても、ケンブリッジに行くのは不可能だった。デレクと住んでいて、二つのCをAに変えるなんて芸当はとてもできそうになかった。

デレクは優しい男には違いなかった。あれこれと親切にしてくれた。僕がもし、コンピュータのディスプレイの端にメモとしてポストイットを貼りまくるタイプの書き手だったとしたら、きっとその頃には「一九九一年は、日記でデレクをあまり侮辱しないこと」と書いた大きなポストイットを貼っていったはずだ。日記の記述は実際、驚くほど彼に優しかった。ある時点までは。彼のことを悪く言いたくなるのは、色々とあって混乱しているせいもあると自分ではわかっていた。あえて日記に悪口を書かなかったのはそのせいもあるだろう。確かに、家の中での感情の揺れ動きも、試験の失敗の原因になったとは思う。でも、本当にその気になれば、もっとしっかり勉強することも不可能ではなかったはずだ。結局、自分の失敗は自分のせいでしかない。

しかし、と僕は考えた。これから再試験を受けるのにこのままの状態だと、同じことの繰り返しになるのではないか——僕にはどうしても他の展開は考えられなかった。この家にいる限り。

それから何年も経ってから、十六歳になったアナベスが、僕がキルバーンで借りていたフラットに二、三日泊まったことがあった。ある夜、アナベスは僕に「どうして家を出たの?」と単刀直入に尋ねた。僕はたぶん、うまく説明することができなかったと思う。本当は三一歳にもなっていれば、「ちょっと環境を変えたかっただけだよ」と軽く答えられてもよさそうなものだが、それはできなかった。

これに関しては、もう少し詳しく書くことにしよう。

小さな家の中は、まるでスローモーションの悪夢のようになっていた。何もかもがほぼ完全な機能不全に陥っていたのだ。正直に言えば、母のあと、他に誰一人死ななかったのが不思議なくらいだ。家の中には二人の男。どちらも悲嘆に暮れていた。どちらも料理はできず、洗濯機の使い方もよくわかっていない。二人ともお互いとどう会話していいかもわからないし、幼い子どもをどう育てればいいかもわからない。一人はまだほんの少年でしかなく、試験がこの宇宙で何よりも重要だと思っている。にもかかわらず、まるで勉強をすることができない、またはしようとしない。一人は一五歳で学校に行くのをやめた。だから、表面上、教育の価値は認めているけれど、心の底ではぼんやりと、教育なんて無意味でバカげていると思っている。

これがハートウォーミングなテレビドラマだったとしたら、ロブとデレクは同じ喪失感を抱えていることもあり、最初は無理でもやがて会話を始めることになるだろうし、不思議な連帯感を覚えるようにもなったかもしれない。僕の役はマーティン・フリーマン、デレクの役はクレイグ・キャッシュあたりが演じ、家事を二人で話し合って分担するようにもなるだろう。そしてライト・セッド・フレッドか何かの軽快な曲をバックに、一人が皿を洗い、もう一人がその皿を拭く、というようなシーンがしばらく流れるのだ。

だが、現実にはまったくそんなことはなかった。その頃の生活の最低ぶりについてはいくら言葉を尽くしても足りないくらいだ。とにかく、僕らの間には連帯感など何もなかったし、家事を分担することもなかった。

僕とデレクはやがて互いに感情を剥き出しにし、互いに言いたいことを言い始めた。そのきっかけとなったのは、僕の誕生日パーティーの請求書をデレクが僕に手渡したことだった。僕は誕生日パーティーのためにコミュニティ・センターを借りたのだが、それはその料金の請求書で、料金は二〇ポンドだった。これは僕がゲートウェイで平日夜二回と土曜日終日一回働いてやっと払える金額だ。それをデレクは僕に払えという。

「なるほど、あんたはこれを払うつもりがない、ということだね」僕は言った。

「君の母さんに払ってもらってくれ。そのくらいの金は君に残しているだろう」

この分だと母の葬儀の時の花や霊柩車の代金も僕に請求してくるかもしれないと思った。まあ、一八歳の誕生日パーティーにかかった費用を他人に払わせようというのは、確かにあまりに図々しいことではあるだろう。もっとひどいこともあり得ると思っていたその時の僕には、大した驚きではなかった。

ある夜、僕が再試験に向けて勉強をしていると、デレクが部屋にやっていて、「自転車でひとっ走りしてミルクを一パイント買って来てくれないか」と頼んだ。それがはじめてではなく、同じようなことは何度もあった。牛乳を買いに行けば往復で二五分はかかる。僕は一度は断った。だがデレクは食い下がる。「何もかも俺が一人でやってるんだぞ！」

そのとおりだった——彼は何もかも一人でやっていた。少し前まで何もしなかった男には、とてつもなく大変なことだっただろう。そしてその横で、僕はひどいことに、引き続き何もしていなかった。

僕の愛車、チェズニーは相変わらず、雨に弱かった。朝に試験がある時は、夜に必死で勉強をし、車で学校に行くことにしていた。スクール・バスで行く方が合理的なのだが、あえて車で行っていたのだ。最初の英語の試験は朝だった。夜の間は気づいていなかったが、朝起きてみたら雨だった。もうその頃には、チェズニーが雨で走らなくなることを僕は知っていた。

「今朝、試験なんだけど、車が動かないんだ。悪いけど学校まで車で送ってもらえないかな」僕はデレクにそう言った。

僕はその時、人差し指から血を流していた。チェズニーの微動だにしないエンジンをどうにかかけようと、何度も何度もイグニッション・キーを回したからだ。その日は月曜日で、アナベスはまだ祖父とトルーディーおばさんの家にいたから、デレクに特に用事はなく、僕を送ることに問題はないはずだった。だが、ただ一つ問題があった。それは彼の生活習慣だ。彼はとにかく決まった習慣を守って生活する。習慣の怪物と言ってもよかった。デレクは、「送ってほしい」と頼んだ僕を見て、「今すぐアンティグアの海に潜って真珠を取って来てくれ」と言われたような顔をした。

「でも、まだコーヒーも飲んでいないし、朝することを何もしていないんだよ」

「それはわかるけど、でも僕はこれから試験なんだよ！」

「まだ着替えてもいないし、コーヒーを飲んでいないんだ！」

しかたがないので、僕は半マイルも走って祖父とトルーディーおばさんの家に行った。祖父もまだパジャマ姿だったし、一五歳で学校へ行くのをやめた人だったが、すぐに僕に車のキーを渡してくれた。半ばヒステリー状態で、保険にも入っていない僕に運転させるのは危険だったと思うけど。

本当に大変だったのは、アナベスの存在だった。彼女はデレクを完全に支配していた。当然のことだが、アナベスは幼い子供である。世の中のルールはまだ知らないから、教えられない限りは幼い子どもがしそうなことはすべてする。そして、ルールを教えるのではなく、子供に何がルールかを尋ねるような親に育てられれば、余計に勝手気ままにふるまうようになるだろう。

「そろそろ寝る時間だと思わない？　かわい子ちゃん」

「思わない」

「いや、だからね。もう一〇時半でしょ。だからさ」

「思わない」

「ミルクあげようか。ねえ、ミルク。どうする？」

「いや、まだ飲みたくない」

「そっかあ」

ある夜、アナベスはキッチンの椅子によじ登り始めた。そのままだと落っこちるのは目に見えている。僕は降りるように言ったが、彼女は降りようとしない。仕方ないので僕は彼女を抱き上げて下に降ろした。アナベスは幼い子らしい癇癪を起こし、その場にあった布巾をつかんで僕に向かって投げた。僕はそれで怒りを増幅させて、怒鳴った。「人に向かって物を投げるんじゃない！」その言葉を聞いた彼女は、しばらくあっけに取られたように立ち尽くした。普段の僕ならそんなふうに叫んだりしないというのもあるが、そもそも、アナベスは人に怒鳴られたことがなかったのだ。彼女は顔をくしゃくしゃに歪めて、キッチンから走って出て行ってしまった。

アナベスの走って行くところは当然、主寝室だった。大したものだ。彼女はベッドの、母が寝ていた側に行き、カーペットに顔をうずめて大声で泣いた。アナベスがその部屋に入ったのは意図的でなく、偶然かもしれないのだが、ティーンエイジャーだった僕の頭は、そんなふうには考えず、すぐに一つの物語を作り上げてしまった。アナベスが怖い男に襲われ、身を守るために母のところまで走って行った、という物語だ。それはかつて僕がしたのと同じことだった。ただ、今や、怖い男は僕自身だった。そして、走り寄っていくべき母はすでにもういない。いるのは僕ら二人だけだ。僕はアナベスを抱き上げ、抱きしめて言った。「ごめん、本当にごめんよ」彼女はその時にはもうおどけた顔をして、カーディガンの袖で僕の目の涙を拭いてくれた。

もうたくさんだった。僕にはもうこれ以上、耐えられなかった。再試験を受けなくてはならないが、ここにいたのでは無理だ。ここにいると、どこにいても、母がいないという耐え難い事実がつきまとってくる。すべての部屋にブラックホールがあるようなものだった。すべてのにおい、すべての音に母の不在を感じた。ソファのきしむ音にも、冷蔵庫から出る音にも。この家は母の墓のようだった。しかも、騒々しい墓だ。

アナベス、許してくれ。僕に君の世話はできない。もう少し先ならできるかもしれないけれど。それにはまず、僕がもっと、今よりはるかに強くならないと。ごめんね。大好きだけど、僕は今、ここから逃げる必要がある。

理由は試験だけではなかった。悲しみに打ちひしがれた僕の頭、思春期のロマンティックな頭は、自分のことをルーク・スカイウォーカーのような存在とみなしていた——そして、ルークにはやり残した仕事があったのだ。こういう事態に陥ったのは誰の責任か。責めを負うべき人間がいるはずだと思った。罰を受けるべき人間がいる。それは誰か。オーウェン叔父さんではない。父親代わりにルークを育て、主人公である彼が冒険の旅に出るのを止めようとした叔父は悪くない。問題は、もう一人の男。姿を隠した父親だ。カーリング黒ラベルの暗黒卿だ。

マザコン男が母親を失ったら、いったいどうすれば、どこへ行けばいいのか。家に自分の居場所がなくなったらどこへ行けばいいのか。

そんな時は、もといた場所へ引き返すしかない。かつて逃げ出した場所へと戻るのだ。

彼が僕を待っている。

第二幕

第9章
「男は決まりに従うものだ」

「人は生きて学ぶ。いずれにせよ、生きている限り」

ダグラス・アダムズ

彼はガムを噛んでいた。それに僕は驚いた。なぜなら彼は、誰かが人前でガムを噛むことを真っ先に下品だと言って非難するような人だったからだ。彼は僕が驚いているのに気づいたらしかった。

「ガムを噛んでいてごめんな。実は禁煙に挑戦してるんだ」

「あ、そうなの。わかった」

彼はガムを噛んだまま微笑んだ。その少し前に、僕はこう言ったのだ。「父さん、少し話せないかな？」

そんなことを改まって言ったのはそれがはじめてだった。僕らは、ダワー・ハウス・ホテルのキッチンを出たところにいた。僕はキャロルから、そこでの皿洗いと、窓枠のペンキ塗りの仕事をもらっていた。そして、父はホテルに自分の育てた唐辛子を届けるために立ち寄ったのだった。父にはいくつも趣味や副業があったが、唐辛子を栽培して地元の企業に販売することもその一つだった。

「なんだ、前も言ったろ。いつでもうちに来いって。お前さえ……」

「あのね、その話がまだ生きているのなら、僕としては――」

「ああ、いいさ！　遠慮することはないぞ、ロブ。もともと、お前のうちなんだからな。ロブ、いいぞ！」

「再試験を受けなくちゃならなくなって、だから――」

「お前が使ってた部屋をまた使えばいい。今、マリーゴールドを育ててるから、ちょっと散らかってるけどな。ま、すぐに片づけられる。問題ない。それで、いつ引っ越してくる？　言ってみな」

「そうだね。まずはデレクに言わないと。何ヶ月かでいいんだ。再試験を受けるまでの間で」

「デレクか。あいつにはお前もイライラしてるんだろう。かわいそうにな。あいつは変わらないよ。かわいいアナベスもな、同情するよ。お前は、あいつのうちにはもういられないんだな。もっと平和なところに行きたいってことだ、試験を受けるために」

「うん、そのとおりだよ、父さん」

「やっぱりそうか」

「そうだよ」

「やっぱりなあ。今はな、あれだ、女友達のデリアが週に何回かうちに来るんだけど、気にしなくていい。デリアは知ってるだろう。あ、〝デリラ〟って言った方がわかるか」

「うん」

「お前の邪魔はしないから大丈夫だ。お前はお前のことをすればいい」

父は口からガムを出し、あたりを見回したが、どこにもゴミ箱がないので、仕方なくまた口の中に戻した。

父は顔をしかめた。集中している時の顔だ――何しろ、考えるべきことがたくさんあった。

「塵一つない、とは言わないが、うちの中は一応、片付いてるよ。それは大事なことだからな。毎週木曜日に来て掃除してくれる人がいるしな」

「ジョシーのこと？」

「そうだよ！　あ、お前、ジョシーを知ってるのか」

「前に父さんが話していたんだよ」

「とにかくな、いい掃除婦なんだよ。とても働き者でな。一生懸命やってくれる」ここでしばらく沈黙があった。僕らは二人ともその場に立ってうなずいていた。ジョシーの一生懸命な働きぶりを頭の中で想像していたのだ。そして僕は言った。「じゃあ、今晩にでもデレクに話すよ。週末には引っ越すと思う」

「よし、わかった。デレクもかわいそうにな。あいつはずっと変わらないよ」


その夜、僕はお茶を飲んでいる時、デレクに話をした。デレクはあれこれと言ったが、何もかも間違っていたので、おかげで気が楽になった。ここにいても仕方ないと思えたからだ。

「かわいそうな君の母さんは、君にはここにいてほしいと思うけどな」デレクはそう言った。

この一六ヶ月間、デレクは僕に母のことを話す時は必ずこういった——「かわいそうな君の母さん」。愛情から出た言葉なのだとは思うけれど、どこか見下しているようにも思えて腹が立った。僕の記憶の中の母はいつも生きて、元気にしていた。「かわいそう」なんかでは絶対にない。何か言ってやりたいとは思ったが、自分が出て行く方が簡単だと思った。

ただ、せめて、と思って僕はできるだけ穏やかな口調でこう言った。「母さんは『お前が嫌なら無理にフレッドと住む必要はないんだよ』って言ったんだ。でも今、僕は父さんと住んでもいいという気持ちになっている。それに、僕が再試験を受けることになるなんて、母さんは思ってもみなかったわけだし」

「アナベスは君がいなくなると寂しがるだろうな」

僕は深呼吸をした。一九九一年の時点にはまだ「ギルト・トリップ〔guilt trip＝相手に罪悪感を抱かせることで、行動を操ろうとする言動のこと〕」という言葉はなかったと思うけれど、その時、すぐにでも誰かがその言葉を作ってくれればよかったと思う。アナベスのことを考えると辛かった。まさかデレクがそんなことを言い出すとはまったく思っていなかった。結局これは、デレク自身が「寂しい」と言っているんだ。でもそれほど僕のことが好きなら、なぜ、こんなにも僕をいらいらさせるんだろう。そしてなぜ、これを書いている今もなお、僕をこれほどいらいらさせているんだろう。

日頃から「男らしさ」なんて嫌いだと言っていた僕にも、「男は男らしくすべき」という気持ちがあったのだろう。この時の僕が思う「男らしい行動」とは、デレクに対して怒ることだった。僕の心は母が亡くなったことで傷ついていて、その傷はまだ癒えていなかった。だからこそ、僕はデレクに対して怒っていた。アナベスを捨てて出て行くことにも罪悪感を覚えていたし、デレクも気の毒だと思っていた。だからこそ、怒っていたのだ。父と暮らしたらいったいどうなるのだろうと心配だったし、試験にまた失敗したらどうしようと恐れてもいた。父に対しても怒りを感じていたけれど、同じくらいデレクにも怒りを感じていた。ただし、たとえ僕がこういう自分の気持ちをわかっていたとしても、デレクにそれを話すことはなかっただろう。それでデレクを動揺させるのが怖かったし、そのせいでさらにデレクへの怒りが強くなるのが怖かったからだ。

今の僕は少年ではなく、一人前の男だ。だから、自分でも嫌だと思う感情を抱いていて、そのことで他人を責めるにしても、もう少年の頃のように単純な方法は採らないだろう。今の僕ならば実に鮮やかにそれをやってのける。そもそも四〇代も半ばになっていれば、自分の誕生日パーティーの請求書を渡されたとしても、それに不満を持つことなどないだろう。当たり前の話だからだ。とにかく、大人の男ならば、何か嫌な思いをしたとしても、気にしていないふりをして話題を変えるか、その場をそっと立ち去ればいいだけだ。

だが、デレクは感動的なほどに無邪気だった。「俺が何かよくないことをしたせいで出て行くんじゃないよな?」そう言ったのだ。

僕はそれを聞いて、思わず大声で笑ってしまった。でも、頑張ってそれを「何言ってるのさ!」というふうに聞こえる笑いに変えた。「違うよ、そんなことじゃない」すると、デレクも僕につられて笑ったのだ。

「そうか、よかった」

「ただちょっと環境を変えたいだけなんだ」

「そうか……」デレクが本当には納得していないことはよくわかった。でも僕は、絶対に決心を変えないつもりだった。その時の僕は冷酷非情な男だったのだ。

だが、翌日、車に自分の荷物を詰め込んでさよならを言う時の気持ちは、予定とはまったく違っていた。僕は「毎週日曜にはここに来るから」とデレクに言ったのだ。本当にそうするつもりだった。祖父やトルーディーおばさんにも、できるだけ会いたかった。できるだけ何でもない顔をして出て行こうとしたのだが、無理だった。何しろ一四年も住んでいた家だ。そこで母が亡くなり、とうとう出て行くことになったのだ。玄関のドアを閉めようとした時、キッチンから大きな声が聞こえた。「寂しくなるよ！」

その声を聞いて胸が詰まった。僕はこう返事をした。「僕もだよ」

僕はできるだけ優しくドアを閉めた。

父は気をつけて、できるだけ「ルール」という言葉を使わないようにしていた。「まあ、なんというか、『ガイドライン』みたいなものだな。お互いがいらいらしないで暮らすための」そういうのなら僕も歓迎だった――父を怒らせるのを異常に恐れていたからだ。それは本当にそうだった。それに、父がかつて母にどんな仕打ちをしたか、それをあまり考えすぎないようにしなくては、とも思っていた。もしそれを考えすぎてしまうと、僕は父を殺しかねなかった。単純に、父が怖いという気持ちも当然あった。家の中が完璧に綺麗に片付いていたことも怖いと感じていた。

「ガイドライン」では、食事を作るのは父の担当で、食器を洗うのは僕の担当ということになった。食器には牛乳瓶も含まれる。牛乳瓶はよく洗わなくてはいけない。そうしないと、配達員が外の牛乳瓶受けから瓶を回収する時、指に牛乳がついてしまうからだ。配達員は絶対に空き瓶に指を入れて回収したいはず、と父は固く信じていた。瓶の中に牛乳が残っていたら、それができない。それだけでなく、瓶が滑りやすくなり、落として割ってしまう危険性も高まる。「一番起きてほしくないことだからな」と父は言った。僕は父の口調から、牛乳瓶を丁寧に洗わない人間に対する強い軽蔑の気持ちを感じ取った。僕はそれを聞いて密かに、二番目に起きてほしくないことは何だろうと思っていた。また、「起きてほしくないこと」のリストはきっととても長いのだろうなとも思った。ただ、まだその時は引っ越してきたばかりで父との関係も良好だったから、他人の仕事にそれだけの配慮をするのはいいことだ、と好意的に解釈しようと努力していた。

　家の中が片付いていたことは不気味だった。僕のいない一四年の間に、父は潔癖な人間に変わっていったのだろうか。たとえば、居間のテーブルの上の物たち――電話、ペン、メモ帳、ランチョンマット、財布など――が、どれも互いに平行、直角になるように整然と並べられているのを見て、僕は警戒した。

「お前はまだ若いから朝起きるのが辛いのはわかる」と父は言ったが、それでも「寝室のカーテンは八時までには開けるようにしてくれるとありがたい」とも言った。そのあと、また寝てしまってもかまわないという。ただ、ずっとカーテンが閉まっていると、近所の人たちから僕がだらしない怠け者と思われてしまうかもしれないという。僕はもう少しで「どう思われようと自分は気にしない」と言いそうになったが、やめた。すぐに、父が本当に気にしているのは僕ではなくて、父自身の評判なのだということに気づいたからだ。あの人の息子は怠け者だと陰で言われるのを父は嫌がっていたし、自分がそういう息子を許すような人間だと言われてしまうのも嫌がっていた。つまり僕が何をしても、その影響は直接、父に及ぶということだ。そう思うと、とても不安な気持ちになった。

　車を駐める場所も気になっていた。今の場所にそのまま駐めていていいのか、あるいはそれは厚かましいことなのか。スリーヴ・モインのすぐ脇を通る道は枝分かれして、一方は家の裏側につながっていた。そちらの道は私道になっていたので、僕らは「車寄せ《ドライブウェイ》」と呼んでいた。実際にはそんなふうに呼べるほどのものではなかったのだが。一台駐める場所は十分にあった。だが、一応、僕の愛車チェズニーの前輪タイヤをどのくらいまで家に近づければいいのか、その「ガイドライン」を示してほしかった。どう駐めれば、父の目に「きちんと駐まっている」と見えるのかを知りたかったのだ。

　午前一〇時三〇分頃のことだ。父は僕を連れて家の中を歩き回り、あれこれと説明をしてくれたのだが、手にはずっとカーリング・ビールの缶を持っていた。デレクから離れたと思ったら、早速これだ。でも、その日は日曜だったし、うんざりしながらも仕方ないと諦めた。ただ、父は途中で飽きてきたらしい。徐々に説明が駆け足になっていった。

「洗濯機の使い方はわかるよな」

「ええと……わからないと思う」父はいったん缶を置いて、シンクの下に置いてある洗剤を見せた。「これが洗剤だ。高いんだぞ。これをここに入れる」父は、洗濯機についている小さな引き出しを引っ張り出した。その中に洗剤を入れるらしい。続いて、いくつもあるダイヤルの使い方を教えてくれたのだが、その教え方は極めてぞんざいだった。僕はいかにも理解しているような顔をしながら、何度もうなずいた。同時に、頭の中ではウッドホール・スパにいた頃にコインランドリーを使ったことはないか、必死に記憶をまさぐっていた。

そのコインランドリーに置かれていたのは、リーバイスのジーンズのコマーシャルに出てきた洗濯機だ。CMではマーヴィン・ゲイの「悲しいうわさ」が流れる中、男前のモデル、ニック・カメンが服を脱いで洗濯機に放り込んでいく。いや、この際、モデルのことはどうでもいい。もう家の洗濯機を使うのはやめて、コインランドリーに行くべきかとも思ったけれど、家にいるのにコインランドリーを使ったりしたら、きっと皆からあれこれ言われ、笑われるだろう。家族の評判を落とすことになる。母の遺産はまだ一〇〇ポンドくらい残っていた。ゲートウェイのバイト代もあった――ここを出るまでの間、着替えの度に新しい下着を買ってしのぐか。今さらながら、父にカーリングを飲むかと言われて断ったのを後悔し始めていた。

「たぶんこれで全部だな。あと、トイレのブラシはちゃんと使うこと。便器の周りを汚したら必ず綺麗に拭くこと。特にデリアがいる時は気をつけろよ。女はそういうことにうるさいからな。お前も知ってるだろ」

「うん」僕はなんとなく言葉を返した。「女は神経質だし、ウンコを異常なほど嫌うよね」などと同調するかのように。父は空になったカーリングの缶を潰して、キッチンのゴミ箱に捨てて、冷蔵庫の前まで行った。「ビール、本当に飲まないのか?」

「いや、飲むよ。もらえるかな」

　父は知らなかっただろうけど、僕はその時、まだボクサー・ショーツ一枚になったニック・カメンのことを考えていた。きっと、かっこいいに違いない。

ケンブリッジでもう一度、面接があった。それから、正式に再試験の話があった。校長のトマス・ビーカーは僕に、こうして再試験を受けられるのはめったにないことだと言い、また「合格の可能性は十分にある」と言ってくれた。ただ、そのためには二つのCをAに変えなくてはいけない。結果が出るのは一一月なので、今から正味二ヶ月ある。そして今は、勉強のできる静かな家に住んでいる。いけるぞと思った。

だが、残念ながら、世の中には経験によってなかなか学習しない人間というのがいるのだ。

僕は家でもダワー・ハウス・ホテルでも、皿洗いばかりしていた。そして、ウィルと出かけてばかりいた。サビの出てきた古い車《チェズニー》は、修理をし、色を塗り直して相変わらず乗っていた。ほとんど毎晩、外出した。特別楽しいと思っていたわけではないが、とりあえず外出したのだ。そのくせ、勉強の計画表だけは丁寧に作った。何色ものペンを使い、事細かにスケジュールを書き込んだ。それを見ると、僕がいつ教科書を開くべきか正確にわかるようになっていた。確かに僕は教科書を開きはした。開いて、たとえば、需要と供給の関係を示した図を眺めたのだが、すぐに母と暮らしていた家のことを考え始め、せっかく開いた教科書を閉じてしまう。ゲートウェイのバイトも「勉強に集中したいから」と言って辞めたのに、翌週にはマネージャーに頼んで、復帰させてもらった。午後、ただぼんやりと、ドラマ『ネイバーズ』の再放送を見ていることもあった。ふと気づくと、四時間もテレビを見続けていることもあった。そんな時は「もうおしまいだ」と思う。自分が何をしているかを認識してはいても、本当にやるべきこととの判断ができるとは限らないし、またその判断が正しい行動に結びつくとは限らない。

九月は結局、「一〇月になったら頑張ろう」と思いながら過ごしてしまった。一〇月には、「九月から頑張っていれば」と思いながら過ごすことになった。
一一月の僕は意外にも泰然としていた。ほとんど他人事のように、Cだった科目の成績はAに上がるどころか、DやEに下がってしまうだろうなと思った。これまで学費を出してもらった親たちには申し訳ない思いでいっぱいだった。

いよいよ最初の試験まであと四日となった。なのに、僕は何も勉強していなかった。

僕には決断が必要だった――諦めるという決断だ。僕は一つの作戦を決行することにした。「嵐のノーマン」と呼ばれたアメリカのノーマン・シュワルツコフ陸軍大将――その年のニュースに盛んに登場した人物だ――ならば、その作戦を「極めて原始的な戦術的期限調整」などと名づけたもしれない。僕はのろのろとチェズニーを走らせて学校に行った。校長と話をするためだ。ミスタ・ビーカーは僕の顔を見ると、勉強は進んでいるか、そして間近に迫った試験は楽しみかと尋ねた。勉強しているはずだから、きっと試験は簡単だろうと言う。僕は正直に状況を話した。『ネイバーズ』の再放送を延々見るなどして、まるで勉強が進まなかったということも言った。このまま学校に留まることはできないでしょうか、と僕は校長に尋ねた。一学年下のクラスでもいいから入れてもらって、来年の夏に再試験を受けられればと思っていたのだ。
顎ひげを生やした人と話をするのは難しい。何を考えているのか、表情を見ても読み取りにくいからだ。だが、その時は、僕がその週の校長の気分を台無しにしてしまったことがよくわかった。また、同じような返答をしたのがはじめてではないことも、その表情からわかった。「こんな怠け者は切り捨てなくては。まったくバカげた話だ」と言いたいのだということもよくわかった。

校長は僕が学校に残ることは認めてくれたが、これでケンブリッジにはひどいメッセージを送ることになってしまうとも言った。入学できるかもしれないという話にいったん「カーテンが引かれる」のは間違いないと。校長はさすがにそんな言葉は使わなかったが、僕がとんでもないヘマをして、すべてをめちゃくちゃにしたことは明らかだった。

僕は家に帰った。父にこの話をしなくてはいけない。これからあと七ヶ月、この家で暮らすと言わなくては。率直に話をするのだ——短く、要点を明確にして、そして大きな声で話をする。そうすれば父に少しはいい印象を与えることができるだろう。

ティータイムまで僕は待った。その日のティータイムには、半分に切った大きなマロー〔カボチャの一種〕にひき肉と玉ねぎを詰めたものが出た。あとはポテトとニンジンと、ソラマメだ。どれも庭で穫れたものばかりだ。それにベーコンとリンカンシャー・ソーセージも添えられていた。もちろん、ビールもある。こういうティータイムがほとんど毎日あったのだ。僕らはまるで王族のような暮らしをしていた。少なくとも、J・R・R・トールキンの小説に出てくるホビットたちのような暮らしだったとは言えるだろう。

「父さん、正直に言っていいかな。僕がどのくらい勉強しているか」

「ああ、言ってみろよ」

「実は、何もやっていないんだ」

「そうか」

「全然、集中できないんだよ。なぜかはわからない――たぶん……」

「母さんが亡くなったばかりだからな」

父は、まるでそれが世界中で一番明白な理由であるかのように言った。そう言われると、急に本当にそのとおりのような気がした。僕の率直な話はもうそれで終わりだった。まったく予想外の展開だ。

僕は小さな声で言った。「うん、でも、もう一年以上も経ってるし」

「昨日みたいなもんだよ。お前にとっては昨日みたいなもんだろう」父はタバコに火をつけて、くたびれた自分の手を見つめた。父の言葉には大人の知恵と温かみを感じた。僕はしばらくの間、考えていた。このまま僕たちはお互いに優しくなれるかもしれないと思ったのだ。ただ、父は自分自身の言ったことに戸惑っているようだった。そして、何か別の話題を探しているように見えた。父もやはり母の死を悲しんでいたのだと思う。はじめてそれに気がついた。

「ロブ、お前のやろうとしているのは大変なことだ。俺にはできなかったことだ。俺は学校ではさっぱりだったからな、体育以外は。体育は楽しかったよ――ゲイリー・レイトン先生が体育の担当だった」

「ミスタ・レイトン、まだ学校にいるよ」

「ああ、そうなのか」

「この話、前にしたことあるよ」

「本当にまだいるのか」

「うん」

「そりゃすごい。とにかくだ、お前はベストを尽くせばいいんだ。自分らしいやり方で。俺は応援してるぞ」

こうして腹を割って話をすることができたのを、父は喜んでいるようだった。父はまた、チェーンソーで少し先を切り落としてしまった親指どうしを何度も擦り合わせながら、自分自身を励ましているようでもあった。体育の授業での自分の離れ業を思い出していたのかもしれない。父は特にトランポリンや平行棒が得意だった。僕はすぐにでも父から離れたいという衝動にかられたが、安心するような言葉をもっと聞きたいという気持ちも湧いた。どうすれば父がそういう言葉をかけてくれるか僕は知っていた。校長に申し訳ないと思いながら僕はこう言った。

「ミスタ・ビーカーは、ケンブリッジ行きの話にはいったん『カーテンが引かれる』って言ってる」

父は顔を上げて言った。「くそったれが！　奴に何がわかる?!」

「ええっと……校長だからね。何でもわかるんだよ、たぶん」

「俺たちにだってちゃんとわかるさ、そうだ、ちゃんとわかる。『カーテンが引かれる』だって？　ビーカーの野郎、ふざけるな」父はそう言った。


結局、僕はまだしばらくグラマースクールに通うことになった。僕は自分の寝室で、シックス・フォームの制服を着てみた。昔は『くまのルパート』の壁紙や、スティーヴ・オースティンのポスターが貼ってあった部屋だ。もう僕には何もかもが小さくなってしまった。すでに脇毛まで生えた男がこのベッドに寝るのはおかしい。友人たちは皆、大学の授業を受け始めているのに、グラマースクールのネクタイを締めるのも、同じくらいおかしなことだ。僕は自分が巨人になったような気分だった――身体だけは大きく育ったけど、頭は空っぽという巨人だ。巨人は部屋のドアに向かって歩きながら、ぎこちなく制服のボタンを留めた。

僕は、ゴルフ・クラブの庭で手伝いをしていた時に祖父が言ってくれたことを何度も思い出した。祖父は僕に「お前は自分の道を行けばいいんだよ」と言ってくれたのだ。

確かにその時の僕は、僕の、まさに僕だけの道を行こうとしていた。幼い頃、僕の悪夢を操作していた「カーテン人」たちはまだそこにいた。今はもう悪夢を恐れるようなことはない。この三ヶ月間、僕は結局、ほとんど何もできなかったのだが、一つだけできたことがあった――それを意図したわけではなく、たまたまそうなってしまっただけだが――僕はその間、休養することができたのだ。「彼は自分自身の友人になるべき」ミスタ・エドワーズは以前、僕についてそんなことを言った。もちろん、ミスタ・エドワーズはそんなことまで考えていたわけではないと思うが、僕は本来二年のはずのシックス・フォームに三年通うことになったおかげで、自分自身の友人となり、自分自身を癒やす時間が持てたとも言える。

ある日曜日、アンドリューがパブで、父は弁当を作ってくれるのか、出かける前にはキスをし、手を振って見送ってくれるのか、と僕に尋ねた。僕は「ああ、そうだよ」と答えてから、「うるさい、黙れ」と言った。アンドリューがそうやって冗談にしてくれて、少し気が楽になった。本当に苦境に陥ると、人間は冗談も言えなくなってしまう。

僕は留年したことで、かつてピートやウィルたちと一緒に「ガキども」と呼んでいた子たちと同級生になってしまった。彼らも今でもすっかり成長して、まったく「ガキ」ではなくなっていた――僕は彼らとともに歴史と経済学を勉強し、Ａを取らなくてはいけない。ピートとウィルはすでに就職していたが、ウィルの方は同時にプレストン大学の二年課程を目指すことになった。以前は絶対に嫌だと言っていた道に進むことになったのだ。簡単に言うと、将来は会計士になるということだ。ウィルが会計士になるというのは、僕にとっては、あのジェイ・ギャツビーが犬の保険のセールスマンになるというくらいの違和感だった。でも、僕が勝手に思うウィルと、本人が思う彼自身の姿は違っていて当然だ。だから、僕はそれでいいと思うことにした。

ティファニーはダラムから手紙をくれた。手紙には、本人にも判読ができないという彼女の歴史のノートが同封されていた。元彼女のイザベルは、リンカン大学の美術課程に行っていた。

自分で招いたとはいえ、惨めな状況には違いない。その状況に対処するには、とにかく何もかもを冗談にしてしまうしかなかった。そうでもしなければ、苦しさのあまりおかしな行動に出ていただろう。低い唸り声をあげながら廊下を歩くような人間になっていたかもしれない。厳しい状況がヤスリのようなはたらきをしたのか、性格は少し角が取れたようにもなった。屈辱で息が詰まりそうだった。自信がないのでそっと音を立てずに歩くようにもなった。夢の中で一八ヶ月間もタップを踊り続けてもう脚が動かない、そんな人になったようだった。

本来下級生だったはずの同級生たちは、僕に興味を引かれると同時に恐れてもいたようだ。そして奇妙なことだが、ある種の尊敬の念も抱いたらしい。僕は学校内では一応、スターだった。すでに全校生徒の前で何度も喜劇を演じていたからだ。ほとんどの子たちは僕が母を亡くしたことも知っていたし、僕が留年したのはどうしてもケンブリッジに行きたいからということも知っていた——僕はそんなことを意図したわけではないのだが、彼らにとってはそうした何もかもが、僕を現実離れした存在に見せていたのだと思う。時おり目が合う、その視線を見るだけで彼らが僕を恐れていることはわかった。彼らにとって僕は生きた教訓でもあった。親が宿題をしない子に話して聞かせる怖い話の主人公だ。「昔々、あるところに、一九歳なのにグラマースクールのブレザーを着ていた男がいました……」

でも学校にまったく友達がいなかったわけではない。たとえば、ウィルの元彼女のデイジーとはとても仲良くなった。彼女がウィルとセックスしていたことも気にならなくなった。当然、そんなことは口に出さなかったけれど。信じ難いことだが、マリーナも僕のことを許してくれたようだった。彼女はその時、一つ下の学年にいた。少し前まではあった見えない壁がなくなったようで、近くにいれば挨拶くらいはするようになった。

僕とウィルの間に何かあるんじゃないかという噂があるのは知っていた。それを知っても嫌だとは思わなかった。その頃の僕は、自分の性的指向をあえて曖昧にするような言動をしていたところがある。談話室で『テルマ&ルイーズ』の話をしていた時、僕は何気なくブラッド・ピットのことを「セリフこそ少しは与えてもらっているけど、彼は単なる綺麗なモデルでしかない」と言った。年下の同級生たちは僕のそんなインチキなハリウッド批評を聞いてすごいと思ったらしかった。そして、男のブラッド・ピットに対して僕が「綺麗」と言ったことに驚いて静かになってしまった。でも、こんなのは大したことじゃない。

こんなこともあった。経済学の授業で先生が、バイセクシュアルだったジョン・メイナード・ケインズのことを「性的指向に混乱があった人」と表現したので、僕は「いったい何がどう混乱していたのですか」と質問した。教室の壁には経済学上、重要なグラフや図が何枚か貼ってあったのだが、僕がその質問をしたと同時にそれが一斉に床に落ちた。まるで僕が教室に作り出した困惑の空気のせいで、紙を壁に固定していた粘着剤が溶けてしまったようにも見えた。幸い、先生はいい人だったので、自分の発言を訂正してくれたが、周りからは僕が使命感にかられてそういう質問をしたように見えただろう。

　こういう言動で僕は注目を集めることになったが、決してそれが目的ではなかった。それをきっかけに、皆にはもっとよく考えてほしいと思っていた。僕はその頃、次第に父に対して怒りを募らせていた。こういうことに関して、毎晩のように父のステレオタイプな話を聞かされていたのだ。たとえば近所には、ティムとフランクという、とても感じのいい中年男性カップルがいた。二人はフィッシュ＆チップスの店を営んでいた。父はその店のフィッシュ＆チップスが大好きだったのだ。父はある夜こんなことを言った。

「同性愛者って何か特別な能力を持っていることが多いよな。そう思わないか。たとえばスティーヴン・フライとか、すごく頭がいいよ。ボーイ・ジョージも、ちょっと気持ち悪いし、きっとろくでなしだと思うけど、誰にもまねのできないことをしてる。音楽ビジネスをよくわかってるよ。ティムとフランクもそうだ。フライドポテトも魚もとてつもなくいい。二人には特別な何かがあるよ。ティムとフランクだけじゃない――世界中の同性愛者がそうだ」

　いつか『世界中の同性愛者』というタイトルの劇でも書いてやろうかなと思ったが、口には出さず、僕は巨大なミックス・グリルとチーズのかかったマッシュ・ポテトを食べながら黙ってうなずいていただけだった。

僕はだんだん怠惰になり、父に言われた「ガイドライン」を守らなくなった。それで時々、父を激怒させることになった。父は小さい怒りをその場では発散させずに、一週間、二週間という長い期間にわたって溜め込み、ある時点で一気に爆発させる人だった。その時にはもちろん、大きな声も出すことになる。

「食器洗いは絶対に朝やれと言っただろう！　気が向いた時にやるんじゃ困るんだよ。おい、聞いてるか。それに木曜日は食器洗いをさぼっているだろう。俺が気づいていないと思うか。どうせジョシーが来てくれるからと思っているのかもしれんが――おかげで俺が代わりにやっているんだ」

「確かにそうだ。ごめんなさい。申し訳ないと思うけど……」

「申し訳ないとか、そういう問題じゃないんだ。ここはお前のうちなんだからな。まだあるぞ。風呂に入ったあとは必ず掃除しろと言ってあったのにやってないな」

「それはやってるよ！」

「いや、昨日はやってなかった」

「それは悪かったよ。でも……」

「悪かった、じゃない。謝ればいいという問題じゃないんだ。ここはお前のうちなんだと言っているだろう。マークもここに来たばかりの時はお前と同じだった。だが、うちを出る頃には、ちゃんと誰かと暮らすというのがどういうことか、わかるようになった。その時はもうバカ野郎じゃなかったぞ」

僕は二階に向かった。

「どこへ行くんだ？」

「どうせ僕はバカ野郎だよ。だから父さんを煩わせたくないと思って」

言葉で何を言うよりも、ただ立ち去るのが父には効き目があった。歩きながら、父の罵る声や、一階のあちこちのドアを激しく叩く音を背中で聞いていたが、しばらくすると落ち着いたようだった。父は上にいる僕に向かって怒鳴った。「俺が厳しくするのはお前のことを気にかけているからなんだぞ！」

僕は返事をしなかった。父はそのままパブに行ってしまった。


日記は怒りの言葉を溜め込む貯蔵庫のようになっていた。「いったいあいつは何の権利があって、僕にこんなことを言うんだ？」という類の言葉ばかりが並ぶようになったのだ。紙の上では、僕は恐れ知らずの戦士だった。でもうちの中での僕はほとんど口を開かなかった。その理由は明白だ。僕は父を怒らせるのが嫌だったのだ。特に僕が恐れていたのがティータイムだ。父がチャンネル4ニュースを見始めた時が最悪だった。父は少しでも自分にとって気に食わない人間が出てくると興奮して不満をぶちまける。嫌いだったのは、たとえば左翼、弱者に味方をする人間、サッチャー政権を支持しない女性などだ。ただ、そんな父も、人種差別的な発言だけは決してしないよう気をつけていた。父がNワード〔ニグロ、ニガーなど、黒人を見下すような言葉のこと〕を使うのは聞いたことがない。父にとって、それだけの自制をするのは大変なことのようだった。言わないように我慢している時は、そばにいる誰が見てもわかった。父はニュースのプレゼンター、ジョン・スノウに対しては、あまり怒りをぶつけるようなことはなかった。彼の青い目、色鮮やかなソックスとネクタイには、何か父を抑えつける特別な力があるようだった。ある夜、いつものように国教会の主教を厳しく批判するスノウを見た父は、テレビに向かってこう言った。「なかなかいいことを言うじゃないか」

父は、僕がほとんど何に関しても父とは違った意見を持っていることを察知しているようだった。確かにそのとおりだった。だから、僕らの間ではいつでも、率直で活発な議論が起きても不思議はなかった。でも僕は一切、父には自分の意見を言わなかった。僕は、少しでも議論になりそうな空気を感じると、いつでも急いでそれを変えようとした。肩をすくめるか、小声でつぶやくくらいで、はっきりしたことは何も言わない。時には、父に賛同しているようなふりをすることもあった。父はそれを見て、僕が父の意見を真剣に考えるほどの価値のないものだと思っていると感じたかもしれない――それでかまわなかった。どう思われようと僕は気にしなかった。

そう振る舞ったのには、いくつか理由があった。大きくは「そもそも議論が下手だし、嫌いだから」「父と議論をしても何の意味もないから」「僕はまだ父を恐れていたから」この三つだろうか。

僕はその頃から、祈りを捧げるようになった。真剣に作法を守って毎晩、ベッドの脇でひざまずいて「主の祈り」を暗唱した。それでこの状況から抜け出せるのではないかと思っていたのだ。祈りを捧げたあとは、母に向かって少し語りかけるようになった。父についての愚痴を言う。できるだけ面白おかしく話すようにしていた。ついには神に取引を持ちかけたりもした。相手は神でもイエスでも、効き目があるなら誰でもよかった。真面目に生き、必ず人の役に立つ人間になるので、その代わりにどうか願いを一つだけ叶えてください、と持ちかけたのである。ケンブリッジに入りたいという願いだ。それさえ叶えてくれたら、僕は優しい男になるし、神のよき下僕になると誓った。このたった一つだけでいいのです、神様、と僕は祈った。そうすればこのクソみたいな家から出ることができます、「クソ」なんて言ってごめんなさい、言葉遣いが悪いのは気にしないでもらえるとありがたいです——そんなふうに祈っていた。

一九九二年の春頃の僕はもうとにかく、リンカンシャーという土地にうんざりしていた。もはや何も言う気が起きないほど嫌になっていたのだ。バイト先のゲートウェイの控室にいても、もう何も話をしなかった。時々、二歳下の同僚たちが「毎日、必死で勉強してるんですか」などと言ってからかってきたが、僕はそれでも何も言わなかった。学校でも、最初は僕のことを珍しがっていた年下の同級生たちも徐々に慣れてきて、特別扱いもしなくなったし、皆、僕のことをただの変わり者と思うようになったらしかった。僕も彼らも互いに干渉しなかった。マークとアンドリューも含め、家族との間の力関係も以前とまったく変わっていなかった。荒っぽい兄たち二人がそばにいると、僕はまったくおとなしくなってしまう。家ではほとんど口をきかなかった。友達も皆、遠くに行ってしまった。ウィルだけはまだ近くにいたけれど、新しい彼女に夢中になっていた。いいなと思う子も何人かいたけれど、そのうちの誰一人、僕には関心を示さなかった。僕が年を取りすぎていて、変わり者すぎたからだ。

四月以降、日記には何も書かれなくなる。自分が何をしなくてはいけないかを日記に書く代わりに、実際にしなくてはいけないことをし始めたからだ。祈りを捧げることはまだ続けていた。Ａを二つ取れるよう祈り、ただ祈るだけでなく、それが実現するよう努力を始めた。あと数日で試験という土曜日に、父は僕を庭に誘った。デリアとバーベキューをしてビールを飲むからお前も来ないか、というのだ。僕は「いや、やめておくよ」と返事をした。意志の力がそれほど強いというのは、父にはほとんど信じられないことだった。僕は父から最大の賛辞を勝ち得ることができた——僕の勤勉さを、父も認めてくれたのだ。仕方がない。今がんばらなくては、もうがんばる時がないのだ。シェイクスピアの劇では、ハル王子は今すぐに馬に飛び乗らなくてはいけない。しかも失敗は許されない。もしも失敗すれば、このままずっとフォルスタッフに悩まされ続けることになるのだ。ルーク・スカイウォーカーも惑星タトゥイーンから飛び出し、二度と戻ることはなかった。そうしなければ、モス・アイズリーのバーで男娼として働くことになっただろう。

ありがたいことにデリアが試験の日の朝食を作ってくれたが、それは僕にとって辛いことでもあった。まさにGCSEを受ける時に母がしてくれたことと同じだったからだ。僕は、母を裏切っているような気持ちでデリアの朝食を食べた。

結果が出る日の朝は、ウィルが車で僕を学校まで送ってくれた。家から出て来た僕が悲愴な顔をしているのを見て、彼は笑いかけ、ハグをしてくれた。学校へ向かう時は回り道をして、僕を元気づけようとしてくれた。だが、僕はそんな彼に腹を立て、首を絞めてやりたい衝動にかられた。シックス・フォームの談話室にはミスタ・エドワーズがいた。ちょうど一年前とまったく同じ場所に立っていたのだ。そして一年前と同じポーカーフェイスで、やはりまた一年前と同じように、丁寧に折りたたまれた紙を僕に渡した。僕は部屋の隅までその紙を持って行き、しゃがみ込んだ。「ダメかもしれないが、もう、その時はその時だ」そう思いながら紙を開いてみた。中にはこう書いてあった。

歴史　A (a)
経済学　A (a)

ああ、これは現実なのだろうか。僕はしばらく目をそらすことができなかった。嬉しくはあったが、その気持ちはあまりに複雑で、僕は混乱していた。すぐに素直に喜ぶことができなかった。色々な感情が同時に込み上げて、もうどうしていいかまったくわからない。デイジーが心配そうに近づいてきた。「どうしたの、ロブ。大丈夫?」

「ああ、デイジー、ああ、とても大丈夫だよ、ありがとう。いい涙だから、これは。とてもいい涙なんだ」

その日、父は日が暮れるまでパブのはしごをしていて、家にはいなかった。そして、やがて日が沈んだ。

父が家に帰って来た時、僕は階段を上がったところに座っていた。「おい、ロブ」父は、中に入るなり大声で叫び始めた。僕はふらつきながら階段を降りた。途中で踏み外さないように十分に注意した。何しろ一度落ちているから、慎重になる。

「どうだったんだ!?」父は叫んだ。

僕は父に微笑みかけた。そこですぐに話し始めないくらい冷静でいられればよかったのだが、僕はまったく冷静ではなかった。

「Aを三つ取れたんだ。だから、ケンブリッジ大学に入れるんだよ」僕はすぐにそう言った。

父は拳を突き上げると、声を限りに「うおおおおおお!」と叫び、ものすごいスピードで僕に近づいてきてハグをした。身体が二つに折れてしまうかと思うほどの強いハグだった。父は本当に嬉しそうだった。

僕らは家を出て、いつものパブへと向かった。そのあと何軒もはしごしたが、どのパブでも父は、僕や、知り合いと話をしている途中で不意にさっきの出来事を思い出した。そして突然、またこれ以上は出ないというほどの大声で勝利の雄叫びを上げるのだった。父と暮らした一年は辛かったけれど、これほど父を喜ばせることができたのはとても誇らしかった。友人のニールが家庭教師をつけるなどして二人の息子の教育に力を入れていたのに、結局二人ともオックスフォードやケンブリッジに入れなかったと知っていたので、父は余計に嬉しかったようだ。父はどうやら、僕がケンブリッジに入れたのは「タマ」が大きいからだと解釈していたようだが、そう思うのが嬉しいのなら、それでいい。喜び方は人それぞれだと思った。僕自身はもちろん、密かにものすごく喜んでいた。家族の中ではじめて、この土地から外へ行けることも、公立学校からケンブリッジに入ったということも嬉しかった。人より一年余計にかかってしまったが、時間が経てばそれは大した問題ではなくなってしまうだろう。

とにかく今は、何もかも忘れて祝うことにしよう。何しろパブは六軒もある。

散々飲んでようやく家に帰り、自分のベッドに入って眠っていたら、父がふらふらと僕の部屋に迷い込み、間違えて僕のベッドにうつぶせに倒れてきた。「父さん、間違えてるよ。ここは僕の部屋だ」

「ああ、そうか。悪いな」父はそう言うと立ち上がり、「最高だな！」と言った。父は再びよろめきながら出て行った。間もなく父は自分のベッドに倒れ込んだらしい。音が聞こえてきた。そして父は「うおおおおおお！」と叫んだ。

翌朝、目が覚めたら頭痛がした。今思うと大した頭痛ではないが、まだ一九歳の少年には大変な痛みに思えた。頭をのこぎりで切断したいと思うほどだったが、もちろんそうはせずに、僕は家のポストを覗きに行った。ロビンソン・カレッジのシニア・チューターからまた手紙が届いていた。今度の手紙は「大変喜ばしいことに……」で始まっていた。今度は前とは違って最後まで読んだ――たぶん、三〇回は読み返したと思う。

二ヶ月後、父は愛車のボクスホール・キャバリエを運転していた。助手席にはマークが乗り、僕は後部座席で窮屈な思いをしながら座っていた。窮屈だったのは、祖父がくれた巨大なスーツケースと、本当は新品なのだがダメージ加工をしてあるので古く見えるリュックサックを隣に載せていたからだ。すっかり平和な日常が戻っていた。父は僕の自転車を分解して車のトランクに載せようとしたのだが、前輪を外す段階でどうしていいかわからず途方に暮れてしまった。ともかく、父はもう僕のことを「怠け者」とは言わなくなった。僕はロビンソン・カレッジから提示された「英語必読文献リスト」にあげられていた本を大量に買い込んでいたが、父はその本の山を見ていたのだ。朝八時に部屋のカーテンを必ず開けろとも言わなくなった。僕が夜通し本を読んでいるのを知っていたからだ。

　車がA－1に乗ると、霧雨が降って来た。父はしばらくの間、ワイパーの動く間隔のことを話していた。「インターバル」モードでワイパーを動かしていたからだ。ワイパーは一回動いて、しばらく休み、また一回動くということを繰り返す――父によれば、この車のワイパーは、インターバル・モードにすると、水滴を拭き取るには作動時間が短すぎるし、でも、前を見るには作動時間が長すぎて視界の邪魔になるということだった。マークはあまりこのドライブを楽しんでいないようだった。それがなぜなのかはよくわかった。マークが運転していたら、二倍くらいのスピードを出していただろうし、四倍くらいの運転テクニックで走っていただろう。マークは退屈しのぎに僕に色々と質問をしてきた。

「なあ、ロブ、ケンブリッジの女の子《バード》はどんな感じなんだ？」

　僕も当然、女の子のことは気になっていた。女の子のことを僕は「バード」とは呼ばないが、それはどうでもいい。ケンブリッジの学部生の女の子たちだって、たぶん、僕がこれまでに会ってきた女の子たちと特別違うわけではないだろうと思っていた。ただし、彼女たちは僕とセックスしたがるはずだ。それがこれまでと唯一違うところだろう。とにかく僕はこれだけ聡明で想像力にも富んでいて、何もかも素晴らしいのだから。魅力的でないわけがない、そう思えた。

　僕はマークに「うーん、そうだね……」とだけ答えてあとは何も言わなかった。

　女の子を「バード」と呼ぶような話し方を今までしていなかったのは幸いだった。この分ならあまり言葉遣いを直さなくてもいいだろう。僕は何年も、自分の思う「ケンブリッジの学生の話し方」を練習してきた。ただし、話す相手は選んでいた——イザベル、キャロル、ヘザー・スレーターの他は何人かの先生だけだ。僕は、ケンブリッジの学生らしい話し方をする上で大事なのは、「アイロニー」と「無関心」だと感じていた。何を言ったとしても、賢い人間の言うことは、言葉通りの意味ではない。僕はあと何時間かすると、「スペード」のことをそのまま「スペード」と呼ぶことなど夢にも思わないような人たちの排他的なコミュニティに入ることになる。何ということだろう！　僕にとって、それはキャンプに行くようなものでもあった。ハンティンドンを通り過ぎれば、僕のアクセントもその土地に合ったものに変わることになる。castle《城》を「カアスル」ではなく「カルスル」と発音し、〝oop《おっと》〟と言わずに〝ahp《おや》〟と言う練習を始めたのはもう四年も前のことだった。でも、もうこれからは、気分だけではなく、周囲の皆が本当にそういう話し方をする土地で暮らすのだ。

ロビンソン・カレッジに到着し、僕の住む部屋もすぐに見つかった。部屋のベッドに「ベッドメイクはアリソンが担当します」と書かれたメモがあるのを見て、マークと父は大笑いしていた。小公子にようやく召使いがつくことになったな、と思ったらしい。

僕は二人を車まで送って行った。マークは自分の仕事用の名刺を僕に渡した。名刺の裏には「何か困ったことがあったら、昼でも夜でもいつでもいいから電話してこいよ」と書いてあった。その時まで考えてもみなかったけれど、僕が知らない土地で一人で暮らすということを、自分の目の届かないところに行くということをマークは心配していたのだった。僕はマークに「ありがとう」と言った。ただ、申し訳ないが、ロビンソン・

カレッジに着いてわずか一〇分で、僕は母が亡くなって以来、はじめて心から安心でき、くつろぐことができるようになったのだった。

「じゃあな」父は言った。「またクリスマスにな。性病には気をつけろよな。がんばれよ」父は感極まっているようにも見えたが、たぶん、また家まで運転して帰ることを思っていらだっていたのだろうと思う。それは、気の毒なマークも同じだった。僕らは握手をした。二人はキャバリエに乗り込んだ。僕は、車が見えなくなるまで手を振っていた。


僕はそこまで部屋着で出てきたのに気づいて、しまったと思った。すぐに部屋に戻りたくはなかったからだ。だが、仕方なく、両手をポケットに入れて踵を返した。そして、カレッジ正門のレンガの道をゆっくりと歩いて行った。父とは思ったほど喧嘩をせずに済んだ。これからはもう今までとは何もかもが違ってくるだろう。もう、「男らしくあらねば」という気持ちに悩むのはやめよう。そして、「男らしくなくていい」ということをむきになって証明しようとするのもやめる。僕はただ、自分自身であればいい。

そんなに難しいことじゃないはずだ、きっと。

第10章 「男は痛みを隠さなければならない」

「そう、私たちは男、私たちは女だ」

スウェード「ムーヴィング」

「音楽は僕にとって、とても大事なものなんだ」フィルは静かにそう言った。聞いていた僕らは皆、それはそうだろうなと思ってうなずいた。フィルは眼鏡を指で少し持ち上げ、ペパーミント・ティーを少し飲んだ。僕は何となくフィルが嫌いになり始めていた。

フィルの部屋には彼も入れて六人集まり、ただ座ったまま何をするわけでもなく過ごしていた。フィルはニーナ・シモンのアルバムをかけていた。ベスト盤ではない。タイトルは忘れたが、とにかくオリジナル・アルバムのどれかだ。フレッシャーズ・ウィーク〔日本で言うところの「新歓シーズン」的な期間〕二日目の夜だった。僕らは互いの部屋に行って、それぞれに自分の好きな音楽を皆に聴かせることにしていた。フィルの部屋が終わると、次は僕の部屋に行く番だった。だが僕は、「どうしたものか」と困っていた。ずっと持ち歩いていたフォスターズ・ビールの缶は空になった。ニーナ・シモンなんて聴いたのはその時がはじめてだったけど、本当に素晴らしい歌声で、僕はそれまで知らなかったことを恥ずかしいと思った。僕以外の皆は、彼女をまるで旧友のように「ニーナ」と呼んでいた。話しているうちにわかったのは、僕以外の五人の親たちが教師や大学教授、作家だということだ。そして全員、親たちは離婚せず、彼らが生まれた時から変わらず夫婦でいるということだ。

僕はその時、二〇歳になったばかりだった。入学の九月が誕生日だからだ。シックス・フォームに三年行った事実は消しようがない。僕は皆よりも二年遅れてここに来たような気分だった。しかも、二年も時間があったのに十分な準備もないままここに来てしまった。

いったい僕は何の音楽を聴かせればいい？　マイケル・ジャクソンだろうか。いや、マイケルはもはや本当の「ブラックミュージック」とは言えないな。うーん……ここは、ジャクソン5にしたらどうか。アルバムは持っていただろうか。ジャクソン5なら少なくともこんなふうに言うことができる。「もちろん、今の彼はもう冗談みたいになってしまったけど、僕は彼の初期の作品が好きなんだよね」いや、だめだ。初期のレコードだって、何百万枚も売れたんだから。マイケルは幼い頃にもうそれだけのヒットを飛ばした——まだ字も読めないうちからジェームズ・ブラウンのように踊ることができた。だけどたぶん、僕以外の五人はそれを「クール」だなんて思わないだろう。まさか五人に僕の部屋で「スリラー」を聴かせるわけにもいかない。

六人の中で男子はフィルと僕だけだった——僕はほんの少し競争心を抱いていたと思う。もちろん、フィルの方にそんなものはなかった。そういうやつではなかったのだ。フィルはタイをあちこち旅したということで、皆にタイ料理を振る舞ってくれると言っていた。来週あたり、近所にちょうどいい鍋を売ってる店が見つかったら作るよ、と。僕はその時、何も知らず、本気で「ちょうどいい鍋って、あのフッ素加工の焦げつかないやつのこと?」と尋ねてしまった。フィルはあきれた顔もせず「いや、そうじゃない」と答えたが、素晴らしい忍耐だったと思う。

皆が僕の部屋に来た。全員、何とか座る場所を見つけることができた。

物静かだったジュリーの茶色い目は、はじめは少し緊張しているようだったけれど、壁に貼ってあったローレル&ハーディの大きなポスターを見ると楽しそうな目に変わった。「ローレル&ハーディ、父が好きなの」

それは僕が期待したとおりの反応ではなかったが、少なくとも彼女の反応は悪くなかった。ポスターはこんなふうに大勢が部屋に来た時のために貼ったわけではなかった。ジュリーのような子と二人きりになった時のためだった。「僕は生真面目な人間じゃない。ここに来たら気を楽にして」そう知らせるためのポスターだ。うまく警戒心を解いて好感を持ってもらうことができたら、彼女は服を脱ぐかもしれない。そういう考えだった。

フィルもポスターには注目したが、彼の態度は少し批判的だった。「二人は確かに偉大なコメディアンだよね」彼はそう言った。「でも、僕はバスター・キートンの方が好きだな」

もちろん、そうだろう。こういう連中は誰も彼もバスター・キートンが好きなんだ。別にローレル&ハーディよりも面白いと思ったからじゃない。ただ、バスター・キートンの作品が好きだって言う。

ただ、フィルのコメントはそれで終わりではなかった。彼はこう言ったのだ。「これ、いつ撮ったのかな」

「え、何が？」

「いや、この写真さ」フィルはまるで子供に言うように説明した。「このポスターに使われた写真はいつ撮られたものなのかなって思ったんだよ」

僕はその時、気づいた。何もフィルのルールに従ってやる必要はないのだ。「どうだろうな。映画のフィルムを使ったんだと思うけど。ピアノが出てくるやつだよね。二人の映画っていつもピアノを運んでない？」

そこで皆がくすくす笑ったので嬉しかった。ただ、どこか笑い方がおかしい。僕はジャンパーを脱いだ。ジャンパーの下には、かつてはグレーのＴシャツだったけれど昨年の夏に袖を切ってベストの形にしたものを着ていた。髪は前よりも後ろの方が早く伸びていたから、その時の僕の外見はおしゃれなパブリック・スクールの男子学生というよりも、サッカー選手のようになっていた。左耳の金のピアスは、ウッドホール・スパにいた時は女っぽいと思われる覚悟で思い切ってつけたものだったが、その時は不思議に僕を好戦的な気分にさせた。それはドクターマーチンのブーツや、ベッド脇の棚にわざと口を開いたまま置いてあるコンドームの箱と同じような効果を生んだようだった。その年の夏、僕はダワー・ハウス・ホテルの九四ある窓枠すべてにペンキを塗るバイトをしたのだが、そのおかげで生まれてはじめて、腕や肩に見てはっきりわかるくらいの筋肉がついた。袖のないシャツのおかげで皆にも見えたはずだ。他におかしいと言えば、ローレル＆ハーディのポスターの隣に、僕は「私は共産主義者です(Je suis une Communiste.)」とヒップホップ調の文字を使ってフランス語で書いたＡ４の紙を貼っていたことだ。僕はケンブリッジに来てまだ数時間という時に、いきなりそれを書いて壁に貼ったのだけれど、なぜそんなことをしたのか自分でもよくわからない。

そんなことより、その時、問題だったのは、どういう音楽をかけるかということだ。インエクセスはどうだろうか。手に持った新しいフォスターズの缶もすでに軽くなっていた。僕はCDの裏の曲目リストを見た。僕はその中で一番、調子外れで、一番、派手だと思われる「ガンズ・イン・ザ・スカイ」を選ぶことにし、縦にディスクを装填する方式のプレーヤーに慎重にCDを入れた。イントロが流れ、マイケル・ハッチエンスが「ウー！　アー！　ウー、アーハーハ、ハハハ！」と叫ぶ声が聞こえると、ジュリー、フェイ、スキ、コレットの女子四人は皆、寛大な笑みを浮かべた。

僕はスピーカーの隣に、細い脚を組んで座っていた。僕の履いていた十六ホールのブーツはフィルの顔のすぐそばにあった。タバコにジッポーで遠慮がちに火をつける時には、脚を組み替えた。そのジッポーはウィルが餞別にとくれたものだ。僕はその場で唯一の喫煙者ではなかった。でも、自分で巻かないタバコを吸っていたのは僕一人だった。フェイは自分の手で巻いたタバコを吸っていたが、彼女の言葉を聞いていると、僕の吸っているような巻きタバコがまるで健康食品のように思えてくる。

しばらく取りとめのないおしゃべりが続いたが、その間、フィルは怒ったような顔で目の前のカーペットを見つめていた。

フィルの様子には全員が気づいていたが、ジュリーはこんなふうに言ってからかった。

「大丈夫？フィル。ご機嫌ななめね」

ご機嫌ななめか。僕はなんだか本当にジュリーが好きになり始めていた。

フィルは言った。「いや、ごめん。バカバカしいことなんだけど……」

僕らは互いに視線を交わした。同じようなシーンを映画で何度か見たような気がする。フィルが励ましの言葉を期待しているのは明らかだった。

「どうってことないよ」ジュリーは言った。「大丈夫。だって私たち、赤の他人同士なんだから。このあと、もしかしたら三年くらい口もきかないかもしれないし」

僕はその言葉が気に入ったのでそれに乗っかることにした。「そうだよ、フィル。何でも話せばいいよ。僕らはすでに君の名前だって忘れ始めているんだ」

フィルはその言葉に勇気を得たように小さくうなずいて、こう言った。「バカな話なんだけどね。ただ……ほら、このバンドのシンガー、マイケル・ハッチェンスって名前だろう。うちの猫がちょっと前に死んだばかりで、まだ立ち直れていないんだよ」

「バンドとどう関係があるの?」僕は尋ねた。

「猫の名前がマイケルだったんだ」フィルは感情のない声でそう言った。

僕は両方の唇がなくなるくらいに口を固く閉じた。視線をどちらに向ければいいのかわからなくなり、天井を見てようやく落ち着くことができた。フィルは少し挑むような顔で一人ひとりを見た。誰か自分を笑う者が、見下す者がいるのではないかと警戒していたのだ。その時の僕はフィルにどう思われてもしかたがなかったと思う。僕は口を固く結んで顔をしかめていた。悔恨、あるいは同情を表情で示したつもりだったのだ。だが、それは結局、偽りでしかなかった。本当はすぐにでも大笑いしたい衝動にかられていて、それを必死で抑えていた。

「たかが猫だってわかってはいるんだ」フィルは言った。「でもやっぱり家族の一員がいなくなったからね」

僕は立ち上がり、皆をまたぐようにしてバスルームへと向かった。ジュリーが僕の顔を見た。部屋を出る時、誰かがフィルにマイケルがなぜ死んだのかを尋ねるのが聞こえた。フィルはこう答えた。「もう年寄りだったからね。獣医はがんだって言ったけど……」

バスルームで僕は下を向き、身体を二つに折るような姿勢になった。でも、笑っていたわけではない。僕は身を起こすと鼻をかみ、鏡の中の自分を見ながら今の状況をできるだけ冷静に考えようとした。フィルが悪いわけじゃない。確かにフィルを見ているといらいらするけど、彼はまだ一八歳なのだ。中産階級出身の一人の若者だ。彼をいじめてはいけない。彼はただ、まだ世間を知らないだけだ。ここにいる誰もが世間を知らない。今は自分のことを話す時ではないだろう。ここでそういう話をするのはあまりにひどい。猫の死を悲しんでいるフィルにそれを話すのはかわいそうだ。そんなことはしてはいけない。皆、部屋に来てくれたのだ。お客だ。仲良くしよう。それが男だ。

部屋に戻ると、「おばあちゃんが亡くなった時は辛かった」という話になっていて、会話は盛り上がっていた。

僕は努めて何も言わないよう気をつけた。しばらくはうまくやれていたと思う。

でも僕はやってしまった。まず、タバコに火をつける時、ジッポーをあまりに乱暴に擦ってしまったのがいけなかった。それがまず部屋の雰囲気を変えた。CDプレーヤーの停止ボタンを唐突に押したのもよくない。まるで指でボタンを突き刺すような押し方になってしまった。何度も時計を見たのもよくなかっただろう。ただ、仮に僕が何もヘマをしなかったとしても、皆の居心地が悪くなるのはしかたないことではあった。もう遅い時間だし、そろそろ部屋を出る頃合だったからだ。誰かが「そろそろ帰ろうか」と言ったので、僕は靴の紐を緩めながら小声で「わかった」と答えた。そして皆の帰り際、ドアのそばでジュリーが他の誰かに何かをささやいているのが聞こえた。ドアが閉まり、ジュリーはまだ部屋の中にいた。彼女は僕に近づいて来た。

「あのね、あなた……」彼女は僕の前に座り、ゆっくり時間をかけて僕のピアス、髪、肩、そして目を順に見ていった。

そして、とうとう彼女は言った。「あなたは、亡くなったのが猫じゃなかったのね」

大学卒業後、ジュリーはマーケティングの仕事に就いたが、あまり楽しくなかったようだ。彼女は仕事をすぐに辞めて専業主婦になり、愛する夫との間に生まれた三人の子の母親になった。愛する夫とは他でもない、フィルだ。僕との間には大した関係があったわけじゃない。こうして優しい言葉をかけてもらった夜がもう一度あったくらいだ。

ロビンソン・カレッジはケンブリッジの数あるカレッジの中でもくだけている方だ。だから、僕に「ウィリーズ」を与えてくれる機会は多かったと思う（「ウィリーズ（willies）」というのは俗語で、性的な意味でどきどきすること、という意味がある。似た意味の言葉に、「ファニーズ（fannies）」や「ヴァルヴァ・タンブルズ（vulva-tumbles）」などがある）。初日には、入学記念写真の撮影と、入学を祝う儀式があった。僕は一着しか持っていないスーツを着ていたが、その上に学部生のガウンを着て参加するのだ。スーツは父がその父、ロンから受け継いだものだった。一九六〇年代に仕立てられた淡いブルーのスーツは少なくとも僕にはよく似合っていた――こう書くとおしゃれなスーツだったと思う人がいるかもしれないが、一九九二年におしゃれに見えるスーツではなかった。たとえば七〇年代の、ストライプの入った襟の幅広いものならおしゃれに見えたかもしれないが、スクエアカット、パウダーブルーの、ポリエステル製のスーツではだめだ。

僕は心ならずも、コミック・ストリップ〔八十年代の人気コメディグループ〕の作った映画の主人公になったような気分でいた。タイトルは『自分を軟派だと思っていたけど、結局は単なるダサい田舎者だった男』とでもしておけばいいだろうか。とにかく皆について歩き、メイン・ホールへと入って行った。ホールに入るとすぐ、シェリー酒は甘口か辛口か選ぶよう言われた。シェリー酒を飲んだことはなかったが、辛口を選ぶことにした。たぶん、その方が垢抜けた感じになるだろうと思ったからだ。僕はその本当に辛口なシェリー酒を一口飲み、その場にいる他の新入生たちと親しくなろうと試みた。ホール内を歩き回っていると、紅茶が用意されているのを見つけた。僕は窓の外を見て、雲は相変わらず雲であり、木々は相変わらず木々であることを確認した。その風景はやはり間違いなくイギリスだった。僕は紅茶を飲んだ。僕は紅茶が好きだ。すべては順調だと思った。

「こんにちは！　どこから来たの？」

そう声をかけられた。僕はその時、何人かで固まっている新入生たちのそばにいた。どうやら僕とは合わなそうな連中だ。声をかけてきたのは、背の高い、チョークのように白い肌をした男だった。つやつやの赤い頬をしている。イートン校から直接車でここに来た、という雰囲気だ。車の窓から顔を出して運転していても驚かない。

「リンカンシャーだよ」僕はそう言った。「リンカンシャーの小さな村だ」

「リンカンシャーか……」上流階級育ちらしいその男は言った。まるでワインガムでも噛んでいるかのように、大きな口の中で言葉を転がす。「リンカンシャーっていうと、すごく土地が平坦なところだよね。そうじゃなかったっけ」

「ああ、そのとおりだよ」僕はどうにかそう答えた。「リンカンの街自体は起伏が多いけどね」なんてこった。

「面白いね。リンカンの街は起伏が多いのか。面白いよ」

彼が別にからかっているわけではないのはよくわかった。ただ、自分にできる限りのことを懸命にやっているだけだ。僕は思わずこう言った。「土地が平坦だからね、農業には適しているんだ。土壌の質もいいしね。でも、羊もたくさんいるよ」

死にたい気分になった。こんなところに来る前に死んでしまった方がよかったんじゃないだろうか。

背の高い男は下品な笑みを浮かべて言った。「羊とセックスをしたこともあるんじゃない？」

「木曜日だけね」

僕がそう言うと、彼は驚いた顔をして、ブライアン・ブレスド〔イギリスの俳優、コメディアン、司会者〕でさえ自信をなくしそうな笑顔を見せた。「木曜日だけ、か。これはいい。最高だね。僕はノエル、君の名前は？」

「ロバート、ロブでもいい」

「君はどっちがいいの？」

「ロブだな」

「じゃあ、ロブ。変わったスーツを着てるね」ノエルは厚かましくも、ガウンをめくって中のポリエステルのスーツを見ようとした。彼にとっては不思議なスーツに違いないだろう。

「父のなんだ。正確には父の父のものだけどね……」

「君のお父さんって誰なの？」

「え、なんだって？」

「君のお父さんは誰かって」

「誰って……いや、まあポールって名前だけど……」

「ポール」

「ああ……ポール・ウェッブって名前だよ」

ノエルは天井に目を向けた。神経を集中させているらしい。「ポール・ウェッブ……ごめん、知らないや」

僕の父親の名前を知らないと謝罪する彼の言葉をどう扱えばいいのかわからず、困ってしまった。「お父さんは何をしている人なの。仕事しているの？」まったくなんてことだ。すぐにその場を立ち去りたかった。

「前は木こりだったけど、今はギャングマスター〔外国人労働者を多数集めて労働力の必要なところに派遣する元締めのこと〕をしてるよ」

「ええっと……なんだって？」

「労働者を集めて、果物や野菜の収穫の時に派遣する仕事だよ。人手が必要な農場に人を送るんだ」

ノエルは珍しい生き物を見る目で僕を見た。彼が明らかに困っている様子を見て、僕はこの場を離れるチャンスだと思った。「じゃあ、僕はちょっと移動するよ……君の他にもいるかな、リンカンシャーのトコロジーじゃなくて、トプロドキーじゃなくて――」

「地形《トポロジー》だね」

「そう、トロポジー。君みたいにリンカンシャーのトポロジーに詳しい人が他にもいるといいんだけど。とにかくありがとう」僕が行こうとすると、ノエルは握手を求めてきた。

「会えてよかったよ、ロブ。これからよろしく」ノエルは記憶の中に知り合った人間のファイルを作るタイプだと思った。僕のことはきっと「完全奨学生」という見出しのついたファイルに入れるのだろう。

イングランドのアッパーミドル・クラスのダイヤモンドのように硬い礼儀正しさに触れたのは、それがはじめてだった。陽気ではあるがユーモアをまるで解さないその態度に、僕は疲れ切ってしまった。しばらくホールの中を歩き回っていたが、とても惨めな気分で、部屋に戻って読みかけのジェフリー・チョーサーを読んでしまうか（遅かれ早かれ読む必要はあるのだ）、ここに来たのは間違いだったという嘆きの言葉を日記に綴った方がいいか、などと考えていた。だが、そんな時、また違った趣の新入生の一団が目に入った。サイドの髪の毛を全部剃ってしまって、残りの毛は赤く染めてポニーテールにしている男がいた。背の低い、完全なゴシック・メイクの綺麗な女の子もいた。二人とも、それでもきちんと礼服を着て、ガウンも着ていた。きっと二人もこの場がつまらないと思っているだろう。よし、声をかけてみる価値はある。

僕はその一団の周りをうろうろした。プラムのような赤い髪をしたゴシック・メイクの女の子は僕に気づかなかったが、別の一人が気づいてくれた。

「はじめまして、パトリックです」

「僕はロブ」

ノエルと同じように、というよりここにはそういう男がたくさんいたが、パトリックも一九〇センチメートル近くある長身だった。いったい皆、何を食べているんだろう。母親がタバコを吸わないからかもしれない。僕の母は一応、妊娠中は禁煙していたらしいけれど、それ以外の時はあまり何も気にせずタバコを吸っていた。きっと三〇年は喫煙していただろうから、僕の身長はそれで一インチか二インチは縮んだかもしれない。このことはしっかり覚えておいて、いつか天国にいる母と話す機会があったら言ってみようと思った。

パトリックは僕と、そばにいた他の何人かに向かってこう言った。「さっきから、どの科目でAを取ったかって話と、ギャップイヤー〔高校を卒業した後、大学入学の資格を保持したまま一年間遊学できる制度〕に何してたかって話で盛り上がってたんだ」

この連中からは穏やかなアイロニーと、自意識の強さを感じた。いいぞ、どうやら気が合いそうだ。

「じゃあ、手短に済ませるね」僕は話し始めた。「Aを取ったのは英語と歴史、それから経済学だ。ちょっと不幸があって、それで一年留年している。リンカンシャー出身。もちろん、羊とセックスはしてた」

「雄羊、雌羊、どっち？」

「パトリック、ちょっとそれはプライバシーに関わるね」

「悪い」

「雄羊だね、主に」

赤い髪の女の子、ジョーが加勢してくれた。「雄羊は角があるのよね。角があれば、つかまれて便利ね」

「よくご存知で」僕は言った。

ジョーはくすくす笑った。

申し訳ないが、獣姦ネタの会話はこのあとも一分くらいは続いた。そばにいた新入生たちは二種類に分かれた。この会話はヤバいけど面白いと思う人間と、ただヤバいだけと思う人間の二種類だ。パトリックとジョーと僕はもちろん前者だ――僕らはどうやらいずれお互いの葬式に出ることになる運命らしかった。新しい友達ができたことを僕は直感で知った。それはともかく嬉しいことだった。

僕らの会話に周りが引いているかもしれないと最初に気づいたのはパトリックだった。彼は他の皆も話に引き入れようとしてこう言った。「ところでロブ、こちらがジョーで、それからリリー、フィル、ジュリー、ダンだ……」一気に紹介を済ませることもできたのだろうが、パトリックはいったんそこで止めた。一気に紹介してしまうと、自分の社交性をひけらかしているみたいになると気づいたらしい。確かに、そう見せないというのも大事な社交術の一人だろう。「あとは……グリンだったよね。それからタラ、ドロシアかな。間違っていたらごめん」全員が小声で、いや全部合ってるよ、と言った。皆、笑っていた。まるでパトリックに腹をくすぐられでもしたような笑顔だった。

フィルはジュリーとくっつくようにして立っていたが、ここにいるよりも自分の部屋で、ウォーマッド〔世界各地で開催されるワールド・ミュージックの祭典〕に出るようなミュージシャンの音楽でも聴いていた方がいいという顔をしていた。フィルは僕にこう尋ねた。「君は一年留年したって言ってたね」

「そうなんだよ。タイに行くつもりだったんだけど、それよりも大好きなシックス・フォームにもう少しいたいなと思い直して」

フィルはこの答えには満足しなかった。「『不幸』って何なの？」

やめてくれ、ここで今、そんな話はしたくない。

僕はしばらくためらっていた。そのためらいにジュリーは気づいた。パトリックも気づいた。パトリックは親切にもフィルにこう言ってくれた。「それを話したら、彼は君を殺すかもしれないよ」

「そのとおり」僕はそう言って、高そうな眼鏡の奥にあるフィルの目をじっと見た。「羊と一緒に棍棒で殴り殺すかもしれないね」

これはちょっと言い過ぎた。フィルは少し鼻を鳴らし、あたりを見回した。ここにはいたくないと思ったのだろう。その場にいた半数は面白がって話を聞いていたようだが、僕はパトリックに悪いことをしたと思っていた。誰かに親切にされると、こうなってしまうことが多い。僕はどうも、その親切にうまく応えることができない。

僕には「ケンブリッジで皆にこう見られたい」という希望が色々とあった——ウィットがあって、聡明で、洗練されていて、少し難解で、セクシーでアイロニカル、エキサイティングでアーティスティック、しかも冷静で自分のことをよくわかっている、そんなふうに見られたかった。ただ、決して親切に見られたいとは思っていなかった。また、勇敢で誠実で、頼りがいがあるとも思われたくなかった。どれも確かに美徳ではあるが、あまりにわかりやすくて退屈だし、「普通の人間」によく見られる美徳だろうとその頃は思っていた。

僕が自分の父親のようになりたくないと心から思っている限り、少なくとも「善人」になる必要はなかった。だが、「善人」とはいったいどういう人だろうか。それはよくわからないが、ともかく、こんなふうに思っていたせいで、僕は簡単に嘘つきのゲス野郎になる危険があった。自分にそれを許してしまっていたからだ。

その頃から僕は本を読まなくなった。これから英語の学位を取るという時に、だ。僕は当たり前のようによく嘘をつくようになった。英語を学んでいる学生なのだから、本を読み、本についての文章を書くことは、一日のうちでも優先順位が高く、何よりも多くの時間を割くべきことだっただろう。問題は、小説や戯曲、詩などを読むことは以前の僕にとって慰めであり、励みでもあったのだが、今やそれが「学業」になってしまったということだ。以前の僕は単なる読書の好きな少年だった。ところが、僕は今や本に包囲されるようになった。そうなると、もはや本を読むことはただ苦しいだけになる。

いや、もちろん、『ガウェイン卿と緑の騎士 (Sir Gawain and the Green Knight)』などのページを開いてはみるのだ。でも、まずはコーヒーとキットカットだな、と思う。それで談話室のそばのコーヒー・マシンのところまで行く。結局、談話室で新聞を読んで何時間も潰してしまう。フィリップ・シドニーのソネットの批評に取り組もうとしても、その前に街のディスカウント・ショップまで散歩に行こうと思い立つ。それでスウェードのブレット・アンダーソンが着ているようなきつめのスクープ・ネックのシャツなんかを買ってしまう。シェイクスピアの『トロイラスとクレシダ』を読みふけろうと思うこともあった。以前に読んで、ウィルやティファニー、イザベルに感想を面白おかしく書いた手紙を出したこともある作品だ。トルーディーおばさんにも短い感想を書いた手紙を送ったことがある。僕はアングロ・サクソンについて学びたいという強い希望を持っていたが、その希望を叶えるには、試験に合格する必要があった。五つの戯曲について評論を書くのだ。よほど面白いものを書かなければ注目してはもらえないだろう。

なのに、いざやろうと思うと……「そうだ、バーが開く時間だ」と思う。

こんな生活を続けていれば、どうしても何度も嘘をつく必要が出てくる。正直に言って、それもまったく容易なことではない。僕は何もしていないことへの言い訳を考えるのに大変な創造力を使わなくてはならなかった。言い訳にこれほどの苦労をするのなら、素直にあのいまいましい本を読み、いまいましい論文を書いてしまった方がよほど楽だったのにと思うことも度々だった。僕はいわば、メソッド式の俳優たちとは逆のことをしているようなものだった――あまりに何度も病気のふりをしていると、そのうち本当に体調が悪くなってくるのだ。

僕の指導教官はジュディー・ワイス博士だった。博士はとてつもなく忍耐強く、素晴らしい指導者だった。二度ほど面談をしてくれ、さぼりがちな僕をあきらめずに指導してくれた。彼女は以前にも同じような学生を何人も見てきたのではないかと思う。でも、彼女は徹底して僕の言い訳や嘘を信じてくれた。そうすると決めていたようだ。そして、本当に心から信じているように見えるのだ。はじめは若木のようだった僕の嘘も、その年度が終わる頃には大きく成長し、ＳＦに出てくる邪悪な食人植物のようになってしまった。

「すみません、ワイス博士、今週はまったく論文が書けませんでした。腺熱のせいです」「バイク事故を起こしてしまって、今週はお目にかかることができません」「この論文はまだメモ程度しか書けていないのですが、これで受けつけてもらえないでしょうか。葬儀があってリンカンシャーに帰らなくてはいけないもので」「心苦しいのですが、どうも精神のバランスを崩していまして。まだどういう病気かはわからないのですが。今日もどうにか朝を迎えられただけでありがたいと思うくらいです」

僕は自分では何とかうまくごまかしていたつもりで、実際には何もごまかせてはいなかった。ただ、その間に積もり積もった汚いものを、他人が見て見ぬ振りをしてくれていただけだったのだ。僕はその年だけで親戚を少なくとも二人殺していた。何人か誘拐されたことにしようかと考えたこともある。

年度の終わり近くには、さすがのワイス博士もたまりかねたのか、あくまで穏やかな口調で僕にこう忠告した。「ロバート、生まれつきの頭のよさだけでも、ある程度はできるようになるでしょう。でもね、それだけだと首席にはなれないのよ」この言葉は逆効果で、僕はますますやる気を失うことになった。

ああ、ジュディー。素晴らしいお話をありがとうございます。首席ですか。僕にはそんなものは必要ないんです。僕はテレビ・スターになって金持ちになるんですから（僕はそうやって、密かに誰かの血税を無駄にしている自分を正当化していた。いずれ高い税金を払う身分になって返すからいい、と思っていた）。

博士の言葉を聞いて、僕はいかにも後悔しているという態度を取ったが、頭ではどうすればこの場を逃れることができるかということばかり考えていた。だが、翌年、報いはやってきた。勉強を怠っていてはまったく読めない古英語で書かれた文献が課題になったのだ。僕は部屋の書棚に『ベーオウルフ』を置いた。それはまるで本の爆弾のように感じられた。その爆弾が、勉強をしろと僕に迫ってくる。

一方その頃、性生活においては、かつての小公子は最高の時を過ごしていた。ただし、それは恋愛とはまた違ったものだった。当時の日記を見ると、今のツイッターでよく見かけるような、謙虚を装った自慢の言葉が多く見つかる。たとえばこんな具合だ。

まいったな。これじゃまるでセックス狂の罪状告白みたいになってしまう。ひどいことを書いているのは自分でもわかっているんだ。でも、事実は事実なんだからしかたがない。

書いている本人は少しもひどいとは思っていないことが明らかだ。楽しそうで何より、と言うしかない。ひどいのはここに書いていることではなくて、他のところで嘘ばかりついていることなのに。まったく。

僕はケンブリッジに入ってすぐに、マグスという三年生とつき合うようになった。僕は夢中だった。彼女はとても魅力的で、少し変わったところも含め、一緒にいて飽きることがなかった。そして何より大事だったのは、彼女が三年生だったことだ。年上の人とつき合っていると思うだけで嬉しかった。ただ残念ながら、彼女とのセックスは素晴らしいとは言えなかった。それは、一つには、つき合っていた動機が「年上だから」だったからだと思う。また、彼女が年上ゆえに開発されすぎていたことも原因ではないかと思う。行為の時に彼女があれこれうるさいのも、気に入らなかった。僕がもっと大人だったら、つき合っている相手がどうしてほしいかをはっきり伝えてくることを嫌がったりはしなかっただろう。でも、その時の僕にとってそれは驚くべきことだったし、彼女の伝え方というのも、また独特だったのだ。たとえばこういう感じ。

「違う、違う、そう……そうそこ、それいい。そこが私のクリトリス。これで満点ね。うん、上出来。ああ、違う。また外してる。ああもう、もっと上よ。お願い。もっと優しく。それじゃ優しすぎる。それだと寝てしまう。ああ、そう、それよ！　最高」

それでまた数分後には、こういうことを言い出す。

「ああ、だめね。今日はあなた、調子悪いみたい。よくある勃起障害かな。あーあ。でも、マンネリにならないようにしているのはいいと思う。とにかく、心配しないで。私が一発で蘇らせるから。かわいそうに」

僕は自分が彼女を嫌になり始めていることを自覚しながらも、そのまま関係を続けていた。彼女は、こうしてお互いを独占する関係でいられるのは素晴らしい、新鮮だ、と言っていた。僕はその言葉を聞いて、確かにそのとおりだと思った。僕はもともと、一対一で浮気をせずにつき合うことこそ素晴らしいと思っていた。ただ、相手は彼女ではない方がいいということはわかってきた。

ある土曜日、彼女がロンドンの自宅に帰っている間に、僕は「バップ」に行った。ダンスホールというか、ディスコというか――いずれにしても、若者たちが大勢集まって、汗をかいて踊るような場所だ。ロビンソン・カレッジの学生たちは皆、そこが好きで「パーティー・ルーム」と呼んでいた。僕はその日、ビアンカという同級生とそこで過ごす約束をしていた。ビアンカは楽しい子だった。だが、しばらく仲良く踊ったあと、ビアンカは姿を消してしまった。でも僕は平気だった。入れ替わりにすぐにコレットが現れたからだ。そのおかげで楽しい時間は続いた。僕らは早めにパーティーを抜け出して、一緒に僕の部屋に行くことになった。

暗闇の中、これから夢のような時間になるぞ、と思っていた時、ドアをノックする音がした。部屋には小さな廊下があった。廊下からドアを開けて寝室に入るようになっている。だから、寝室のドアを閉めていれば、玄関ドアを開けても中は見えない。

ドアを開けると、そこにはビアンカがいた。汗びっしょりで、顔は笑ってはいるけれど、困惑気味だ。

「途中でいなくなったでしょ」

「そう、ちょっと疲れたから」

「コレットと一緒にいなくなったでしょ」

「そう、その通り。彼女が話したいというから」

「話ですって？」

「ああ、彼女、弟のことで悩んでいて。ここであまり詳しく話さない方がいいかもしれない」と言いつつ、僕は黙らなかった。「弟がヘロイン中毒だっていうんだ」

「何？」

「とても苦しでいるらしい。だから、そのことを話したいって」

「あなたに？」

「そう、僕に」

ビアンカはきっと前にも嘘をつかれたことがあっただろう。それも僕よりも嘘のうまい男、僕よりひどい男に。ただ、それでも彼女は楽しい人生を送っている。

「それで今、彼女はここにいるの？」

「ああ、いるよ。確かに」

「ここで弟さんのヘロイン中毒の話をあなたにしているのね」

「変だと思うかもしれないけど、そうなんだよ」

「そうね、本当におかしな話よね。ロブ」ビアンカは上機嫌のようだった。相当、酔っていたに違いない。彼女は、僕の着ていた白いコットンのシャツを疑わしげな目でちらりと見た。僕が汗をかいていることと、ボタンの留め方がずれていることは見ればすぐにわかっただろう。

「じゃあ、またあとでパーティーで会いましょ」

「ああ」

彼女は僕にキスをした。すごくいい匂いがした。「またね」そう言うと優しく笑いながら行ってしまった。

僕はすぐに部屋に戻って、明かりをつけた。

「ねえ、またパーティーに戻らない？」

「何ですって？」

「ちょっと抜け出すのが早すぎたと思うんだ」

「ビアンカがいたんでしょ」

そう言われて、なんと答えていいかわからなくなった。

「……まあ、そうだね」

コレットは憤然として、下着をつけ始めた。僕の人生でも女の子にこれほどひどいことをしたのは、これが最初で最後だと思う。彼女が服を着終わるまで、僕は顔を背けてそちらを見ないようにしていた。それが紳士のたしなみというものだからだ。

コレットはすぐに部屋から出て行き、その後は二度と口をきいてくれなかった。

約二時間後、僕は同じ部屋で、今度はビアンカと一緒にいた。僕らは二人とも泥酔していた。ああ、暗闇の中にまた、かわいい二つの乳房がある。そして柔らかく美しい三角地帯も。なのに、なんということだろう。彼女は眠ってしまった。

まあいい、まあいい。僕は彼女に「いびきをかいちゃダメだよ」と言った。すると彼女もろれつの回らない口で「あなたこそ、いびきかいちゃダメよ」と言い返し、おかしそうに笑った。僕は彼女の肩に布団をかけてやり、頬にキスをした。すごい、マグスがいない間に二人と浮気をしている、と思った。正確には、一人は怒って出て行ったし、もう一人は寝てしまったので、何もしてないのだけど。でも、これは意志の問題なので、実際にしたかどうかは問題ではない。マグスが気づかないことを僕は祈った。

数日後、マグスは怒りではなく、悲しみで僕を静かに打ちのめした。僕らは僕の部屋にいた——ロビンソン・カレッジＨ１の部屋だ。僕がそこに住んでいたことを記念する銘板を取りつけてほしい。僕が本当に男として最低だったことを記念する銘板だ。

「あなたのしたことはとても悲しむべきことよね。それはあなたにもわかっていると思う」マグスは感情の入っていない声でそう言った。その日は一一月五日、ガイ・フォークス・デイで、僕は花火大会を見に行って帰って来たところだった。パトリック、ジョー、ドーラ、ゴシック・メイクのリリー、ビアンカなどの同級生たちと二〇分ほどうろうろしたけど、たまらない悲しみに襲われて、その場を離れてしまったのだ。それは、母やデレクと庭で花火を見た思い出が蘇ったからでもあるし、兄たちやリンカンシャーの友人たちに会えないことが寂しくなったからでもあった。こんな晩に、ウィルやティファニーはどうしているだろうか。ここにいる新しい友人たちは、まだ僕のことを何も知らないのだ。

　そんな気分のままロビンソン・バーに行って、ラガーを四缶買って、Ｈ１へと戻って来た。マグスは僕が戻って来たのを見て、何分かあとに僕の部屋に来た。

「一人で飲むなんてどうしたの。私もいるのに、悲しいことだと思わない？　座るだけならいいかな？」

　彼女は僕に向かい合うようにして、脚を組んで座った。じっと僕の方を見ているので、その視線が恐ろしかった。「何かあったの？」

「座るだけ」という彼女を信用していいのかどうか、僕にはわからなかったが、とにかく話をすることにした。結局のところ……寂しかったのだと思う。彼女は話を聴きながら、時々、同情したように溜息をついたり、いかにもあきれたというように天井を見上げたりした。困ったのは、彼女が一切、口を挟まず、こちらが何かを問いかけても答えなかったことだ。どうも、首をつるための縄を渡されているような気分だった。それでとうとう僕が話すのをやめて黙ると、彼女はようやく話し始めた。

「それはあなたにとって本当に辛いことだし、大事なことでもあるのよね。あなたの悲しさや寂しさ――それは他の誰にも向き合うことができない、あなたにしか向き合えないものよね。でも、たとえば、パトリックやジョーは、大学に入る前の友達に会えないことを寂しく思ったりしないとあなたは思ってるの？ それはあなたにはわからないことだと思う。あの人たちだって、混乱することや、寂しさを感じることはきっとあるでしょう。でも、そういう時でも、不機嫌になったりせず、さよならも言わずにいなくなったりはしない、ただそういうことなのかもしれない。寂しくても、あなたのようにビール片手に『何もかも無意味だ。もうみんなどうでもいいんだ』なんて言わないだけかもしれない」

そりゃそうだ。あいつらは自分の車に、「ザ・ワン・アンド・オンリー」しかヒット曲のない一発屋の名前をつけたりはしないだろう。

彼女は溜息をついてタバコに火をつけた。「私、ビアンカやコレットとのこと、ちゃんと知っているのよ。ひどい仕打ちだし、私はすごく傷ついた。でも、大事なのはそこじゃないの。大事なのは、あなたがしたのが悲しむべきことで、私たちは二人ともそれがわかっているってことよ。もちろん、私はもうこれ以上、あなたとつき合う気はない。ただ、これからも私と友人ではいたいと思うのなら、自分以外の他人も実在の人間なんだってことを認めるようにしてね」

まったく散々な言われようだった。

彼女は言った。「どう思ってるの？」

僕はこう言った。「そうだね。今すぐしゃべるのをやめて、出て行ってほしいと思っているよ」

彼女は、がっかりしたというように軽く鼻を鳴らすと、言われたとおり部屋を出て行った。

僕は、はじめて他人が自分の心の深いところに入って来たのを感じていた。彼女は僕の心を深くえぐったのだ。マグスも若かったし、傷ついていた。眠れずにバーで一晩を過ごしたりもしたろう。ただ、彼女の言ったことはすべて真実だったし、とても誠実だった。僕は鈍い、漠然とした怒りを感じていた――それは、父に叱責された時によく感じていた怒りにも似ていた――母以外の誰かに叱られた時に感じる怒りだ。母のことを考えると、僕の気分はさらに沈んだ。マグスに辛い思いをさせた僕を、そしてマグスにこんなふうにして去られてしまう僕を、母はきっと恥ずかしく思うに違いない。それがわかったからだ。

その考えは僕の頭に悪い虫のように入り込み、そのまま居座ってしまった。僕は意味もなく部屋を見回したが、視界は涙に濡れ、ぼやけていた。まるでタッパーのように不透明になっている。ただ、僕は自分がなぜこんなことをしたのか、よくわかっていた。だから、今さら改めてそれを考えたところで意味はない。

自殺したいという考えをはねのけることと、はじめから自殺など一切考えないこととはまったく違う。僕らが頭で何を考えようと、ただ考えるだけなら、それについて責任を負うことはない。当たり前の話だ。僕らが責任を負うのは、自分が表に出した言葉や行動に対してだけだ。「悪い考え」などというものは実はない。あるのは「悪い行為」だけだ。

ただし、「悪い考え」はなくても、「従ってしまってはいけない考え」は確かにある。極端な例をあげよう。

たとえば、電車に乗っているとする。他のすべての乗客が降りてしまって、自分ともう一人だけが乗っているとしよう。「一人残ったこの人を今、自分が殺したらどうなるだろう」あるいは「今、ここで自分が自殺をしたらどうなるだろう」などと考えたとしたらどうか。考えは気まぐれだから、勝手に頭に浮かぶものをどうすることもできない。だが、その考えのとおりに行動しない自由はある。従わないことは可能なのだ。

しかし、自分の感情を自分で選ぶことはできない。感情は自動的に決まってしまい、自分の意思で選ぶことは絶対にできないのだ。

たとえば、これを読んでいるあなたは今、どういう感情を抱えているだろうか。その感情はいったいどこから来たのか。それはあなたが自分の意思で生み出したものでないことは確かだろう。感情は自分の意思とは無関係に生じるものだ。この本を読んでいることも、今日の朝食に何を食べたかも、先週の火曜日、友人に何か腹の立つことを言われたことも、あなたの今の感情には直接、関係はない。僕ら自身の存在は、僕らの感情とは別である。訓練をすれば、自分の感情が沸き起こり、やがて静まっていく様をただ冷静に見つめることもできるようになる。

自分に見える世界を自分の意思で少し変えることは不可能ではない。それは、たとえば、テーブルサッカーゲームの台を自分に有利になるように少し傾けておくのに似ている。もちろん、テーブルサッカーの場合、それを実際にするのは大変だろう。でも、自分の心に関してはできなくはないのだ。仮に自分の心の中に自分にとっての敵がいて、絶えず「お前なんか死んでしまえ」と語りかけてくるのだとしたら、早足で散歩でもするか、お茶を飲むかして自分の身体の状態を変えれば、心のありようも変わる場合がある。散歩やお茶はたとえ効果がなくても無害だし、試してみてもいいだろう。時には、人によってはうまくいくこともある。敵があなたを殺そうとしてきたら、ゲームの台を少し傾けてやるのだ。お茶や運動、セラピストと話すこと、瞑想、医師の処方する抗鬱薬などは、すべて台を傾ける可能性がある。自分に合うものを使えばいい。

二〇代の頃の僕にとって問題だったのは――今も引き続き問題だが、その頃よりはだいぶましになった――お茶や散歩を試す前に、すぐにビールに手が伸びたということだ。ビールは確かに身体の状態を変えてくれるし、気分転換の効果があることは誰でも知っているだろうが、同時に誰でも知っているとおり、飲みすぎれば太ってしまうし、肝臓にも悪い。

しかもその夜は（僕は本当はその時に抱いていた悪い感情をすべて太字で書き殴りたいくらいだが、みなさんを嫌な気持ちにさせそうだからやめておく）、いた場所も悪かったし、古くからの友人たちを失ってしまう恐怖にかられ、新しい友人たちにも愛されていないのではないかと不安になっていた。すっかり悲嘆に暮れてしまっていたのだ。それにマグスに的確に指摘されてしまったとおり、僕の振る舞いはわがままで独りよがりとしか言いようがなかった。恥ずかしさも感じていたし、プライドが傷ついてもいた。ビールを飲んで酔っ払う理由なら山盛りだったのだ。

僕のそういう感情自体が身勝手なものじゃないのか、と言う人もいるだろう。確かにそのとおりかもしれない。だが、一つ言っておきたいことがある。僕と同じかそれより上の年代の男たち――つまり、父親か、あるいはその父親が戦争に行ったことがある世代だ――は、幼い頃からある観念を強く植えつけられているということだ。身勝手という要素もあるが、その観念の影響がより強いと僕は思う。父のポールも、その父親のロンから同じ観念を受け継いでしまった。そのせいで、僕らの頭にはいつもこう言う声が聞こえる。

いつも男であれ。めそめそするな。男らしくしろ。いつも落ち着いていろ。現実に目を向けろ。自分の限界を超えろ。何があっても立ち直れ。気持ちを整理しろ。愚痴は言うな。自分を憐れむな。自分がどういう人間かなどと考えるな。男であれ。めそめそするな。男らしくあれ……

自分が「フェミニズムが行き過ぎた」社会、つまり男性（特に、僕と同じような白人男性）が逆差別される社会になったと信じている男性ほど、こういうことを言いたがる。それは決して偶然ではない。
「男性差別がある」という人たちには、現状を正しく観察した上で、その観察をもとに一八〇度誤った結論を導き出す、という共通の特徴がある。五〇歳未満の男性の死因で最も多いのは自殺で、それは世界共通の現象だと彼らは指摘する。そのデータ自体は完全に正しい。また、男性は女性に比べて、飲酒に関して深刻な問題を抱えやすい、男性は女性よりも早く死亡することが多い、囚人の九五パーセントは男性であるといったデータもまったく誤りではない。前線で戦う兵士の大半は男性で、彼らの社会復帰を支援する仕組みが不十分だというのも、残念で、悲しむべきことだが、間違いなく本当のことである。

しかし、彼らが決定的に誤っているのは、こうした事実をフェミニズムを攻撃するのに都合のいい部分だけ使っていることである。しかも彼らはこの「フェミニズム」という言葉を「女性」という言葉とほぼ同義に使っている。僕はこれまでに何度かジェンダーに関連する文章を書いてきたが、それに強硬な反対意見を寄せてきた人たちは例外なく、「男は常に男らしくしろ、堂々としていろ」と言いたがる男性たちだった。

そういう男性の中には立派な紳士もいれば、青少年も、子供を持つ父親もいるだろう。僕が彼らに言いたいのは、そういう考え方は男たち自身も救わないし、他の誰も救わないということだ。問題を抱えている男性の多くは、まさに、男らしく常に堂々としていようと努めていることが原因でそうなっているのだ。自殺が男性に多いのはなぜか。それは、誰かに助けを求めることができないからだ。誰かの助けを求めることは男らしくないと繰り返し言い聞かされてきたせいだ。囚人に男性が多いのは、まず、男性は食い扶持を稼ぐことを強く期待され、その期待に応えられない時に強いストレスを感じるせいだ。また、社会に対して従順であることを求める圧力も非常に強い。その圧力に耐えきれず、暴力に走ってしまうことが少なくないのだ。暴力は悪いことであり、子供の頃からそう教えられてきているが、もはやそれ以外に対処の方法がわからなくなってしまう。気分転換といっても、酒を飲むくらいしか思いつかない人も多い。飲酒は有害だし、非生産的でもあるが、勇ましく男らしい行為だとみなされているので、余計に頼りがちになる。酒を飲んでいるからといってジョン・ウェインやジェームズ・ディーンが演じたような反逆者とは限らず、むしろ強者には従順であり、そのストレスから飲酒に走っているかもしれないのだが、誰もその違いは気にしない。

男性が女性より早く亡くなる傾向にあることは確かだが、その理由の一つは、男性が医者に行きたがらないことである。男性は自分をあまり大事にしない傾向がある。自分のことばかり考えていると人から思われるのを嫌う。たとえば肺感染症にかかったとしても三ヶ月は耐えるのが本当の男だ、などと考える。結局は禁煙するにしろ、医者にかかるにしろ、まずはしばらく耐えなくてはいけない、と。

男性は女性に比べて、同性との友情を長く維持することが下手なのではないかと思う。それはたとえば、パブで他の男性とうまく会話ができないということではない。それは問題なくできるのだ。だが、仮にがんにかかった時に、それを話せる友人、その話に耳を傾けてくれるだろう友人がいない、ということが多いのだ。男性にはそういう友人がまったくいないと言いたいわけではないが、「弱音を吐くな」と言われて育つ分、女性に比べると少ないのではと思う。パートナーがいて、まだ存命中であり、離婚もしていないというのなら、さほど落ち込まず、冷静でいられるかもしれない。しかし、心の支えになる人が一人だけで、近くにいる他の人たちが誰も支えにならないという状態は危険である。家のことをしない男性は地域のコミュニティに溶け込まないことが多いので、そうなりやすい。男性は子供の学校行事にもあまり出ず、地域の商店に買い物に行くことも少ない。子供に付き添って近所の歯科に行き、待合室で座っているということもあまりない。多くの人と出会い、知り合いになる機会が少ないのだ。孤独が男性にとって命取りになる。

また、仕事も問題だ。もちろん、仕事が楽しいという人も多いだろう。危険な仕事もあれば、単純で退屈な仕事もある。給料がいい仕事もよくない仕事もある。満足感の得られる仕事も、心が破壊されるような仕事もあるだろう。ただ、どのような仕事であっても、仕事上のストレスは男だけの大きな問題であると信じている男性が多い。これは女にはわからないだろ、女は楽だよなと言いたいのだ。女は辛さで連帯した俺たちの世界に入って来ないでくれ、「ガラスの天井」だとか何とか言って男と張り合おうとするのはやめろ、ただ男を下から黙って支えてくれればいいのだ、と考えている。そうやって、黙ってストレスに耐えているうちに、潰瘍ができ、腫瘍ができ、見つかった時には手遅れになっている。

俺は男だ。なんと言っても働いて稼いでいるのは俺なんだ……そう思っていたら、病気になり仕事を失ってしまう。そして、すっかり自信を失ってしまうのだ。仕事をして稼いでいないのでは男とは言えない、俺に生きている意味はない、そう思ってしまう。

男性のそうした辛さは、まったくフェミニズムのせいではない。それに、男性も、一人ひとりを見れば、そういう人ばかりではない。「俺は男だからこうあらねばならない」と盲目的に信じている男性はむしろ少ないかもしれない。ただ、そういう男性も、社会の圧力に抵抗するのは容易ではない。圧力は普段は目に見えず、存在を意識することが少ないがゆえに余計に抵抗が難しいのだ。それはいたるところに存在している。人々の無意識の思考パターンも圧力となるし、法律にも、性差別を含んだ条項が存在している。そして「家父長制」という文化が、何よりも大きな圧力となる。男性だって家父長制に苦しめられているのだが、それを作ったのも、もちろんフェミニストではない。家父長制に苦しめられ、それが壊れることを望むことは、別に男性を憎むことではない。フェミニストが憎んでいるのは、古い考え方の中にある「男たるもの」「女たるもの」という概念だ。家父長制はもともと男性の便宜のために作られたにもかかわらず、今や男性の多くにも、その他のすべての人々にも大きなダメージを与えている。「男らしさ」を強調し、フェミニストを敵視する男性たちは、自分が作り出した怪物に絶えず殴られながら「俺は大丈夫だ、大丈夫なんだよ！」と絶叫しているフランケンシュタイン博士のようなものではないだろうか。

「僕は大丈夫だ」僕はそう独りごちた。マグスが言いたかったのは「あなたはわがままで、独りよがりだ」ということで、実際、そのとおりなのだろう。そう考えると時々、死にたくなる。ただ、それでも僕は「僕は大丈夫だ」と思っていた。

問題は、その頃の僕にとって、道徳の基準が母だけだったということだ。母はいつも自分を見守っていると僕は信じていた――そう信じないと生きていけなかった。その母も、僕の身勝手さにうんざりしているのではと思うといたたまれなかった。母に愛想を尽かされてしまっては、もう心の拠り所がない。こういう人間には、精神科医のところに行って話を聴いてもらう、などということもなかなかできない。

遅まきながら僕が一人前の分別のある人間になるためには、その時にはまだ何かが足りなかった。

僕はそのあとも、愛とセックスに夢中だった。すべては虚しいセックス、一方的で報いのない愛だった。ただ、それは若者としてはそう珍しいことではなかっただろう。若者の特権と言えばそれまでかもしれない。また若者らしく、全体を見渡す目、先を見据える目もまだ持っていなかった。その頃の僕にとって、誰よりもセクシーで、誰よりも魅力的な女性と言えば、あのゴシック・メイクのリリーだった。だから、リリーがサム――マグスの友人で、僕の周りの男性陣で誰よりも美しく謎めいており、僕にとっては一種、神に近い存在だった――と恋に落ちたのは、これ以上ないほど大きな、悲しい出来事だった。

その時はあまりのショックに、二週間ほどベッドからほとんど起き上がれなかった。そこまでのことがあってはじめて、ようやく僕は専門家の助けを求める気になった。僕にはそのくらいの出来事が必要だったのだ。皆さんはお気づきだと思うが、僕は本当に学ぶのに時間がかかる人間だ。

第11章
「男にはセラピーなんていらない」

「柔らかくあれ、たとえそのままでは潰されてしまうのだとしても」

E. M. フォースター「ザ・ロング・ラン」「ニュー・ステーツマン・アンド・ネーション」誌、一九三八年

「さて、今日はどうしたのかな、ロバート？」

フィリップは大学のカウンセリング・サービスの責任者で、まさに僕が想像していたとおりの人物だった。親しみが持てるし、見るからに親切そうだ。自分のおじにでもこういう人がいればと思うような人だ。白髪に眼鏡、ゆったりとしたカーディガンを着ている。こういう場所にはじめて来たので、いきなり「お前がどのくらい狂っているか見てやろう」という態度で接してこられたらどうしようかと不安に思っていた。「狂っている」という言葉が穏当ではないのはわかってるけど、本当にそういう気持ちだったのだ。

予約を取ってから実際のカウンセリングまでには、二週間待たなくてはならなかった。だから実のところ、待っている間に僕の気分はかなり改善していたように思う。当時の僕は、それをいいふうには考えられなかった。悪いことが起きて、そのせいで信じがたいほど惨めな状態にあるはずなのに、なぜか妙に元気になっている自分に戸惑い、僕はフィリップとの会話をうまく始めることができなかった。

「わからないんです。僕は今とても元気ですし」僕はそう答えた。「キャンセルした方がよかったのかもしれません」フィリップはＡ４の紙にシャープペンシルで何か書き始めた。

「なるほど。それでもやはりここには来たんだね」

「はい」

「じゃあ、これから何を話そうか」フィリップは僕を励ますような、とても微かな笑みを浮かべた。

僕はそれこそ、少し天気の話でもして、すぐにそこを出ればよかったのかもしれない。実際、いったんそういう分別のある態度を取ろうとしたが、それでは終わらなかった。僕は恥ずかしい話を始めてしまったのだ。僕はフィリップに、なぜそもそもカウンセリングの予約を取ったのかというところから話した。そして、僕が思う自分の狂っている部分を話したのだ。女の子と軽い気持ちでつき合い、性的関係を持ったこと。つき合っていた時の二人のこと。そして、その子に去られてしまった今は、拒絶され、見捨てられ、排除され、粉々に打ち砕かれてしまった気分でいること。自殺を考えたことまでは話さなかった。そこまで話すと、少々、行き過ぎかなと思ったからだ。何しろ僕たちはまだ会ったばかりだ。そしてここはイングランドだ。

フィリップは、簡単に言えば退屈そうだった。それはそうだろう。少なくとも僕は、すぐに身体的な拘束が必要な人間には見えなかったはずだし、精神科の病院に送らなくてはと思うような状態でもなかったはずだからだ。彼にして見れば、これは大したことないな、次に行こうか、というくらいの気持ちだったのだと思う。

「ありがとう」フィリップは言った。「では、君の家庭環境のことを尋ねてもいいかな。ご両親や兄弟姉妹のことを教えてほしい」

それならお安い御用だ。もうセックスのことを話さなくていいのなら何でもよかった。僕は彼に両親のことを話した。まずは父のこと、そして母のこと。それからデレクのことも話して、再び父の話に戻った。僕はフィリップのシャープペンシルが活発に動き始めたことに気づいた。試験の最初の三時間を落書きをして過ごしてしまい、気づいたらもう残り二分しかなかった生徒のように、大変な勢いで何かを書いていた。書き終えたあと、彼はしばらく自分の書いたメモを眺めていた。僕は彼がゆっくりと眼鏡を外し、僕の目を見て「それで、お前は自分がいったい何様だと思っているんだ？」と尋ねるのではと想像していた。

フィリップは実際、眼鏡を外して僕の目を見た。ただ、そのあとに言ったことは僕の想像とは違っていた。

「君は人生で大きな別れを経験してきたんだね。その体験は、君にとって困難と向き合う時の一種のモデルになってしまっているようだ。そのせいで、君は現状を実際よりもずっと悪いものと感じてしまうらしい。君が問題を抱えていることは確かだと思う。私たちは君の助けになれると思うよ」

最後の二文がありがたかった。立派な大人が、そしてカウンセリングのプロが、「君はろくでなしなんかじゃない」とはっきり言ってくれたのだ。それが救いになった。僕はそれで本当に救われたのだ。

それから僕は週に一時間、カウンセリングを受けることになった。

すでに書いてきたとおり、僕はかなりの長い時間、相当に苦しい思いをして、ようやくこの大学に入ってきた。その理由の半分以上は、ケンブリッジ・フットライツに入りたかったからだ。そこで誰か、一緒にコメディがやれる面白いやつを見つけたいと思っていた。ところが、僕は結局、失望を味わうことになった。僕が面白いと感じるようなものはそこには見つからなかったからだ。

ケンブリッジ・フットライツ、正式名「フットライツ・ドラマティック・クラブ」には一年に一度、それぞれ三つの学期の最後に開催される主なショーが三つあった。一つはパントマイム、もう一つはスプリング・レビュー、もう一つはサマー・ツアー・ショーだ。僕は一年生の時、三つのショーすべてのオーディションを受けたがどれにも受からなかった。新入生が抜擢されるのは異例のことだし、落ちたのも別に不思議はないのだが、僕は最悪な気分になった。

クリスマスのパントマイムは出演者を内心で徹底的にバカにすることで、なんとか見ることができた。スプリング・レビューは遠巻きに見ていたが、気分が悪かった。サマー・ツアー・ショーは、スプリング・レビューと比較すると大きく質を落としていた。春に受けなかったスケッチばかりを集め、それに同じくらいできの悪い新作のスケッチをいくつか加えたという感じだ。僕はもう自分で出るのはすっぱりあきらめて、演劇評論家にでもなろうかと思い始めていた。そんな気になるほどひどかったのだ。

僕はクラブの若い作家や演者たち（そのうちの何人かは今では僕の親友になっているし、作家、演者として大変な成功を収めている）に、自分が正当に扱われていないと知ってほしかった。その気持ちがあまり高じると、いずれは腕組みをして憤りと悪意を持って彼らのショーを見つめる評論家になってしまうのではないかと思った。皆がどれほど優秀なのかは知らないが、少なくとも、僕を笑わすことはできていない。当然のことだが、彼らは僕の自己肯定力の低さをわかっていなかった。僕は、三年生ばかりの中に一年生として一人だけ抜擢されるくらいのことがあってはじめて安心するのだ。それくらいのことがあれば、自分に才能があると思える。自信が鎧のように僕を守ってくれる。このクラブは、その鎧が僕にとってどれほど大事かがわかっていない。許せないとさえ思った。

ただ、それも二年生になるまでのことだった。二年生になると僕はあらゆるところに使われるようになった。フットライツでは大きなショー以外に、「スモーカーズ」と題された単発のショーをよく上演していた。スモーカーズでは、自分で脚本を書いて自分で演じることもできた――誰か共演する相手を見つけて一緒にスケッチを上演してもいいし、自分の書いた脚本で他人に一人芝居を演じさせてもいい。僕はスモーカーズで様々なコメディを次々に作って上演し、それでフットライツ・コミッティの注目を集めることができた。

コミッティはフットライツを支配するエリート、一流の喜劇人たちの集団だ。男七人、女一人から成るその集団は地下にいて、フットライツを動かしていた。僕はコミッティのメンバーになりたくてたまらなかった。

一年生の終わり、僕は不意にフットライツ会長のマイルズ・ウィリアムズに声をかけられた。彼はもうすぐ卒業して会長を退任することになっていた。マイルズは僕にメモを渡し、そこには「電話をくれ」と書かれていた。僕は感動した。会長が僕の存在を知ってくれていたことも嬉しかったが、何より、彼が自分の電話番号を持っていることがすごいと思ったのだ。

僕はロビンソン・カレッジの公衆電話から電話をかけた。とても緊張していた。

「やあ、ウェッブ！　電話くれてありがとう。今、ちょっとテレビでクリケットを見ていたんだよ」マイルズはこの一年間ずっと、スモーカーズの司会を見事に務めていた。僕は聞き慣れたその声を聞いて何となく出鼻をくじかれた気がした。しかも彼は自分の電話番号だけでなくテレビまで持っているらしい。なんてことだ。会長はすごいな。他に何を手に入れたのだろう。モーターボートだろうか。もう年金くらいもらっているのかもしれない。

「いや、それはどうでもいい。そういう話をしようと思ったわけじゃない。今年一年はたぶん、君にとって不本意なものだっただろうと思う。だけど……こら、グーチ、ダメだよ。ほんとにバカだな！……ああごめん、ロバート。グーチはまだ一二歳でね、困った奴なんだよ。どこまで話したっけ。こらバカ、何をしているんだ。あ、いや君のことじゃないよ、ロバート。あ、そうそう、君は実に面白いね。僕らは君を面白いと思っているんだ、ウェビー。才能の塊だよ。来年度は間違いなく三つのショー全部に出ることになるよ。コミッティでどういう話になっているか、エディーはもう君に話したかな？」

「いえ、まだですけど」

「やっぱりそうか。まったく、やることが遅いな。いいや、僕が彼に言っておくよ。君と、それからトリストラム・ハントだ。君はトリストラムと仲はいいの？」

「いいえ、まだ会ったことないです」

「いいやつだよ。ちょっと世間知らずなところがあって、どうも左翼っぽいって皆は言ってるけど。まあ何もかも完璧って人間はいないからね……違う、そうじゃない、いいかげんにしろバカ野郎！……いや、ごめん。

ひどい言葉を使ったね。ひょっとして君も左翼かな。まさかマルキシストってことはないよね、ロバート」

「ええと……」

「ああ、ここにも一人いたか。僕はクラブをコミュニストたちの手に委ねて去るわけか。まあそれもよし、だね。たぶん」彼はおかしそうに笑った。「じゃあ、時間を取らせて悪かったね。話はこれで終わりだから。ちょっとこっちがゴタゴタしていたけど……おいこらそうじゃない、違うだろう。何を見ているんだ、もう……じゃあ、これからがんばって、存分に楽しんでくれよ」

「ええ、はい、ありがとうございます」

「君には注目してるよ、ロバート、じゃあね」

エディーというのはフットライツの次期会長で、トリストラム・ハントというのは、あの、後に影の教育相〔イギリスで政権交代を見越し、野党第一党によって結成される「影の内閣」の教育担当大臣〕になったトリストラム・ハントだ。彼は、すでに二一歳にして少し老成してしまっていた僕からはとても若く見えた。そして、これは褒め言葉として言うけど、とにかく「かわいい」男だった。彼がトリニティ・カレッジの友人と上演したショーには、笑ったと同時に対抗意識も持った。自分を脅かす存在が現れたなと思ったのだ。ただ、二年生では自分が一番面白いという自信は揺るがなかった。僕以外のコミッティのメンバーは全員、年上だった。僕はとにかく彼らに評価されようと躍起になった。

フットライツの三つの大きなショーを上演している間には、何度か「これはうまくいった、きっと高く評価されるだろう」と思う瞬間があった。コミッティのメンバーとともにステージに立ち、自分で脚本を書いたショーを演じていると、時々、僕はすべてを手に入れたような気分になった。聴衆も、演者も、舞台袖にいるスタッフもすべて自分のものだと感じた。僕は、自分がそこで何をしているのかよくわかっていた。ライトの温かい光に照らされていると幸せだった。見知らぬ人たちの笑い声に包まれていると安心し、そこで眠りたいとすら思った。そこでの僕は、民衆に喜びを与える慈愛に満ちた王になった。やがて、ケンブリッジの街を歩いていても、道行く人に気づかれ、笑顔を向けられるようになった。僕はフットライツの笑いの神になったのだ。もはや僕の勢いを止めるものは何もなかった。

いや、ただ一つあった。それはロビンソン・カレッジの教育委員会だ。

そして、本棚で眠っていた『ベーオウルフ』爆弾が炸裂したのだ。

Hwaet! We Gardena in Geardagum,
peodcyninga, prym gefrunon,

冗談だろ？　これを訳せっていうのか。

まさか、他の学生は一年間、ずっとこれに向き合っていたというのか。何と気の毒な。だってこれは、ベーオウルフの冒頭のたった二行だ。まだあと三一八〇行もあるんだよ。しかもそれで全部じゃない。『十字架の夢（The Dream of the Road）』のような副読本もいくつかあるし、断片だけを学ぶ作品も多い。そうして一年間かけてようやく基礎を学ぶことになる。真面目にやれば英文学の基本がわかる、ということなんだろう。それが済んだらいよいよ、週一回六〇分の個人指導が始まる。マンツーマンの授業を受けるのだ。一年間の勉強を経て、そのための準備は整っているとみなされるわけだ。その道の専門家の先生が一人ひとりに割り当てられる。その人に指導されて、もちろん、いずれはその分野を引っ張るような第一線の学者になることを期待される。それがケンブリッジ大学で英語を専攻するってことだ。授業中、部屋にいるのは、自分と、世界を代表する学者、ただ二人だけだ。素晴らしい特権だし、僕はまさにそれを望んでここに来たはずだ。

……いや、無理だ！

少し説明しておこう。ケンブリッジの英語課程は、大きく二つの部分に分かれている。最初の二年間が第一部だ。チョーサーから二〇世紀半ばまでの主要作品を年代順にゆっくりと学んでいく。そして二年生の終わりの試験に合格しなければ、第二部の専門課程には進めない。第二部に進めなかった学生は大学を追い出されるのだ。つまり、二年生の終わりの試験はとても大事ということになる。試験に落ちれば、恥をさらして父のところに帰るはめになる。「ホーンカッスル・ニュース」社に就職するなんてこともできなくなるのだ。

フットライツの活動で多忙ではあったが、試験は何とかなるつもりだった。だが問題は言語だ。試験に合格するには言語の知識が必須になる。はったり屋の僕は、言語も何となくはったりで、できているように見せることは得意だった。だが、本当の語学力を身につけたわけではないから、試験には通用しないだろう。

僕は現代語の実力がAレベルではないとみなされたうえ、一年生のしょっぱなに、「英語の歴史」か「古英語（アングロ・サクソン語）」のどちらかの授業を取る必要に迫られた。

僕はこの時、バカな選択をしてしまった。ある男の助言を聞いてしまったせいだ。そいつがどういうやつだったのかはよく覚えていない。ともかく、ロビンソンに入って最初の週のどこかで、ある二年生の男にこう言われたのだ。「ああ、そりゃもう絶対にアングロ・サクソン語を選ぶべきだよ！　間違いない！　英語の歴史は地獄って言われてるんだ。ははは。そっちを選ぶのはあり得ないね」

なるほど、と僕は思った。じゃあ、アングロ・サクソン語にしよう。まあ、そう難しくはないだろう。昔の言葉だからな。一〇六六年よりも前だ。そんな時代だから単語の数もまだ少ないはずだ。「舟《ボート》」とか「剣《ソード》」とか「雨《レイン》」とかせいぜいそんなものだろう。楽勝だ……そう思っていたのだ。

僕は最初の古英語の授業に、そんな軽い気持ちで出席した。教室には七〇人ほどの学生がいたが、その前にカナダ人の講師が、自著の『古英語の手引』を持って現れた。「皆さん、この本を読んでください」彼はカナダ人としても妙なアクセントのある英語でそう言うと嬉しそうに笑った。「読むまでは私の授業に来なくていいです！」そう言われて、教室にいた学生たちは思わず笑った。授業に来なくていいって！　まさに望むところだ！　最高じゃないか！　皆がそう思っていた。

僕は本の題名と著者名をメモし、本を買ったのだが、結局、授業はずっとさぼってしまった……そのカナダ人講師の書いた本を僕は一年間、本棚に入れたまま読まなかったのだ。

その日、僕たちはロビンソン・カレッジにいくつかある会議室の一つに呼ばれていた。そこには厳しい顔をした七人の学者がいた。これから僕たちへの尋問が始まるのだ。ケンブリッジでは、カレッジを学生の試験成績によって順位づけする。当時、ロビンソン・カレッジは、モードリン・カレッジと常に最下位争いをしていた。それで、下位三分の一の学生はカレッジ全体の成績を下げる要因とみなされ、責められることになったのだ。

まず、僕に話し始めたのはアングロ・サクソン語の指導教官だった。彼女は本来、トリニティ・ホール・カレッジの人間で、この分野に関しては最高のスペシャリストだった。彼女は丁寧な言葉で、僕がアングロ・サクソン語についてまったくの無知であることを指摘した。もしこのまま指導に従わないと大変困ったことになる、街中にあなたの顔のポスターが貼られていて有名人なのは知っているが、それと勉強とは別だと言われた。彼女は、これ以上あなたのために自分の時間を無駄にしたくはないのでロビンソン・カレッジに手紙を出す、このままではあなたは絶対にアングロ・サクソン語の試験に落第するとも言った。最低の成績を取るのではなく、落第、とはっきり言われた意味はよくわかった。とんでもない不名誉だ。

僕は、大きすぎる紺のジャンパーを着てそこに座っていた。そしてつい時々、袖のボタン穴に親指を通したりしていた。尋問担当者の中には、社会学のフェローが一人いた。大学のカウンセリング・サービスでも働いていた人だ。僕はよく彼女と偶然出くわし、そのたびにお互い会釈をした。ただ、カウンセリング・サービスには厳格な守秘義務があるので、ここで挨拶をすることはない。ここで僕にできるのは、まず自分が皆のトラブルの種になっていると認めること。そして、できる限りそれを笑いに変えてこの場を和ませることくらいだ。どうしても彼女の方を見てしまうけど、救いを求めるわけにもいかない。彼女の方も二〇分間、いかにも同情しているといった顔で僕の方を見ていたが、口を挟んでくることはなかった。

僕はその日の午後のことを、その後一〇年くらいの間、繰り返し思い出すことになった。もっとうまい答え方があったのでは、もっとウィットに富んだ切り返しができたのでは、と思ったのだ。

次に口を開いたのはサタン・ジズケイク博士だった。

彼が僕を見たのはほんの一度だけ、それもほんの短い間だった。そのあとは、天井や窓、そして口から離したパイプを見ながら話していた。博士は学部の三年生に歴史を教えていたのだが、学生たちに「ずっとクリケットでもして過ごせばいい」などと言い放つ人だった。大学三年にもなって自分のすべきことがわかっていないような人間に何を言っても仕方がないと思っていたからだ。彼は静かに、ラブラドール・レトリバーの子犬に「ママのハンドバッグに粗相をしてはいけませんよ」と辛抱強く言い聞かせているような口調でこう言った。「君はこのままでは、大学に恥をかかせるのが目的で入学して来たようなものだね。君に納得のいく説明を求めても無駄だとは思うが、そうするのが私の義務なので一応、説明してもらいたい」

無駄か、確かにそうかもしれない。

僕は小声でつぶやくように話し始めた。「いえ、そうおっしゃるのは当然です。僕のアングロ・サクソン語の習得は実際に遅れていますし。でも、追いつくことは十分に可能だと思っています」

「追いつく、とは？」

「はい、つまり、遅れた分を取り戻せるよう勉強するということです」

ジズケイク博士は何も答えず窓の外を見た。まるで僕が彼の鼻先に指を突き出して、においを嗅いでみろとでも言ったかのような態度だった。だが、弁護士でもあるダミアン・カム＝ビグリー博士があとを引き継いでくれたので助かった。「君は追いつくというが、もし誰も指導教官がつかなかったらどうするつもりかね」

「そうですね」僕はどう言おうか必死で考えてはいたが、同時にもう手遅れだ、きっとうまくはいかないだろうと思っていた。「その気になれば、必ずしも指導教官は必要ないとは思いませんか？」僕がそう言うと、そこにいる全員がかすかに息を呑んだのがわかった。先生のご機嫌を取らなくてはいけない時に、そして目の前にいるのが先生ばかりという時に、よりによって、「先生がいなくても勉強はできる」と言ってしまったのだ。まともな人間なら、絶対にしないことをしたわけだ。

　カム＝ビグリー博士は顎ひげをゆっくりとなでながら言った。「君はつまり、アングロ・サクソン語を自分一人で学び、しかも試験でよい点を取ると、そう言うんだね」

「あ、はい、そうできればと思っています」

「しかし、君が独学者になるつもりなら、そもそもケンブリッジには来なかったのではないかね。独学ならば、それこそ……」カム＝ビグリー博士は手元のメモに目を落としてから嫌味を込めた口調で言った。「リンカンシャーにいたってできるだろう」

　僕は、いかにも彼が素晴らしいジョークを言ったというように微笑み、悲しげにうなずいて見せた。博士は本当に意地の悪い人のようだった。僕が素直に同意したので少し嬉しそうな顔をしたが、すぐに横柄な態度に戻った。こんな奴は自分が相手をする価値もない、誰か代わりに話をしろと言いたげだった。

　ジズケイク博士が火のついていないパイプを眺めながら言った。「そのほとんど根拠のない楽観的な言葉を額面どおりに受けとめたとしても、君の学部生としての立場を守れるかどうかはかなり疑わしいと言わざるを得ない」

僕は「はい」と答えた。

ジズケイク博士は、たたみかけるようにこう言った。「もし、カレッジの学部生の一人としてこのまま残ることが君の意思であり、望みなら、こちらとしては面倒でも同じことを何度も言わざるを得ない。まず現在、君の学業が進んでいない理由を明らかにすること、そして、教員や同窓生たちやカレッジに対し敬意のない態度を改めてもらわなくてはならない。簡単に言えば、君はこれまですべての人を裏切ってきたんだよ。なぜそんなことをしたのかね」

僕は立ち上がって博士のパイプを手から奪い、耳に柄を突き刺してやりたいと思った。衝動と闘っていると、カム＝ビグリー博士が「君がフットライツに所属していることは我々もよく知っているよ」とつけ加えた。なるほどそうきたか。くだらない話になりそうだな。僕は『ドクター・フー』に出てくるロボット、ダーレクに「アナタハカスタードガスキデスヨネ、ソレシッテイマス」と言われたような気分だった。

僕は必死に自分の感情を抑えていた。次に何を言うのかはもう自分でもわからなかった――おそらく、もう本当のことを言うしかないと思っていたと思う。ただ、心の奥では、ここにいるのは抑圧された老人ばかりだな、などとまったく別のことも考えていた。ジズケイク博士は、もし立ち上がっても、今座っている肘掛け椅子から離れることはないように見えた。僕は冷静な博士を何とか慌てさせたいと思った。僕は、できる限り苦しそうに、悲しそうに見える顔をしてみせた。それはそう大変なことではなかった。何しろ僕は実際にとても苦しく、悲しい気持ちでいたからだ。

「おっしゃる通りです。僕はフットライツでいくつかショーをしました。僕はきっと、自分が死んだあとのことを考えながら生きているのだと思います。それが問題を引き起こしていることもわかっています。これからは今までよりもさらに努力をするつもりですが、難しいかもしれません。感情面の問題がいくつかあって」

社会学のフェローは僕の話を聞いて額にしわを寄せた。皆が敵のようなこの状況で、こういうことを言うべきではないと思ったのだ。しかし、何も知らないカム＝ビグリー博士は僕にこう尋ねた。「感情面の問題とは何だね？」

よし、きたぞ。

僕は椅子の上で動いて、座る位置を変えた。少し妙な座り方にしたのだ。そのあとは一切、瞬きをしないことにした。ずっと瞬きをしなければ、当然、目は充血し、一分もすれば涙が出てくるだろう。本当はそこまでする必要はなかった。本当に泣きたい気分だったのだから、何もしなくても自然に涙は出ただろう。でも、一応、念には念を入れた策だった。

僕はジズケイク博士と同じように窓の外を見た。そして、舞台の上で演じているつもりになった。

「本当にバカげたことなんです。実は、ある男性に恋をしてしまって。僕には彼が世界中の何よりも素晴らしく思えます。ちょうど『ドリアン・グレイの肖像』を読んだばかりだった時、彼がバーに入って来ました。僕は自分の目が信じられませんでしたね。ただ、彼を信じたのは間違いでした」僕はジズケイク博士の顔を盗み見た。そろそろ嫌な顔をしているのではないかと思ったのだ。果たしてそうだった。いいぞ。博士にはこのままつき合ってもらわないと。この話の最後まで。

「同時に僕は、すごく綺麗な女の子ともやってた――すみません、言葉遣いが悪くて――気軽な性的関係を持っていたんです。何て言うか、説明は難しいんですが……要するに二人は肉体的にとても合うとでもいいますか。名前は言うべきではないと思いますが、リリー・エヴァンズって子です」カム＝ビグリー博士は表情をまったく動かさず、太った脚を組み替えた。

「それが愛のない関係だったことを、僕は少し恥じています……」ここで涙が出てきた。狙い通りだ。「……でも、問題は僕が恋をした彼女と、彼女がつき合うようになったことです。そして僕は何も手につかなくなりました。勉強もできません。満足に食事も取れません」

鼻水が出て、上唇まで落ちてきた。そろそろ核心に触れなくては。

「そんなふうだったので、カウンセリング・サービスを受けることにしました。僕は数年前に母親を亡くしているんですが、そのことが問題の原因になっているのではないかと言われました。本当にそうなのかはわかりません」ジャンパーの袖で大げさに涙を拭いて、鼻をすすり、残った鼻水はもう一方の袖で拭き、しばらくその袖を見た。「ともかく、僕はもう一年近く、毎週、カウンセリング・サービスを受けています。役に立ったと思います。少なくとも、考え過ぎることはなくなりました……考えるよりも行動するようになったかもしれません。正直なところ、効果があるのかどうかわかりませんが」

「正直」という言葉が宙に浮いたようになった。この話を信じてもらえるのだろうか。僕は力なく顔を上げた。窓から差し込む光のせいで、残った涙や鼻水が光るのがわかった。僕はまた下を向いた。

僕がそれまでの人生で見せた中でも圧倒的な、最高のパフォーマンスだった。もちろん、大した演技ではないのだが、何しろここにいる人たちは忙しすぎてテレビも見ていないし、劇場にも行ったことがないから、下手な演技を見ても下手だとわからないだろう。

社会学フェローが優しく言った。「今はもう、前に進むしかないですね。まずは現実的な学習のスケジュールを立ててください。そうしてもらえればこちらも対処のしようがあります。イースターの休暇までに何とか追いつくようにしてくださいね」

僕は真剣な顔でうなずいた。「はい、それならどうにかなると思います」僕は思い切って、一瞬だけ尋問者たちの様子を見た。ジズケイク博士は間違いなく怒っていた。様々な種類の怒りが混じっているようだった。彼は気の毒にも、ヒステリー気味の学生が感情を爆発させるのを目の当たりにし、それに耐えなくてはならなかった。だが彼は同時にこうも考えたと思う。ロビンソン・カレッジの学生が落第するのはカレッジにとって不名誉であり、よくないことだ。だが、その学生が思いつめて自ら命を絶つようなことがあっては困る。それに比べれば落第などはるかにましではないか。カム＝ビグリー博士はまだ、口を開いたまま、リリー・エヴァンズと「肉体的に合う」とはどういうことなのかを考えているらしかった。

彼らは僕の話を言葉以上に受けとめたかもしれない。僕は特に嘘をついたわけじゃない。ただ、真実を少し誇張して面白くしただけだ。確かにそのやり方は褒められたものじゃないかもしれないが、話の中身は本物だった。その話には真実があった。

結局、彼らは僕を大学から追い出しはしなかった。僕はそのことにとても感謝した。僕は独力で自分の言葉通りアングロ・サクソン語を学び、どうにか必要とされるだけの学力をつけることができた。第一部修了の試験にも合格できた。その後は特に教育委員会から何か言われることはなかった。

サタン・ジズケイク博士には長く幸福な引退生活を送ってほしいと心から願っている。

僕はカウンセリングを受けてはいたものの、それに対する違和感がどうしても消えなかった。それは週に一度、一時間のカウンセリングでするようなこと——自分の感情について話す、それもかなり詳しく話す——が、元来、男がすべきではないとされてきたことだからだと思う。

僕の担当になったカウンセラーは、最初に話を聞いてくれたフィリップではなく、マイケルという別の男性だった。マイケルはフィリップよりは少し若かったが、やはり白髪で眼鏡をかけ、カーディガンを着ているという、人を安心させる風貌だった。カウンセリングは毎週木曜日の朝だった。僕らは毎回、キッチンに行く。マイケルは二人分のコーヒーを作り、マグカップに入れてくれた。僕らはコーヒーを飲みながら軽い世間話をする。次に——ここからが少々、奇妙なのだ——僕らはマイケルの部屋へと移動する。二人の男が、物も言わず、マグカップを持ってのろのろと階段を上がっていく。これから銀行強盗の計画でも立てようかという雰囲気だ。だが、僕らは特に何かをするわけではない。少なくとも表面的にはそうだ。僕らが向かうのは、カーペットが敷かれ、いくつか植物の鉢も置かれ、肘掛け椅子が二つ置かれた快適なオフィスである。二人の男のうちの一人は、もう一人の男が自分の心の中にある問題について話すのを聞く。僕はいつも階段を上りながら、心のどこかで「これってゲイっぽいよな」と思っていた。僕らがオフィスでセックスをするよりも、むしろただこうして話を聞いてもらう方が余計にゲイっぽい気がした。いや、この「話を聞いてもらう」という行為自体がセックスのようなものだと思った。

その後、何年も経ってから、ある医師と話をする機会があった。気さくな男で、僕に色々なことを教えてくれた。彼は、自分のところに鬱病の兆候のある男性が来たら、瞑想かトーキングセラピーを勧めると言った。「驚くのは、瞑想を選ぶ男性が多いことですね。瞑想ならば一人でやれますが、会話はそうはいきませんからね。会話には相手がいないと」

これをどう解釈するかは人それぞれだろうが、とにかく事実としてはそういうことらしい。

カウンセリングではカウチに寝かされることはなかった。マイケルはヤギのような髭を生やしてもいなかったし、オーストリア風のアクセントがあったわけでもなかった。催眠術をかけることも、夢について尋ねることもなかった。僕はただ椅子に座り、彼は「お元気ですか」と言う。僕は彼に、この一週間にあったことを話す。なぜかはうまく説明できないが、悲しい気分になった出来事について話したりする。時々、話しながら泣くこともあるが、そう頻繁ではない。ほとんどの時間、僕が話し、彼はほとんどの時間、ただ聞いている。その間、僕は特に悲しげにしている必要もないし、そしてこれがより重要なのだが、元気そうにしている必要もない。彼の時間を無駄にしたと言って謝罪する必要もないのだ。

ただそれでも、僕はいつも彼に謝っていた。ある日、マイケルはこう言った。「ロバート、私はこうしていつも学生たちの話を聞いているんです。特に男子学生が多いです。もちろん、あなたよりひどい状況の学生もいます。でも、ちょっと考えてみてください。あなたが片腕の骨を折って医者に行ったとする。隣には、両腕の骨を折った人がいるかもしれないし、さらに隣には、両腕と片脚の骨を折った人がいるかもしれない。だけど、それを気にする必要はないんです。重要なのは、あなたが腕の骨を折っていて、痛みを感じているということです。あなたよりひどい状況の学生はいますが、今はここにはいません。今ここにいるのはあなたです。だから……あなたの折れた腕のことを話してください」

カウンセリングでは、評価も判断もされずにただ話を聞いてもらえる。それが最も重要なことだ。僕はマイケルが好きだが、彼は僕の友人ではないし、僕の祖母でもない。彼はただ話を聞くことに彼の時間を費やし、他に何もすることはない。一週間、僕は色々なことを考える。そして時々、頭の中がひどい状態になることがある。でも、少なくとも木曜日になれば、マイケルにそれを話すことができる。そう思うだけでまったく違ったのだ。

だがある時、僕はカウンセリングに行くのをやめてしまった。素晴らしいことが起きたからだ。やめるべきではなかったのかもしれないが、あまりに幸せで、カウンセリングを続けることがバカらしくなってしまったのだ。自分のことが宇宙の誰よりも幸運で幸福だと思っている時に、友人でもない他人の時間を奪ってまで話を聞いてもらおうとする人がいるだろうか。

素晴らしいこと。それは、クララと出会ったことだ。

彼女はロビンソン・カレッジの学生だった。二〇代前半くらいの人間は誰だってその時特有の若々しい美しさがあるのだから、美しいというだけでは彼女のことを十分に表現したことにはならないだろう。ユーモアがあって魅力的な人だったと言えば、少しはわかってもらえるのではないだろうか。彼女の顔は、二、三日何もせず、ただ眺めていても飽きないような顔だった。そして、その思考や行動は一九九〇年代という時代よりもかなり先を行っていたと思う。

彼女は三年生の中でも変わり者の一人だった。一年生の時の僕に深い関わりのあったマグスやサムの友人でもあった。クララは、何人かと共同でケンブリッジ郊外の一軒家を借りて、いつでも次は何をしようかと計画を立てていた。彼女たちは自分たちのことを「悲しき卒業生《サッド・グラッズ》」と呼んでいた。僕は勝手に彼女たちを自分とは無関係の存在だと思っていたが、ありがたいことに、そのうち数人が親しくしてくれるようになった。特に親しくなったのがクララだったというわけだ。

誰かを好きになったのはもちろんはじめてではなかったし、誰かが好きになってくれたこともはじめてではなかった。それに、恋人ができたこともはじめてというわけではなかった。でも、お互いにそれだけ夢中になれる誰かとつき合ったことはなかった。それはもう最高だった。誰だって、そうなれれば最高だろう。

僕はパトリック、ジョー、ドーラとシェアハウスをしていたが、家にいる時、僕の顔を見た彼らがマリファナでも吸っているのではないかと疑ったことがあった。でも、しばらくするとドーラは、甲高い声で嬉しそうにこう叫んだ。「あ、そうか！　この人、クララのことを考えているのよ！」

　だが、僕は急にフットライツとツアーに出なくてはならなくなった。しかも、サマー・ツアー・ショーの五人のキャストのうちの一人にもなった。まさにそのためにケンブリッジに来たと言ってもいいのだから、望みがかなったことになる。だが、生涯の恋人とも言える人に出会った今、その時の僕にはどうでもいいことにしか思えなかった。ツアーに出ることは苦しみでしかなかった。

　コミッティはサイモン・シングルズをツアー・マネージャーに指名した。彼のフットライツへの愛情が深かったからでもあるが、何と言っても彼の家が金持ちで、ＢＭＷも持っていたからという理由が大きい。別にサイモンの金持ちぶりを見ても何とも思わなかったが、貧乏で破産寸前のクラブが、彼のおかげで列車の切符を買わずにツアーを実施できたことは素晴らしいと思った。

　サイモンは基本的には優しくていいやつだったが、よくプロ意識の大切さを長々と説いて皆をうんざりさせていた。僕らはエンターテインメントのプロなのだから、プロらしく行動しなくてはならない、などとやたらに言うのだ。だが、確かに彼は正しいことを言っていた。彼に言い返すとしても、せいぜい「皆、ただの悪ふざけだと思って見てるんだから、そんなに真面目になったら台無しだよ」くらいのことしか言えなかった。

　自分たちはプロだなどと真剣に考えるのは恐ろしい、ということもあった。この世界に入って来る俳優たちの誰もが「有名になりたい」と思っているわけではない。だが僕は、何としても有名になりたかった。エンターテイナーの人名簿である「ＵＫスポットライト」には六万人もの俳優が載っている。どこかの事務所に入り、その希望に満ちた顔をまともな写真に撮ってもらえた者だけで、その数である。仮に一週間くらいかけてその六万人の顔をすべて見たとして、名前を覚えられるのは何人くらいだろうか。三〇〇人か、せいぜい四〇〇人ではないだろうか。要するに、望みをかなえ、テレビでインタビューを受けるような俳優になるのは、全体の〇・五パーセントくらいのものだということである。それだけ目立たないといけないのだから、名の知れた俳優が皆どこか頭のいかれた人間だったとしてもまったく不思議ではない。

成功をつかんだ幸運な俳優たちの大多数は、自分たちがとても幸運であることを知っているし、自分の幸運に何ら理由はないことも知っている。だが中には、それには理由があると考える者もいる。それが自分の運命だったのだと考える者や、自分は生まれつき人とは違って特別だったのだと考える者がいるのだ。そういう者たちにとって、俳優という職業は他にはない特別な意味を持つ（もちろん僕がそうだったのだが、こう思っている人間にろくなのはいない）。

サイモンが「今日もプロとして最高の喜劇を見せなくては」などと言うたび、僕も皆と同じようにあきれた顔をしていたが、ショーに真剣に取り組んではいた。クララと結婚するのなら――僕は四週間のツアーが終わったら、絶対に彼女と結婚したいと思っていた――よき結婚生活が送れるだけの基盤が必要になる。もちろん、いずれはクララも仕事を持つだろうが、それまで誰かが生活費を稼がなくてはいけない。僕たち二人と、二人の間に生まれるたくさんのブロンドの髪をした子供たちの生活費だ。稼ぐのは僕しかいない。僕は何もかもクララを抜きにしては考えられなくなっていた。彼女は僕を愛してくれていたし、僕は彼女を愛していた。なんて素敵なことだろう。それが何よりも大事なことだった。
僕は絶対にショーを成功させなくてはならなかった。守るべき家族がいるも同然だったからだ。

サイモンのツアー・マネージャーとしての最大の功績は、間違いなくブライトン・ドームのブッキングをしたことだろう。どういう手を使ったのかわからないが、とにかく彼はぎりぎりになって一晩だけ、巨大な会場を押さえることに成功したのだ。残念ながら、ぎりぎりなだけに僕らの名前は劇場のプログラムには載らないし、どこにもポスターが貼られたりはしない。サイモンがいったい何をしたのか、現地に着くまで僕たちにはよくわかっていなかった。

僕らがいつもショーをしていたのは、だいたい二〇〇人から三〇〇人くらいのキャパシティの場所だった。そして、そこを半分と少し埋めるくらいの客が入る。本当のところ、それだけいれば僕らには十分だった。会場の大きさはまったく気にしていなかった。ただ見てくれる人がいて、皆が見に来てよかった、わざわざ来たかいがあったと思ってくれればそれでよかったのだ。

ブライトン・ドームのキャパシティは二〇〇〇人だ。しかも、僕らが使うのは一九九四年七月十七日、ワールドカップの決勝の日だった。

僕がチケットの売れ行きを尋ねると、サイモンからは「前売り分は悪くはないが、期待したほどではない」という曖昧な答えが返ってきた。何度か念を押したら、ようやく具体的な数字を言い始めた。「そんなに数字が気になるのなら言うけど」サイモンはそう言った。「だいたい一五、とかそれくらいだね」それでも僕らが食い下がると、やっと「一二枚だよ」と明確な数字を明かした。自分たちでチラシ配りくらいはした方がいいな、と彼は言った。

僕は赤いシートが無数に並んだ、三階席まである広い会場を眺めた。端の方は遠くてよく見えない。僕らはしばらくサイモンを罵っていたが、結局、一人あたりの配分を決めて全員でチラシを配ることになった。もちろん、僕も配らなくてはいけない。配分は三〇〇枚だ。A6判の光沢紙を使い、高い金をかけて作った二色刷りのチラシを三〇〇枚、ブライトンの人たちに手渡さなくてはならない。もうこれは一日仕事だ。

まったくなんてこった。こんな状況でどうやって家族を守れるっていうんだ。僕は劇場から出て、仲間の誰からも見られないところまで行くと、チラシをゴミ箱に捨て、そのままヌーディスト・ビーチへと向かった。

ナチュラリストが集まるブライトンのヌーディスト・ビーチをはじめて知ったのは、一九八〇年だった。当時、僕は七歳で、テレビの大人向けニュース番組でそれを見たのだ。信じられなかった。何しろ、出てくる人たちが皆、真っ裸だったのだ。しかも外で。周りから見られることを何も気にしていないらしい。

二一歳になった僕は、七歳の時の自分に見せてやりたいと思った。こうしてちゃんと大人になれば、人前で裸になることも平気なんだってことを見せたかった。もっと直接的な理由もあった。その日は暑かったし、僕は水泳パンツを持っていなかったのだ。しかも、他にすべきことを何も思いつかなかった。僕は海岸を足取り重く一キロメートルほど歩き、そして目を細めて遠くを見た。ああ、確かにいる。

僕はそこに着く前にフットライツのツアーTシャツを脱いだ。ケンブリッジの俳優がそういう場所にいると誰かに知られるわけにもいかなかったからだ。エレノア・ブロンならどう思うだろうか。

その場にいた人の八〇パーセントは、一人で来ている男性だった。誰もが隣と正確に一定の間隔を空けている。その場所の取り方は、まさに男子トイレを思い出させた。男子トイレでは、たとえば誰かが左端を取ると、次に来た人はそこから最も離れた右端を取り、さらに次の来た人は中央を取る。次に来た人は仕方なく、空いている場所から、隣と最も距離の大きいところを取るのだ。僕もそのルールに従って自分の場所を見つけた。隣の人はだいたい三メートルくらい離れたところにいた。僕は慎重にドクターマーチンの置き場所を決めた。隣の人の視界に僕のペニスが入っては申し訳ないと思ったからだ。だがこれはおかしな話だった。そもそも人にペニスを見せたくないと思うのなら、なぜ人前でわざわざパンツを脱ぐのだろう。僕はその哲学的な命題について考えながら、脚を組んで座り、海を見つめた。フットライツのことを考えた。このツアーは富と名声を得ることにつながるのだろうか。海がスタジアムだったら、と想像してみた。水面の光がフラッシュの光のように思えてきた。無数の魚たちがカメラを構えて僕の写真を撮っているのだ。もっと露出が必要だ、と僕はタバコを手に取りながら思った。もっともっと露出を。

ジッポーのガスが切れていたらしく、タバコにはなかなか火がつかなかった。それに気づいた隣人が「使いますか？」と言って、ライターを持ち上げた。

「ああ、ありがとうございます」

僕はてっきりライターを投げて寄越すと思ったので受け取る仕草をしたのだが、彼はそのまま手を伸ばして火を点けた。

ああ、なるほど。

僕はぎこちなく立ち上がって、脇に置いてあってブーツをまたいで温まった小石の上を歩いて行き、隣の男性のそばでしゃがんだ。彼は真っ直ぐに僕を見たが、僕は目を合わせないようにした。何しろ裸なのだから、万が一、相手を焚きつけるようなことになっては、と思ったのだ。新鮮な体験ではあったが、さほど楽しいということもなかった。僕は彼に礼を言って、急いで戻り、また自分の服の上に座った。隣人はそれからしばらくの間、離れた場所から僕にあれこれ話しかけていたのだが、すぐに疲れたらしく、勝手にそばまでやって来た。僕から三〇センチメートルくらいの距離のところにタオルを広げてそこに座ったのだ。肘で自分の身体を支えている。こういう展開は予想していなかった。

僕は少し周囲を見回したが、多分、こういう時、驚いた態度をとってはいけないのだろうと思った。たとえ服を着ていなくても、そこに一人でいた男たちの中には、自分がどういう人間なのかを物語る文化的な制服のようなものを身につけた者が少なからずいた（スキンヘッドもいれば、変わったピアスをつけている者、いかにも皮肉屋という控えめな雰囲気をまとっている者もいた）。『オズの魔法使い』のドロシーは、カンザスを離れても、やはり仲間たちとともにいた。人はそういうものなのだろう。似た者どうしが寄り添う。似た者を見つければ友達になろうとする。隣人もそうだったのか、僕に自己紹介をした。

「ブライアンです」彼はそう言うと、空いている方の手でシガリロ〔細い葉巻〕に火を点けた。ブライアンの外見は、他とは違っていた。年齢は六〇歳くらいで、やや太り気味。おそらくかなり長い間、ここにいるのだろう。全身、よく日に焼けていた。彼が握手を求めてきた時に手を見ると、薬指の一部だけが白いのがわかった。

ビーチに来て最初の一〇分くらいは「勃起したらどうしよう」などと心配していたのだが、ブライアンの日焼け止めクリームのついた手と固い握手をした時には、むしろもう二度と勃起などしないのではないかという気分になっていた。彼は地域の住宅価格の話を始めた。僕は、彼がミラーサングラスをかけながらするその話を、適当に相槌を打ちながら聞き流していた。そのサングラスとシガリロを見て、薬指にあったはずなのに今はなくなっている結婚指輪のことを考え、抵当権の話を聴いていると、この人はもしかすると密かに二つの世界に生きていて、どちらにいてもあまり幸福ではないのかもしれないと思えてきた。

僕はしばらく、サングラスに映る二一歳の自分の身体を見ながら、この太った男のくだらない話を聴いていた。自分にもどこかゲイっぽい部分はあるのかもしれないが、それは限定的なものだということがだんだんわかってきた。また単純に、忍耐にも限度があることを思い知った。僕はブライアンを怖いとは思わなかったし、興味を持たれたことを嫌だとは思わなかった。ただ、同時に彼の話がどうでもいいと思うことを申し訳ないとも思わなかった。なぜなら、彼は僕の朝を台無しにしたからだ。こういうことがもし毎朝続くのだとしたらどうだろうか。好かれるのはいいとして、絶えずこういう会話につき合わされるのだとしたらたまらないと思った。

暇乞いをして、服を着ながら思っていたのは、ブライアンは僕に教訓を与えてくれたのかもしれないということだった。これから、魅力的な女性が前を通る時にガラの悪い男たちが鳴らす口笛の音を聞くと、そのたびにブライアンのことを思い出すだろうと思った。人の領域に厚かましく入り込み、時々性器をいじりながら退屈な話をする、そういう男にしばらく耐えたおかげで、僕はセクシャル・ハラスメントとはどういうものかを知ることができたと、その時は思った。

もちろん、その考えはとてつもなく間違っていた。僕にはセクシャル・ハラスメントのことなんて基本の基本すらわかっていなかった。基本がわかっていないのだから、それ以上のことも当然わからない。まず、例外は多くあるが、平均すれば、ほとんどの男は上半身の強さという面で女性よりも優位である。ブライアンが僕に危害を加えようとしているとはまったく思わなかったが、たとえもし何かしようとしてきたとしても、僕くらい華奢でも男であれば咄嗟に顔を殴るか、急所を蹴るかすれば簡単に身を守れるだろう。僕と同い年くらいの女性にはそれは難しいし、たとえできたとしても、どうしても僕よりは弱い攻撃になってしまう。

自分より明らかに強い人間が相手であれば、仮に無害な会話をするだけだとしても、身体をまさぐられるとか暴行されるとかいうことがなくても、状況はまったく違うだろう。感じ方も大きく違うはずだ。

クララはウッドホール・スパに泊まりに来た。その時ばかりは父も最大限、愛想よくふるまい、いい父親でいてくれた。二人で祖父とトルーディーおばさんのうちにも行った。祖父はネクタイを締めて迎えてくれ、おばさんは耳を落としたキュウリのサンドイッチを作ってくた。

僕は公園のブランコにクララと隣合わせに座り、将来建てるはずの海辺の家のことを話し、未来の子供たちの名前を考えたりもした。それは僕の人生の中でも最も幸せな日だった。その幸せが終わることなど一切、考えなかった。

自分のことをフェミニストだと言いたがる男はいるが、フェミニストと自称しているからといって、それが人格者であることの証明にはまったくならない。フェミニズムについて理解していることの証明にもならない。やがて彼も、女性と関わって心が傷つくことでもあれば、女性にも自分とまったく同じように自分の心があるのだということに気づくだろう。

その時、男はどうしても少なからぬ失望を味わうことになる。

第12章 「男は女のことをわかってる」

「時折、ほんの一瞬だが、自分が他人からどう見えているかがわかることがある」

ゼイディー・スミス『美について（堀江里美訳、河出書房新社、二〇一五年）』

クララは、北ロンドンの悪名高い演劇学校の演出家コースに通い始めた。僕はロビンソン・カレッジの三年生になったばかりだったが、その頃の僕たちは直接会えたのはたった二回で、あとは電話でぎこちなく、弾まない会話をするだけだった。僕たちはどちらも電話が好きではなかったし、彼女は自分の通っている学校が気に入らず、惨めな思いで過ごしていたのだから、もうどうしようもなかった。そこは本当に最低な学校だった。とにかく生徒を抑圧するのだ。人格を破壊しようとしているとしか思えなかった。教室にいる全員に仮面をかぶらせ、互いに殴り合いをさせることもある。学校を動かしている教師たちは、とにかく異常なほど強権的だった。一九六八年以降、彼らに楯突く者は誰もいなかったのだ。激しい競争の中で育ってきた戦後のベビー・ブーム世代の教師たちが、希望に満ちた若者たちをただ好きなように操っている。演劇を見るはずの聴衆の姿など、彼らの目には一切入っていなかった。その学校の生徒たちが学ぶのは、演劇学校の教師になる方法、もしくはならない方法だけだった。

　恋人が不幸な状況に陥るのはその時がはじめてではなかったが、僕は本当に心配した。「元気を出して」なんて言ったところで何にもならず、かえって逆効果だということくらいはわかっていたが、他にどうすればいいのかもわからなかった。彼女は近いうちに僕のショーを見に来ることになっていたから、とにかくその日を待つしかなかった。僕はそのショーでおかしな踊りをすることになっていた。女の子に特に受けのいい踊りだ。彼女もそれを見れば少しは気が晴れるのではないかと思った。

　だが、本当はそれでもどうにもならないほど事態が深刻だということは僕にもわかっていた。何か辛いことがあると、僕はよく彼女に八つ当たりをしていた。だが、今は彼女の方が辛い目に遭っている。そうなると、僕はもうフットライツに八つ当たりをするしかなかった。その時、僕はフットライツの副会長になっていた。新しい会長はチャーリーという男だった。チャーリーは本当に面白い脚本を書く素晴らしい作家だったが、脚本家と演者の両方をこなし、ツアーにも出るのは僕一人だった。会長の肩書を持っているのはチャーリーだったが、どう見てもフットライツのスターは僕だった。

　だが僕は嬉しくなどなかった。クララの問題がなかったとしても、僕は幸福な気分にはなれなかっただろう。その時、僕は確かにある意味で絶頂にいたのだと思うが、同時に思い上がりも最高潮に達していた。そしてとにかく不安で、怖くてたまらなかった。その状況を楽しむ余裕などなかったのだ。

僕がおかしな踊りを披露するつもりだったショーは、フットライツ恒例のパントマイムだった。『ウィッティントンと猫〔貧しい孤児ディック・ウィッティントンが、拾われた家の主人の貿易船に飼っていた猫を乗せたところその猫が渡航先の王宮でネズミ捕りに大活躍し、ディックは多額の代金を得て金持ちになるというイギリスの国民的民話〕』を下敷きに、僕とチャーリーが脚本を書くことになっていた。

僕は演出を担当するティム・ショールに、「ディック・ウィッティントンは自分が演じる」と伝えた。ティムは数学を専攻する三年生だった。彼は僕の言葉を聞いて困ってしまった。パントマイムの主役は伝統的に、男の役であっても女優が演じることになっていたからだ。僕は、今回はその伝統を破るのだと彼に言った。ティムは、僕が書くはずの第一幕の脚本がいつできるのかも気にしていた。早くしないともう間に合わない時期になっていたからだ。僕は、必死に取り組んでいるが、そう簡単に書ける脚本ではないのだと彼に話した。一応、丁寧な口調ではあったが、きっとかなり感じは悪かったと思う。だが、二人で全力を尽くせば、きっと脚本は間に合うと僕は信じていた。

チャーリーは総じて言えば僕に悪影響を与える存在だったが、それが嫌ではなかった。彼は映画『ウィズネイルと僕』に登場するウィズネイルに似ていた。一見、とても聡明で上品なように見えるが、その実、下品なところもある面白いやつだった。よく酒に酔っていた。表面上はわかりにくいが心根はとても優しい。ただ、それに気づかない人も多かった。その年、僕は『彼はシャイなだけ』という題名の脚本を書いた。パーティーでとてつもなく無礼なふるまいをするろくでなしの話なのだが、彼の友人はずっと「彼はただとてもシャイで、傷つきやすいだけなんだ」と言い続ける。当時の僕とチャーリーもシャイで傷つきやすかったのだけれど、僕らの行動からそれを感じ取れたのは、聖人か臨床心理学者くらいだっただろうと思う。

チャーリーはカレッジが提供する街外れのフラットに住んでいた。僕はあるシーンの手書きの脚本を持ってそのフラットを訪ねた。彼はその脚本を読んで狂ったように笑った。一部のシーンは僕ら二人で書いた。二人で彼のＭａｃに向かって、チャーリーはタッチタイピングができたので、凄まじい速さで文字を打ち込んでいく。延々コーヒーを飲み、タバコを吸いながら、午後の三時まで作業を続け、そのあとは延々タバコを吸い、赤ワインを飲みながら作業をすることになる。僕らはよく笑っていた。自分たちの書いた脚本が面白くて笑うこともあったが、脚本のできあがりがあまりにも遅く、皆を怒らせているという現実に追い詰められ、もう笑うしかなかったとも言える。

僕らはロングコートを着て、制作会議をしている部屋に颯爽と入って行った。遅刻だ。やたらに感情的になり、いかにも酔っ払いという発言を繰り返す。それを面白がってくれる者も多かったが、殺意を覚えていた者もいただろう。

すっかり英雄気取りでいたのだが、やがて間もなく、その裏で多くの人に迷惑をかけていて、その人たちのがんばりのおかげでどうにかやれているにすぎないのだと気づく時が来た。照明担当は頭を抱えていたし、音楽監督は、ページ番号も振っていない書きかけの脚本を見て顔をしかめていた。ティム・ショールは絶えず腕を大きく動かして話をしていた。目に見えない蜂にでも襲われているのだろうかと思うような腕の動きだった。僕はチャーリーに向かって小声で「ひょっとして僕ら、悪者になってる？」と尋ねたものだ。

いつからか、ある一年生の名前をよく耳にするようになり、僕はそれにいらだった。彼が何か特別なものを持っているのはよくわかっていた。あまりに皆がうるさいので、いずれは彼とじっくり話をしなくてはならないだろうとは思った。

二年生の時のことだ。ザ・プレイルームという小さな劇場に、『ゴー・トゥー・ワーク・オン・アン・エッグ』という一時間ほどの短いレビューを見に行ったことがあった。フットライツとは無関係のレビューだ。ピーターハウス・カレッジとジーザス・カレッジの友人たちが共同で作っていた。僕はエディーにスモーカーズの責任者に任命されていたので、オーディションで彼らのほとんどを審査したことがあった。皆、確かにうまかったのだが、見ていて魅了されるというほどではなかった。

ただ一人だけ例外がいた。一年生の彼はツアー・ショーに出ることはまずあり得ない。ただ、何度かショーのためのネタを提供していたし、僕とスケッチの脚本を書いたこともあった。そのスケッチは大したものではなかったけれど、どこか非凡なところがあった。二人で笑い転げながらそれを書いたのだ。そういうことはめったにない。

照明が焚かれ、彼がステージに姿を現した。それが若き日のデヴィッド・ミッチェルだった。その時、僕は彼の実力を目の当たりにした。

ああ、なるほど、と思った。彼はすべてを持っていた。僕は結局、いくつかのスケッチから構成されたショーを見ている一時間、デヴィッドからほとんど目を離すことがなかった。彼はとても面白かった。面白い演者なら他にも何人か見てきた。でも、デヴィッドはそれとは明らかに違う。彼は完全に役になりきっていて、しかもまったく自然に見える。他の演者たちが注目を集めているときもまったく余裕の態度で、動じることがない。それは、ただ立っているだけで皆の注意を自分に向ける力を持っているからだ。肩に力を入れずに集中ができるという稀有な能力を持っていた。そんなことができるのは自分以外にいないと僕はうぬぼれていたのだが、どうやら違っていたようだ。彼が演じると、役の人物が実在の人間のように見えた。

それは刺激的ではあったが、不安になる出来事でもあった。自分はこれからどうすればいいだろうと思った。僕の頭に浮かんだのは、映画『スター・ウォーズ／帝国の逆襲』のパロディのような、こんな一場面だった。

皇帝：あまりの面白さに混乱が生じているようだな。
ダース・ベイダー：私もそれは感じております、閣下。
皇帝：我々に新たな敵が現れた。それはデヴィッド・ミッチェルだ。
ベイダー：まだほんの子供です。
皇帝：奴には我々を滅ぼす力がある。何しろ、父親が父親だからな。それはともかくとして、奴を決してフットライツ・コミッティに入れてはならん。
（沈黙）
ベイダー：しかし、奴が我々の側につけば、強力な味方になるでしょう。
皇帝：（しばらく考える）なるほど……確かにそうだ。味方になれば大いに役に立つだろう。そんなことができるのか。

ベイダー：来年、私とＡＤＣシアターでツーマン・レイト・ショーをさせるのです……もし応じなければ死あるのみ。いかがでしょうか、閣下。

二年生の終わり、僕はエディンバラの芸術祭「エディンバラ・フェスティバル・フリンジ」に出た。芸術祭の中でフットライツのツアー・ショーが開催されたのでそれに出演したのだ。その時、デヴィッドは、チャーリーが書いた『コリン』というあまりできのよくない劇に出ていた。

僕はデヴィッドに、二人でショーをやらないかと持ちかけてみた。「私とともに来るがいい。私たち二人が手を組めばフットライツ銀河系を支配することができる……」と言ったわけではないが、気分としてはそういう感じだった。彼は無名のパブリック・スクールから来た礼儀正しい若者だった。まだ一年生の彼が、来年副会長になる人間から大きなショーへの誘いを受けているのだ、きっと嬉しそうな顔をするだろう、と僕は思っていた。実際、デヴィッドは「チョコレート工場に来ないか」とウィリー・ウォンカに言われたチャーリー・バケットのような顔をした。

『ウィッティントンと猫』のパントマイムでデヴィッドは、猫のアンドリューを演じた――気難しく、ヘロイン中毒になるが立ち直る猫の役だ。僕はもちろんディックだ。途方もない金持ちの家に生まれ、甘やかされて育った少年だが、その恵まれた環境を捨ててロンドンに出て、地方政府で働きたいと思っている。ディックとアンドリューはミスター・ミヤギと手を組む。ミヤギ氏を演じるのは、マシュー・ホルネス。後にホラー作家「ガース・マレンギ」を演じて有名になる彼だ。ミスター・ミヤギが加わったのは、その頃、チャーリーが映画『ベスト・キッド』のパット・モリタの演技がお気に入りだったからだ。僕らのショーの中でも、ミスター・ミヤギは何度もスローモーションの空手で敵を倒す。

　マシューは自分が東洋人の役を演じても大丈夫だろうかというもっともな心配をしていたが、パット・モリタだってカリフォルニア生まれのアメリカ人で、もはや日本人ではないのだから、別に気にすることはないと言って説得した。それでもあまり納得していないようだったので、これはアメリカ人が勘違いした日本人が出てくるハリウッド映画のパロディみたいなもんだよ、と言ったのだが、それでも納得しない。仕方ないので、実はまだ脚本には書いていないのだが（当たり前だった。何しろその場ででっちあげた話だったのだ）、ミスター・ミヤギは、トリストラム・ハント演じる北部出身の喜劇俳優の人種差別的なネタに使われ、笑い者にされるのだと言った。つまり、ミスター・ミヤギを登場させるのには人種差別問題を扱う意図もあるのだから、白人が演じたとしても何ら問題はない、おかしな外国人を登場させてそれで笑いを取るつもりではないのだからと説明した。そもそも架空の人物であるミスター・ミヤギをさらにパロディにしているのだから、実在の誰かが傷つく恐れもなく、特に気にする必要はないとも言ってみた。

　僕の言葉を信じたわけではないのだろうけど、マシューは最後には折れてくれた。たぶん、僕の努力を買ってくれたのだと思う。僕が少々難しい役を演じることを知っていたせいもあるだろう。僕は本来、女性が演じるはずの役をやろうとしていたからだ。

確かに難しい役だった。

まず、「カント（cunt）」という卑語を連発しなくてはいけない。これは人を罵る言葉だが、本来は女性器を意味する言葉である。女性器を意味する言葉の中でも特に下品なうえ、政治的な理由からも使うべきでないと思う人が多くいる。僕が舞台上で「カント」〔「カント」には「クソ野郎」という意味もある〕を連発すれば、それは女性嫌悪《ミソジニー》的な行為だと解釈され、猛反発を食うことは確実だった。

僕も個人的にはこの言葉を下品だと思うし、ミソジニー的だというのも認める。でも、たった一度だけリック・メイヨールと仕事をした時、彼は僕に「そんなことは気にせず使いたい言葉を使えばいい」と優しく言ってくれた。僕はリックが出演していた人気テレビ・ドラマ『ボトム』を終わらせた編成の人間に、「カント」という言葉を浴びせてやりたい、と彼に言った。リック自身はまったく性差別的なネタを使わないコメディアンで、一九八〇年代としてはとても先進的だったと思う。そのリックは、できの悪い後輩である僕をこう諭した。「いやいや、それはおかしい。『カント』は美しいものじゃないか。『カント』は素晴らしいよ。だから嫌な人間を『カント』と呼ぶのは間違っていると思うね。あの番組を終わらせた担当者は女性だけど、彼女に『カント』はもったいないね。むしろ〝悪魔の精液《デビルズ・カム》〟とでも呼ぶべきじゃないかと思うよ」

女性器が美しいという点に関しては、僕もすでに故人になってしまったヒーローと同意見だ。僕は普段から、「カント」という言葉を使うことが多く、それはとてもやめられない。男ばかりで話をしている時は特にそうだし、仮に女性がそばにいても本人が「カント」を常用しているような場合には僕も平気で使う。僕の仲間うち（必然的に俳優が多い）には、軽い気持ちで「カント」という言葉を使う人が多い気がする。皆、ある種の傲慢さを持った人間や、自己中心的な人間を指して「カント」と呼んでいる。キャトリン・モランとジャーメイン・グリア、そして僕の妻の三人が、「カント」という言葉について「別に使ってもいい」と認めてくれているので、僕にはそれで十分だ。

俳優の間でよく使われる古い格言がある。新しい現場に行くと、いつもそれを思い出す。「周りの人間をよく見てみよう。一週間見ていても誰が『カント』かわからない時は、きっと自分自身が『カント』である」という格言だ。

『ウィッティントンと猫』のリハーサル中、僕は改めて周りの人間を観察したりはしなかった。僕はすでによく知っていたからだ。間違いなく、その場で「カント」なのは僕だった。『ミッション：インポッシブル』ならぬ『ミッション：カント』の主役を演じている気分だった。

サミー・デイヴィス・ジュニアがマイケル・ジャクソンを評して言った言葉ではないが、僕は自分が「その《エイント・》へんにいる平凡な男ではない《ザ・ボーイ・ネクスト・ドア》」ということを皆に知ってほしいと強く願っていた。同時に、僕こそが「カント」であり、だからこそ「カント」を誰よりも見事に演じられるはずだという思いもあった。

世の中のほとんどの仕事に関して同じことが言えると思うが、俳優もやはり、周囲の人間と張り合うよりも協力し合った方がいい結果が得られる仕事だ。共に働く人間と張り合おうとするのは「カント」だけだ。しかし、その頃の僕にはそれがわかっていなかった。わかるようになるのはずっと先のことだ。

脚本は絶望的に遅れた上に、とんでもなく長いものになってしまった。リハーサルでまず、ティム・ショールはショーを構成するカットのリストを読み上げ始めたが、彼が徐々に冷静さを失っていくのがよくわかった。『ニーベルングの指環』ではなくパントマイムのショーなのに、なぜこれほど長いのだ、と思ったのだろう。出演者は脚本を受け取ると、自分が出演するシーンの分だけを抜き取ってそれを使うようになる。だが、僕は自分を主役にしたので、ほとんどすべてのシーンに登場する。五分間におよぶ独白もあるし、何曲か歌わなくてはならない。たとえ登場しないシーンでも、自分と無関係ということは少ない。僕は本当なら、リハーサル中、常に脚本を丸ごと持ち、鉛筆を手に持って、何か気づいたことがあればすぐにメモするくらいのことをすべきだった。

しかし僕はただ、九四年のサマー・ツアーのTシャツ（それを持っている者は、そこには僕以外にはいなかった。俺は上級生なんだぞというアピールのために着ていたという、今思うとお笑い草だ）を着て部屋の中央に座り、不機嫌そうに天井を睨みつけているだけだった。リハーサルが始まって、僕は自分の台詞を言ったのだが、その中にはすでにカットになった部分が含まれていた。演出のティムと他の役者たちが声を揃えて「そこはカットだろ」と言う。僕は脚本を見て顔をしかめ「え、そうだっけ？　これ気に入ってたのに。なんでカットなんだよ」と言う。ティムの方を見ると、困ったような顔をしていたが、本当はそれほど困っていないのがよくわかった。リハーサルは基本的にはうまくいった。僕は、本来は女性が演じるはずの役を違和感なく演じられたと思う。男の僕が演じたために、余計に嫌な女に見えたと言った方がいいかもしれない。

その頃の僕はまだ、努力よりも才能の方が重要だと思っていた。そして、無意識のうちに才能を自分の鎧として使っていた。チームのために自分の力を提供するという発想がなかった。演劇がチーム・スポーツだということもわかっていなかったのだ。チーム・スポーツだとわかっていればやることはなかっただろう。そもそも僕はスポーツが嫌いで、チームも嫌いだった。僕はいるだけで最高なのだから、チームのことなど考える必要はない、そんなことは他の人間が考えればいいと思っていた。

過度な競争心を持つことは男性だけの特性ではない。ただ、女性の場合は男性に比べ、その競争心を堂々と表に出しにくいとは言える。もし、男性と同様に競争心をむき出しにしている女性がいれば、その人は「女らしくない」と言われてしまうことが多いからだ。もちろん、勝ちたいと思うこと自体は男女を問わずまったく悪くないし、実際にダーツか何かの勝負をする状況になれば当然のことだろう。だが、少なくとも演技は勝負ではないし、他の多くの仕事だってそうだろう。リアリティ番組『アプレンティス』を見ていて僕がショックを受けたのは、出演者たちが番組のテーマどおり最高のビジネスパーソンになるべく競い合っているというふうには見えなかったことだった。むしろ、誰が一番の愚か者になれるかを競っているように見えた。番組内での男女の関わりは、どうも現実離れしている。競争心を過剰に出した女性出演者のふるまいを見ると、どうしても違和感を覚える。彼女たちが「男らしく」させられているのがどうも変なのだ。見ているうちに腹が立ってきて、「これは君じゃないだろう」と言いたくなる。ここに登場する女たちは、男の輪の中に入り込んでしまった幽霊のようなものだ。「男らしさ」の中でも最も有害で、自分自身をも傷つける特性を、彼女たちも発揮させられてしまっている。たとえば、他人を支配しようとするところ、集団内での序列に異常にこだわるところ、残酷さと強さを混同しているところ、微妙な差異も許容しようとせず、愚かにもそんな不寛容性を美徳と信じ込んでいるところなどがそうだ。

女が男になろうとしているのがよくないと言いたいのではない。それでは女も男も同じようにろくでなしになるだけではないかと言いたいのだ。そして、この男性中心社会では誰もがそういう愚か者にならねばならない構造になっている。それで問題が多く起きているにもかかわらず。

そういう状況の中、クララがロビンソン・カレッジに来た。彼女は入り口のところで僕を抱きしめた。それは少し長すぎ、そして強すぎる抱擁だった。僕の部屋に入ると、彼女は照明技術者のトニーと関係を持ったと打ち明けた。僕と別れたいと言う（僕はそのあと、ふられた腹いせにトニーのことを「オタクのトニー」と呼ぶようになった）。クララは、自分たちは本当の意味ではつき合っていたと言えないのに、別れると言うのも変な感じがする、とも言った。

そう言われても僕は怒らなかった。少なくともすぐには怒らなかった。彼女にはただ「またカウンセリングに行くことになるな」と言っただけだった。そう言えば、自分が何をしたのか彼女は理解するに違いないと思った。その夜のショーを見に来てくれたことは嬉しかったが、当然、大事な舞台をうまくこなすことはとても難しくなってしまった。

クララは僕のささやかな反撃を静かに受け止めた。僕が彼女なら、こんなことを言われれば即、ロンドン行きの列車に乗ってしまっただろう。しかし彼女はそういう人ではなかったのだ。クララはこう言った。「そうなのね。私にはカウンセラーはいないから、ただ泣きながら近所を歩き回って本屋に行って、ショーまで時間を潰すしかないね。あなたとはショーのあと、バーででも会えたらと思っている」

ショーは二週間続くことになっていた。その日はショーが始まってから最初の土曜日だった。僕は最高の演技を披露した。ショーが終わり、僕はステージを離れると、袖にいた他の出演者たちの間を通り抜けた。だが皆が拍手喝采で迎える中、僕は「ダメだ。まだまだだ」と大声で言った。満足感はなく、気分は最悪だった。

クララは本当に本屋に行ったらしい。一九九四年にはそれもごく普通のことだった。彼女は主人公が空中浮遊をする小説を買ったと言っていた。ショーはよかったと褒めてくれたけれど、それで何かが変わることはなかった。離れている間、僕はもっと彼女に会いに行くべきだったのだ。もうこれで彼女とはおしまいだ。

部屋に戻ると彼女は言った。「私は床に寝ようかな。それとも食器棚の中がいいかな。どこがいいと思う？」

僕は言った。「僕の横で寝ればいいよ。何もしないと約束するから」

「本当に？」そう彼女は言った。

結局、セックスもせず、一睡もしない素晴らしい夜を過ごしたあと、朝が来た。僕は先に起き上がり「僕がベッドを出ても君はまだベッドの中にいる。これが最後じゃないと言っておくれよ」と言った。

「あなたがベッドを出ても私はまだベッドの中にいる。これが最後じゃない」

彼女は本当にそう言ってくれた。そして部屋を出て、もう戻っては来なかった。

そのあと、僕はいかにも繊細な（ただし、繊細なのは自分のことに関してだけだ）若い男が女にふられた時にしそうなことをした。怒って叫んだりはしない。そんなのは僕の父のような男がすることだ。僕がしたのは、彼女に九ページもの長さの手紙を書くことだった。彼女が今、正気でないこと、なぜ正気でないと言えるか、その理由を異様に細かく詳しく書き綴った手紙だ。彼女はただ混乱していて、自分の本当の気持ちがわからなくなっている。その上ひどい記憶喪失にも陥っている。それで完全に誤った行動に出ているのだけど、そのことに彼女自身が気づけば、きっと僕という優しい王子様の存在に感謝して、この腕の中に戻って来るに違いない。素晴らしい関係が再び始まるのだ。心からそう信じているからこそ書ける手紙だった。

手紙を受け取ったあと、クララは僕からの電話にも出なくなった。

僕は自己嫌悪に陥った。耐えられないほど惨めな気分で、不機嫌にもなった。これもやはり、繊細な若い男のしそうなことだった。謝っておけばいいのに。

繊細な男が、彼女がもう決して戻って来ないことを遅ればせながら理解したらいったいどうするか。それはもう決まっている。必死になって誰か他の女と寝ようとするのだ。クララが去ってから八日後、パントマイムの共演者たちは、意外な僕の姿を目にすることになった。それまでの数週間、無視していた人たちや、バカにして、侮辱することすらあった人たちに急にやたらに愛想よくするようになったのだ。そのうちの一人がジェンナだ。彼女はとてもいい娘だった。ジェンナは僕に手招きをした。

「ねえ、ロブ、あのね……」

「わかってるよ。君のうちはここから近いの？」

「うん」

「じゃあ出よう」

僕らは笑いながら急ぎ足でバーを出て、道端で抱き合い、キスをした。そして、笑い、抱き合い、キスをしながら急ぎ足で彼女の家に向かった。その後、何があったかは取りあえず詳しくは書かないが、どうやら僕らにはよほど合うところがあったらしい。その後、二人は八年間つき合うことになった。


その時の僕に必要だったのは、決して僕を捨てないし、そして決して死のうとはせずに生きる人だった。ジェンナは見事にどちらにも当てはまっていた。幸運にも、彼女は面白い人で、とても美しい人だった。ただ僕は、すぐには彼女に心を許すことはできなかった。まだ失恋の痛手から立ち直っている過程にあったからだ。ただ、素っ気ない僕に対して彼女は愛情を持ち続けてくれていたし、僕の好意が時々感じられるだけでも、彼女は待つことができた。いずれ僕の態度にも変化はあるはずと信じて待ってくれたのだ。ドラマ『高慢と偏見』でコリン・ファースがジェニファー・イーリーにしたように、僕が部屋の隅から彼女を見つめていた、ということはなかったが、それは特にどうでもいいことだった。僕らがつき合うようになるまでには四か月もの時間がかかった。決め手になったのは、そろそろ部屋の壁に貼ってあるポスターを剥がしてはどうか、とジエンナが言ってくれたことだ。それは僕らのショーの宣伝ポスターで、クララの写真も載っていたのだ。
自分たちでもよく半分冗談で言っていたのだが、僕らはつき合ってはいても、雰囲気はまったくロマンティックにはならなかった。二人がはじめてバレンタインデーの夜を一緒に過ごした時は、スプリング・レビューの出演者たちの過去の経歴を適当にでっちあげて遊んだりした。確かに楽しかったけれど、ロマンティックではなかった。食事に行った時はいつも割り勘だった。これも公正ではあるけれど、やはりロマンティックではないだろう。壊滅的な欠陥のあるコンドームを使ってしまったにもかかわらず、ロンドンの公園で彼女から「妊娠していなかった」と聞かされた時は嬉しかったし、その日は二人で幸せな気分で過ごしたが、それもまったくロマンティックな話ではない。ただ、二人とも心から安心できたというだけだ。

僕は彼女を愛していたし、自分が一人ではなく、いつも二人だと思えることも嬉しかった。僕がその頃、日記を書かなくなったのはそのせいだ。あまりに幸せで、何も書くことがなくなってしまったのだ。僕はそういうことをジェンナには言わなかった。仮に最高の褒め言葉のつもりでそんなことを言ったとしても、彼女はさほど喜ばないことをよくわかっていたからだ。「君は、今にも自殺しそうなほど孤独で惨めだった最低野郎をその手で救い出したんだぜ。君のおかげでこいつはすっかり満足して、幸せな気分で生きてる。すごいことだと思わないか？」なんて、わざわざ彼女に言っても仕方がない。確かにそれはすごいことだった。でも結局のところ、僕はコリン・ファースではないし、花束を抱え、オリエント急行の切符を二枚持って彼女を迎えに行ったりするわけでもないのだ。

ジェンナは自分をよく知っていたし、自分にいらだってもいた。彼女は自分が『高慢と偏見』のミスタ・ダーシーの偽りの姿に夢中になったことに気づいていて、そんな男に少しでも惹かれた自分に腹を立てていた。僕は恋人の背中に手を回して街を歩くような男ではなかった。そもそもいったい何のためにそんなことをするのかがわからない。そんなに背中に手を回したいのなら、背中にハンドルのついたドレスを彼女に着せれば便利なのに、というくらいに思っていた。

しかし、僕には少し彼女に構いすぎるというか、守ってやりたいと思うあまり過干渉なところがあったのも事実だ。自分のことばかり考えていた男が、今度はやたらと恋人の様子をうかがう男へと変身してしまった。再び前のような悲劇が訪れるのを恐れていたからだ。『ロミオとジュリエット』のように、最後には死が待っているというのはごめんだった。

ある夜、そんな僕の気持ちがはっきりと表に出る事件が起きた。それはセクシャル・ハラスメントのドラマ、または不器用な男のメロドラマでもあったが、奇しくもその舞台となったのは、アマチュア・ドラマティック・クラブ・シアターのバーだった。

僕らはケンブリッジの四年生になっていた。卒業直前のメイ・ウィーク〔五月に行われる試験が終わったあとの、学生にとっては息抜きのできる期間〕に上演される『ヘンリー四世』の第一部でジェンナは、クィックリー夫人を演じていた。ポスターには、当時の居酒屋の女主人らしく胸元が大きく開いた衣裳をまとった彼女の写真が載った。その衣裳はとても似合っていた。

だがその夜、バーにいたテランス・キーブルという学生がしたり顔で侮辱的なことを言い始めたのだ。ポスターのジェンナの胸は、デジタル処理で大きく修正されているとかなんとか。彼は保守協会のリーダーで、そこも僕にとっては気に食わないところだった。僕らは言い合いになった。テランスは壁に貼ってあったポスターを剥がし、これと本物のジェンナの胸を比べてみろと言い出した。そして何を思ったのかジェンナのバッグを手に取り、中をあさり始めた。

僕は少し大きな声で、だが努めて冷静に彼を諫めた。それは下劣な男のすることだと言い、優しい口調のまま、今すぐバッグを返すよう告げた。すると彼は言われたとおりにバッグを返した。その場にいたジェンナと、一〇人ほどの怒った友人たちは皆、短いがかなり乱暴な言葉で彼を罵った。誰もが彼のモラルのなさに呆れていたのだ。ポスターは壁に元通りに貼られ、その場はいったん落ち着いたように見えた。

ところが、テランスはバーを出る時にまた、ジェンナを侮辱した。彼女に流し目を送り、口を開いて絶対に我慢のならない言葉を発したのだ。

僕は彼に殴りかかった。

本気で人を殴ろうと思えば、隙は意外にあるものだ。僕にはその時以外に誰かを殴ろうとしたことはないが、多分そうだと思う。ただし、その時は怒りに目がくらんでわからなくなっていたが、落ち着いて考えれば、何も殴る必要はなかったのだ。それはよくわかる。

だけど、僕はとにかく殴った——いや、少なくとも殴ろうとはした——その時のテランスの驚きに満ちた赤ら顔を、僕は忘れることができない。何しろあのディック・ウィッティントンが、こぶしを握りしめて、人殺しのような顔で殴りかかってきたのだ。そこに友人のジャックが止めに入った。テランスの顔にとっても、僕の小さく弱々しいこぶしにとっても幸運なことだった。ジャックのおかげで、僕は敵から二メートル以内に近づくことはできなかった。テランスはその間にバーの支配人の案内で非常階段から逃げて行ったが、去り際に「お前は頭がおかしいよ」と叫んだ。僕も負けずに「おかしいのはお前だ！」と叫び返した。

そのキケロ風のやりとりが終わると、ジャックは僕から手を離した。ジェンナは、殴らずに済んでよかったよ、と言って僕を元気づけようとした。ただ、彼女は密かに僕のしたことを喜んでいたように思う。

その時、確かに僕は誰かに元気づけてもらいたかった。自分のしたことを振り返り、これじゃまるでごく普通のつまらない男じゃないか、と感じていたからだ。こんなことでは、何のためにわざわざ苦労してケンブリッジに来たんだかわからない。土曜の夜にバーで喧嘩になって保守派の男に殴りかかっている。こんなことは、何もケンブリッジでなくても、コニングスビーのコミュニティー・センターでもできる。

だが本当の問題は、僕のその「普通の男」に対するイメージだった。僕は普通の男はとにかく暴力的で、性差別的だと思い込んでいた。この三年間、僕の周りにいたのは、僕と同じく、生まれてから喧嘩など一度もしたことがない男たちばかりだった。そして彼らは誰もが、女と男はまったく同じように人類の一員だと考えていたし、そう考えようと努力もしていた。女は男に従属する存在だなどと考える男はいなかった。

この事件があっても、僕は自分が普通のつまらない男などではないとまだ強く信じていた。僕は決して父のような男ではないと思っていたのだ。

もし僕が本当にテランス・キーブルを殴り、結局僕らが二人とも大けがをする自体になったとしたら、ジズケイク博士はそれを理由に僕を退学にしたかもしれない。退学理由を説明したら、父はきっと喜んだだろう。それは間違いない。退学になったことは残念がり、僕に同情はするだろうが、喧嘩をしたこと自体は喜ぶはずだ。僕が怒り、喧嘩をしたのは彼の男尊女卑的な態度が許せなかったからだ、というふうに父は解釈しない。

別の男が自分の女の胸に難癖をつけたことに腹を立てて喧嘩したのだと思うはずだ。

そして、実を言えばこの場合、父の解釈が完全に正しいのだ。それが何よりも僕を戸惑わせた。

卒業試験が近づき、僕はどういう問題なら自分は回答できるだろうか、などと考え始めた。僕の希望はたとえばこういう問題だった。

1．『白鯨（Moby-Dick）』の最初の二ページで何が起きるかをできるだけ大まかに説明せよ。

2．リア王かリア王子、どちらでも描きやすい方を選んで絵に描け。

3．下品で最低な劇を上演するのにふさわしいのはどういう場所か。回答でスペルミスをしても減点はしない。自信のない者は、「プロセニアム〔舞台前部の額縁のような部分〕」と回答すること。プロセニアム・アーチのある劇場、と答えると誤りになるので注意。

ジェンナはどうやって手に入れたのかテレビとビデオデッキを持っていたので、僕とジャックは彼女の部屋に行き、三人で長い時間をかけて「悲劇」の授業の論文を書いた。ジェンナの部屋に行ったのは、劇のビデオを見るためだ。僕らは『マクベス』、『オーリードのイフィジェニー』、『美女と野獣』、『アラジン』の映像を見た。

僕ら三人は、デヴィッドや他の何人かとともに、アラン・エイクボーンの戯曲『ベッドルーム・ファース』に出演することにもなっていた。試験の日と上演日がとても近いので大変だ。しかも僕はデヴィッドとのツーマン・ショーにも出演しなくてはいけない。そしてもちろん、フットライツ・ツアー・ショーにもまた出る。現実から目を背けていたと言われれば確かにそうなのかもしれないが、僕はその時、試験などこの世に存在しないつもりで生きていた。そうすることで、どうにかプレッシャーに対処しようとしていたのだと思う。

だが頭はそのつもりでも、身体は現実をしっかりと認識していたのだろう。ある日、椅子から立ち上がると床が揺れているように感じ、突然、誰かに顔を殴られたような衝撃も受けた。心臓の鼓動はバカみたいに速くなっていたし、静かなところにいても、バルカン爆撃機が着陸する時のような轟音が聞こえているように感じた。僕は這うようにしてベッドに向かい、横になってしばらく動かずにいた。このまま死ぬのかもしれない、などと考えたりもした。少しの間、ゆっくりと意識して呼吸していたら、また何もかもが普通に戻った。ジャックに話すと、そういう症状には「パニック障害」という名前がついているのだと教えてくれた。なるほど、そうかと僕は思った。単に「ストレスでまいってるんだよ」と言われるよりも、パニック障害と言われる方が派手でいいかもしれないとも思った。だが、どうやら自分で思っていたよりも心労が重なっていたのだな、ということもわかった。まったく予期しない事態だが、どう対処すればいいかは明白だった。僕はまずジエンナの部屋に行って、二人で『プリンセス・ブライド・ストーリー』を見た。

僕の試験に向けての戦略は――それを戦略と呼べるかは疑問だが、まず、とにかく試験の前日まで何もしないということだった。前日になったら図書館へ行き、翌日の試験に関係のありそうな論文をできるだけ多く探し、その中から四つを選んで、内容をひたすら暗記し、そのまま試験に臨む。ただ、いきなり、自分が覚えていった論文とはほとんど関係のない問題が出ることもある。その場合には、何でもいいから覚えていることを無理やりに書くしかない。回答の最初には、無関係に見える自分の答えが問題にどう関係するのかも、文章で説明する必要がある。丸暗記しすぎて、自分には書けそうもないほど見事な文章や、記憶に強く残るような文章を書いてしまわないよう注意すべきである。そんなことをすれば、人の論文の内容を盗んでいることがすぐにばれてしまうからだ。大学の試験では、試験を採点するのが僕の盗んだ論文を書いた本人だということもないわけではないだろう。

こんなやり方はあまりにもお粗末だし、時間と労力の浪費でもある。パニック障害はたぶん、罪の意識や不安によって引き起こされたのだと思う。ただ僕は、自分の行動に少なくとも一貫性はあると思っていた。僕は何も素晴らしい成績を取るためにここに来たわけではない。僕がここに来たのは、デヴィッド・ミッチェルのような人間に会うためだ。実際、デヴィッド・ミッチェルに会うことができた。彼は僕が想定していた以上の人間だった。

僕はバレルズ・ウォークをゆっくりと歩いていた。セナート・ハウス〔一七二〇年代にケンブリッジ構内に建てられたセレモニーホール〕に向かうためだ。そこの掲示板に試験の結果が貼り出されている。心配するなと自分に言い聞かせる。グラマースクールに行く時のイレブン・プラスや、大学に行く時のAレベルは確かに重要だった。でも、それに比べれば、この卒業試験の結果はさほど重要ではない。

ただ、一応、僕にもある程度、勉強ができたというプライドが（特に英語には）あった。だから、掲示板を見て、自分が卒業はできるとはいえ、「２：２〔英国の学部過程はよい方から１ｓｔ、２：１、２：２、３ｒｄ、Ｆａｉｌ（落第）の５段階で評価される。２：２は中の中というところ〕」という何とも冴えない成績だったことを知ると、大きな失望感に襲われた。ほとんどまともに勉強しなかったくせに、厚かましい話だ。現実にこういう結果が出たものは仕方がない。「もっとできると思っていたのに、これで正式に凡才の烙印を押されてしまったな」などと思っていた。だがそれもほんの数秒のことで、すぐに安心感と感謝の気持ちの方が大きくなった。僕は留年してもまったく不思議ではなかった。運がよかったとしかいいようがない。この調子ならまったく努力しなくても、ただ運のよさだけで、教授にまでなってしまうかもしれない。中身が何もない教授だ。

卒業式にはマーク、アンドリュー、父が来てくれた。セナート・ハウスに来た家族は、式の最中には写真は撮らないよう言われる。だから父もマークもアンドリューも、式が終わって僕に会った時、カメラを構えて写真を撮るまねをした。カメラを構えるだけで、わざと写真を撮らないのだ。男にはそういうところがある。そこが好きなんだよなと思うこともあった。もちろん、この三人の男たちは、特に。

僕らは外の芝生の上をしばらく歩き回った。僕はマーク、アンドリューの二人とあれこれ話をしていたが、父はしばらくの間、いつになく静かだった。父の目は真っ赤になっていた。酒を飲んでいたわけでもないのに。

やがて父は僕にこう言った。「母さんがここにいたらお前にはもっと嬉しかっただろうな。でもな、俺もお前を本当に誇りに思っているぞ」父はここに招かれたことを幸運と感じているようだった。本来、自分が来るはずのなかったところに来た、という気分だったらしい。

僕はその時、父を許した。まさにその時、その場所で許したのだ。少なくとも、その時はそう信じた。

「ありがとう、父さん、来てくれて嬉しいよ」僕は小声でそう言った。

いよいよ家を出る時が来た。すでに何年も前から家から離れて暮らしてはいたが、ついに本当の意味で独立する時が来たのだ。家族には、卒業したらコンピュータ関係の仕事をすると嘘を言っていたが、もうそんな嘘をつき続けるつもりはなかった。実はフラットを借りてロンドンに住み、真剣に喜劇役者、作家を目指すつもりだということを、父も兄たちも徐々に理解し始めているようだった。

一三歳の時に生まれた僕の夢は年とともに形を変え、徐々に成長していった。『ホーム・スィート・ホーム』のようなテレビ番組に出て皆を笑わせたいという気持ちが最初に芽生えた。その後、夢は「テレビに出られる役者になるため、まずはケンブリッジ大学のロビンソン・カレッジに入る」というふうに具体的になった。そして、一九九五年の卒業式の日、夢は一つの段階を終え、次の段階へと向かい始めた。

一九九〇年九月二九日

ミスター・ロバート・ウェッブ、一八歳の誕生日おめでとう。いや、もちろん一八歳になったからといって何かが昨日と急に変わるわけじゃない——これからは世界が自分を大人とみなすなんて、とても信じられない。それがどういう意味なのか何となくわからなくはないが、とにかく信じられないのは確かだ。先週の金曜日にコミュニティー・センターで行われたパーティーはすごかった。誰も彼もが来ていた——国中の人が来ていたのかもしれない。

僕はケンブリッジで入るカレッジを選んだ——ロビンソンだ。ロビンソン・カレッジに入るには、Ａ・Ａ・Ｂの成績が必要だから気を引き締めなくてはいけない。

母さんが亡くなってからは落ち込んでしまうことが多いけど、これからはいいことばかり起きるのだと無理にでも思った方がいいだろう。ロビンソンに入れるのは当然で、それはもう決まったことなのだと考えながら日々、生活することにする。ロビンソンに入れば、他の望みも自然にかなうだろう。まずはフットライツで大成功して、面白い仲間をそこで何人か見つける。エディンバラ・フェスティバルに出て、そのあとはラジオ４、チャンネル４に、ＢＢＣ２に出る。もちろん、舞台にも出て、小説も書き、ハリウッド進出もするのだ……人からは何をバカなことを、と笑われそうだが、無理だとなぜわかる？　夢を持つのは自由だ——夢に制限を設ける必要などまったくない。僕はジョン・クリーズよりビッグになるんだ。

素晴らしい計画だった。僕は、この計画は完璧だと思っていた。同時に、他人から見れば異常な計画だということも当然、わかってはいた。それでも、自分の人生をどうしたいのかを一応、紙に書いておきたいと思った。書いたあとは実行に移すだけだ。書いたことすべてが実現できるとも思っていなかった。僕がいくらビッグになれたところで、ジョン・クリーズを脅かすようなことはないだろう。

問題は、喜劇役者や作家が単なる人生のあり方ではなく、仕事だということだ。仕事であれば、必ずある一定以上の能力が求められる。僕はまだ若すぎて、自分が何かをしたいと望むということと、そのために必要な能力をつけるということとの違いをわかっていなかった。僕にとってはあくまで人生が先で、仕事はそのあとだった。普通は、まずは適切な仕事を得ることが重要で、それができてはじめて人生をどうするかという話ができる——おそらくそう考えるのだろう。

確かに、仕事のおかげで人生は素晴らしいものになったと思う。ただ、だからといって、仕事があることが何よりも重要で、それだけが人生を素晴らしくする方法であると考えているわけではないし、そう考えるのは正しくないと思う。

とは言え、大学を卒業した僕に仕事が必要なのは事実だった。だが、必要だから見つかるとは限らない。

第13章 「男は進むべき道を間違えない」

ジェレミー：え、なんだって。じゃあ、お前は後ろめたいから彼女と結婚するのか。
マーク：もっとひどい理由で結婚するやつはいくらでもいるだろう。

『ピープ・ショー ボクたち妄想族（Peep Show）』サム・バイン、ジェシー・アームストロング脚本、シーズン4

僕はその時、レスター・スクエアでレイア姫と踊っていた。
「まいったな、どうすればいいのかわからない……でも、すべてが最高だ」そんな気分で。

僕の楽屋に舞台副主任のジョーが来たのは、その数時間前のことだ。ウエスト・エンド・シアターの一つ、ヨーク公劇場で、僕は舞台化された『ウースター家の掟』の主人公バーティー・ウースターを演じていた。あと二〇分で幕が上がるという時だった。ジョーはいつもそのくらいのタイミングで楽屋に来て、その夜のチケットの売れ行きなど、細々としたことを話す。僕はうろうろと歩き回り、最初のセリフを大声で叫んでいることが多い。緊張していると、誰にでもわかる状態だ。

僕はジョーに言った。「やあ、元気？　今日はどんなニュースを持って来たんだい」

「こんばんは、ロブ。今日はいいニュースばかり。土曜の夜に満員ですから、言うことなしよ。三階席まで全席ぎっしり」そこで彼女は少し意味ありげな微笑みを浮かべながら、メモ書きに目を通して言った。「他は何もないと思う……ああ、そうそう、スティーヴン・フライが来てる。他にも何人か引き連れて来たみたい」

「スティーヴンが……」

「一緒に来ているのはパートナーのエリオットと、それから……ああ、キャリー・フィッシャーだ」僕は驚いて彼女を見た。

「そう、だから、スティーヴンとエリットとキャリーの三人ってこと。舞台が終わったらぜひ会って、食事でも、って言ってる。じゃあ、あとはよろしく。がんばって！」彼女は少々意地の悪い感じに笑うと、そのまま行ってしまった。

いや、これは本当の話だ。ケンブリッジを卒業したと思ったら、次の瞬間にはもう満員のウェスト・エンド・シアターに出演している。それは素晴らしいショーで、役も素晴らしかった。僕は何週間もその役を演じ続けた。絶対に成功させなくてはいけなかったし、実際に成功させることができた。そして今夜、客席には、スティーヴン・フライと、間もなく彼の夫になるエリオット・スペンサー、そしてスティーヴンの友人、キャリー・フィッシャーがいた。

もちろん、正確には一瞬でそうなったわけではなく、少しの時を経ている。これは二〇一四年の話だから、「少し」と言ったけれど、実は卒業して一九年だ。だが、それでも「たった一九年後」にこうなっているなんて、信じられなかった。

僕は急いで着替え、窓の外をのぞいた。薄暗い明かりの中にヨーク公劇場の楽屋出入り口に向かう通路が見える。そして、その向こうにはスティーヴンの影が見えた。彼の後ろには若い男と、彼よりは背の低い、少し年配の女性がいる。なんてこった！

彼らは終演後、僕の楽屋に来た。スティーヴンには会ったことはあるし、仕事をしたこともあるが、それでも、僕にとって彼は相変わらず「テレビの中の人」であり、三次元空間で動き回っているのを見ると現実とは思えなかった。スティーヴンはしっかりハグをしてくれ、今日の僕の演技を「堂々たるものだった」と褒めてくれた。エリオットは控えめで魅力的な人だ。彼はコメディが好きで、僕が出演していた『ピープ・ショー　ボクたち妄想族』が始まった頃はまだ学校に通っていたと言った。おそらく、彼にとっての僕は、僕にとってのスティーヴンと同じく「テレビの中の人」で、僕を見て同じように不思議な気分なのだろうと思った。だから、僕はできるだけ彼の夢を壊さないよう振る舞うことにした。絶対にがっかりさせることがあってはならない。スティーヴンの世代の人たちに僕ががっかりさせられたことなど、一度もなかったのだし。たとえば、ドーン・フレンチに会えば、彼女はやはりまさに僕の期待するドーン・フレンチを演じてくれるはずだ。

そしてなんと、ここにもう一人、あのキャリー・フィッシャーがいる。身長は一五五センチメートルほどだろうか。サングラスをかけている。僕と握手をすると、タバコを吸うために窓のそばへと歩いて行った。今夜のショーは素晴らしかったと彼女は言ってくれた。特に、最後に僕らが披露した四分間のチャールストンは「私がこれまでに見た中でも最高のカーテン・コールだった」と言っていた。デビー・レイノルズの娘がそういうのだ。きっとこれまでに、すごいカーテン・コールはいくつも見てきたに違いない。それだけに本当に嬉しい言葉だった。

この本を書くのには、長い時間がかかってしまった。本章の第一稿を書きあげたのは、二〇一六年の春のことだ。その時にはキャリー・フィッシャーも、そしてデビー・レイノルズも元気だった。プリンスもジョージ・マイケルも、ヴィクトリア・ウッドも健在だったのだ。八〇年代のアイコンが一人、亡くなるたびに、ファンとして悲しいのは当然だが、同時に「この本が、またさらに悲しいものになってしまった」と身勝手なことも考えてしまった。著者の僕は何も内容を書き換えていないのに、日に日に本が悲しいものに変わっていく。だが、それでも僕は内容を基本的には変えないことにした。元来、何も知らず、何もわかっていなかった過去の僕の姿を書いた文章なのだから、あとから起きたことに合わせて修正を加えたりすべきではない。人はあとになって「なぜあの時あんなことをしたのか」とよく思うものだが、人は常に今を生きていて、その時はその時なりに懸命に生きているのだ。すぐあとの未来ですら、どうなるのかまったくわからない。少し先に思いがけない不幸が待ち受けているとしても、そんなことは何ひとつ予想せずに生きている。

人は誰でもいずれ死ぬ。ただ、自分がいずれ死ぬのだと常に考えながら生きている人は少ないのではないだろうか。普段はそれを忘れて生きている。僕たちはすでに亡くなってしまった人の写真を見て、たまらなく悲しい気持ちになることがある。「ああ、ジーン、こんなに素敵な笑顔を見せている。あと三か月の命だなんてこの時の彼女はまったく知らないのだ」などと思う。だが、それを知っていようがいまいが、彼女は「死後に写真を見る人を悲しませてやろう、強烈なアイロニーを感じさせてやろう」などとは絶対に思っていなかったはずだ。そんなふうに考えて生きている人は誰もいないのに、不思議なことに誰もがいずれ誰かにそういう思いをさせることになる。僕もあの時のキャリー・フィッシャーを思い出すと、そのたびに「彼女は確かに生きていたのに、本当に元気だったのに」と悲しい気持ちになる。

キャリーは窓の桟に腰掛け、足を向かいにある非常階段に乗せた。窓と非常階段の間には、三階分の高さの何もない空間がある。彼女は『スター・ウォーズ／フォースの覚醒』の撮影のためにロンドンに来ていた。僕はその時、ディズニーとルーカスフィルムは彼女にどういう保険をかけているのだろうかと思った。もしこの小柄なスターが窓から落ちて亡くなったりしたら、僕はいったいどういう目に遭うのだろうか。そんなことを考えながら、僕は彼女に火を貸した。

さすがに有名人に会うことにも慣れて、無理に冷静さを装うこともしなくなった。そんなのは時間の無駄だと思うようになったのだ。その人が自分にとって大事な人であれば、本人にをそれをはっきりと伝えればいい。一緒に写真を撮ってくれだなんだと言って相手を煩わせるのは褒められたことではないが、感謝の気持ちがあるのなら、正直に口にすればいいと思う。僕は彼女に、「大ファンです。あなたの映画も本も大好きなんです」と言った。するると、お返しのつもりだったのか、キャリーは『スター・ウォーズ』の新作のことを少し詳しく話してくれた。それは明らかに機密情報に属するようなことだったので、僕は心配になって入り口の扉の方を見た。すぐにでもディズニーの派遣した暗殺団が踏み込んで来て、消されてしまうのではと思ったのだ。

スティーヴンは親切にも、アーチャー・ストリートの超一流イタリアン・レストランに予約を入れてくれていた。そこで僕ら全員にごちそうしてくれるという。スティーヴンとエリオット、そして、その日僕と共演し、見事な演技を見せたマーク・ヒープが先に立って歩き出し、キャリーと僕はそのあとについて行った。でも、先に出た三人があまりに早足だったので、僕はすぐに彼らを見失ってしまった。

キャリーがこれまでの人生で様々な有害物質の中毒になってきたことを僕は知っていた。五八歳という年齢からしても、ガゼルのように元気よく跳ね回るわけにはいかないだろうなと思った。キャリーは僕の腕を取った。何ということだ。キャリー・フィッシャーのエスコートをして街を歩ける。しかも、演劇の話などしながら。こんな素敵なことがあるだろうか。


ただ問題は、これからどうやって店まで歩いて行けばいいのか、まったくわからないということだった。一九年もロンドンにいて、いったい何をしていたのだろう。この一〇年は、仕事でソーホーやウェスト・エンドの劇場か、吹き替えのスタジオ、プロダクションのオフィスにいることがほとんどだった。それ以前の九〇年代にはほぼ無職のようなものだったから、街のことを知る余裕すらなかった。どこへ行く金もないのに、ただ家でロンドンのガイドブックだけを読んで、どこにどういう店があるか覚えたところで仕方ないだろう。そんな僕が急に、セント・マーティンズ・レーンからアーチャー・ストリートまで、地図もなく、土地勘のないアメリカ人を連れて行かなくてはならなくなった。そんなことが果たして可能なのだろうか。

方向音痴は僕の欠点だ。それでいつも失敗をする。だが、それは笑える欠点だと思っていた。誰にでも一つはそういうものがあるのではないだろうか。そのことでいつも友人にからかわれるけれど、話の種にはなるし特に直す必要はないな、と思っている欠点だ。鏡を見るとどうしても妙な表情を作ってしまい、自然な顔ができない人もいる。ビスケットを紅茶に浸す時に粉を撒き散らしてしまう人もいる。服を買いに行くと、なぜか同じ色の服ばかり、しかも自分が特別好きなわけでもない色の服ばかり買ってしまう人もいる。

そして僕の欠点は、とにかく道に迷うことだ。頻繁に迷うだけでなく、迷いっぷりも尋常ではない。道を歩いている時、車を運転している時に迷うだけではない。電車に乗っていても迷うのだ。トイレに行くため離席すると、自分の席に戻るまでに一〇分くらいかかったりする。さすがにエスカレーターに乗っていて迷ったことはないが、それもいつかやるのではないかと思っている。

レストランの名前は覚えていなかったが、チャイナタウンを通って行くのだと誰かが言っていたのを何となく覚えていた。僕は街の建物のドーム型の屋根や先の尖った屋根をぼんやりと眺めながら、キャリーと話をしていた。時間は虚しく過ぎていく。他の三人は僕たちを待っているだろう。あなたはこう思うかもしれない。「もう二〇一四年なんだから、スマートフォンで『イタリアン・レストラン アーチャー・ストリート』で検索すればいいじゃないか」と。確かにそのとおりだ。それが賢明な方法だろう。しかし、その時はとてもそんなふうに頭が回らなかったのだ。考えてみてほしい。あのメルチェット将軍からディナーの誘いを受けている上に、あのレイア姫と腕を組んで歩いているのだ。その状況で冷静でいろと言っても無理な話だ。

僕の声から緊迫した状況を感じ取ったのだろう。彼女は優しい口調でこう言った。「ちょっと道に迷ったみたいね」

僕は「はい、そうなんです。どっちへ向かって歩けばいいのか、さっぱりわからなくて。申し訳ありません。本当に方向音痴で」

「大丈夫よ。スティーヴンに電話するから」

僕らはレスター・スクエアにいた。キャリーはスティーヴンに、僕はマーク・ヒープに電話をかけた。バーガー・キングの前でサルサ・バンドが演奏している。相手が出るのを待つ間、彼女は僕の空いている方の手を握り、腕を伸ばした。僕も同じように腕を伸ばし、それから一気に彼女を自分の方に引き寄せた。僕が彼女の腕を持ち上げると、その下で彼女は実に優雅に回転してみせたのだった。

そうして踊り続けているうち、スティーヴンは電話に出ず、留守電に切り替わったらしい。キャリーは叫んだ。「スティーヴン、いったい何してるの！　今どこにいるのよ。この図体ばかりでかいろくでなし！」彼女は僕の手を離し、サングラスを持ち上げて、電話をよく見た。「あらあら」彼女は楽しそうに小声で言った。「違うスティーヴンにかけちゃったみたい」

その後、僕はどうにか三人と合流することができた。レストランへと向かう途中、僕はずっと「うろたえるなよ」と自分に言い聞かせなくてはならなかった。普通、こんなことはまず起こらない。この先、またこの人に会えるかどうかすらわからない。だが今、この爽やかな宵に、ロンドンの真ん中をキャリー・フィッシャーと二人きりで歩いているのだ。まさかこんなことがあるなんて。『スター・ウォーズ』には、レイア姫がルーク・スカイウォーカーに微笑みかけ、勲章を授けるシーンがあるけれど、あのルークですら、彼女と踊ることはできなかった。

結局、こんなのは道に迷ったうちには入らない。ほんの少しの間、戸惑った程度のことだ。僕が本当の意味で道に迷ったのは、一九九八年に六日間、トラック運転手をした時だ。

一九九八年当時の僕は、表向きはロンドンのケンサル・グリーンのフラットに何人かの友人と暮らしていることになっていた。だが、実質的には、ほとんど毎日、ジェンナの住むフラットで過ごしていた。ジェンナはそのフラットをやはりサリー・ワトソンら数人の友人たちとシェアしていたのだが、問題はその中にデヴィッド・ミッチェルもいたことだ。

デヴィッドと僕はすでに二年ほど共同でコメディを作っていたが、なかなか有名になれず、経済的にも恵まれない状態が続いていて、二人とも内心かなり焦っていた。僕らは二人で脚本を書き、二人で外出してミーティングし、また二人でうちに帰って来る。フリンジ〔コメディの一種〕を上演する時も二人だ。二人でテレビを見始め、二人で見るのをやめ、二人でパブに行く。パブからも二人で帰って来て、おやすみを言う。毎朝、最初に立っている姿を見る人間は彼だし、毎晩、最後に見る人間も彼だ。僕らはお互いにいらだっていたが、僕は何しろ家賃も払わず彼がシェアしているフラットに転がり込んでいる身なので、その状況をどうすることもできなかった。自分で家賃を払っているフラットに行けばいいと思うかもしれないが、そこは歩くと遠いし、しかも、しつけのなっていない猫がいた。だから、デヴィッドと暮らすか、猫の糞尿と暮らすか選ぶしかなかったのだ。それで僕はデヴィッドの方を選んだわけだが、デヴィッド自身はそのことを喜んでくれてはいなかった。

サリーの彼氏のリチャードは僕によく仕事を紹介してくれた。リチャードはイベント用の照明を提供する会社に勤務し、そこで倉庫の管理をしていたのだ。たとえば、どこかにすごいお金持ちがいたとして、自分の家のとてつもなく広い庭に大きなテントを張って結婚披露宴をしたいと思ったとする。そういう場に綺麗な照明を提供するのがリチャードの会社の仕事だ。大量のランプを飾るだけではなく、レーザー光線を取り入れたり、布に星を散りばめたりすることもある。リチャードの会社に頼めば、電源ケーブルや発電機もおしゃれなものを使ってくれる。ただ当然、会社では、機材全般を適切な場所に適切な時間に運んでくれる人間を必要としている。運ぶのは、できれば照明のことを理解している人間がいい。

そこで僕が、運搬のためのトラックの運転手として雇われることになったわけだ。

報酬は一日八〇ポンドと破格で、とうてい断れるものではなかった。デヴィッドから離れていられる（彼から見れば僕から離れていられるということになる）上に、多額の報酬まで得られるという二重の利点があるのだから、引き受ける以外の選択肢はない。ただ、実はその仕事をするには一つ問題があり、すぐにそのことを考えなくてはならなくなったのだが、残念ながらその時の僕はまったくその必要を感じていなかった。

僕が持っているのは普通免許だけだったが、七・五トンまでのトラックなら追加の講習などもなく運転して構わない——一九九八年の時点ではの話だが——という。それを知って僕自身も驚いた。

倉庫の外でリチャードはトラックを見せてくれた。何とも巨大なトラックだった。さすがに連結式のものほどではなかったが、それに近いくらいの迫力がある。おそらく全長は一〇メートルくらいだったのではないだろうか。

僕が立ちすくんでいるのを見て、リチャードはいかにもロンドン南部出身者らしい楽天的な言葉で僕を安心させようとした。「確かに大きいよ。でもね、とても長くて少し幅が広いだけで、これだって結局は車なんだ。基本的には普通の車と同じだと考えるといい」彼は車を見て一人でうなずきながらそう言った。「まあ、あと、背はとても高いから、低い橋の下を通る時なんかは気をつけた方がいいね」リチャードは輸送先の住所を書いた紙を僕に渡した。住所の最後に「グロスターシャー州」とあるのがすぐに目に入った。

まだ荷物の積み込みが終わっていないので、すぐには出発しない。僕は当時二五歳で、一緒に働いていたのも僕と同じか少し若い人ばかりだった。僕はタバコに火をつけた。そうすれば労働者階級の人間っぽく見えるかなと思ったからだ。周りからの視線を感じながらタバコを吸い終わり、火を消した時、不意に、労働者階級の人間ならば当然、きつい仕事をしなくてはならないのだと思い出した。

僕はカムロックの積み込みを手伝おうとした。カムロックというのは、太さ二・五インチの銅製の絶縁電源ケーブルである。このケーブルは相当な長さになる。発電機は大変な騒音を出すので、パーティーの会場からできるだけ離さなくてはいけない。そこから会場に設置された照明器具まで電源を供給するのだから、ケーブルは長くないと困るのだ。運搬の際には丁寧に巻いて大きな輪にし、専用の器具を使って固定する。カムロックを巻いた輪は、人間がその中で立てるほどの大きさになる。輪の高さは人間のすねくらいだ。
重さはどのくらいか。一つで普通の冷蔵庫くらいだろうか、とお思いなら、甘い。それよりもずっと重く、冷蔵庫の中に金の延べ棒をいくつも詰め込んでようやく同じくらいになるほどだ。

僕は輪の一つを持ち上げようと試みたが、まるで誰かが釘で床に打ちつけたのかと思うくらいに動かない。別の輪も試してみたが、やはり同じだった。若者が一人、何も言わずに、僕があきらめるのを待っていた。僕が脇へよけると、彼は同じ輪を簡単に肩の高さまで持ち上げた。重い電源ケーブルがパスタか何かのように見えた。やろうと思えば腰のあたりまで落としてフラフープくらい平気でできるんじゃないかと思った。

リチャードは、僕をゲイブとジョンノに紹介した。二人ともオーストラリア人で、僕とトラックに乗ってグロスターシャー州のどこかに行くことになる。どちらも一九歳だった。ゲイブはエラの張った顔をして、筋骨隆々だった。ジョンノの方はゲイブより丸い体型をしている。彼はどうやら混血らしかった。あの賢明なるアボリジニの血を引いているのか確かめて見たかったが、それは今尋ねることではないと思い直してやめた。いかにもリベラルの人間らしい態度だと自分でも思う。ゲイブは「わかったよ」と言っただけだったし、ジョンノもただ「よろしく」と言っただけだった。どちらもあまり相手の目を見ない。僕はリンカンシャー州の人間らしく少し力を込めて「こんにちは、よろしくね！」と言ったのだが、二人は少し戸惑っていた。ただ、どちらもいいやつなのだろうなとは思った。

ジョンノが窓側に座り、ゲイブがその隣に座った。そして僕が座ったのは運転席だ——そう、僕がこの巨大なトラックを運転しなくてはならない。お守り代わりにとジェンナがくれたチョコレート・バーがジーンズの右ポケットに入っていた。もらった時は笑っていたけれど、いざトラックに乗り込むと、嫌がっているのに無理やり頬に口紅を塗られた小さい男の子のような気分になった。僕はジーンズからチョコレート・バーを抜き取ると、トラックのドア・ポケットに入れた。ここからは男の時間だ、と思った。

さあ、出発だ。ペダルは三つとも問題ない。素晴らしい。マニュアル車なのでシフト・レバーがあるが、まだ新しいのか、印刷された数字はどれも消えずに残っている。いいぞ。それから、これがハンドルだよな、よし。それで……ええっと、サイドブレーキはどこだ。ああ、そうか。サイドブレーキはダッシュボードのところにあって、引っ張るようになっているのか。あとは、ライトもウィンカーも、ワイパーも前部、このハンドルから出ている棒で操作するんだよな。でも、どれがどれかはっきり書いていないからわかりにくいな。まいったな、これはほとんどターディス〔テレビドラマ『ドクター・フー』に登場したタイム・マシン〕だよ。いけない、二人が待っている。早くしなくては。もう少しで「出発進行！」と叫びそうになった。すごく緊張していた。僕の人格は短い間に激しく変化していた。父のポール・ウェッブになったかと思うと、次の瞬間には『ウースター家の掟』のガッシー・フィンク＝ノトル〔人づき合いと都会が嫌いで、僻地に多数のヤモリと暮らす奇人〕になる、というふうに。

慎重に運転して倉庫の駐車場を出て、左に曲がり、ウッド・レーンに乗った。もちろん、かなりの頻度でブレーキを踏む必要がある。シャーマン中戦車ですら踏み潰せそうなほど重いトラックだから、運転するにはブレーキを頻繁に使わなくてはならない。ジョンノとゲイブは、このトラックが明らかに過積載で、間違いなく違法状態で走っていることが面白くて仕方ないらしく、実に楽しそうにそのことを話し合っている。

僕の昔の愛車チェズニーの場合、スピードを落としたい時にはとにかくブレーキ・ペダルを床まで踏み、あとは「遅くなってくれ」というこちらの意思を車が理解するのを待っていればよかった。下り坂や急な曲がり角でなければ、それでまったく安全に運転することができたのだ。だが、そのトラックは違っていた。まず、トラックの場合、ブレーキはエア・ブレーキである。だから、ペダルに右足を載せようかな、と思った時にはブレーキが利いて、車は急減速し、中に乗っている人間は激しく揺さぶられることになる。実際、僕ら三人はまるでピンポン玉のようにシートの上で飛び跳ねた。「ごめん」僕はそう言って二人に謝った。「平気だよ」ゲイブは表情を変えず、真っ直ぐ前を見たままそう言った。「エア・ブレーキは恐ろしいから気をつけないとね」

僕は古い地図を見ていた。次はとにかく右折してＡ－40に乗ればいいだけだと信じて疑わなかった。その頃にはカーナビもすでにあったけれど、まだ、ごく特殊な職業の人たちだけが使うものという感じだった。僕はただ、自分が地図を見て得た情報を信じて走る以外になかった。やがてウェストウェイとのジャンクションが近づいてきた。信号が見えたので僕は車を停めた。遠くにＢＢＣのテレビジョン・センターが見える。そのときはまだ一度も足を踏み入れたことのない建物だった。ふと、こんなところで何をしているんだろう、どうして誰も自分をテレビに出そうとしないのだろう、と思った。

信号が青に変わったので発進させようとしたのだが、すぐにエンストしてしまった。再度、エンジンをかける。車はのろのろと走り出したが、またエンストしてしまった。僕は思わず、そこにないサイドブレーキに手を伸ばした。後ろの車が一斉にクラクションを鳴らし始めた。ゲイブとジョンノはすぐに僕に味方をして怒ってくれた。ゲイブは誰にともなく「うるせえ、ってんだよ！」と叫んだ。ジョンノは窓を開けて頭を突き出し、「うるせえんだよ！　こいつだって一生懸命やってるんだ！」とわめいた。

何とかトラックを再始動させることはできたのだが、曲がろうとした途端、信号が赤に変わってしまった。こうなったら、もうひるむことなくそのまま前進し、強引に滑り込みで曲がってしまうしかない。その考えは間違っていなかったのだが、まだどこかに迷いがあったせいか、曲がり始めるのが早すぎた。僕はサイドミラーでトラックのたどっている軌道を確認した。このあと信号機を通り過ぎなければいけない。このままでは無理だ。その思ったときに、また車はエンストした。「いったんバックしてやり直さないと」僕はそう言って、シフト・レバーで〝R〟の文字を探した。ゲイブは黙ってシートベルトを締めると、こう言った。「どうかな。この状態でバックするのはあんまりうまい考えじゃないと思うぜ」

「確かに」僕はそう言って、ギアを一速に入れたのだが、その途端、またエンストした。その時にはもう、三車線、下手をすると四車線分の交通を完全に遮断していたと思う。クラクションはますます増えていく。その音を聞いてジョンノは逆上し、窓から顔を出して他の車のドライバーと口論を始めた。

「今日が初日なんだよ！　まだ自分で何をやってるかもわかってやしないんだ！　わかるか？　そんなに言うんなら、てめえが自分でこっちへ来て運転してみやがれってんだ！　このクソ野郎めが！」

ゲイブは一応、僕に敬意を表してしばらく何も言わずにいた。何か助言をして男のプライドを傷つけては、と思っていたようだが、もはやそういう状況ではないと判断したらしい。彼は僕にこう言った。「とにかく真っ直ぐ前進して、俺が『今だ』と言ったら全力で右に曲がるんだ」ありがたかった。彼にキスをしたいくらいだった。僕は彼の言うとおりにした。まず、トラックを、これから僕たちが乗る道路の左端のコンクリートの壁めがけて真っ直ぐに走らせる。「今だ！」と彼が言ったところで、僕はハンドルを右いっぱいに切った。曲がる時には、ジョンノの座っていた側は、もう少しでぶつかりそうなくらい道路の端の壁に近づいた。彼はサイドミラーをたたもうとしたが、あいにくそれはたためるタイプのミラーではなかった。僕は自分の側のミラーを見た。幸い、あと何センチというところで信号機には当たらずに済んだが、トラックは中央分離帯の縁石に乗り上げていて、立っていたポールを一本、壊してしまったらしい。ジョンノは開いていた窓を閉めた。ミラーが壁に当たっているので、ゆっくり走っても火花が出るからだ。「やったな、見事だったぜ、ロブ！」ジョンノは言った。ゲイブも笑っていた。どうにかミラー以外はどこもぶつけることなく、トラックを真っ直ぐ進行方向に向けることができた。クラクションの音がやんだ。

　僕は右折に成功したのだ。ちょっとした渋滞は起こしてしまったし、ポールも壊してしまったけれど、ともかく成功とは言えるだろう。ジョンノは言った。「何の問題もない。すべては順調だ！」と言ってラジオをつけた。最高なやつらだな、と思った。

　運転には徐々に慣れたが、方向音痴が治ることはなかった。僕が大型トラックに乗ったのは合計六回だが、道に迷ったのはその倍の一二回だ。グロスターシャー州に行った最初の仕事の時は、往復、ゲイブとジョンノがいたので彼らにナビゲートしてもらえた。だが、その後は僕が一人で運転して行く時の方が多かった。プリマスで迷ったこともあったし、スピタルフィールズ・マーケットが見つけられずに途方に暮れたこともあった。ケンブリッジに着いて、クイーンズ・カレッジの駐車場に行こうとして迷ってしまい、結局二三回も角を曲がったこともある。

初日の夜、仕事が終わってグロスターシャー州から戻る時にはさすがに三人とも疲れ切っていたが、夜通し走り続け、一晩をトラックの中で過ごすことになった。僕は運転しながら我慢できず何度も寝てしまいそうになったが、そのたびにジョンノがあれこれ仕事で腹が立ったことを思い出して、突然「まったく頭に来るぜ！」などと叫び出すので、目を覚ましていることができた。


自分にも「男のプライド」があることを、それが傷つけられそうなことがあると自覚する。ただ、普段はそれを意識することはない。自分にも普通の意味でのプライドがあり、他の男たちと張り合う気持ちがあるのは確かだが、めったにその気持ちを表に出すことはない。

大学時代、フットライツ・ツアー・ショーのために脚本を書く時には、クラブが気前よく旅費を出してくれたので、僕らはいつもコテージに泊まることができた。グレート・ヤーマスの近くのバクトンという村にあるコテージだ。そのコテージのいいところは、居間に本物の暖炉があるところだ。エディーと僕はコテージに着くとすぐ、暖炉に火をつけてから仕事に取り掛かった。僕らは二人とも父親が暖炉に火をつけるのを見て育ったので、やり方をよく知っていたのだ。まずは火格子を綺麗にして、念入りに丸めた新聞紙を何枚も重ねて置く。その上に、短く切った小枝を格子状に並べる。さらにその上に、ほんの少しだけ石炭を置く。はじめにこの石炭が燃えることになる。僕らは満ち足りた気分で黙ってその作業を進める。二人とも、一種の宗教的な儀式を行っているような気持ちになっていた。

暖炉に火をつけることは「男らしい」とされる仕事であり、それで僕は男のプライドを満足させることでき、幸福な気分になれたのだろう。その後、フランスのル・トゥケでも同じような幸福な体験をすることができた。一九九九年のことだ。その時、はじめて僕らに旅に出られるだけの金銭的な余裕ができたのだ。本当の目的地はもっと南で、一軒のヴィラを借りて一週間ほど滞在する予定だったのだが、その途中にル・トゥケに立ち寄った。ジェンナたち女性陣は早く寝ると言ったので、男たち、つまり僕とデヴィッドとジャック、それにあと二人の友人、トムとエリスは揃ってプール・バーに行くことになった。

たまには男ばかりで行動するのもいいものだと思う。少なくとも僕にとっては、男ばかりでプールをし、喫煙もできるバーで一杯のビールを飲むなんていうのは、めったにない新鮮な体験だった。男女混合のグループには慣れていたし、僕には女性に強く依存しているところがあった。ジェンナにも、クララにも依存しすぎていたし、その前にも多くの女友達に依存しすぎていたと思う。それはあまりいいこととは言えない。

バーに行っても、僕ら五人はいきなり乱痴気騒ぎをするわけではなかった。互いに虚勢を張り、大ぼらを吹き合って盛り上がるようなことはなかったのだ。普段よりも酔っ払うということもない。僕らはただ、ともに過ごすことを楽しんでいただけだ。プールをする時も、単にできるだけ上手くプレーすることに集中していた。勝つことだけに異常にむきになる者は誰もいなかった。

それにしても、なぜその時は金銭的な余裕があったのか。その問いにはたったの一語で答えられる。「ミシエル・ミルバーン」だ。一九九七年五月に二つ重要な出来事があった。一つは、イギリスに一八年ぶりに労働党政権が生まれたことだ。トニー・ブレアは当時、大変な人気だった。思い出したくないイギリス人は多いだろうが、その時は新しい政権によって新しいイギリスが生まれる期待があったのだ。そしてもう一つは、僕にミシェル・ミルバーンというエージェントがついたことだ。

それ以前、大学を出てから二年間、僕はほぼスーパー・ヌードルズ〔英国のインスタントヌードル〕とトーストだけで生きていた。届いた郵便物は開封しないし、電話が鳴っても出ない。どうせ家主か、銀行か、とにかく金を払えという話に決まっているからだ。僕は住宅手当の申請をしていたし、いいアルバイトの口があれば必ず飛びついた。劇場の案内係もしたし、すでに書いたとおり、トラックの運転手もした。建築雑誌（「ビルディング」という雑誌だ）の写真ライブラリーで働いたこともある。

ジェンナはクレジットカードを持っていたので、それで時々、僕を助けてくれた。僕も自身のカードを持とうと思い、申し込んだのだが結局、審査に落ちてしまった。それは生協のカードで、労働党の党員を対象に勧誘をしていたので申し込んだのだが、それでも落ちてしまい、何ともやりきれない気分だった。

あとで自分の信用報告書を取り寄せて読んでみると、なかなか興味深かった。昔、人を集めて使う親方仕事にうんざりした父が、ウッドホールで青果店を始めたことがあった。その時、父は何枚かよくわからない書類を持って来て、僕にサインをしろと言った。サインしても特にお前が何かをする必要はないから、と。僕は事業を始めるのに僕の名前を借りる必要があるのだろうな、くらいに思っていた。僕としては特に何をするわけでもなく父の役に立てるのならいいと思ったし、父の言葉をすべてそのまま信じていた。

誰だって、事業を始める時には、結局それが失敗に終わり、破産してしまうなどとは考えないものだ。傍目にはすぐに失敗しそうな事業であっても、当人はそうは思わない。父の店はいい店には違いなかったが、金銭的には大きな問題を抱えることになった。それには二つの理由がある。一つは、友人が客として来ると、父がやたらに値引きをし、時には無料で商品をあげてしまうことだ。何しろ、父は村人の八〇パーセントとファースト・ネームで呼び合う仲だ。だからどうしても大半の商品を不当に安く売ってしまうことになる。そして二つ目の理由は、少しでも儲けがあると父がすぐにパブで使ってしまうことだ。地元の経済を支える小企業の経営者の素晴らしい見本ではある。だが残念ながら、そんな調子だから店はあっという間につぶれてしまい、同時に僕の信用評価も地に落ちることになってしまったのだ。

一九九七年にエディーが、各地の学校を回るツアーを思いついた。演劇の授業の一環として僕らのショーを見てもらうのだ。彼は、モリエールの戯曲『守銭奴』の英語版を見つけ、主役の守銭奴に僕を選んだ。残りの役は、エディー自身とデヴィッド、コリー（のちのオスカー俳優、オリヴィア・コールマンだ）で演じる。さらに、フットライツのツアーでも世話役を務め、優れた照明、音響技術者でもあったトムとチャールズ（二人はゲイブとジョンノを少し上品にしたような気のいい連中だ）を加えて、僕らは「ジャグリング・フレンズ劇団」という劇団を結成した。

計画は極めて単純だった。とにかく鑑賞眼はどうでもいいから金のありそうな私立の学校をできるだけ多く探し、手当たり次第に手紙を出す。手紙にはケンブリッジ大学の名入便箋を使い、文面でも何度も繰り返しケンブリッジの名を出す。チャールズの計算では、ツアーの収入は、僕らにまともな週給を払えるほどにはならないが（それでも演技をして少しでも報酬がもらえれば十分だ）、それでもどうにかロンドンの小さな劇場で四週間の公演ができるくらいの現金は残るはずだった。学校に出す手紙の冒頭はこんなふうにする。

前略

貴校ではすでに演劇の授業に使う劇団を決めておられることと思いますが、もしまだ探されているようでしたら……

そんな折、これとほぼ同じような手紙が僕に届いたのだ。

ロバート・ウェッブ様

貴殿はすでに代理人を決めておられることと思いますが、もしまだ探されているようでしたら……

ミシェル・ミルバーンはアマンダ・ハワード・アソシエーツのエージェントだった。社長のアマンダは、僕個人に特に興味があったわけではなかった。アマンダとミシェルは、デヴィッドと僕にエディンバラでツーマン・ショーをさせるつもりで僕らに会いに来たのだが、結局、アマンダはデヴィッドもあまり気に入らなかった。だが、ミシェルが僕ら二人のエージェントになることは渋々承知した。ミシェルがカムデンのエトセトラ劇場に手紙を出して僕を売り込んだり、僕らを何人ものプロデューサーに立て続けに会わせてくれたおかげで、僕らは徐々にアルバイトを減らし、コメディ作家として生計を立てられるようになっていった。僕は届く手紙を開封するようになり、電話にも出るようになった。そしてついにクレジット・カードを持つこともできた。

二〇〇二年、僕は三〇歳になる直前で、ベルサイズ・パークの小さなフラットでジェンナと暮らしていた。僕はデヴィッドと他人のショーのための脚本を書き、自分たち自身はＢＢＣ２の『ブルーザー』というスケッチ・ショーに出演していた。二人の脚本でシットコム番組を作りたいと思っていたのだが、それはなかなかうまくいかなかった。ただ、そうしている間に、サム・ベイン、ジェシー・アームストロングという大人気の脚本家コンビと会う機会があった。その後も二人とは連絡を取り合っていたが、ある時、プロデューサーのアンドリュー・オコナーの話をしてくれた。アンドリューは、アニメの『ビーバス・アンド・バットヘッド』を実写にしたような生放送のコメディー番組を作りたいらしい。同じフラットに暮らす二人がテレビを見るのだが、何を見てもすべて間違って解釈するという内容だ。サムとジェシーは是非、僕らに協力してほしいと言ってくれた。登場人物のキャラクターをどうすればいいかなど、色々と意見交換をしたいという。五人でミーティングをした結果、アンドリューがチャンネル４から資金を得ることに成功し、『Ｐ．Ｏ．Ｖ．』という一五分間の実験的な番組を作ることになった。

つまり、一八歳の誕生日に日記に書いた大それた計画は、この頃までにほぼ実現したことになる。ロビンソン・カレッジに入ることはできたし、ともに仕事をする面白い仲間も見つけることができた。エディンバラ・フリンジにも出たし、仕事もだんだん順調になってきた。ただ、人生はどうだろう。僕は自分の人生について真剣に考えたことがなかった。人生なんて、誰かに「それじゃダメだ」と言われない限り、特に何がどうでも問題はないのだろうと思っていた。

僕は『ベスト・パートナーになるために～男は火星から、女は金星からやってきた（大島渚訳、三笠書房、二〇一三年）』という本を買ったりもした。男女関係について書かれたベスト・セラーだが、自分もこういう本を読みたくなるくらいには男なのだと実感して、少し嬉しかった。

ただ、こういう本には一つ問題がある。それは、書かれていることがことごとく間違っているということだ。なぜ間違えるのか。それは「男と女は絶対に違っているはずだ」ということを前提に話を始めるからだ。男と女は、生まれつき、根本的に、精神的にも文化的にもまったく違っていて、まるで違った惑星で生まれた別の種の生き物のようだ、という前提であらゆる話が始まっている。そこから始めると、男と女についてよく言われるステレオタイプを全部正しいものとして受け入れることになる。この本に限らず、『話を聞かない男、地図が読めない女（藤井留美訳、主婦の友社、二〇〇二年）』や『なぜ女は話し、男は歩くのか～議論をせずに関係を改善する方法』(*1)といった類書も、とにかく「男女は違っているものなのだ」という前提には一切、疑問を投げかけてはいない。むしろその逆だ。違っているのは仕方のないことだという説明ばかりをしているし、それがステレオタイプをさらに強化する結果になっている。陳腐なたとえ話が満載だし、一見、科学的な根拠を示しているような箇所も多いが、どれも信憑性には疑問符がつく。

たとえば、『ベスト・パートナーになるために』で著者のジョン・グレイは、男と女ではストレスへの反応の仕方が違うと書いている。ストレスを感じた時、女は親しい友人とそのことについて話をしたがるが、男は「洞窟」に入りたがる、つまり、狭いところに引き込もったり、ゲームに没頭したりしたがるという。巧みな書き口で「なるほど、そうかもしれない」とは思わされるが、果たして本当だろうか。何かの証明になるかはわからないが、本の売れ行きを見る限り、グレイのこの種の説明は、五〇〇〇万人以上の人に受け入れられたようだ。

この本の例でもわかるように、ジェンダーの話が大金を生みやすいことは間違いない。現象を一般化して、それに何かもっともらしい説明を加えれば、それで多くの人が感心する。だが、グレイの挙げている例には、ジョークとしか思えないようなものもある。「男はプレゼントの包装ができない」というが、それは本当なのか。包装をしようとしても、自分の指をセロテープで留めてしまい、うまくいかないという。果たしてそんなことがあるだろうか。では、男はプレゼントを贈る時に、いちいち女を呼んで包装をさせるのだろうか。女にプレゼントをする時は、プレゼントをやるから包装は自分でしろと言うのか。自分がもらったプレゼントを自分で包装する、そんなバカなことを誰がするだろう。(*2)

僕とジェンナの間でも、彼女は夜すぐにベッドに入ったのに、僕はワインのボトルを片手に起きていて、その後二時間くらいテレビゲームをし続けるということがあった。確かにジョン・グレイは何かを言い当てているようにも思える。僕はジェンナを拒絶していたわけではなく――ただ、「洞窟」に閉じ込もっていたのだと彼なら言うだろう。そして、もしジェンナがこういう関係を続けていても楽しくないと言い出したのなら、それは彼女が金星生まれだからということになる。金星人はただ話を聞いてほしいだけなのだが、火星人にはどうすることもできない。火星人は話を聞かずに、問題を解決しようとしてしまう。だが、そんなことをしても、ただ二人が違う星の出身だという事実を際立たせるだけなのだ。だから、火星人としてはとにかく最大限「聞いているふり」をしなくてはいけない。それが何よりも火星人に必要なことだと、グレイは言う。

　ジェンナは僕らの関係について話し合いたいと思っていたのだが、なぜそう思うのか僕にはまったくわからなかった。人間関係がそれほど重要だという意識が僕にはなかったのだ。だが女であるジェンナは子供の頃から、人間関係は大事だと（たとえば、プレゼントを綺麗に包むこともそのために大事なことだと）繰り返し言い聞かされてきた。だから、人間関係を良好に保つことが自分の使命だと思うまでになっていたのだ。しかし、僕には、そんな意識はまったくなかった。だから、二人の関係を何とかしたいと言われても、最初にまず何をすればいいのか、見当もつかない。『ベスト・パートナーに～』をはじめとしたバカげた本は読むかもし

*1 〝Why Women Talk and Men Walk-How to Improve Your Relationship without Discussing it〟 Patricia Love and Steven Stonshy, Vermillion 2007

*2 プレゼントの包装がうまくできない男が多いのは事実だと思う。それは、おそらくプレゼントを包むという機会がそもそも少なく、練習をしていないことが原因だろう。だが、なぜそうなのか、その理由には、ジョン・グレイはどうやら関心がないようだ。

れないが、その手の本が教えてくれるのは一時しのぎの対策くらいで、問題の本質については何もわからない。本を読んで、なるほどと思い、一応、「聞いているふり」だけはするだろう。でも、話がだいたい終わったら、またすぐにテレビゲームを始めるかもしれない。自分の時間をどう使おうが自由だし、その時、ゲームをしたいと思うのならすればいいと思っているからだ。男はわざわざ「自分だけの時間」など設けはしない。男たちにとってはどの時間も同じ時間だ。大半の時間は一人でいて楽しいと思うことだけするというのは男にとって何も特別なことではなく、ごく普通のことである。それを「わがまま」だと言う人はいない。火星人である僕たち男は、常に自分のしたいことをしたいようにして、それで精神的な満足を得てしまう。

ジェンナは仕事を得た。児童文学の『シャーロットのおくりもの（さくまゆみこ訳、あすなろ書房、二〇〇一年）』を舞台化した教育演劇（TIE）に出演し、学校を回るツアーに出ることになったのだ。劇を上演したあとは、子供たちに本の内容をより深く知ってもらうためのワークショップもする。それは俳優志望者にとってはお決まりの出世コースだ。そのうちに新たな仕事が入ったり、エージェントがつく可能性もある。僕も『守銭奴』で学校ツアーをしていたし、学校以外に上演する場所もなかったのだから、ジェンナの仕事についてとやかく言える立場ではなかった。だが結局、僕は黙っていることができず、余計なことを言ってしまった。

嫉妬もあったと思う。僕とデヴィッドの仕事のほとんどは脚本書きだった。『ブルーザー』に出演してはいたけれど、始まる時もほとんど話題にならず、何も注目を集めないまま跡形もなく消えてしまった。僕らは俳優としてではなく、作家として生計を立てている状態だった。作家になることも大事だが、やはり何より大事なのは俳優になることだったので、その状況には満足できなかった。

つき合って八年になるとはいえ、やはり自分の彼女が何週間もそばからいなくなるのは嫌だった。これまでの経験から言っても、恋人と長く離れているとろくなことにならない予感はした。ジェンナがクララのように他の男と浮気すると思っていたわけではない。その点で僕は彼女を完全に信用していた。だが、僕らの関係が順調とは言えない時だ。旅に出ている間に大きく彼女の物の見方が変わり、帰ってきてから関係が一気に壊れるかもしれない。それは僕の一番恐れていることだった。

僕が元々、ＴＩＥに対してあまりいい印象を抱いていないということもあった。自分が学校ツアーをするにもかかわらず、ジェンナがそのＴＩＥに参加することは気に入らなかった。僕が通っていたＱＥＧＳにもＴＩＥの劇団が来たことがあった。シックス・フォームの生徒を対象に一五年もの間アルコールの危険性を伝える劇を上演し続けている劇団だったのだが、その劇というのが実にひどい代物だった。とにかく俳優たちが大声で叫んでばかりいる大仰な劇で、説教臭く、ユーモアのかけらもなかった。聴衆となったリンカンシャーのティーンエイジャーたちは信じがたいことにそれでも最初のうちは笑って見ていたのだが、次第に全員が不機嫌になり、怒りすら覚え始めた。多分、この日の劇のせいで、未来のイギリス独立党（ＵＫＩＰ）支持者が一〇〇人は生まれたのではないかと思う〔ＵＫＩＰはイギリスの右翼政党。欧州懐疑主義を党是とし、イギリスのＥＵからの脱退を最大の目的としていた〕。生徒たちの多くが劇団を見て感じたのは「こいつらは典型的な大都市のエリートだな」ということだろう。思い上がったロンドンの人間たちに見下されたと感じ、「こいつら、何様のつもりだ？」という反発を覚えたのである。サンダーバード・ビールで酔っ払ってからパブに行くことの何が悪いのか。第一、サンダーバードと言っても赤ラベルの瓶を持っているやつがいたぞ。青ラベルの瓶の方がずっと強いのに。常識だろ。そんなことも知らないのか。それにあいつ——ワークショップをしていたあいつだ——はリック・メイヨールみたいだけど、違うよな。あいつはロンドンから来た、単なる無名の俳優だ。リック・メイヨールなんかじゃない。なのになんだ、あの偉そうな態度は。そういう感想を持った生徒は多いはずだ。

だが、一六歳だった僕は羨ましくて仕方がなかった。劇は本当にひどかったけれど、二〇代半ばの劇団員たちは皆、一応はプロの俳優だった。さすがに髪型なども綺麗に整えられていた。ティファニーやゼルダは、帰り際、移動用のバンに乗り込んで行く劇団員たちに手を振っていた。決していい車ではなかったが、彼女たちにそうして手を振ってもらえることにも嫉妬した。

ジェンナもバンに乗って出かけるのだろう。僕はそれを見送ることになる。とにかくあまりいいとは言えない現状を変えるために僕は動かなくてはいけない。そもそも問題は何なのだろう。考えてみた。僕はついに三〇歳になった。彼女ももうすぐ三〇歳になる。だからきっと彼女は子供のことを心配しているのだろうと思った。そうに違いない！　多分彼女は、僕に結婚する気があるのかを知りたがっている。僕には彼女と結婚する気があるのだろうか。それは難しい問題だな。うーん……いや、結婚する気、ないわけはない。ジェンナは最高だよ！　確かにいい時ばかりじゃないけど、つき合うってそういうことだよね。彼女と別れることになったら間違いなく悲しいし、彼女が死んだりしたら絶対に打ちのめされる……だから……そうだ！　この際、もう自分から結婚を申し込もう。それで万事うまくいくはずだ。

友人のエリスが旅好きだったので、プロポーズをするのにふさわしいロマンティックな街はどこだと尋ねてみた。ツアーの合間にうちに帰って来ることもあるから、その時にそこへ二人で行ってプロポーズをしてしまおうと思ったのだ。エリスは「それならミラノだよ」と教えてくれた。おお、いいなミラノ。確かにミラノなら彼女も喜びそうだ。最近の僕らはすれ違っているけど、結婚して子供ができれば、その時からが僕らのロマンスの本当の始まりだ。ずっとロマンティックにならなかった僕たちも、きっと変わる！

ジェンナは実際、ツアーの途中でいったんうちに戻って来た。二人でプリムローズ・ヒルに散歩に行った時、僕は「来週、大事な用事がある。予定を空けておいてほしい」と彼女に言った。

すると彼女は突然泣き出し、僕と別れると言い出した。引っ越して母親と暮らすという。

「ノー」という答えはまったく予期していなかったが、こんなふうに、まだ何も言わないうちから「ノー」と言われてしまうことはさらに予想外だった。僕は拍子抜けすると同時に、少し腹も立てた。離れている間に色々と考えたのだろうとその時は思ったが、本当は彼女はもっと前から考えていたのだと今は思う。もう長い間、僕のプロポーズを待っていたのだと彼女は言った。でも、いざその気配を感じると、自分がもう僕との結婚を望んでいないことがわかったという。

そのあと僕らはパブに行った。僕はなんとか彼女をなだめようとして、くだらないことをあれこれと話した。ゆっくり時間をかけて考えれば、また気が変わるよ、などと言ったりもした。僕はそうなってもまだ、自分自身のことも、彼女のことも真剣に考えていなかったのだろう。ミラノ行きの飛行機はキャンセルする必要がなかった。なぜならまだ予約もしていなかったからだ。

ジェンナはすぐに出て行ったわけではなかった。それは何とも現実感のない、不思議な時間だった。僕らは二人とも起きていることが信じられずにいた。なんだかマリファナを吸っておかしくなってるみたいだね、と二人で言い合ったりもした。

実験的な番組だった『Ｐ．Ｏ．Ｖ．』は、チャンネル４のレギュラー番組に昇格することになり、タイトルは『ピープ・ショーボクたち妄想族』へと変わった。第一週の撮影をしている頃には、まだジェンナはうちにいて、帰宅すると温かい食事が用意されていたりもした。土曜日の朝、僕らがＭＴＶを見ていると、コールドプレイの「ザ・サイエンティスト」がかかった。最高だ。嬉しかった。

彼女は僕を見て言った。「これは私たちの別れの曲なのかな」

「違うよ」僕はきっぱりとそう言った。この曲を僕自身はすぐに好きになったけど、コールドプレイなんて流行遅れでダサいと言っている人も多いのを知っていたからだ。僕はさらにこう言った。「僕らの別れの曲ならもっと、いい曲でなくちゃ」口からでまかせの嘘だ。

それから四日後、彼女は出て行った。

これで振り出しに戻った。僕たちはたくさんのことを話し、互いに秘密を打ち明け合った。劇場のバーに二人で行き、街角でキスをした。そういう日々も、もう終わりを迎えた。

僕にはするべき仕事があった。でも、週末になるとやはり、タンジェリンカラーのｉＭａｃでゲームをしていた。ただ前と違うのは、脇に置くワインのボトルが一本から二本に増えたことだ。

第14章 「男は己を知っている」

「そんなことは五歳の子供でもわかる。誰か五歳の子供を連れて来ればいい」

グルーチョ・マルクス

「ねえ、お母さん」

「どうしたの」

「ノン・ユニフォーム・デイ〔学校に制服を着ていかなくてよい日〕ってあるでしょ。その時、私がもし、お姫様の格好じゃなくて、スパイダーマンの格好で学校に行ったら笑われるかな？」

「笑われるかもしれない。その場合はどう言うの？」

「あんたたちが笑ってるのは、トリックにだまされているから。男の子をみんな不幸せにして、女の子にはくだらない仕事をさせるためのトリックにみんなだまされてるんだ、って言う」

「いいね。それはとてもいい答えだと思うよ」

これは二〇一五年に交わされた会話だ。質問をしているのは、当時五歳だったエズメという女の子。そして質問に答えているのは、エジー（エズメの愛称）の母親のアビゲイル。アビーは僕の妻で、エジーは僕の長女だ。僕ら夫婦には、次女のドリー（本名はドロシア）もいる。彼女は当時、三歳だった。

「トリック」は、僕ら家族だけに通じる言葉で、ジェンダーに関する無意味でくだらない常識や習慣のことを指す。この「トリック」は、エジーやドリー、そして彼女たちの友達（男の子も含まれる）全員にこれから襲いかかって来るだろう。子供たちは生涯、この「トリック」にだまされないよう闘い続けなくてはならないのだ。問題は、男の子と女の子は、そして男と女は、その人生で演じるべき役割が違うという考え方である。生殖において果たす役割が違うのだから、歩む人生が違って当然だという考えは根強くあり、僕らは嫌でも世の中のそういう通念に直面することになる。この通念には「家父長制」という名前が与えられている。

小さな子供に家父長制という概念のことを教えるのは、いかにもリベラルのやりそうなことだ、少々やりすぎでは、と思う人もいるかもしれない。また、小さな子供にとってはむごいことなのでは、と思う人もいるだろう。だが、たとえば、女の子をダートフォード・トンネル〔テムズ川を横断するトンネル〕へのピクニックに行かせるのはかわいそうではないかという意見があるとする。女の子には危険だからやめさせた方がいいというわけだ。この意見に対して僕が言いたいのは、「いや、女の子に危険なら、男の子にも危険なのでは？」ということだ。なぜ男の子だというだけで、危険な場所に行かなくていけないのか。フェミニズムは、女と男を闘わせる思想ではない。男と女がともに「トリック」と闘うための思想だ。

アビーと会ったのは二〇〇三年、ラジオ4のコメディー番組『コンクリート・カウ』の収録の時だ。『ピープ・ショー ボクたち妄想族』は長い間待たされて、ようやくシーズン1の放送が間もなく開始というところまで来ていた。六人の出演者は全員同じように無名だったが、もうすぐ有名人になるかもしれない、ということで、周囲の扱いはそれまでとは微妙に変わり始めていた。デヴィッドも僕もそういう状況でいい気になって失敗しないよう、慎重すぎるほど慎重になった。僕らはこの番組に『ウィッティントンと猫』のパントマイムと同じように取り組もうと思っていた。大物風に偉そうな態度を取るなどもってのほかだ。僕は楽屋で皆にお茶を淹れたりしていた。一人ひとりに、お茶にミルクは入れるのかきちんと尋ねる。その時にはちょっとした会話を交わす。会話の中で聞いたことはよく覚えておくようにする。次の会話に活かせるからだ。誰かがジョークを言った時には穏やかに笑う。脚本の修正を提案する際には、必ず礼儀正しく丁寧に話をする。僕は皆に、よい仕事仲間になれる役者だという印象を持ってもらおうとしたのだ。しかし、自分でも自分のことをそういう役者だと思っていないのだから、あまりうまくはいかなかった。どうしてもわざとらしくなる。僕の態度は、まるで常に「こんな仕事仲間がいてあんたは本当についてるな。何しろ、僕はこんなに謙虚なんだからな！」と叫んでいるようだったと思う。

アビーは僕が謙虚だとはまったく思っていなかった。収録の合間、食事をした時に僕はアビーにこんな話をした。友人のエマが職場の同僚に、僕がテレビのシットコムに出演すると教えた時の話だ。同僚は「どういう役で出るの。店員さんとか？　エキストラか何か？」と言ったらしい。エマは「違う、そうじゃなくて主役の一人なのよ！」と答えた。

アビーは僕の話を聞いて、一呼吸おいてからこう言った。「つまり、あなたは、自分は主役の一人なんだ、ということを私に言いたいわけね」彼女は目を大きく見開いて、カリフォルニア風のアクセントでからかうように言った。「それは面白い話を、どうもありがとう！」

彼女のそういう反応を、僕はどう解釈すればいいのか悩んだ。単にお前はバカだと言われているのか。それとも、お前はバカだけれど、好きだと言われているのか、どちらなのかがわからない。意識的には謙虚な人間に見せようと心がけていた僕だが、無意識に態度に出ている気持ちもあったらしい。僕はどうやら、彼女の前では、無意識に好かれよう、気を引こうとしていたようだ。その結果、いつの間にか犬のようにやかましく吠え立てていることもあったらしい。

「あのケンブリッジ出の男、私に気があるみたい」アビーは友人のブリードにそう言った。ブリードは初回の収録の時に聴衆の一人として現場にいたのだが、一つのスケッチの始めから終わりまで、僕が、ステージ前部に置かれたマイクに向かうアビーのお尻を眺めているのを見たという。確かに、それは十分にあり得る話だ。

アビーは全寮制の女子校の出身で、恋愛に向かう態度は成熟していて、しかも率直だ。シェイクスピアの喜劇に本当に笑えるものはないと僕が言うと、アビーは即興で「かわいい男の子って、だいたいバカなものよね」と歌い出した。

『コンクリート・カウ』のシリーズ2が終了する時、関係者の食事会が開かれた。その会で、僕はアビーと色々な話をした。悲しいことに、トルーディーおばさんが亡くなったばかりだったので、アビーにおばさんの話をすると、アビーもエルザおばさんの話をしてくれた。僕らは静かに皆から離れてパブに向かい、そのあとは僕のフラットに向かった。タクシーの中では、ずっと抱き合ってキスをしていた。車から降りる時、運転手は僕らに「結婚式には呼んでくださいね!」と言った。

三週間後、僕らはクラパムの「イーグル」というパブにいた。はじめは軽いおしゃべりをしていたのが、やがて僕は自分がどうしようもないほど彼女に惹かれているということをゆっくりと慎重に話していった。彼女は笑顔で美しい目を輝かせて「嬉しい。本当に最高の気分」と言った。

それから三年後、車のナンバーを忘れたのでタクシーの運転手は招待できなかったが、僕らはコヴェント・ガーデンのセント・ポール教会で結婚式をあげた。この教会は別名「アクターズ・チャーチ」とも呼ばれるくらい俳優たちがよく詣でる教会だ。式には家族や友人たちなど大勢が来てくれた。介添人を務めたデヴィッド・ミッチエルは「この場にいるのは素晴らしい方々ばかりです」と言った。

本当にそうだ。まずデヴィッドがそうだし、アビーのロンドン大学ユニバーシティ・カレッジや演劇学校の友人たち。ジェンナと未来の夫、ニック。ＱＥＧＳの先生、ヘザー・スレーター。ダワー・ハウス・ホテルのキャロル・プラム。それから、ロビンソン・カレッジの友人たち、パトリック、ジョー、ドーラ。エディー、ジャックをはじめとするフットライツの友人たち。ウィル夫妻もいる。

時代遅れで大仰な誓いの言葉のあと、金の指輪の交換、そしてキス。一二月の終わりだったので、賛美歌の代わりにクリスマス・キャロルを歌うことになった。僕らが歌ったのは、「ウェンセスラスはよい王様（Good King Wenceslas)」だ。一節ずつ、男女が交互に歌ったのが面白かった。ジャックはスティーヴン・ソンドハイムの「ビーイング・アライヴ」を朗々と歌い、エディーは、E・E・カミングスの詩「私はあなたの心とともにある（i carry your heart with me)」を朗読した。その歌と朗読を聴いていると、僕らの結婚というものに対する考えは決して間違ってはいないという気がした。

今、結婚式の写真を見ると、もちろんこの素晴らしい一日のことが頭に蘇るけど、同時に別のことも考える。後に起きたことを知っているからだ。この時はそんなことを知るよしもなかったのだと思い、無用なアイロニーを感じたりもする。結婚式を心から楽しんでいる若いカップルの姿を見ると、この時の二人は自分たちが間もなく「トリック」に直面することになるなど、まったく想像していないのだ、とどうしても考えてしまう。

ここでまた、ポール・フレデリック・ウェッブ氏、つまり僕の父の話をしよう。

結婚式の誓いの言葉の中に〝forsaking all others（夫または妻となる人以外のすべての人との関係を断つ）〟という部分がある。これはいったいどういう意味なのか、考えてみるのは大事なことだろう。自分たちは何を誓ったのかを知っておく必要がある。アビーも結婚前には、いわゆる「ヘン・ナイト〔結婚直前の女性が、女性の友人を集めて行うパーティーのこと〕」を過ごし、その時には以前の恋人たち（数は決して少なくない）を思い出したに違いない。彼女の方も、僕にかつて他の恋人がいたことはもちろんわかっている。

そして父も、僕の過去の恋愛についてよく知っていた。

父はテーブルを強く叩いてこう言った。「俺にはわかるぞ！　お前はどっちも好きなんだろう。当然のことだ。要するにお前はセックスしたいだけで、細かいことはどうでもいいんだ。俺にはお見通しだよ。女ってのはな、大変だぞ。この俺も何度もうっかりしてヘマをしちまった。お前も気をつけろよ、息子よ」

確かに父の言う通りだった。

一九九四年のことだ。僕はケンブリッジからうちに戻っていた。クララがいないことが寂しかった。クララは少し前にうちに来て、何日か泊まっていった。僕に賢くて上品なブロンドの彼女がいることを父は喜んでくれたようだった。僕という男にそれだけの価値があることの証明だと思ったらしい。だが、僕の考え方や行動には父にとって不可解なところもあり、それが父を悩ますこともあったようだ。

僕らは、いつもの通り、お茶を飲みながらチャンネル4のニュースを見ていた。ティーンエイジャーの男子の間に、同性愛者であることを理由にいじめられ、自殺する子が増えているというニュースがあった。

「まったくひどい話だな」父は、ポーク・チョップやソーセージ、ベーコン、ポロネギ、マッシュポテト、カリフラワー、チーズなどを食べながら怒っていた。「だいたい、まだほんの子供じゃないか。本当にホモだったら、自分では治しようもないだろうしな。かわいそうに」

そういうことじゃないんだよ、父さん、と思った。父の言うことは、時々とんでもなく間違っていることもあれば、素晴らしく正しいこともある。僕には何も言えず、ただソーセージやベーコン、カリフラワーをフォークで一口ずつ食べながら、父の次の言葉を待つことしかできなかった。「完全に間違ってるよ」父はまた言った。父はそういうふうに、何かに対して熱くなることがあった。ある種の話を聞くと必ず不機嫌になるのだ。父は大きな音を立ててナイフとフォークを皿の脇に置いた。まいったな、どうする気だ。

「俺が言いたいのはな、いつも言っているだろう、お前が――マークやアンドリューもだ――お前はどうだか知らないし、マークやアンドリューのこともわからないが、とにかく、もしお前たちがそっちだったとしても、俺はまったく構わないからな。本当にまったく構わない」

「そう言ってるよね」僕は力なくそう言った。

「そりゃな、中には息子を家から追い出してしまう親父もいるだろう。だがそんなのは最低野郎だ。俺に言わせれば。俺はお前やマークやアンドリューを追い出したりはしない」

「それは……嬉しいね」

父は表情を少し和らげ、ナイフとフォークを手に取った。次に、皿を見ながら父は僕にこう尋ねた。「で、お前はどうなんだ？」

おいおい冗談だろ、と思った。どうしてここで、今、それを聞くのか。仕方ない、そういう人だ。

「僕は今、クララとつき合ってる。父さんも知ってるでしょ」

「知ってるさ。綺麗な娘だ。まったくな。綺麗な娘だよ」

「つき合う人は必ずたった一人に決めなくちゃいけないんだとしたら、そうなるよ」父は昔ながらの一夫一婦制を常識とする考えを持っている。そういう父には僕の言葉は非難に聞こえるかもしれないと思ったが、父は何も言わず黙って聞いていた。「でもね、彼女の前には……」僕はニュースでマイケル・ポルティーリョが言ったのと同じようなことを言おうとしていた。彼が言ったのは確かに本当だったからだ。「一〇代の頃は、いや、その少しあともそうだけど……」

「何だ、言ってみろよ。俺にはどうでもいいことだ、続けろよ」

「……僕が親しくつき合ったのが全員、女の子というわけじゃないんだ。中には、一人や二人は、男もいる」

僕の言葉を聞いて、父は嬉しそうにテーブルを叩き始めたのだった。

その一年くらい前、兄のアンドリューは言った。「そんなことを父さんに言ったら、きっとがっかりするよ」

そんなことはなかったよ、兄さん。事実、父はがっかりしたりはしなかった。父はどうやらそういう時こそ、ウェッブ家の人間の素晴らしさを見せる時だと思うらしかった。どんな時でも家族を大切にするのがウェッブ家の人間だと父は思っていた。そして父は心から僕らを愛してくれていた。たとえ僕らのうちの誰かが病院に放火をしたと聞いても、何か理由を見つけて、「あの病院は火くらいつけられてもしょうがない。当然の報いだ」と言ってくれただろうと思う。

残念ながら、僕らが普段、セックスについて人と語り合うことは少ないが、それを大事な問題として扱うのは正しいと思う。たとえば父は僕の性生活の話を聞いて怒り出すかもしれないという僕の考えが間違いだったように、ステレオタイプを排してその人を知ることができるかもしれない。

小さな村では、近所の人がどういう人で、どういう生活をしているかをすべて知っている。そして、どうしても、誰もがすべての村人に対して何らかの評価を与えることになる。あの人は飲みすぎだ、とか、あの人はあの人と不倫して、よその土地に駆け落ちしてしまった、とんでもない、とか。あの人は失業してから精神的に参っているらしい、気の毒にね。あの家とあの家はどうやら新聞を「ガーディアン」に替えようとしているらしいけど、表向きは普段通りにしている、困ったもんだ。あの人の家の庭をのぞくと、裸でゼラニウムを摘んでいたりする。みんなそれを知っているのに誰にも言わないんだ、とんでもないね。あの人とこの人は仲が悪いんだけど、あの人には味方が多くて、この人には少ない。それは当然かもしれない。あの人とこの人とその人はがんらしいよ、大変だ。あの人、ゴルフをするといつもスコアをごまかすんだよ、嫌だね……などなど。そんなふうに、あらゆる人に何らかの評価を与えてしまう。

ただし、田舎の人間は保守的で頑迷だというステレオタイプは必ずしも正しくない。「デイリー・メール」紙によく書かれているような田舎の人間の姿は、実は正しくないのだ。これは新聞だけが悪いのではなく、読者に元々そういう観念があるので、お互いに共謀して広めているところがある。僕や僕の友人たちのような左派も、その方が都合がいいのでついそう考えがちだが、田舎の人間は保守的ではあっても、決して頑迷ではないと思う。僕が実際に会って話してきた範囲で言えば、彼らにはとても寛容なところもある。それは、生まれつき都市の人間よりも人柄がいいからではなく、おそらく寛容に生きる他に選択肢がなかったからだろうと思う。

僕は二五年間、ウッドホール・スパという保守的な土地で、特に肩身の狭い思いをすることなく生きることができた。好きなように酒を飲み、父やマーク、アンドリュー、友人たちとスヌーカーをしながら自由に生活していた。労働党支持を公言していたが、特にそれを咎められることはなかった。政治よりもコミュニティの方が大事という認識があるからだ。政治的な意見に幅がある方が、コミュニティはよくなるという考え方もある。

父はいつも僕をステレオタイプからの例外扱いにしてくれたし、僕も父に対して同じようにしてきた。父は元来、オックスブリッジの人間に対していい印象を持っていなかった。シャンパンばかり飲んでいる高慢な連中、都会の人間、中産階級、社会主義者、グローバリスト。そういう印象だ。でも、自分の息子がケンブリッジに入ると、その見方を少し変えた。

僕も同じだ。ベビーブーマーで大卒でない白人で、保守党支持だと聞けば、僕はきっと人種差別や性差別を内在化した、怒れる労働者階級の人間だと思ってしまう。でも、その固定観念は父という個人を知ることで、やわらいだ。それは家族だからでもあるし、同じ村に生きる人間だからでもある。村のコミュニティを維持するためには、価値観の違う人間にも共感《エンパシー》をもって接することもある。ブレグジットやトランプ政権に対する考え方が大きく違ったとしても、相手をひとくくりにせず個人として見ることで、互いの間の壁を壊すこともできる。疑いの気持ちがあったとしても、それを乗り越えてお互いを受け入れることができる。そうすれば政治はもっと礼節あるものになるだろう。コンピュータによって、フェイスブックやツイッターなどのＳＮＳによって、人々が政治的に分断されがちな今、僕たちにはそういう姿勢が必要だろう。

さて、残念だが、この本もそろそろ終わりにしなくてはいけない。いつまでも書き続けるわけにもいかない。うまく終わらせられるかはわからないが、最善は尽くすのでどうか最後までおつき合い願いたい。

一軒の家を思い浮かべてほしい。第1章で紹介した僕の子供の頃の家よりも幅が狭く、背の高い家だ。煙突はあるが、煙は出ない。リンカンシャーではなくロンドンの家だからだ。ロンドンでは暖炉も本物ではない。上の階にはまず寝室が二つある。一つは姉妹のための寝室、もう一つは両親の寝室だ。そしてもう一つ、大人がコンピュータを使う部屋もある。

下の階では、父親がキッチンの扉を開けて外に出ている。一方の手にタバコ、もう一方の手にはビールを持って立っている。彼は、妻に向かって手を振っている。キッチンにいる妻は、扉越しに夫と話をしながら時々、彼を指差す。妻の口からは、「がっかりした」「頭がおかしい」「このアル中」といった言葉が出てくる。

「トリック」はすべての人を待ち伏せしている。二〇代のうちは男女平等を信じて生きていける人が多い。だが問題は、ほとんどの人がトリックの影響を受けた家庭で育っているということだ。平均的な家庭で育った人が自分の家庭を持とうとする時にはそれをよく考えなくてはいけないし、自分自身を直視しなくてはいけない。自分たちは旧来の価値観に縛られずに自由になれると無邪気に信じていると、きっと思わぬところでつまずく。男の場合、特に子供が生まれてからは大混乱だろう。一口に父親と言っても、色々な父親がいる。僕の場合は、自分でこういう父親になろうと思ったわけではなく、自然に今のようになった。残念ながら、自分の今の姿はとても美しいとは言えない。とはいえ、これでもやはり父親は父親なのである。

仕事をして疲れて家に帰ったら赤ん坊が泣いていたとする。妻が嬉々としてその世話をしながら楽しく生活できていればいいのだが、そうはいかないこともある。産後鬱に悩まされる女性もいるし、育児に疲れ果ててもう立ち上がるのも辛い状態になる女性もいるだろう。その時、一応、思いやりのある言葉はかけるものの、自分には関係ない、自分は昼間働いているんだ、家に帰ったらのんびりとビールくらい飲ませてくれ、そう考える男性もいるかもしれない。

僕がアビーと約束したのは、夫と父親、両方の役割をするということだった。家事も、子供の世話も二人で半分ずつやる。それは妥当な約束だったと思う。アビーも仕事をしているし、僕も仕事をしている。だから半分ずつというのは当然だし、そう難しいことではないと思った。それぞれが何をして何をしないかについて細かく話し合う必要はあるかもしれないが、基本的に半分ずつ、というのは正しいだろう。

結局のところ、僕は深く考えずに「何でもする」と言ってしまった。だが僕は父親だ。僕には支えるべき家族がいる。永遠に有名にはならないかもしれないが、チャンスがあればつかみに行く必要がある。男は働くのだ。働いてくれてありがとう、といずれ感謝される時が来るはずだ。働いていれば疲れる。疲れたら酒でも飲んでのんびりしたい。今日はもうおむつを換えたんだからいいんじゃないか。哺乳瓶の殺菌もして、ミルクも入れたし、十分だろう。そんなふうに思い始める。

当時の仕事ぶりを振り返ると、とにかく生活費を稼がなくてはと必死だったのだなと感じる。可能な限り、あらゆる番組や広告に出たし、ナレーションだけの仕事も積極的にやった。頼まれれば、どういう仕事も引き受けたのだ。ただ、どうしてもすべての仕事に気持ちが入っているというわけにはいかなかった。視聴者も当然、それは感じ取っていただろう。

さらによくなかったのは、仕事をしていない時、僕はただ家の外のどこかに座って、酒を飲み、タバコを吸って、独り言を言っているだけだったということだ。そういう時は、暴力的な場面を空想していることも多かった。たとえば、テロリストを射殺する場面。それによって僕がＭＩ５のエージェントであることがばれてしまう。レイプ犯を殴り倒すこともある。そこへジョナサン・ロスが現れ、実はイギリス陸軍のある連隊に所属していることを僕に白状させる。もちろんデヴィッドが登場することもある。空想の中の彼は、僕がコソボに行っている間に、何かしなくてはと出始めたクイズ番組で確固たる地位を得る（クイズ番組で人気が出たというのは現実と同じだ）。僕は、よく夜遅くまでそういう妄想と戯れていた。まったく楽しくはないが、僕にとっては重要なことだったのだ。ガイ・バイズと遊ぶことは、もはや子供の頃のように楽しくはなかった。連中は子供の頃とは違い、酔っ払ってばかりいた。素面でいてほしかったが、その願いは届かない。

それ以外にはＳＮＳで誰かと喧嘩をしていることも多かった。ツイッターは僕にとって、子供の頃のコニングスビー・コミュニティ・センターのような場所になっていた。子供の頃はできるだけ喧嘩を避けようとしていたのだが、その埋め合わせをするかのように、僕はツイッター上でやたらに喧嘩をした。勇敢にも、口論が起きている中にわざわざ飛び込んでいくのだ。武器はクローネンブルグのビール四缶とブロック・ボタンだけだ。皆があまりにもひどく怒り始めたら、そそくさとその場を離れる。

僕はまるで下手なドライバーのようだった。何もかもが不意に目の前に現れ、そのたびに驚くことになる。

どうしてここに横断歩道があるんだろうと思っていたら、急にどこからともなくラウンドアバウトが現れる。気づくと皆が自分にクラクションを鳴らしているのだけれど、なぜなのか理由はわからない。ちょっと「ジェレミー・コービン〔英国の政治家。二〇一五年に労働党党首となり急進的な政策で一時熱狂的な支持を得たが、ブレグジットに対する優柔不断な態度が批判され二〇一九年に実権を失った〕には我慢ならない」と書いただけなのに、どうして、「デイリー・ミラー」紙で記事にされているのだろう。ジュリア・ハートリー・ブルーワー〔ジャーナリスト。ブレグジット支持者で保守的な発言で知られる〕や、ついでにケイティ・ホプキンス〔差別発言を繰り返し物議を醸すコラムニスト〕と大した意味もなく喧嘩をしたくらいで、なぜ騒いでいるのだろう。やあ、アビー。どうしたの？　え、今は午前三時だって？　そうなんだ。今行くよ……うん、だからそう言っただろ、今すぐ行くから。いや、大声なんて出してないだろう。どうして大声なんて出す？　なんだよ、いいだろ、たかがビールの一、二本くらい……

その時にはアルコール依存症になりかけていたと思う。だが、いったい誰がそんなことに気づくだろうか。僕の酒量はどのくらい多かったのか。よくわからない。確かにいつも酔っ払っていたが、泥酔はしなかったし、撮影の最中は飲まないし、生番組出演の前にだって飲まなかった。身体が震えるようなこともなく、ウオッカを一度に一瓶空けて映画『リービング・ラスベガス』のような状況になったわけでもない。ワインを一瓶飲み干す前に栓をしたことも、少なくとも二回はある。僕は医者ではないけど、自分の行動を振り返る限り、とてもアルコール依存症になるような人間には思えない。医者からはそうは見えないのかもしれないが。

ただ、腰に強い痛みを抱えていたのは確かだ。その頃は上の空で動いていることも多かった。時々、ろれつが回らないこともあったが、すぐに忘れてしまい、気にはしなかった。何しろ、その場ですぐに忘れてしまって構わないような会話をしていることがほとんどだったからだ。暴力を振るうことはもちろんなかったけれど、怒りっぽくはなっていた。動きは鈍く、態度は横柄になり、ちょっとしたことですぐにいらいらした。次々に色々な人間に会う。男もいれば女もいる。時々、ろくでもないやつがいる。退屈なやつ、常に酔っているようなやつ。そういう人間に会うたびに腹を立てた。いつもそうではないし、毎日というわけではない。だが、ほとんど毎日だ。そういうことが多すぎた。アビーから手紙をもらったこともあった。僕にあまり会えなくて寂しいと書かれていた。

僕の頭はどうなってしまったのだろう。子供たちもいるのに、何かあったらどうすればいいのか。

家に帰れば確かに小さな子供たちがいるはずだった。家の中はどういう様子だっただろうか。だめだ、考えてみても思い出せない。

自分は家ではどういう父親なのか。それもやはり思い出せない。

でも家には母親がいるじゃないか！　母親は偉大だ。結局は母親が何もかもをこなしているんだ。だから……ああ。仕方ない。ラガーをもう一本、開けよう。それでよそへ出かけるのだ。いつかうまくいくこともあるだろう。

今、父親は家の中におらず、外に立っている。外からキッチンの窓越しに二人の娘に手を振っている。父親にはそれが嬉しいみたいだ。だが、家族の只中にいると、父親は悲しくなってしまうようだった。

僕はダーダー（覚えておいでだろうか、祖父のジョンのことだ）に会いに来た。祖父は介護施設にいて、九〇歳になっていた。本人は信じたくないみたいだが、事実なのでどうすることもできない。

知っている人も多いと思うが、介護施設の中には、入居者のために綺麗な部屋を一つだけ用意しているところが多い。そこに小物を置いたり、額に入った絵をかけたり、あらゆる装飾をしてにぎやかにする。たとえ小さい部屋でも、そこで外の世界にいた頃の華やかな経験を思い出してもらおうというのだろうか。その部屋は、外に残してきたすべての宝物――もちろんその中には人も含まれる――を象徴する場所ということだ。

話をしていると、祖父の視野は狭くなっているのだなと感じた。その言葉から僕は悲哀を感じた。ドイツ第三帝国を滅ぼすことに貢献した男が今、話すのは日々の食事のことくらいだ。祖父はこの施設の食事は美味しいが、少々、量が多すぎると文句を言っていた。

二〇一二年のことで、僕はそこにアビー、エジー（三歳）、ドリー（生後間もなかった）とともに来ていた。ドリーが眠そうにしていたので、アビーは彼女をベビー・カーに載せて外へ出た。施設職員の女性が来て、エジーにチョコレート・ビスケットをくれた。彼女はいかにも三歳の子供らしく大事に大事にそのビスケットを食べた。「ごめんね、散らかしてしまって」僕はカーペットに落ちたビスケットの粉を拾って急いでポケットに入れながら、祖父にそう言った。子供を持ってまず学んだのは、小さな子どもがいたら必ず散らかるものだということだ。それを受け入れなければやっていけない。だが、自分以外のすべての人が同じようにそれを受け入れると期待してはいけない。

「いや、構わんよ」祖父は言った。

エジーは落ち着きがなく、お話をしてくれとせがんだ。僕は祖父の顔を見て言った。「この子に本を読んでやりたいんだけど、いいかな」九〇歳の祖父の大きな耳に聞こえるように僕は少し声を大きくした。ただ、プロの介護者のような、歌っている感じの口調にはならないよう気をつけた。

「おお……いいじゃないか。私もお話を聴きたいね」祖父はそう言いながら、段々に笑顔になっていった。「昔は私がいつもお話をして、お前が聴いていたんだよな！」

僕はバッグの中を探った。その中に、アビーが子供の気をそらすのに役立つものを詰め込んで来たはずだった。祖父の顔の微笑みは、浮かんだ時と同じようにゆっくりと消えていった。青い目からは輝きが消えていった。昔のことを思い出しているらしかった。祖父は悲しそうに言った。「お前の母さんにも、もっとお話をしてやればよかったな」

涙が出そうになるのを懸命にこらえた。「忙しかったんでしょ。心配いらないよ。母さんもちゃんとわかってたはずだから」

「そうかな……そういえば、あの子は本を読むのがうまかったなあ。それは絶対に(by guy)間違いない」祖父は、普通なら「神に誓って(by God)」と言うところを、女性や子供がいる前では少し言葉を和らげて「絶対に(by guy)」と言い替えていた。その言葉を聞いて、僕はあることを思い出したけど、その時、深くは追求しなかった。自分の娘と祖父に同時に本を読んで聞かせられる、という喜びが大きくて、そちらに気を取られてしまったのだ。

僕はジュリア・ドナルドソンの絵本『ゾグ（Zog）』を開いた。ゾグは子供のドラゴンで、ドラゴンの保育園に行って、ドラゴンらしさとは何かを教わる。話の半ばあたりでエジーは「ドラゴンって本当にいるの？」と尋ねた。僕はしばらく迷ったが、やはり嘘はつかないことにしようと思った。

「いや、ドラゴンは本当にはいないよ」

エジーは僕の答えを聞くと、本の中の絵に再び目を向けた。「でも、お話の中にはいるよね」

なんてこった。最高の言い方じゃないか。覚えておこうと思った。

「そうだね。お話の中にはいるね」


僕たち人間は、物語を作る動物だ。

祖父は〝by guy〟と言った。〝by guy〟で思い出すのは……僕がかつて空想の中に作り上げた一二人の遊び友達「ガイ・バイズ（Guy-Buys）」だ。もしかすると、この名前を僕は、祖父の口癖からつけたのかもしれない。一二使徒みたいだと思ったが、そもそもが神に関係のある名前だったのだろうか。

確信はないが、今となってはそうだったのだと思いたくなる。人生は本来、複雑で無秩序なものだ。でも僕らには、それをありのまま受け入れるのではなく、単純化し、秩序あるものとして理解したいという願望がある。絡まった糸をほどき、銀色に輝く真っ直ぐな一本の糸にしたいという願望があるのだ。

もしあの時、母が亡くなっていなかったらどうだっただろう。ケンブリッジに入る前に一年、留年しなかったとしたら。最初のA・B・Cという成績であきらめてそのままリーズ大学に行っていたらどうなっただろう。リーズにもきっと面白いやつはいただろうけど、デヴィッドには会えなかったはずだ。「ミッチェル&ウェッブ」というコンビは誕生しなかったことになる。必然的に『ピープ・ショー　ボクたち妄想族』にダブル主演ということもなかったわけだ。『コンクリート・カウ』に出演することもなく、アビーに会うこともなかった。つまり、エジーとドリーは生まれなかった。

　こうして今見ると、何とも素晴らしい銀の糸だ。考えていくと、僕は母の死にも意味を与えることができる。母が亡くならなければ、僕の代表作となった番組は存在せず、アビーにも会えず、子供たちもいなかったと考えられるからだ。

　僕がこんなことを話せば、アビーはきっと頭がおかしいと言うに違いない。それに、この物語はまだ終わっていない。まだ続きがある、と彼女は言うかもしれない。この先には、僕が今よりもよき夫、よき父親になる話が続くはずだ、とアビーは言うのではないだろうか。僕らは二人でこの先の物語を作っていく。そして人間は新しい物語を作るために、古い物語から抜け出すこともある。

　そして長い間にわかってきたのは、実は僕もごく普通の……ありきたりの男なのではないかということだ。しかも、自分は普通の男ではないとうぬぼれていて、そう信じ込むために大変なエネルギーを費やしてきた普通の男だ。これまでに会ってきた普通の男たちの行動に嫌悪感を抱き、ああはなるまいと思っていたにもかかわらず、結局は自分も同じようになっていた。少年の頃には、男は男らしくあるべきだと信じていたし、自分は男らしくないのではないかと不安に思っていた。それがいつからかその反対に、いわゆる「男らしい男」を嫌悪し、そうなるまいとするようになった。最初に僕が嫌悪し恐れる伝統的な男らしさの象徴となったのが、父だった。父と長く接してきたことで、僕には男らしさへの抗体ができているのではないかと思っていた。ぶっきらぼうで大酒飲みで、妻の存在などないがしろにする、そういう「男らしい」男に自分がなることなどあり得ないはずだった。何しろ、そういう男が傍からどう見えるか、どれくらいひどいものか、僕は実際に見てよく知っていたからだ。僕は、自分が主役を演じる物語の中では、早くに母親を亡くした繊細な男だった。母親の死に打ちのめされながら、そこから立ち上がり、故郷のリンカンシャーを飛び出した男だ。サッカーも好きではないし、デール・スペンダーの『ことばは男が支配する——言語と性差（れいのるず・秋葉かつえ訳、勁草書房、一九八七年）』などの本も読んできた。労働党に投票し、密かに「彼氏」がいたこともある。大学時代から性差別に反対するようなコメディを書いてきたし、プロとしてそういうテレビドラマに出演してギャラもいただいてきた。そんな男が性差別主義者であるはずがない。僕はそう信じていたのだ。ところが、僕は家にいる対等なはずのパートナーとの約束すら守れない男であり、口にこそ出さないが、そのことに次第に気づき始めてもいた。そのことはアビーにはっきりと言わなくてはいけないだろう。

「あなたはハル王子じゃない」とアビーは何度も僕に言った。突然、颯爽と馬にまたがり、皆を驚かせるような行動を取る、そんな男ではないというわけだ。だが僕は長年、そして多分いつも考えてきた。自分は突然、素晴らしい男に変身できるのではないかと。酒に呑まれたりせず、頼りがいがあって責任感があって面白く、そして愛情あふれる親でありパートナーである、そんな男、つまりは大人の男に突然生まれ変われるのではないかと。

しかし、僕が演じたのは、たとえば『ピープ・ショー ボクたち妄想族』のジェレミー・アスボーンのような、大人になれない男だ。現実の僕も、役とそう変わりはない。思えばいつも、今の自分は仮の姿なのだと思い続けてきたような気がする。この仕事が終わったら、このビールを飲み終えたら、このタバコを吸い終わったら、この白昼夢が終わったら、僕は本当の自分になるのだと思い続けて、結局は何年もそのままだった。

だがついに、そういう生き方を続けられない時がやってきた。僕の生き方を大きく変えるきっかけになったのは、何人かの身近な人たちの死だった――祖父、デレク、そして父が亡くなったのだ。

僕はいったい、どうなりたいのだろうか。成熟した男になる、大人になるとはいったいどういうことなのか。まず言いたいのは、僕はこれをあまり大げさに考えたくはないということだ。そして、はっきりと「こういうもの」と決めてしまいたくもない。

それを声高に言うのは、正直に言って、裸でゾービングをするのと同じくらい恥ずかしいことだ。たとえば、あのＢＢＣブレックファストに呼ばれて、「今日はロバート・ウェッブ氏に、成熟した男らしさとは何かを説明していただきましょう」などと言われたらどうか。

だめだ。絶対にお断りだ。誰も『ピープ・ショー』に出ていたような、髪も薄くなった男にそんな話をされたくないだろう。

現象というのは、多くの人が認識し、多くの人に話題にされる頃には終わっているものだ。「ニュー・マン」という言葉を覚えている人はいるだろうか。一九八〇年代の半ばに流行った言葉だ。女の仕事とみなされがちだった家事や育児にも積極的な男をそう呼んだのだが、その時は果たして本当にそういう男がどれくらいいるのか、多くの人が疑問に思ったのではないか。結局は言葉だけが先行して、実態は伴っていなかったのだと思う。ゲイのモデルが上半身裸で赤ちゃんを抱いている白黒のポスターがあったけれど、それで世の中が大きく変わった気はしない。

「ニュー・マン」はおそらく、一九八五年に、ドラマ『イーストエンダーズ』〔八五年から現在に至るまで続くご長寿ドラマ〕で主人公ロフティが結婚式の日にヒロインのミシェルに捨てられ、ぜんそくの発作を起こした時に死んだのだと思う。ロフティはシングルマザーのミシェルに恋をし、彼女と結婚して「主夫」になると申し出る。しかし、結婚式の日の朝、ミシェルは子供の父親ダーティ・デンとこっそり会っていた。ダーティ・デンは嘘をついて人を操るのがうまく、浮気者で、しかも組織犯罪にも関わっているとんでもない男だった。ロフティがミシェルと結婚できる見込みなど、はじめからなかったのだ。

シャーロット・ブロンテの『ジェーン・エア』に出てくるロチェスター氏がこのドラマに与えた影響は大きいかもしれない。ジェーンと結婚するロチェスターは当初、妻の存在を隠していた。それが後のダーティ・デンにつながっていると考えられる。ジェーンとロチェスターとの身分や財産を超えた結婚は、男女平等の象徴でもあり、新しい時代の到来を予感させるが、それに至るまでには多くの障害、困難が伴うということも同時に示されている。

ニュー・マンは哀れな死を迎え、その後は時代を逆戻りさせるような「ニュー・ラッド」と呼ばれるような男たちが多く現れることになった。反動《バックラッシュ》を生んでしまったわけだ。ニュー・ラッドは『ローデッド』『ズー』などのコメディーにも登場するし、ブリットポップ〔オアシスやブラーを代表格とする九〇年代初頭の英国ロックのムーブメント〕もニュー・ラッドが作ったと言ってもいい。若い男はビールとサッカーに夢中になっていいし、大勢の女と関係を持ってもいい、それを後ろめたく思う必要などない、というのが怒れるニュー・ラッドたちの主張だった。そもそも、申し訳ないという態度を取る男はいなかったような気がする（第一、誰もそう思えとは言っていなかった）し、音楽のトップ10リストやサッカーに夢中にならない男はどこかおかしいように言われるその時代の風潮が、僕は嫌だった。またサッカーだ、本当にいい加減にしてくれ……と思ってきた（こう言うと過激なリベラル、急進的なフェミニストのように思われるかもしれない。だが、確かに僕自身はサッカーには関心がないが、別にサッカー好きな人がいてもいいと思っているし、サッカー好きに対して何も思うことはない。個人的に競技スポーツすべてが好きではないだけだ。どれもうまくできないからだ）。

文化とは移ろいやすいもので、望ましいとされる男性像も時代とともに目まぐるしく変わっていく。誰もがランボーになりたがるかと思えば、急に誰もがニック・ホーンビーになりたがったりする。あるいは、アイロニーとしてランボーのTシャツを着て、ニック・ホーンビーのオーディオ・ブックを聴きながら、グレイソン・ペリーの陶磁器カタログを眺めるエド・シーランのような男になるのが理想とされることもある。そのうち人前で泣き叫びながら自慰行為をする男がよい、という時代が来ないとも限らない。

僕は、男も女も、世間の「こうあるべき」という言葉、観念とはまったく無関係に成長し、生きられるようになればいいと思っている。誰もが自由に自分自身を表現しながら生きられるのがいい。誰もが自分に自信があると同時に、自分はだめだと卑下してしまう気持ちを抱えている。でも、そういう矛盾もありのまま表現できれば素晴らしい。フェミニズムは、女とはこうあるべきというステレオタイプを壊すことに大きく貢献してきた。僕が望んでいるのは、この挑戦を、世界の人口のもう半分にも広げるということだ。特定の染色体を持っているというだけで「こういう人間にならなくてはいけない」という思い込みや押しつけをなくしていきたい。

男性諸氏に言いたいのは、これは僕たちすべての問題だということである。もちろんそれを常に意識するのは難しいだろう。それは仕方のないことだと思う。でも、僕は皆のためにも常に意識していこうと思っている。そうして勝手に男性代表のような顔をする資格など僕にはないとわかってはいる。それでも僕は、迷いながら前に進んでいきたい。

もし僕が今「自分はすでに妻と対等なパートナーになっていて、親としての役割も平等に分け合っている」と言い切ったとしたら、アビーは死ぬほど笑うか、寝ている間に僕を絞め殺すかのどちらかだろうと思う。ただ、少なくとも「それは一世代ではできないことだよ」などと彼女に言い放った二〇〇九年の僕のような最低野郎ではなくなっていればと思う。

結局は気持ち次第、姿勢の問題なのだろう。人間が別の生物に進化しなくてもできるはずのことだ。

本当の「男らしさ」とは何かをここで今一度、考えてみる意味はあると思う。エジーやドリーは僕を見ながら成長している。二人が将来、男性と生活をともにするようになるかはわからない。そう決めつけるものでもないと思う。だが、もしそうなったとしたら、相手に期待が持てるようであってほしいとは思う。彼女たちは、僕が自分で自分の健康に責任を持てる人間かどうかを見ている。僕が子供たちを学校に送って行き、また帰る時に迎えに来る頻度がどのくらいかも見ている。食洗機の中の皿をいつも誰が片づけているかも知っているだろう。誰が自分たちを歯医者に連れて行ってくれるかも見ている。僕が妻を笑わせるところも、僕と妻が口論をするところも全部見ているのだ。

これは政治的な問題なのだ。無償の家事労働を夫婦が平等に負担するのが当然、という状況にするためには、いくつかの段階を踏んで相手を啓発する必要がある。たとえば洗濯なら、まずは洗濯機に着ていたものを入れさせ、ボタンを押させるところから始める必要がある。最初はそれだけで褒め言葉をかける必要があるだろう。褒め言葉がなければすぐにやめてしまう恐れがある。だが、いずれは褒め言葉など必要なくなるはずだ。そうなったら、洗濯物を乾かす作業をしてもらう。褒め言葉が必要なくなるまで続ける。そこまで到達するのに五年くらいかかるかもしれない。だが、粘り強く続ければ、いずれは洗濯物を入れてボタンを押し、洗い終わったら干して、たたんでしまう、というところまで当たり前のようにし始めるはずだ。

正直に言えば、僕自身は最後の「たたんでしまう」というところでまだ苦戦をしている。特に速度、効率という点で問題がある。どの服をどの引き出しにしまうかということに関してアビーは厳格なルールを設けていて、僕はそのルールをまだ完全に把握できていない。彼女は引き出しの中の様子を常によく見ていて、何か異変があればすぐに気づく。ただ、アビーはルール違反に関してはあまり気にしなくていいと言って僕を励ましてくれている。僕がその仕事を拒否するよりは、拙くても一応やる方がまだいいと思っているのだろう。

　家にいる時、僕は自分の機嫌に常に注意を払うようにしている。もちろん、僕が子供たちに暴力を振るうなどあり得ないと思いたい。そんなことをするくらいなら、自分の腕を壊した方がましなくらいだ。だが、それでも憂鬱な顔や膨れ面を見せてしまう恐れはあるので、そうならないよう細心の注意をしているのだ。怒って物を投げ散らすような人間は論外だが、不機嫌な顔を見せて恐怖で人を支配する暴君のような人間も、同じくらいたちが悪い。僕は一人では酒を飲まないし、タバコはすでにやめている。社会の性差別はまだなくなってはいないし、僕がいくら娘たちのためを思っても、自分の力だけで社会を望むように変えることはできない。だが、努力をすれば少しずつ状況を変えることはできるだろう。世界の男性を一人ずつ変えていくことも不可能ではない。まずは自分自身からだ。

「マン・イン・ザ・ミラー」〔マイケル・ジャクソンのヒット曲〕のような、自分を変えることをテーマにした曲も、歌っている当人が児童を性的に虐待した人物だと皆が思っていたら、そのメッセージはうまく届かないかもしれない。だが、歌を作るというアイデアも悪くはないな。今から試しても決して遅くはないはずだ。時間はまだたっぷりある。

僕らはいずれ皆、死ぬことになる。

四〇代最初の二年間で、僕は父、デレク、そして祖父のジョンを亡くした。ジョンが亡くなって、祖父母は一人もいなくなった。

祖父に介護施設でさよならを言うたびに、もうこれが最後かもしれないと思うのが常だった。ある時、アビーと僕が子供たちを部屋の外に連れ出そうとしていいると、九二歳の祖父がこう言った。「お前は休みの日はいつも私と一緒だったが、少しは楽しい時もあっただろ」僕はすぐに祖父のそばに戻り「うん、すごく楽しかったよ」と言って安心させた。その言葉は本当だった。実際に楽しかったのだから。

しかし、祖父はなぜ「少しは」なんて言ったのだろう。どういう意味なのか。おそらく、祖父は負い目を感じていたのだと思う。わかるような気はする。それはデレクも、父も同じだった。三人とも、人生の終わりが近づいた時、「子供たちと過ごす時間をもっと減らせばよかった」などとは決して言わなかった。また三人とも「もっと偉くなりなかった」とは言わなかったし、「決して泣かない男でいたかった」「愛する女を傷つけても、ただ肩をすくめて立ち去るだけの男でいたかった」などとは決して言わなかった。「怖いものを怖い、欲しいものを欲しいと言わない男でいたかった」とも言わない。三人が人生の最後に言っていたのは、自分は友情や同情、家族や愛など素晴らしいもの、大事なものをみすみす失うようなことをしてしまったということだ。自分は周りの人にあまりにも迷惑をかけたとも言っていた。僕も数年前まで彼らと同じ道を歩んでいたと思う。そして、まだ補助輪のついた自転車に乗っている幼い男の子たちの中にも、同じ道を歩み始めている子が多くいるだろう。

僕はその子たちが、古く狭い考えに縛られず、もっと広い視野で男というものを考えられるようになってほしいと思うのだ。男も泣いて構わないし、心配なこと怖いことがあればそれを人に話していい。そうしたければ女の子と遊べばいいし、女の子と同じような格好をしてもいい。ピンクが好きなら好きでいいし、そうすることが好きなら母親と出かけていい。全員がサッカー好きでなくても構わない。興味がなければ堂々とそう言えばいい。

男の子たちも、まだ小さいうちはそれがちゃんとわかっている。ジェンダーに関するルールは、子供たちが自分で作るわけではない。大人が教えるのだ。

自分に与えられた役がどうにも気に入らないと、その役を誠実に演じることが難しくなる。脚本の自分のセリフを何度も読み、それぞれどういう意味かをいくら考えてもよくわからない。そういう調子だと、たとえセリフを覚えても、ステージの上で言葉に詰まってしまうことになる。動きも不自然になるし、同じステージの上にいる共演者たちの演技の妨げにもなってしまう。男たちの多くは、まさにそういう状態に置かれている。そして、共演している女たちもそれは同じだ。女たちはハイヒールを履いて後ろ向きに歩くような不自然な動きを強いられている。違和感を覚えている者どうしが、ぎこちなく不本意な言葉を交わし合っている。女には突然、強すぎるスポットライトが当てられたかと思うと、次の瞬間にはまったく当てられないこともある。すべては悪い夢のようだ。

中には、自分が与えられた脚本以外の役を演じられる可能性があることさえ、忘れてしまっている人がいる。幸運にも、脚本が渡されたことを辛うじて思い出す人もいる。脚本は二つだ。一方は「男」という脚本で、もう一方は「女」という脚本。それを渡された時の失望感を思い出す人もいるだろう。脚本の中ではもう自分の言動や役割がすべて決まっていて、自分には何もできない。できることと言えば、所定の欄に自分の名前を書くことくらいだ。

そのことに気づいてしまったら、もはや素知らぬ顔でショーを続行することは困難になる。そうなったらもう、自分自身でもっとましな脚本を書くべきだ。自分の役のところだけでも書き直すのだ。

二〇一三年、ウッドホール・スパのセント・ピーターズ教会で、僕は父を送るために自分で書いた弔辞を読み上げた。教会の中は満員で、外にも四〇人くらいの人が立っていた。読んでいる間には何度か笑いが起きたし、あまり知られていない父の優しい一面を皆に知らせることもできたと思う。弔辞の締めくくりはこんなふうになっていた。

> 今感じているこの悲しみを、私たちはしっかりと抱きしめていきます。悲しみが深いのは、深く愛しているからです。それがわかっていれば少しは安心できるでしょう。私たちが耳を澄ませば、いつもそこに愛があることがわかります。今日という日は確かに辛い日ですが、これは余震のようなものにすぎません。本震は、本当に重要だったのは、もちろん、私たちの父への愛情です。

父には三人の孫ができた。二〇〇八年、アビーが妊娠したことを僕が報せた時、父は「きっと男の子だな、男の子だよ。ウェッブ家には男しか生まれないんだ」と言った。だが、実際に生まれたのは女の子で、その次に生まれたのもやはり女の子だった。父は嬉しそうに「ロバートはやっぱり違うな、やっぱり」と言った。

そう、ロバートは違う、そうでなくてはいけない。

でも同時に、ロバートはこんな言葉にまみれてきた、典型的な男でもあるのだ。


「おばあちゃんやトルーディーおばさんには泣き顔を見せるんじゃないぞ」

「こいつ、女物の靴下履いてやがる！」

「俺のビール、ちょっと飲むか？」

「こんなこと言いたくないがな……」

「君の行動は嘆かわしい限りだ」

「いつ僕らの関係はロマンティックになるんだ？」

「うるせえんだよ！　こいつだって一生懸命やってるんだ！」

「嬉しい。本当に最高の気分」

「あなたにはがっかりした」……


「男はこうあるべき」という観念によって自分は人生が損なわれてもいないし、不必要に人生が複雑になってもいない、と思う男も世の中には大勢いるかもしれない。ただ、僕は本当にそうである男にただの一人も会ったことがない。男は痛みがあっても隠さなくてはいけない。周りの男たちに合わせなくてはいけない。自分が望むよりも早く成長しなくてはいけない。できるだけ早くセックスをしなくてはいけないし、できるだけ多くの女とセックスしなくてはいけない。たとえ自分の心に嘘をつくことになったとしても、そうしなくてはいけないのだ。恋愛がうまくできない男はダメだ。男らしいとされる仕事をする能力がない男はダメだ。守れもしない約束をする男もダメだ……。皆、そういう考えに縛られている。

父親という存在に対しても、そうだ。試しに、誰でもいい、ある程度以上の年齢の男性に「あなたは父親とはどういう関係ですか？」とたずねてみてほしい。おそらく、少なからぬ人が五秒くらい黙って、虚空を見つめることになるはずだ。そして、そのあとには重い口調で「複雑だね」「難しいね」という言葉が発せられることになるだろう。

「トリック」はあらゆる人に時間の無駄遣いを強いるものだと思う。垣根を作るからだ。男女の間の垣根だけではない。母親と娘の間にも、父親と息子の間にも垣根を作ってしまう。フェミニストたちが長年、目指してきたのはその反対のことだ。僕もそうしなければと思う。

結婚の日

結婚の直前に、アビーはこんなことを書いた。

この日は最高の日だと言われている
輝かしい日だ。そう、だから
この輝かしい日をともに過ごして、おやすみのキスをしよう
そして二日酔いで目を覚まし、喧嘩をする
そして仲直りをして、またおやすみのキスをする
そして目を覚まし、冗談を言い合う
そして少し楽しい時を過ごして、将来の計画を立てる
そしておやすみのキスをして眠る
そして手を握り合う
そして目を覚まして、何かを主張し間違える
そして何もわからずにサルのように笑い、間違いを正す
そして、キスをする
そしてキス
そしてキス
そしてキス
そしてキス

そしておやすみのキスをして
そして眠る
そしてお互いを温め合う
そして目を覚ます
そしてお互いに主張し合う
そして光が続く間、二人以外のすべての人との関係を断つ
そしていつか最後のおやすみのキスをする
そして、ああ神様、どうか愛しい人の顔が夢に現れますように

誰かを愛したり、誰かに愛されていることに気づいてしまったら、もう言い訳するわけにはいかない。思えば屋根のない城の中にいるミツバチを助けようと思った幼い頃、僕は確かに愛されていたし、その実感を持って生きていた。紫色の階段から落ちて母に助け上げられた、あの時から。母の葬儀のあと、己のなすべきこと——制服にバッジを縫いつけ、学校に行くこと——ができたのも、愛されていたと思えばこそだろう。

「ロバートは、自分自身の友人になるべきです」僕はそう言われたことがある。

僕たちは、自分で自分の面倒を見ることを学ばなくてはならない。また、自分の感情を認識し、自分の行動に責任を取ることも学ぶ必要がある。そうしなければ、他者を自らと等しく価値のある存在として扱うことは難しいだろう。僕たちは、本当は最初からずっと知っていたはずのことを思い出すべきだ。僕たちは完全

に人間らしく生きていい。思いやりのある人間であっていいし、すべての瞬間を精一杯に生きて構わないのだ。そして、友情や愛情のためにすべてを捧げても構わない。

自分を大切にし、他人に優しくする。それがすべてだ。それだけで、僕たちは銀河に自由を回復することができる《restore freedom to the galaxy》……。

ここまで読んできた人は、今や僕の影響でエジーとドリーが『スター・ウォーズ』の大ファンになっていると言っても、まったく驚きはしないだろう。僕らはよく、あの勇敢で美しい反逆者たちについて話をする。ハン・ソロやルーク・スカイウォーカーはもちろんそうだし、あのダース・ベイダーも最後には結局、反逆者になった。そして、僕らの話に特に多く登場するのは、何と言ってもレイア姫だ。庭で遊んでいる時には、よくレイア姫の話をする。

サッカーの話もよくしている。親子でサッカーをすることも多い。僕は、実はだんだんサッカーが好きになり始めている。

謝辞

まず、担当編集者のフランシス・ビックモアに感謝したい。何より重要なのは、彼が僕をいつも落ち着かせようとしてくれたことだ。寛容さと謙虚さを大切にする彼の存在のおかげで、この本は優しく謙虚な本になったと思う。むしろ、彼の知性がなければ、優しさも謙虚さもない本になる恐れはあっただろう。ジェイミー・バイング、ジェニー・フライ、アンナ・フレーム、ヴィッキー・ワトソン、ピート・アドリントン、ニール・プライスをはじめとするキャノンゲート社の素晴らしいスタッフにも感謝している。彼らのおかげで僕は、出版界は賢明で協力的で献身的な人ばかりだという印象を持つようになった。テレビ界とも似ているが、ニットを着ている人が多いところが出版界との違いかもしれない。

著作権エージェントのアイヴァン・マルカヒーにもお礼を言いたい。彼は極めて優秀で、この本の最初の企画案の作成も手助けをしてくれた。そして何より大きかったのは「あと一五パーセント面白くすべき」と助言してくれたことだ。少なくともその助言に従うよう、努力はしたつもりでいる。

ミシェル・ミルバーンにも感謝する。二〇年間、僕のシアトリカル・エージェントを務めてきたミシェルは、この本の出版に際しても、細々とした仕事を見事にこなし、混乱が生じないようにしてくれた。ずっと僕の大事な協力者であり友人でいてくれている。彼女の有能なアシスタント、タラ・リンチにも感謝している。ヘンナ・シルヴェノイネンの貢献にも感謝している。また、オーディオブックの製作が苦労なく進むようにしてくれたオーディブル社のスタッフにもお礼を言っておきたい。オーディオブックのプロデューサー、ジョン・エインズワースにも本当にお世話になった。朗読中、間違えたり、笑ったり、時には泣いたりもする僕を辛抱強く、優しく見守っていてくれた。

「ニュー・ステーツマン」誌のヘレン・ルイスにもお礼を言わなくてはいけない。寄稿者のはずの僕が二年間、一本も記事を書かないという事態を受け入れてくれた忍耐もありがたかったし、またこの本ができる発端になった長い記事を書かせてくれたことにも本当に感謝している。

この本を書くにあたっては大勢の友人にも世話になった。トム・ヒルトンは、七・五トンのトラックがどのくらいの長さになるかを教えてくれた。ジェイソン・ヘイズリーは本を書き始めの頃に僕を励ましてくれ、章の冒頭で引用すべき文章を提案してくれた。モリー・カー・ホーンは、出版界について貴重な助言をしてくれた。ジョナサン・ドライデン・テイラーは、プレゼンテーションに関していくつか重要なことを教えてくれた。この本に強い関心を示してくれたトビー・デイビーズ、ロバート・ソログッド、ケイティー・ブレスウィック、ヘザー・スレーター、ニック・ダンハム、マーク・エヴァンズにも感謝している（関心を持ってもらえれば、やる気が出る）。ジェンナとウィルの寛大さにも感謝する。二人とのことをこの本に書くのを許してくれた。いつ何があったか思い出すのを手伝ってくれたデヴィッド・ミッチェルにも礼を言う。特に大学時代のことを書くのには、彼の好著『バック・ストーリー（Back Story）』が資料として大いに役立ったが、昔のことを彼に何度も尋ねて煩わせてしまったのも確かだ。英国アカデミー賞の受賞スピーチのような感傷的なことは言いたくない（書店で立ち読みしている人は、最初にこのページを開いているかもしれないが、他のページはこういう「クサい」感じではないので安心してほしい）が、優しく才能あふれるデヴィッド・ミッチエルとのパートナーシップがなければ、そもそも僕はこの本を書けるような立場にいなかったのも確かだろう。兄たち、マークとアンドリュー、そして妹のアナベスにも感謝する。そして謝罪もしておきたい。兄たちと妹にとっては、ところどころ読むのが辛い本になってしまったと思う。僕はいつも兄妹からの温かい愛情を感じている。仕事への応援も本当にありがとう。

終わり近くになってしまったが、娘たち、エジーとドリーにも感謝している。そして謝らなくてはいけない。本を書くのに時間を取られてしばらくあまり遊べなかったからだ。締め切りが近くなるにつれ不機嫌になってしまったのも申し訳なかった。「まだご本は終わらないの？」ある日、ドリー（当時五歳）は僕にそう尋ねた。大丈夫、もう終わったよ。君とエジーにはまだ読めないだろけど……読めるようになるのは……一四歳くらいかな（そのくらいの歳になれば、何を読むかに親が関わることはないだろうけど）。もし読んだとしたら、わざわざ時間を取って読む価値があったと思ってくれれば嬉しい。二人とも僕の姓《ウエッブ》を名乗っているけど、だからって僕に有名でいてほしいなんてちっとも思ってはいないだろう。僕にできるのは、この名前が何かいいことを意味するよう最大限、努力することだけだ。

そして、愛する妻、アビゲイル・バーデス。この本を書く僕の大きな力になってくれた。ありがとう、アビー。君の支えがなければ、とてもこの本を書き上げることはできなかったし、君からの影響がなかったとしたら、この本は読む価値のあるものにならなかった。君はきっと未来からやって来た人なのだろう。君のいた時代では、人間が性別によって判断されたり、行動を決められたりすることはないのだと思う。未来からこの時代に来ると、孤独を感じることもきっと多いのだろうと想像する。だけど僕はいつも君に寄り添っているつもりだし、この本が出れば、仲間はさらに増えるだろうと期待している。その数は決して少なくないと思う。これからも助け合って生きていきたい。君がやかんを火にかけたら、お湯が沸くまでの間に、僕は近所の店でお菓子を買って帰って来る。そういうふうでありたいね。

訳者あとがき

唐突だが、私は著者に親近感を抱いている。翻訳することになったのは運命ではないかと勝手に思っている。特に冒頭のサッカーのくだり。あれはまさに子供の頃の私だ。体育の授業でサッカーをさせられても、ボールにほとんど触れることなく、人のいないところ、いないところを探して移動していく。ごく稀にボールが飛んで来ると、焦って蹴ろうとして空振りし、転んで尻もちをつく。同じだ。気味が悪いほど同じ。ご丁寧にも、チーム分けのため先生に「片方のチームは上半身裸な」と言われていたところまで同じである。まさか、人のいない隙間ばかりを探しながらサッカーをする少年が自分の他にいるとは思わなかった。それも遠い異国の地に。

どうやら、いわゆる「男らしさ」というものに違和感を抱いてきたところが著者と私の大きな共通点のようだ。そして、それはおそらく奇跡的な偶然の一致ではないのだろう。多くの人の思う「男らしさ」と、実際の「男」との間にはズレがあり、そのズレに苦しむ男が実は多いのだ。違和感の大きさは人によっても違い、誰が見ても明らかに苦しんでいる人もいれば、苦しんでいても、自分でそのことに気づいていない人もいるのだろう。

「男のくせに」「男だろう」私も何度そう言われてきたことだろうか。まず、力がない。重い荷物は持てない。蛍光灯を自分で交換できない。オーディオの結線がうまくできない（左右を間違える）。組み立て家具が組み立てられない。そして、酒が飲めない。社会に出たばかりの頃、それで随分といじめられた。「少しずつ飲んで鍛えろ」などとおかしなことも言われた。甘いものが好き。「男一人でチョコレートパフェを注文するなんて」と言われたりもした。食べたいものを食べて何が悪いのか。車の運転ができない。免許は一応、取ったが、教習所では遠回しに「あんまり運転しない方がいい」と言われた。自分でもそう思ったのでやめた。

子供の頃は女の子と遊ぶ方が多かった。ままごとが楽しかったわけではないが（むしろ退屈だった）、男の子たちは乱暴で怖くて嫌だった。女の子の方が話は通じるし、楽に遊べると思っていた。なのに、ある時、急に「あいつ女と仲良くして……」と言われ始める。大きな圧力に屈して、しかたなく離れたのに、また何年かしたら（別のかたちで）仲良くなれ、という圧力がかかる。意味がわからない。急にうまくできるわけがない。距離を置いた何年かは無駄じゃないのか、と思った……などなど、本書を訳していて思い出したことは色々とある。

本書は、イギリスのコメディアン、ロバート・ウェッブの手記〝How Not To Be A Boy〟の全訳である。幼い頃から、コメディアンとして有名になるまでの半生が書かれているのだが、大きなテーマとなっているのが、「男の生きづらさ」である。世間には、「男とはこういうもの、男らしいとはこういうこと」というステレオタイプがあり、そこから外れた男には有言無言の圧力がかかる。幼いうちにその圧力にうまく適応し、適応したことすら忘れて生きている人もいれば、世間の圧力を受けてもやはり「男らしく」なることができないままの人もいる。ただ、著者は、ステレオタイプにまったく苦しんでいない男はほとんどいないと言っている。無意識にうまく適応できている人ですら、無意識の調整に疲れているし、人生の終盤に「もっと自分に正直に生きればよかった」と後悔する人も多いという。私も著者の意見に概ね賛成だ。

私の狭い見聞の範囲ではあるが、最近は日本でも「男の生きづらさ」を知る人、自覚する人は増えてきたようだ。だが、それをフェミニズムへの対抗手段として利用する人も少なくない。「確かに女は辛いかもしれないけど、男も辛いんだから、同じだよ、文句を言わずに我慢しろ」という論法に使うのだ。これは正しくないと著者は言っているし、私もそう思う。なぜ双方大変な思いをして我慢しなくてはいけないのか。フェミニズムの敵は男ではないし、男の敵もフェミニズムではない。

なぜ男も女も辛い思いをしなくてはいけないのか、それを知ることが大事だと著者は言っている。両者には共通の敵がいる。その敵をよく知り、なくすことこそが全員の幸福への道ということだ。本書をきっかけに、一人でも多くの人が敵の存在を知り、自由に幸福に生きる道を探すようになったとすれば、訳書としてはこれ以上の喜びはない。

最後になったが、翻訳にあたっては、編集者の安東嵩史氏に大変お世話になった。この場を借りてお礼を言いたい。

二〇二一年二月　夏目大

［著者］

ロバート・ウェッブ

イギリス・リンカンシャー生まれ。コメディアン、俳優、作家。ケンブリッジ大学で出会ったデヴィッド・ミッチェルとともにコンビ「ミッチェル＆ウェッブ」で活動する。シットコム『ピープ・ショー　ボクたち妄想族』で頭角を現し、以降テレビを中心に活躍。文筆家としては2017年に本書原著『How Not to be a Boy』、2020年には初の小説『Come Again』を刊行した。

［訳者］

夏目 大　なつめ・だい

大阪府生まれ。翻訳家。ゴドフリー＝スミス『タコの心身問題――頭足類から考える意識の起源』（みすず書房）、『エルヴィス・コステロ自伝』（亜紀書房）ディディエローラン『6時27分発の電車に乗って、僕は本を読む』、『Think CIVILITY――「礼儀正しさ」こそ最強の生存戦略である』（東洋経済新報社）など訳書多数。

「男《おとこ》らしさ」はつらいよ

2021年3月21日　第一刷発行

著者	ロバート・ウェッブ
訳者	夏目《なつめ》 大《だい》
発行人	島野浩二
発行所	株式会社双葉社
	東京都新宿区東五軒町3-28
	03-5261-4818（営業）
	03-5261-4834（編集）
	http://www.futabasha.co.jp
	（双葉社の書籍・コミック・ムックが買えます）
印刷・製本	中央精版印刷株式会社
装丁	畑ユリエ
装画	町田ヒロチカ
編集	安東嵩史

ISBN　978-4-575-31601-8　C0098

Printed in Japan